组织行为学

主　编　袁秋菊　高　慧
副主编　胡　欣　黄　洋

ZUZHI XINGWEIXUE

首都经济贸易大学出版社
Capital University of Economics and Business Press
·北　京·

图书在版编目(CIP)数据

组织行为学/袁秋菊,高慧主编.—北京:首都经济贸易大学出版社,2015.4
ISBN 978-7-5638-2331-4

Ⅰ.①组… Ⅱ.①袁… ②高… Ⅲ.①组织行为学 Ⅳ.①C936

中国版本图书馆 CIP 数据核字(2015)第 008816 号

组织行为学
袁秋菊 高 慧 主 编
胡 欣 黄 洋 副主编

出版发行 首都经济贸易大学出版社
地　　址 北京市朝阳区红庙（邮编 100026）
电　　话 (010)65976483 65065761 65071505(传真)
网　　址 http://www.sjmcb.com
E-mail publish@cueb.edu.cn
经　　销 全国新华书店
照　　排 首都经济贸易大学出版社激光照排服务部
印　　刷 北京泰锐印刷有限责任公司
开　　本 710 毫米×1000 毫米 1/16
字　　数 382 千字
印　　张 21.75
版　　次 2015 年 4 月第 1 版 2015 年 4 月第 1 次印刷
书　　号 ISBN 978-7-5638-2331-4/C·119
定　　价 38.00 元

图书印装若有质量问题,本社负责调换

前言

组织行为学是人力资源、工商管理和经济管理专业的基础理论课,也是部分专业重要的选修课程。随着管理科学的日益发展,组织行为学越来越受到学界和企业界的高度关注。在当今激烈的市场竞争中,管理者如果不能有效地发挥组织的效能,了解个体及群体的心理和行为,融合团队和组织的力量,就很难取得成功。本书是在笔者多年组织行为学及相关学科的教学经验与科研成果积累的基础上,本着博采众长、理论与实践相结合的原则,广泛参阅和引用国内外相关理论之精华,并结合中国国情以及国内外一些典型的管理实践案例、心理测试、管理游戏等,经过反复斟酌,精心编写而成。为了更好地辅助教师的教与学生的学,在编写过程中突出了结构完整、内容充实、例证丰富、体例活泼等特点,具有较强的实践性,便于读者提高学习兴趣和改进学习方法,跳出只讲不练的框架,提高其管理实践能力。

全书共分十一章,由袁秋菊(汉口学院)撰写主要部分,确立整体框架与结构,并进行全书统稿,同时还邀请了其他几位教师参与撰写。具体章节分工情况如下:袁秋菊编写第二章(个性心理特征与行为)、第三章(个性倾向性与行为)、第四章(心理过程与行为)、第七章(群体沟通);高慧(汉口学院)编写第五章(群体与群体行为)、第八章(激励与组织行为)、第九章(领导与组织行为);胡欣(汉口学院)编写第一章(组织行为学导论)、第六章(群体冲突)、第十章(组织结构与组织设计);黄洋(汉口学院)编写第十一章(组织文化与组织变革)。

本书在编写过程中学习和借鉴了许多同类教材及相关研究成果,引用了大量参考文献和案例,在此对相关文献的作者表示衷心的感谢!特别感谢湖北众邦文化传播有限公司的潘涛以及首都经济贸易大学出版社的编辑；同时，也非常感谢我的学生王鹏程同学在书稿校对工作中付出的不懈努力！

由于时间和作者水平等限制，书中难免存在一些不足之处，恳请读者批评指正。

编　者

2015 年 1 月

目　录

第一章

组织行为学导论

学习目标

1. 了解组织行为学及其相关概念
2. 了解组织行为学的发展历程
3. 掌握组织行为学的学科特征与学科体系
4. 掌握组织行为学的研究方法

开篇案例

优酷土豆合并，人事整合将成最大难题

2012年3月12日，排名中国前两位的视频网站优酷网和土豆网宣布合并。双方于3月11日签订最终协议，将以100%换股的方式合并，合并在2012年第三季度完成，新公司名为优酷土豆股份有限公司，土豆网将退市。根据易观2011年第四季度的数据，中国网络视频市场收入的份额，优酷占21%，土豆占13.7%。

实际上，所谓的合并是优酷对土豆的并购。合并后，优酷股东及美国存托凭证持有者将拥有新公司约71.5%的股份，而土豆股东及美国存托凭证持有者只拥有新公司约28.5%的股份。新公司的CEO也由优酷CEO古永锵担任，土豆CEO王微将加入合并公司的董事会。

多数分析人士认为，对优酷而言，这是一笔划算的交易。他们认为，土豆的市值是被低估的，而优酷是被高估的，优酷即便溢价为160%左右收购土豆，也仍然值得。相反，如果土豆没有卖给优酷，而是卖给爱奇艺或者搜狐，优酷受到的威胁可想而知。"这是一次防御性的收购"，某互联网分析师指出。不同于搜狐视频和爱奇艺提供高清正版长视频为主，土豆和优酷都以提供用户自制视频为特色。PPS总裁徐伟峰认为，同性质的合并其实困难很大，互补性较小，一般来说是最难的合并。

合并后将是两个独立的网站、两个独立的品牌，以吸引不同的客户群。为了安抚团队，古、王二人在宣布合并消息的第二天，先后在北京优酷总部和上海土豆总部举行了内部员工大会。随后，他们联合在优酷和土豆发布内部邮件，强调在整个合并过程中及合并后，优酷和土豆都不会进行裁员。

分析人士认为，大规模的裁员是不可避免的。合并之后运营成本的降低，一大部分就是要靠管理和行政成本的下降来实现的。管理人员之间的冲突是不可避免，尤其是优酷可能会较为强势，这可能会导致一些精英人才的流失。

曾经参与过11家公司并购工作的PPTV网络电视CEO陶闯表示，公司并购最大的挑战是后期的整合，一般业界并购失败率是70%左右，其中最主要的原因是后期整合不佳，不是资本问题，而是人的问题。PPS总裁徐伟峰也认为，管理上的难题会最大，包括人员上的、文化上的。

第一节　组织行为学概述

一、组织行为学的定义

组织行为学是研究组织中人的行为与心理规律的,它是行为科学的一个分支。随着社会的发展,尤其是经济的发展,促进了企业组织的发展,组织行为学越来越受到人们的重视。组织行为学其自身又有许多分支,如企业组织行为学、学校组织行为学、医院组织行为学、军队组织行为学等。目前,企业组织行为学研究较多,应用较广,因此,人们常把组织行为学与企业组织行为学等同看待。

美国学者 A. J. 杜伯林曾定义:"组织行为学是系统研究组织环境中所有成员的行为,以成员个人、群体、整个组织和外部环境的相互作用所形成的行为作为研究的对象。"蒙特利大学管理学教授和组织心理学家乔治·凯利曾定义:"组织行为学的定义是对组织的性质进行系统的研究,即组织是怎样产生、成长和发展的,它们怎样对各个成员、对组成这些组织的群体、对其他组织以及对更大些的机构发生作用。"斯蒂芬·P. 罗宾斯曾定义:"组织行为学是一个研究领域,它探讨个体、群体以及结构对组织内部行为的影响,目的是应用这些知识改善组织绩效。"根据这些定义可以得出以下结论:

第一,组织行为学的研究对象是人的心理和行为的规律性。它既要研究人的心理活动的规律,又要研究人的行为活动的规律,即把人的心理和行为作为一个统一体来研究。因为,无论是对个人而言还是群体而言,行为和心理是密不可分的。心理活动是行为活动的内在基础,行为活动是心理活动的外在表现。

组织行为学的研究范围是一定组织中人的心理和行为的规律性。组织行为学并不是研究一切人类的心理和行为规律,而是只研究特定组织范围内人的心理和行为规律,包括个体心理和行为、群体心理和行为,以及整个组织的心理和行为。

第二,组织行为学的研究内容是以企业中的"人一人"系统为重点的。企业涉及的管理内容五花八门、千头万绪,主要可以分为两大部分:对物的管理,称为"人一物"系统;对人的管理,称为"人一人"系统。

第三,组织行为学的研究方法是系统分析的方法。组织行为学不是孤立地研究组织中的个体、群体及组织的心理和行为,而是采取系统分析的方法来研究它们。从系统的观点来看,个体的人作为一个系统,把他放在群体这个较大的系统中来研究,个体就是群体的子系统。它们均自成系统,但又紧密联系、不可分割。

第四,组织行为学的研究目的是提高预测、引导人的行为的能力和组织绩效,以达到组织既定的目标。现在人们对构成组织行为学主题领域的看法越来越趋于一致,这些主题包括激励、领导行为和权威、人际沟通、群体结构与过程、学习、态度形成与知觉、变革过程、冲突等。

据此,本书将组织行为学定义为:研究组织中个体、群体和组织本身的心理和行为表现及其规律,提高管理人员预测、引导和控制组织中人的行为的能力,以实现组织既定目标的一门科学。

二、组织行为学的研究范围

组织行为学是研究组织系统内部的成员在相互作用过程中所表现出来的心理现象和行为规律的科学。它不仅研究组织成员单个个体行为,而且研究组织成员间的相互影响,研究组织的沟通方式、决策过程、组织结构、工作设计、组织文化和变革等对组织中人的行为的影响。

(一)组织行为学的研究对象

组织运行过程是分工协作、共同完成目标的过程,组织成员的行为又是个体与群体、组织系统交互作用的产物,因此,我们认为,组织行为学是以组织系统内部个体、群体、组织及其关系作为主要研究对象的学科。

(二)组织行为学的研究目的

组织行为学是应用性的学科,它的根本的目的是把研究所获得的知识用到实际中去。因此,无论是研究个体行为、群体行为,还是研究组织设计、管理伦理和工作压力,最终都是要为管理工作提供科学的方法、策略和成功模式,提高管理者描述、解释、预测和控制人的行为的能力,提高组织运作效能。

三、组织行为学的内容体系

从系统观点来看,组织行为学的研究内容主要包括三个层次,即个体行为、群体行为和组织系统,同时还研究三个层次之间的相互关系、相互作用对员工工作绩效、缺勤率、流动率、工作态度等行为的影响(如图 1 –1 所示)。

(一)关于个体行为的研究

个体进入组织时是带着自身独有的特点的,如年龄、性别、基本能力水平、个性特征、价值观和态度等。这些个体间的差异影响着员工在工作中的行为,但这些特点,如个性、能力、价值观等,又会在组织的长期工作和学习中得到发展或者改变,进而对员工的行为产生更大的影响。因此,我们将学习个体差异

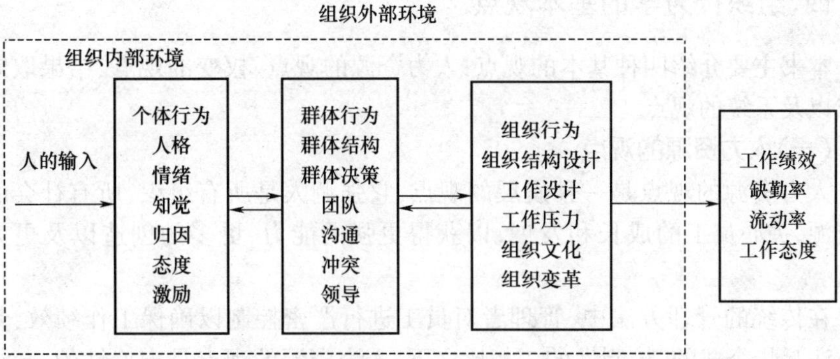

图1－1　组织行为学的内容体系

的相关内容——个性和情绪，知觉和归因，以及工作态度，并且在学习激励理论的基础上研究和探讨激励的技术和方法。

（二）关于群体行为的研究

个体、群体、组织是不可分割的统一体。如果把组织看成一个系统，那么，群体便是构成这个系统的子系统，个体则是群体和组织的基本构成要素和单元。群体中每个成员的行为都可能影响群体中其他成员，或被其他成员所影响。也就是说，人在群体中的行为比个人单独活动要复杂得多。因此，我们将学习群体行为的基础，研究影响群体绩效的因素和群体决策，学习团队知识及如何建设高绩效团队；学习沟通和人际关系，冲突及其解决，领导方式和领导工作的有效性，从而帮助管理者和个人更好地理解、诊断和改进他们在其中发挥作用的群体。

（三）关于组织系统的研究

工作专业化程度、规范化程度、授权程度和组织价值观都会对个体行为和组织运行效率产生重要的影响。我们将学习影响组织结构设计的因素及如何更好地进行组织设计；学习工作设计及如何更好地进行工作压力管理；学习如何塑造、强化和变革组织文化以及如何更好地进行组织变革。

组织行为学的研究目的是提高管理者描述、解释、预测和控制人的行为的能力。个体的差异、激励技术、群体的互动、沟通和冲突、领导方式、组织结构、组织文化等这些变量都是影响组织中员工行为的重要因素。在这些因素的相互影响和作用下，员工的行为主要表现在工作绩效、缺勤率、流动率和工作态度四个方面。因此，在组织行为学三个层次的学习中，我们重点分析各种变量对工作绩效、缺勤率、流动率和工作态度的影响，并进一步探讨预测和控制这些行为的方法和策略。

四、组织行为学的基本观点

本书主要介绍四种基本的观点：人力资源的观点、权变的观点、结果取向的观点以及系统的观点。

(一)人力资源的观点

人力资源的观点是一种发展的观点，它强调人是所有组织、所有社会的核心资源，关心员工的成长和发展，以获得更强的能力、更多的创造以及更大的成就。

在传统的管理方法中，管理者对员工进行严密控制以确保工作绩效，其管理方法是指令式的、控制性的。相比之下，人力资源的观点是支持性的，它帮助员工成为更杰出的、更有责任感的人，并尝试创造一种气氛使员工愿意为组织贡献他们所有的才能。这种观点假设为员工拓展能力和提供机会将促进组织绩效的提高，而且当员工更充分地发挥自己的能力时，能获得更好的工作满意感。

(二)权变的观点

传统的管理理论提供了管理的"最好方法"，认为存在一种正确的计划、组织、授权、分派工作的方法，这种正确的方法可以适用于各种类型的组织。管理原理被认为是具有普遍性的。今天，人们已普遍认识到，没有一种方法会在任何情况下都适用，情境要比以往复杂得多，处理不同的问题需要采取不同的行为学方法，这就是组织行为学中的权变观点，即在不同的情景下要采用不同的方法，以达到预期效果。

权变方法的优点在于，主张在采取行动之前首先要考虑环境因素，而不提倡采取基于对人的普遍性假设的习惯做法。在组织行为学的研究当中，权变的方法具有直观逻辑性。不同的组织在价值、态度、需求、经验等方面存在明显的差异，因此，要找到一个普遍适用并在各种环境下都奏效的原理是不可能的。我们必须用一种权变的框架来研究和应用组织行为学。

(三)结果取向的观点

所有的组织都要实现某种产出，或者说追求某种结果。大多数组织的主导目标都是提高劳动生产率，获得组织价值的最大化。劳动生产率是衡量社会和组织对资源的利用情况的重要标准。

劳动生产率往往是以经济上的投入和产出来衡量的，但是人力和社会的投入和产出也是十分重要的。例如，如果较好的组织行为可以导致员工更大的满足感，就会促成一定的人力产出。同样地，如果员工发展计划的副产品是素质更高的社会成员，就会产生良好的社会效益。

(四)系统的观点

系统的观点要求管理者以整体的观点、动态的观点、各个要素相互联系相互作用的观点看问题。将组织视为一个系统,意味着组织内部有多个关键变量,而且这些变量以复杂的关系相互影响。某个事件可能看起来仅仅与某个人或某个部门相关,但实际上它可能会对组织的其他部分产生或多或少的影响。因此,管理者在采取行动之前,必须超越与该事件直接相关的情境范围,以便在更大的系统中考察各种影响因素。

整体的观点强调组织行为学是从整体的人、整体的群体、整体的组织和整体的社会系统出发来看待人与组织的关系。它主张对组织中的人采取跨情境的观点,以尝试理解尽可能多的影响人的行为的因素,对问题的分析不是依据孤立的事件或问题本身,而是依据影响它的整个环境。

第二节 组织行为学的发展历程

一、组织行为学的缘起

组织行为学的产生源于对劳动生产率与劳资关系的关注,主要的代表人物有亚当·斯密、查尔斯·巴贝奇、罗伯特·欧文和弗雷德里克·泰勒。

(一)亚当·斯密

亚当·斯密于1776年出版的《国富论》提出了劳动的基本重要性,重点强调劳动分工会使生产效率大幅提高。他列举制针业来说明。“如果他们各自独立工作,不专习一种特殊业务,那么他们不论是谁,绝对不能一日制造20枚针,说不定一天连一枚也制造不出来。他们不但不能制出今日由适当分工合作而制成的数量的1/240,就连这数量的1/4800恐怕也制造不出来。”

分工促进劳动效率大幅提高的原因有三个:第一,劳动者的技巧因专业而日进;第二,由一种工作转到另一种工作,通常会损失不少时间,有了分工,就可以免除这种损失;第三,许多简化劳动和缩减劳动的机械发明只有在分工的基础上方才可能。

(二)查尔斯·巴贝奇

1832年,英国数学家查尔斯·巴贝奇出版了《论机器与制造业的经济》一书,进一步发展了亚当·斯密关于劳动分工的利益的思想,分析了分工能提高劳动生产率的原因。巴贝奇还指出,脑力劳动与体力劳动一样可以进行分工。

在劳资关系方面,他强调劳资协作,强调工人要认识到工厂制度对他们有利的方面。这也同弗雷德里克·泰勒在几十年后发表的论点很相似。他提出一种固定工资加利润分享的制度,认为这种制度有以下的好处:一是每个工人同工厂的发展和利润的多少有直接关系。二是每个工人都会关心浪费和管理不善的问题。三是能促使每个部门改进工作。四是鼓励工人提高技术和品德,表现不好者减少分享的利润。五是由于工人同雇主的利益一致,能消除隔阂,共求繁荣。

(三)罗伯特·欧文

企业家罗伯特·欧文18岁就拥有了自己的第一家工厂。欧文的管理思想基于"人是环境的产物"这一法国唯物主义学者的观点,他认为,好的环境可以使人形成良好的品行,坏的环境则使人形成不好的品行。他对当时很多资本家过分注重机器而轻视人的做法提出了强烈批评,并采用多种办法致力于改善工人的工作环境和生活环境。在工厂里,欧文通过改善工厂设备的摆设和搞好清洁卫生等方法,为工人创造出一个在当时看来尽可能舒适的工作场所。他还主动把工人的工作时间从13~14小时缩短到10.5小时。

欧文在工厂内推行了一种新的管理制度,其核心是废除惩罚,强调人性化管理。欧文所推行的这种无惩罚的人性化管理在当时几乎是一个奇迹。同时,部门主管考核员工,经理考核部门主管,并辅之以越级申诉制度,开创了层级管理的先河,也有利于劳资双方的平等沟通和矛盾化解。此外,欧文还创办了劳工食堂,创建了工人消费合作社,设立了工人医疗和养老金制度等。

(四)弗雷德里克·泰勒

古典管理学家、科学管理的主要倡导人弗雷德里克·泰勒在他的主要著作《科学管理原理》一书中提出了科学管理理论。

泰勒一生大部分时间关注的就是如何提高生产效率这一问题。他认为,这不但要降低成本和增加利润,而且要通过提高劳动生产率增加工人的工资。实施科学管理的结果是提高了生产效率,而高效率是雇员和雇主实现共同富裕的基础。

二、组织行为学的发展脉络

(一)工业心理学的兴起

西方组织行为学的研究历史可以追溯到20世纪初,把心理学的知识开始应用于工业企业的是德国心理学家斯特恩,他在1901年提出"心理技术学"这一概念。后来,心理学创始人冯特的学生,出生于德国、侨居美国、受聘于哈佛大学的美国心理学家闵斯特伯格开始进行心理技术学的具体研究工作。他在哈佛大学建立的心理学实验室是工业心理学(industrial psychology)的基地,他的研究要点是用心理测验等方法去识别最适合从事某种工作的人,并把他们安置在最适合的工作岗位上;研究在什么样的心理状态下,才能够使每个工人获得最大满意的产量，符合个人和企业双方利益，同时也研究疲劳和劳动合理化的问题。他于 1912 年发表了著作《心理学与工业效率》，并被称为“工业心理学之父”。

这一时期，相继又有一些心理学家将心理学应用于工业企业，他们根据人的个性心理差异，对员工的选拔、使用、培训和考核等问题进行研究，逐步形成了“人事心理学”。有一些心理学家对设计符合人的生理和心理需要的工作环境、工作对象和工作程序进行研究，以减轻人的疲劳程度，防止意外事故的发生，使劳动合理化以提高劳动效率，形成了“工程心理学”或称“工效学”。

工业心理学早期是以个体为研究对象，研究成果主要是对工作中个体差异的测定、劳动合理化、改进工作方法、建立最佳工作条件等方面。这个时期的研究者们研究的范围比较狭窄，还缺乏社会学和人类学的观点和论据，也未能注意到工作的社会环境、人际关系、领导和被领导的关系，以及组织机构本身所具有的社会性。

（二）霍桑实验与人际关系理论

乔治·埃尔顿·梅奥通过霍桑实验（Hawthorne Experiment，1924—1932），于 1933 年出版了《工业文明中人的问题》一书，系统地提出了人际关系理论（human relation theory），为组织行为学的形成奠定了实验和理论基础，他在西方心理学界被公认为工业社会心理学的创始人和管理心理学的先驱。

人际关系理论主要观点是：人是社会人，应从社会、心理角度调动人的积极性；生产效率主要取决于员工的“士气”，企业组织内部存在“非正式群体”，新型的领导能力在于通过员工心理需要的满足来达到提高效率的目的。

人际关系理论的出现和逐渐闻名于世引起了更多的管理学者和专家对人的行为的研究，如勒温创建的群体动力理论、莫雷诺创建的社会测量学和马斯洛创建的需要层次理论，这些理论的形成和发展为组织行为学的形成奠定了理论基础。

（三）行为科学

1949 年在美国芝加哥大学召开的一次跨学科的科学会议上，大家都认为可以利用当时在自然科学和社会科学两方面所取得的成果来研究人的行为问题，经过讨论，把这门综合性极强的学科定名为行为科学（behavior sciences）。从这时起，行为科学成为对企业员工在组织中的行为以及这些行为产生的原因进行分析研究的学科，它的研究范围涉及员工的需要、动机、个性、情绪、态度，特别是人群之间的相互关系等内容。

（四）管理心理学

1958 年，美国斯坦福大学的莱维特正式开始用“管理心理学”（management

psychology)代替原来所用的工业心理学、工业社会心理学等名称,管理心理学成为一门独立的学科。据莱维特本人的解释,他用"管理"这个词去替代"工业"这个词的原意是想引导读者去思考这样的问题,如何领导、管理和组织一大批人去完成特定的任务。

(五)组织行为学

从20世纪60年代中期开始,随着这一学科从个体到群体再到组织研究的演变,其研究和实验的机构也从大学的心理学部转入管理学部,并开始由原来的组织心理学(或工业心理学、行为科学、管理心理学)逐渐改称为"组织行为学"(organizational behavior)。在美国的管理学院中,几乎所有的研究个体、群体行为的小组都取名为"组织行为学"小组。在西欧、北欧各国和日本等均普遍应用组织行为学,每年出版大量相关的书籍。目前,此学科已经成为管理学专业的大学生和研究生的必修课,有的国外大学还专门设有组织行为学系,如美国的康奈尔大学等。

20世纪70年代后期,组织行为学理论开始传入我国。不少理论工作者、教育工作者和实际工作者对行为科学做了大量介绍和评论。上海管理教育研究会于1979年第一个成立了行为科学研究组织,开展中国式行为科学与管理心理学的探讨。20世纪80年代以来,组织行为学的地位和作用开始得到了应有的肯定和重视,在各高等院校管理类专业的本科、研究生与工商管理硕士的教学中,"组织行为学"被列为核心课程。许多管理者和研究者在中国的管理理论和实践中借鉴西方组织行为学的研究成果,逐步探索创建具有中国特色的组织行为学。

延伸阅读

霍桑实验共分四阶段:

一、照明实验(1924年11月—1927年4月)

当时关于生产效率的理论占统治地位的是劳动医学的观点,认为影响工人生产效率的是疲劳和单调感等,于是当时的实验假设是"提高照明度有助于减少疲劳,使生产效率提高"。可是经过两年多的实验,发现照明度的改变对生产效率并无影响。具体结果是:当实验组照明度增大时,实验组和控制组都增产;当实验组照明度减弱时,两组依然都增产,甚至实验组的照明度减至0.06烛光时,其产量亦无明显下降;直至照明减至如月光一般、实在看不清时,产量才急剧降下来。研究人员对此结果感到茫然,失去了信心。从1927年起,以梅奥教授为首的一批哈佛大学心理学工作者将实验工作接管下来,继续进行。

二、福利试验(1927年4月—1929年6月)

实验目的总的来说是查明福利待遇的变换与生产效率的关系。但经过两年多的实验发现,不管福利待遇如何改变(包括工资支付办法的改变、优惠措施的增减、休息时间的增减等),都不影响产量的持续上升,甚至工人自己对生产效率提高的原因也说不清楚。

进一步的分析发现,导致生产效率上升的主要原因如下:一是参加实验的光荣感。实验开始时,6名参加实验的女工曾被召进部长办公室谈话,她们认为这是莫大的荣誉。这说明被重视的自豪感对人的积极性有明显的促进作用。二是成员间良好的相互关系。

三、访谈实验

研究者在工厂中开始了访谈计划。此计划的最初想法是要工人就管理当局的规划和政策、工长的态度和工作条件等问题做出回答,但这种规定好的访谈计划在进行过程中却大出意料之外,得到了意想不到的效果。工人想就工作提纲以外的事情进行交谈,工人认为重要的事情并不是公司或调查者认为意义重大的那些事。访谈者了解到这一点,及时把访谈计划改为事先不规定内容,每次访谈的平均时间从30分钟延长到1个小时至1.5个小时,多听少说,详细记录工人的不满和意见。访谈计划持续了两年多,工人的产量大幅提高。

工人们长期以来对工厂的各项管理制度和方法存在许多不满,无处发泄,访谈计划的实行恰恰为他们提供了发泄机会。发泄过后心情舒畅,士气提高,使产量得到提高。

四、群体实验

梅奥等人在这个试验中选择14名男工人在单独的房间里从事绕线、焊接和检验工作。对这个班组实行特殊的工人计件工资制度。实验者原来设想,实行这套奖励办法会使工人更加努力工作,以便得到更多的报酬。但观察的结果发现,产量只保持在中等水平,每个工人的日产量平均都差不多,而且工人并不如实地报告产量。深入调查后发现,这个班组为了维护他们群体的利益,自发地形成了一些规范。他们约定:谁也不能干得太多,突出自己;谁也不能干得太少,影响全组的产量。并且约法三章,不准向管理当局告密,如有人违反这些规定,轻则挖苦谩骂,重则拳打脚踢。进一步调查发现,工人们之所以维持中等水平的产量,是担心产量提高,管理当局会改变现行奖励制度,或裁减人员,使部分工人失业,或者会使干得慢的伙伴受到惩罚。这一实验表明,为了维护班组内部的团结,可以放弃物质利益的引诱。他由此提出"非正式群体"的概念,认为在正式的组织中存在自发形成的非正式群体,这种群体有自己特殊的行为规范,对人的行为起着调节和控制作用。同时,非正式群体也加强了内部的协作关系。

五、态度实验

对两万多人次进行态度调查，规定实验者必须耐心倾听工人的意见和牢骚，并做详细记录，不做反驳和训斥，而且对工人的情况要深表同情，结果产量大幅度提高。因为谈话内容缓解了工人与管理者之间的矛盾冲突，形成了良好的人际关系，从而得出人际关系比人为的措施更加有力的结论。

三、组织行为学的发展趋势

（一）组织行为学的新发展

进入20世纪90年代以来，组织行为学又有一些新的发展，主要表现在如下几个方面：

第一，组织变革已成为全球化竞争中组织行为学研究的首要问题。随着经济全球化的趋势和经济结构的调整，对企业重组、战略管理、跨国公司或国际合资企业管理的研究呈现强劲势头，研究的注意力全面转向整个组织层面，主要探讨组织变革的分析框架、理想的组织模式、干预理论以及变革代理人的角色等问题。

与组织变革密切相关的是领导行为研究。受权变理论的影响，先后出现了多种领导理论。在组织变革中，管理决策显得十分重要。目前，在个体层面上，组织行为学比较注重决策和判断中所采用的认知策略和判断决策问题；在组织层面上，组织行为学主要分析不同背景下的决策模式、权力结构和参与体制，并特别重视决策技能的开发和利用。与组织变革密切相关的还有激励机制和企业文化，它们也成为组织行为学研究的热点。

第二，组织行为学强调对人力资源的系统开发。组织行为学更加关注研究管理者决策、技术创新和员工适应中必须具备的胜任素质，更加关注如何充分利用和开发人力资源。相应地，组织行为学研究由原来的局部、分散转变为整体、系统。目前有关胜任特征评价、个体对组织的适应性和干预问题的研究等人力资源问题正向纵深发展。

第三，组织行为学研究更加关注国家目标。目前，组织行为学家把组织作为开放的社会—技术系统来看待和研究，研究领域已突破了传统框架，涉及管理培训与发展、工业业绩评价、管理决策、组织气氛和组织文化、跨文化比较等新领域。

第四，组织行为学研究除强调劳动生产率的传统之外，更加关注工作生活质量。组织行为学认为，强调劳动生产率与强调工作生活质量并非相互排斥的。如果工作生活质量不令人满意，是很难实现高生产率的；相反，高的生产率是拥有改善工作生活质量所必需的资源的先决条件。组织行为学越来越重视有关工作满意度、雇员安全与健康、组织文化、组织承诺、心理契约、压力管理、工作—家庭平衡等方面内容的研究。

(二)组织行为学发展的新理念——幸福管理

随着社会的进步和科技的发展,财富水平的提高导致财富刺激的边际效用逐步递减,致使人们对幸福的追求不断提升,幸福水平受到人们的高度重视。随着知识经济的迅速发展,继工业革命和生产力革命后的管理革命时代,知识工作者将成为组织的生力军,如何管理知识工作者及其生产率是企业组织面临的最大的管理挑战。人本管理思想的发展要求以人为中心的管理,视工作为自我实现的机会,视人为管理的主要对象和企业最重要的资源。人的主体性意识不断提升,使其在管理中的"控制"变得十分困难,而自我管理显得尤为重要。随着越来越多的国家以幸福指数来评价经济发展的要求,组织对幸福的管理也迫在眉睫。所有这些都要求组织从幸福的视角审视管理的终极之善。

幸福是人类社会一直探寻的永恒主题,什么是幸福以及如何增进人类社会的幸福是经济学探求的终极目标,也是管理心理学探求的终极目标。对幸福的理解众说纷纭。我们认为,幸福是指人类个体在不断追求生存优越和快乐中认识到自己需要得到满足以及理想得到实现时的一种主观反应和心理体验。它包括三方面的含义:从物质层面讲,幸福是满足物质需要或生理需要而体验到的幸福,它与人们物质生存与发展环境的改善密切关联,体现了个体需求与社会物质条件之间差异逐步缩小的状态;从社会层面讲,幸福是人的社会性需要得到满足而体验到的幸福;从价值层面讲,幸福在一定程度上反映了人们的价值取向。幸福管理就是充分发挥和利用每个人的智慧和优势来协调组织的资源,以增进组织成员幸福最大化的机制运行过程。幸福管理作为管理发展的新阶段,既是一种价值观,也是一种方法论,其精髓在于激励人、自我实现人、文化人、幸福人的理念,其实质是改变人的生活,使人获得幸福与快乐。从组织行为学的角度来讲,幸福管理着眼于个体、群体和组织三个层面的发展目标,通过激发人的潜能和塑造高素质的人员来获得人的物质方面的幸福以及群体的社会方面的幸福以及组织的价值方面的幸福。

幸福管理能顺应人性规律和尊重人的主体性,把组织成员既视为组织管理的第一客体,又视为组织管理的主体,注重提升人的地位,发掘人的潜能,发现人的价值,发展人的素质,发挥人的力量,充分发挥组织成员的主动性、积极性、创造性,把个体目标、群体目标及组织目标有机地统一起来,使组织成员获得物质性的、社会性的以及价值性的幸福,从而达到管理的终极之善,并在此基础上促进社会的全面进步与和谐发展。作为现代管理的最佳范式,幸福管理以管理的终极之善为根本目标,以激励手段获得人的全面幸福,以群体互动获得群体的社会幸福,以组织文化获得组织的价值幸福,从而达到使组织成员的人性得以真正体现的至善境地。幸福管理作为一种新的价值观系统,是管理与伦理的有机结合,也是人与人、人与事、人与物的完美结合。它既追求管理中赢得利润的目标,又注重人的本能、欲望、自尊和价值观;既实施刚性管理(即制度、法制、规章等管理),也注重柔顺管理(即感情、人格、激励、激发、弹性管理);既通过激励使员工的积极性发挥出来,也通过制度的规范把这种积极性限制在合理的界限内。总之,要通过幸福管理使整个组织达到“至善”境界,这正是幸福管理的价值和魅力所在。

(三)组织行为学发展的新领域——积极组织行为学

积极组织行为学是组织行为学在21世纪兴起的新的研究领域,由鲁森斯于2002年正式提出,强调对人类心理优势的开发与管理。与传统组织行为学将研究领域的重点放在解决管理者和员工的机能失调、冲突、工作压力等问题上所不同的是,积极组织行为学将研究重点放在如何采取积极的方法和怎样发挥员工优势以提高组织的绩效水平上。其研究范畴包括信心、自我效能、希望、乐观、主观幸福感、情绪智力等,具有积极性、独立性、可测量性、可开发性以及有助于提高工作绩效等基本特征。

积极组织行为学(positive organizational behavior,POB)的理论基础源于积极心理学的研究成果,西方“积极心理学”的发展始于20世纪60年代,在人本主义思潮和人类潜能开发思想的影响下,研究者开始研究快乐、幸福、满意、士气等积极的心理课题。积极组织行为学的提出是受积极心理学理论的影响,在理论和研究上专注于人的积极优势和心理能力的驱动,而不是仅仅把传统的组织行为学概念进行翻新或者简单地由消极面转为积极面。鲁森斯为积极组织行为学研究的特定内容提出了具体的标准,即能够纳入积极组织行为学研究领域的范畴必须有清晰的概念界定和积极的意义,其相对于传统组织行为学研究领域有一定的独特性,有效的测量方法,适合进行工作中的管理开发和员工训练,能有助于工作绩效的改善等一系列标准。鲁森斯将积极组织行为学定义为:为提高工作绩效,对心智能力进行测量、开发及有效管理,是一门以员工的积极活力为导向的应用学科。这一定义既为积极组织行为学的未来发展奠定了研究的基础,也将其与传统取向的组织行为学划清了界限。

第三节 组织行为学的研究方法

组织行为学是由大量理论组成的,这些理论是以系统研究为基础的,它们体现了系统收集信息的结果,而不只是凭借预感、直觉或经验得出的结论。

要成为有效的管理者,学习组织行为学的研究方法,一方面将有助于自身摆脱关于行为的直觉观点,学会系统地分析人的行为;另一方面,将增强自身使用科学研究成果的意识。了解组织行为学的研究方法,不仅能使读者对本书所介绍的理论有更深刻的认识,还能够使读者日后遇到与组织行为学相关理论论著时,作出更有准确的评价。

组织行为学的研究方法主要有:实验室实验法、现场实验法、现场调查法、现场观察法、案例分析法、心理测验法等,以下简单介绍几种具体的研究方法。

一、实验室实验法

实验室实验法是运用专门实验仪器测试被试者(个人或群体)心理特质和行为的研究方法,是当前组织行为学研究的一种主要方法。实验室实验法的最大特点在于,研究工作是在实验室条件下进行的。

下面是一个实验室实验的经典例子。研究者斯坦利·米尔格拉姆想测量人们究竟能在多大程度上服从命令,于是他设计了一个学习实验。他让被试者扮演教师的角色,研究者告诉这些“教师”,在每次“学生”回答问题出错时,都要给予电击惩罚。斯坦利想弄清楚被试者是否会听从命令,若电击强度加大,被试者服从指挥的意愿是否会降低?为了验证这些假设,米尔格拉姆雇用了一些被试者。他让每一个被试者相信,实验是为了调查惩罚对记忆效果的影响。他们的任务是扮演教师,当学习者在学习测验中出现错误时,就对他们实施惩罚。惩罚是通过电击来实现的。被试者坐在一个30个级别的电击发生器前,在相应的电压上都有标志,从15伏“轻量电击”到450伏“强烈电击”。为了增加实验的真实性,被试者在隔壁房间感受了45伏的电击,并看到了“学生”——一位温和愉快的50岁左右的男士被绑在电椅上。实际上,电椅仅仅是道具而已。学习者是演员,电击是录音电话声,但被试者并不知道真相。

实验开始了,被试者坐在电击发生器前,根据指导从最低水平的电击开始。每当学生犯了错误或未做出反应,便会增加一级电击强度。由于“学生”经常犯错误。电压的强度迅速增加。当电压达到75伏时。“学生”开始呻吟;150伏时,“学生”要求退出实验;180伏时,“学生”大叫着说他再也不能忍受了,到300伏时,“学生”恳求退出实验,并尖叫着说心脏承受不了,然后就再也不回答任何问题了。

大多数被试者提出了抗议,并担心增加电击强度会伤害学生的心脏,置其于死地。他们不想再继续这项“工作”了。对被试者的犹豫和反抗,实验者始终只有一句话:“你们别无选择,只有继续。你们的工作就是使学生们的错误受到惩罚。”当然,被试者事实上是有选择的,他们所能做的就是站起来,走出实验室。

大多数被试者都不同意对“学生”加重惩罚，但是不同意并不等于不服从，62%的被试者将电击一直增加到了450伏，其余38%的被试者实施电击的平均电压也接近于370伏！

实验室实验法的优点是其控制条件严格，可以避免许多其他因素的干扰，其研究结果具有较强的说服力。但是，实验室实验为达到精确性和可控性而牺牲了现实性和普遍性，再加上人工实验室脱离了活生生的组织环境，增添了人为因素，真实性较差。因此，对于实验室的结果不能迷信，对其实验结果的推广和应用必须持谨慎态度。此外，许多心理和行为规律，如群体行为中的情绪感染、冲突等，难以在实验室内进行。

二、自然实验法

自然实验也称现场实验，是利用现存的机构（如工作班组）有目的地控制和改变某些因素和条件，验证某项假设，或检验某项改革合理办法所产生的效果而采用的方法。自然实验法主要是在自然情况下控制条件进行实验，对由此发生的相应的心理变化进行分析研究，得出结论。

以下是自然实验的一个例子。某公司想了解计件工资和计时工资对工人生产积极性的影响，于是研究者选择了公司所属的生产条件、技术条件相似的两个工厂进行实验，一个工厂为实验组，采取计件工资制，另一个工厂为控制组，仍采取原有的计时工资制，两个工厂分别记录了10个月的劳动效率和出勤率。10个月后，研究者发现，实验工厂的劳动效率提高了40%，出勤率是100%，而控制工厂的劳动效率没有变化，出勤率为95%。基于实验设计的可信性，研究者认为计件工资可以大幅度提高工人的工作积极性。

自然实验法在很大程度上可以推断出因果关系。它与实验室实验法比较起来，由于自然的场景比实验室更真实，故增加了实验的有效性，使其实验结果易于推广。但其控制条件与施加实验措施不如实验室方法那样方便，如果控制群体不能维持恒定，外界因素的干扰会降低控制效果。总体而言，如果在运用时能和有关方面建立较好的协作关系，自然实验法是最有效的。

三、现场调查法

现场调查法是研究者根据研究问题的性质，运用一定的工具，如问卷、调查表、电话访问等，对特定人群进行调查，收集材料并进行统计分析，以确定其行为特征或规律的方法。

例如，研究者设计一份问卷，大约有12个项目，考察大公司中管理人员培训课程的内容。问卷连同一封解释研究性质和目的的说明书一起寄给250家公司的人事经理，其中155名经理回答了问卷。调查结果表明，最常见的培训方案是开发有效的授权技巧(占90%)和倾听技巧(占83%)。以上即为一个典型的现场调查法。这种方法一定要借助问卷、调查表格或访谈的形式收集数据。这些问卷或调查表格往往根据所要调查的人群的实际或研究者自己的兴趣,由研究者自行设计或借用经专家设计的现场调查问卷。调查项目的设计要便于研究的量化、分析和总结。调查的取样对象一定要有代表性才具有统计意义,使研究者根据代表性样本推断出一般的特征和规律。

现场调查比较简单,而且经济可行,它只调查样本,而不必调查群体中的每个成员,因此减少了费用。此外,像前例所述的对培训计划的调查,现场调查为了解人们对具体问题和行为的看法提供了一条便利可行的途径。另外,现场调查的数据极易量化。因此,在对组织行为的态势研究中,现场调查法是行之有效的研究方法之一。但是,它也存在潜在的弱点。首先,问卷很少能够全部回收,低回收率带来的问题是:根据答复者得出的调查结论是否也能推广到那些未做答复的调查对象?其次,通过调查的形式易于了解到被调查者的态度或想法,却不易于了解其行为。再者,被调查者受到社会赞许性的影响,他们回答问题时为了求得某种安全感,按社会的准则回答,而不是根据自己的标准,因此所获得结果的可靠性要打折扣。

四、现场观察法

现场观察是在自然条件下(即在正常工作和劳动情景下),有目的、有系统地观察、研究对象以获得数据,得出结论。如对领导的工作能力、工作作风的研究,对职工的工作技能、工作压力等的研究,都可以采用现场观察法。运用现场观察法,必须明确了解"观察什么"、"怎样观察"和"怎样记录"等问题,以便不失时机地捕捉到有关信息。

运用现场观察法时,应注意以下几点:

1. 进行有计划观察。观察的目的是什么,从哪些方面观察,分哪些阶段观察,观察到何种程度都应在事先有周密的安排。

2. 进行连续性、轮换性观察。连续性观察是指对同一对象的同一问题要做多次观察。连续多次观察可以避免偶然性,获得具有稳定性的数据。轮换性观察是指对同一研究课题变换几次对象进行重复观察,以观察变换了的研究对象对同一课题是否有基本相同的心理或行为变化。

3. 进行隐蔽性观察。研究者的观察活动力求不使被研究者觉察到,这样才能使被研究者的心理活动自然流露出真实的变化。否则,容易出现种种假象,如"迎合"心理或"逆反"心理。所谓"迎合"心理,就是被研究者出于"好心"而主动配合研究者的意图,故意表现出符合研究者主观愿望的心理变化;所谓"逆反"心理,就是被研究者出于"好奇"或反暗示,故意反常地表现出自己的心理活动。不管是“迎合”心理还是“逆反”心理,它们都是假象,都不能反映其真实的心理状态,从而使研究资料失去意义。

隐蔽性观察如果在室内进行,可以装置里明外暗的观察室,研究者通过“观察窗”可以任意对研究对象的一言一行做详细记录而不被本人觉察。如果研究对象在室外活动,研究者可扮演该团体中的一个普通成员,以掩盖其真实身份,从而获得可靠资料。

现场观察的最大优点在于:对于所研究的群体不施加任何影响,不改变活动进程,能够掌握研究对象的许多生动活泼的实际材料,所以它有很大的现实意义,资料的可靠性、可信度较高。但这种研究方法也有一定的缺点,研究者对被研究者的情况即使了解得很清楚,但任何群体都有其特殊性,因此很难把研究成果运用于其他群体中去。

总而言之,现场观察法对从事组织行为的研究者而言是一种简便易行、行之有效的方法,如果能辅之以其他研究方法(如现场调查法),效果会更好。

五、案例研究法

案例研究法是研究者根据记录、文件、书籍等记载的某个群体或个人的活动资料加以分析,从中寻找群体或个人的心理和行为活动规律的方法。

例如,对于某位成功的管理者的研究可采用这种方法,收集该人的传记、日记、自传、信件、讲演稿等材料,以总结他的心理和行为发生、发展和变化的规律。或者你正在学习工商管理课程,教师给你们每人发一本50页的小册子,内容是关于长虹公司和海尔公司的发展历程,其中描述了两家公司在市场战略、管理哲学、领导者素质和生产管理方面的不同做法,并且附有财务报表。教师要求你们阅读手册,分析数据,并且分析它们成败的经验教训。

以上都是案例研究法的实例。案例研究对在那些没有什么经验可资借鉴的新领域中进行探索,增进对新问题的洞察力是一种特别有效的方法。如果能充分注意案例研究三个关键特点,案例研究就能成为对组织行为进行分析的有效手段。第一个特点是研究工作者的态度,这种态度应该是对新事物接受敏感,不应局限于验证现有的假设,是寻求而不是实验;第二个特点是研究的深入程度,研究工作者要力图收集到足够的资料来确定并解释这个正在研究的案例以及其他有相同特点的案例所具有的独有的特征,第三个特点是案例的研究依赖研究工作者把众多资料汇集起来进行统一说明的能力。

案例研究也有不足之处,它不可避免地带有观察者或案例材料撰写者的感知偏见和主观解释,案例的阅读者也会受观察者或案例撰写者所选择的案例内容的限制。另外,根据一个案例得出的结论不一定具有普遍意义,要想把案例研究准确地重复或使其适用于其他情况是很难的。但是,毋庸置疑的是,对探索性的研究和对组织中真实问题进行评价,案例研究是非常有效的方法。

实训模拟

模块一:案例分析与思考

快乐公司:梦幻还是现实

1999年,刘德建从美国回到福州和弟弟刘路远一起投身互联网,成立了网龙公司。2001年公司开始做网络游戏,2007年公司开始进行管理的调整、规范、优化并上市,成为网络游戏运营商中最赚钱的公司之一。2007年前三季,利润同期增长2662.3%,达人民币2.66亿元。目前网龙的目标是成为国内第一流的网游研发公司。2007年《财富》杂志的中国卓越雇主调查中,网龙是20家"最佳雇主——最适宜工作的企业"之一。网龙以各种探索和实践,努力使员工的快乐感受和生产效率和谐统一,创造了一种或许尚不成熟,但足够超前的"快乐公司"模式。

对大部分工作者而言,网龙的确很梦幻:晚上10点,穿着拖鞋打着几个耳洞的年轻人出入公司,有的刚结束一天的工作,有的则刚开始上班,整层开放办公室里的年轻人大多神情专注,偶尔会有两两三三的交谈或者轻笑几声,凌晨12点多,食堂里总有几小拨人在吃夜宵,去保龄球馆、健身房、羽毛球馆或桑拿等一应俱全的"缥缈庄"运动休息后,顺便去水吧拿点喝的,饮料是免费的。上内网查查最新成立了什么学习小组,如果有自己感兴趣就报个名,顺便讨论一下公司的福利电影票发几张才算合适。除了董事长刘德建,其他高管的办公桌都混在员工的大开间里,大家对CEO直呼大名"路远",吃饭的时候,下属乐于在CEO夸奖自己箭术的时候给他浇浇凉水。公司实行弹性工作制,每天工作7个小时,另外1小时可以做任何想做的事情,加班时间可以积累导休时间然后提取出来休假。此外,通过给公司找"BUG"——找找流程、管理等任何方面可能存在的漏洞,挣点奖励和积分也是员工们比较热衷的活动。

网龙把自己的快乐文化总结为"学习、创新、真诚、快乐"。"学习是人人都有的需求,因为每个人都希望自己能够成长,成长会带来安全、快乐的感觉。创新实际上是每个人都希望自己能够有的独特性,是在学习基础上更高层次的需求,这种需求满足了以后,也能给人带来快乐的感觉。真诚是更高的境界,是一种团队关系,坦诚的团队关系也带来了快乐。这三种需求指向同一个方向——快乐,这是核心。"网龙CEO刘路远这样阐释网龙的快乐文化。

当我们试图为网龙寻找"快乐基因"时,找到了以下理由:网龙进入了一个爆发性增长行业的暴利阶段，因此有足够的资金投入硬件设施的建设，地处福州，有很好的人际关系网络，因此有足够的土地用来修建“缥缈庄”。创始人刘德建、刘路远兄弟的个性特质更成为形成“网龙性格”的重要原因。刘氏兄弟气质温和平淡，兴趣力量甚于其他欲望。此外，网龙董事长刘德建的美国留学、工作背景无疑使网龙更具人本主义，更加崇尚平等、尊重、快乐的文化。理工科背景的刘路远则保持着工程师的单纯朴素气质。另一位核心高管副总裁唐兆希几乎对所有新商业思想和理论都保持着高度的兴趣并乐于尝试。高管的这些特点使网龙倾向于通过团队协商讨论的方式做出决策，这就是公司的快乐基因。

梦幻的另一面永远是现实：公司 ERP 系统下的工作单如果把员工每天的时间排得满满的，一切诱人的运动和娱乐设施尽管可望但可即吗？

每个月，员工在和上司沟通确定工作目标和任务后，就需要把公司下单系统中属于自己的工作任务转化为每天的工作安排。“我们大部分员工每天上班打开电脑就可以通过 ERP 系统看到自己今天的任务。ERP 系统中，下单的人是少数人，他们知道怎么把公司的大目标拆解成短期任务，下达给谁。而大部分人的主要工作是接单。接到的每个单很准确地告诉员工，什么时间要做什么事，达到什么效果，要交给谁，或者是交给下面哪一个环节。”刘路远解释：“如果长期延单或完不成任务，就会有人过来‘关注’你，讨论分析原因。如果你完成得很好，部门会组织最佳实践分享。比如，如果普遍是一个员工在两天半的时间内可以建立一个人物模型，那么，如果另一位创新的人员可以在两天内完成同样的工作，我们会马上把创新的工艺整理出来，对现有人员进行培训。这样，员工做东西的速度越来越快，同时他的绩效有很标准的考评和提高，创新人员推进了变化，也得到了很好的回报。”

网龙的 ERP 系统管理表明，网龙非常注重对员工的使用效率，并且重视过程管理。在软件系统的流程化管理下，网龙员工的工作强度事实上比传统公司更加刚性：他们不会有空闲时间，一个游戏项目一旦完成，进入正常运营，项目人员的空闲时间马上会被新项目填满。一个可能得结果是，网龙大部分员工的“弹性工作时间”总是紧绷的，那些工作效率更高的佼佼者才可能享受余暇，使用公司提供的运动和休闲设施，而优胜员工依然是通过残酷的竞争方式产生的。

讨论题：

结合上述案例，讨论以下问题：为什么网龙选择创建“快乐公司”？网龙创始人刘德建和刘路远兄弟的个性、价值观和知觉对网龙公司快乐文化的影响？快乐的员工是工作绩效高的员工吗？管理制度的健全和 ERP 系统管理会与公司的快乐文化冲突吗？快乐公司是梦幻还是现实？

模块二:管理游戏

头脑风暴

[训练步骤]

全体人员分成每组4~6人的若干小组。要求尽可能多地想出回形针的用途。每组指定一人负责记录想法的数量而不是想法本身。10分钟之后,请各组汇报他们所想到的主意的数量,然后举出其中"疯狂的"或"激进的"主意。

[训练要点]

1. 不允许有任何批评意见。

2. 欢迎异想天开(想法越离奇越好)。

3. 我们所要求的是数量而不是质量。

4. 我们寻求各种想法的组合和改进。

模块三:相关测验

当你与其他人意见不一致时,你是否经常利用以下方式?

经常　　有时　　很少

1. 我会进一步了解我们之间的不一致,而不是立即改变自己的看法或强加给他人我的看法。

2. 我坦诚地表明自己的不同意见,并欢迎有关方面进一步讨论。

3. 我寻求一种双方共同满意的解决意见。

4. 我要确保自己的意见也被倾听,而不能让别人不听我的意见就下结论。当然,我也会认真听取别人的意见。

5. 我采取折中的方法,而没有必要非去寻找完全满意的解决方法。

6. 我承认自己错了一半而不去深究我们的差异。

7. 我总是迁就别人。

8. 我希望自己只说出真正想说的一部分。

9. 我完全放弃自己的想法,而不是改变别人的意见。

10. 我把有关这一问题的所有矛盾搁置在一旁暂不考虑。

11. 我很快就会同意别人的观点而不去争论。

12. 一旦对方对某一争论情感用事,我很快就会放弃。

13. 我试图战胜其他人。

14. 我要不惜一切代价取得成功。

15. 对于一项好的建议,我从不退缩。

16. 我更愿意取胜,而不是进行妥协。

说明:先给全部选择打分:经常—5分,有时—3分,很少—1分。然后计算每组总分,分组如下:A组:13~16题

B 组:9 ~12 题

C 组:5 ~8 题

D 组:1 ~4 题

模块四:复习思考

一、单项选择题

1. 组织行为学形成的年代是(　)。

A. 1949 年　　B. 1911 年

C. 20 世纪 20 年代末 30 年代初　　D. 20 世纪 60 年代中叶之后

2. 提出人际关系理论的学者是(　)。

A. 泰勒　　B. 甘特

C. 梅奥　　D. 福特

二、多项选择题

1. 哪些是属于当代管理理论(　)。

A. 组织文化　　B. 人本管理

C. 组织再造理论　　D. 学习型组织

2. 组织行为学的理论源泉有(　)。

A. 人类学　　B. 政治学

C. 社会学　　D. 心理学

E. 生理学

3. 管理心理学与组织行为学的区别主要表现为(　)。

A. 研究对象各有侧重　　B. 应用范围不同

C. 理论基础不同　　D. 阶级属性不同

E. 科学性不同

三、思考题

1. 人际关系理论的主要观点是什么?

2. 现场观察法有哪些优缺点?

3. 案例研究法有哪些局限性?

第二章

个性心理特征与行为

学习目标

1. 熟悉影响个性形成的因素；
2. 了解气质类型及其差异管理；
3. 掌握性格结构特征及其差异管理；
4. 掌握能力发展差异及其在管理中的应用。

开篇案例

强佳计算机公司技术部的张强是一位难得的人才。他在公司六年,始终及时跟踪国际计算机市场上的技术行情,自行研制开发了与美国大型计算机公司的产品不相上下的新机型,使强佳公司占领了国内42%的市场份额。因此,公司任命他为技术部经理。张强上任后,一方面仍然像以前一样兢兢业业,继续钻研计算机技术;另一方面,他尽力避免自己陷于复杂的人际关系中,尽力保持自己作为科研人员的相对独立性。但是上任一段时间后,因为他仍然沉迷于对计算机技术的研究,对技术部的管理跟不上,导致技术部的员工不团结,一盘散沙。此外,技术部内部还产生了不少人际关系的矛盾与冲突,有些还牵扯到张强本人。

问题:

1. 张强是具备什么能力和个性的人?
2. 为什么他上任后没有达到人们对他的期望?
3. 作为公司领导,应该如何使用张强这种人?
4. 公司领导在用人问题上有何失误? 应该怎么做?

第一节　个性概述

一、个性的概念

德国哲学家莱布尼茨有一句名言:“世界上没有两片相同的绿叶”,我们同样可以说,世界上没有两个完全相同的人。即使是孪生子,长相可能极其相像,但实际生活中所表现出来的行为方式、处事方法却不尽相同,这是由人的个性决定的。

个性是指一个人在人生舞台上,在他的行为模式中表现出来的内心活动,即一个人身上经常、稳定地表现出来的心理特点。它包括相互联系的两个部分:一是个性心理特征,主要是指气质、性格和能力;二是个性倾向性,即个体对客观事物的意识倾向性,包括需要、动机、兴趣、爱好、信念、理想、世界观等。

二、个性的特征

所谓个性的特征,是指一个人经常表现出来的稳定的心理与行为特征,那些暂时的、偶尔表现出来的行为不属于个性特征。

(一)整体性

现实的人具有多种心理成分和特质,如才智、情绪、愿望、价值观和习惯等,但它们并不是孤立存在的,而是密切联系并整合成为一个有机组织。现实的人的行为不仅是某个特定部分运作的结果,而且总是与其他部分紧密联系、协调一致进行活动的结果。精神分裂症是一种最常见的精神病,布洛伊勒(Bleuler)在提出精神分裂症这个术语时便认为,精神分裂症是精神内部的分裂,他将统一性的丧失、精神的内部分裂视为此病的本质,可以将精神分裂症患者的心理与行为比喻为一个失去指挥的管弦乐团,得了这种病,患者的感觉、记忆、思维和习惯这类心理机能虽然不至于丧失,却是乱七八糟的。由此可见,正常人的心理是多样性的统一,是有机的整体。

(二)稳定性

个性的稳定性表现在两个方面:一是跨时间的持续性。在人生的不同时期,个性的持续性首先表现为自我的持久性,每个人的自我在世界上不会存在于其他地方,也不会变成其他东西,昨天的我是今天的我,也是明天的我;过去的我透过现在的我,影响着我的现在和将来;虽然未来不能决定现在,但自我对未来的洞察力能决定现在的我,这就是自我的持续性;二是个性的跨情境一致性。例如,一个外向的学生不仅在学校里善于交往,喜欢结识朋友,在校外也喜欢交际,喜欢聚会,虽然他偶尔也会表现得安静,与他人保持一定距离。

(三)独特性

个性的独特性是指人与人之间的心理与行为是各不相同的。由于个性结构组合的多样性,使每个人的个性都有其自己的特点,日常生活中,我们随时随地都可以观察到每个人的行动都异于他人,每个人都各有其需要、爱好、认知方式、情绪、意志和价值观。

我们强调个性的独特性,并不排除人们在心理与行为上的共同性。人类文化造就了人性,同一民族、同一阶层、同一群体的人具有相似的个性特征,文化人类学家把同一种文化陶冶出的共同的个性特征称为群体个性或众数个性。例如,许多研究表明,由于受儒家文化的影响,世界各地的华人都有不少相同的个性特征。但是,个性心理学家更重视人的独特性,虽然他们也研究人的共同性。

(四)社会性

个性的社会性是指社会化把人变成社会的成员。个性是社会的人所特有的,又是在个体的遗传和生物基础上形成的,受个体生物特性的制约。从这个意义上说,个性是个体的自然性和社会性的综合。但是人的本质并不是所有属性相加的混合物,或者是几种属性相加的混合物,构成人的本质的东西是那种为人所特有的失去了它人就不能称其为人的因素,这种因素就是人的社会性。其实,即使是人的生物性需要和本能,也是受人的社会性制约的。例如,人满足食物需要的内容和方式是受具体的社会历史条件制约的。

可以这样概括,个性是个人各种稳定特征的综合体,显示出个人的思想、情绪和行为的独特模式,这种独特模式是个体社会化的产物,同时又影响着个体与环境的交互作用。

三、个性理论

由于对个性实质的不同理解,形成了不同的个性理论。较有影响的有结构理论和物质理论。

(一)结构理论

弗洛伊德的个性结构是以本能性欲为核心构成的。他认为个性由本我、自我、超我三部分构成。本我中的本能冲动是个性的原始倾向,是主体一切欲望和冲动的源泉,具有强大的非理性的心理能量。它按照快乐原则,急切寻找出路,一味追求满足。自我是指个性中的意识结构部分,是来自本我经外部世界影响而形成的知觉系统,它代表理智与常识,处于本我与超我之间,按照现实原则充当仲裁者,监督本我,适当满足,即指导行为采取社会允许的方式满足本我的需要。超我是指个性中最文明、最道德的部分,它是社会道德规范的内化,表现为良心和自我理想,处于个性的最高层,按照至善原则,指导、监察、限制本我,达到自我典范,不让其有越轨行为,否则就给予惩罚。超我中有一部分处于无意识之中,另一部分则处于意识领域。如果上述三者保持平衡,就会实现个性的正常发展,否则,会导致个性障碍或神经疾患。

(二)特质理论

特质理论起源于20世纪40年代的美国,主要代表人物是美国心理学家奥尔波特和卡特尔。特质理论认为,特质是决定个体行为的基本特性,是个性的有效组成元素。

1. 奥尔波特的特质理论。奥尔波特是鉴于对弗洛伊德主义过于强调人的潜意识的怀疑和不满,以及心理学中的实验化倾向而提出的特质理论。该理论用个案研究法,从很多人的书信、日记、自传中,分析各种具有代表性的个性特质。他认为,特质是个性的基础,但他反对弗洛伊德虚幻式的个性结构看法,个性特质是每个人以其生理为基础的一些持久不变的性格特征。奥尔波特于1937年首次提出特质理论,他把人的特质分为两类,即共同特质和个人特质。

(1)共同特质。共同特质是指在某一社会文化形态下，大多数人或一个群体所共有的相同特质，它是在共同的生活方式下形成，并普遍地存在于每一个人的身上。从共同特质来看，个体间的差异只不过是个人具备这种特质的多寡或强弱不同而已。

(2)个人特质。它是个人所独有的个性特质。奥尔波特特别重视个人特质，他指出："严格地说，只有个人特质才是真实的特质。因为第一，特质是个人的而不是地区的、社会的；第二，特质是以个人经验的独特方式发展起来的动力倾向，所以共同特质不是真正的特质。"他进而把个人特质按其对个性的不同影响和作用，区分为三个重叠交叉的层次：首要特质、中心特质和次要特质。

首要特质是个人最重要的特质，往往只有一个。它在个性结构中处于支配地位，具有极大的弥散性和渗透性，影响着个人行为的所有方面。不过这种首要特质未必每个人都具有。有些人因具有单个首要特质而成为著名人物。如多愁善感是林黛玉的首要特质，狡猾奸诈是曹操的首要特质等。

中心特质是个性的构件。每个人都由几个彼此相联系的中心特质构成其独特的个性。它虽然不如首要特质那样对行为起明显的支配作用，但本身对个性有一般意义的倾向。例如，为学生写操行评语时，考虑到代表某个学生个性的那些特质（如准时、整洁、勤奋、诚恳等）即属于其个人的中心特质。奥尔波特认为，每个人所具有的中心特质一般在 5 ~ 10 种之间，由此可见，每个人的中心特质并不多。

次要特质是个体的一些不太重要的特质，只有在特殊情况下才会表现出来，除了亲近他的人之外，其他人很少知道。如一个人在外面很粗鲁，而在自己母亲面前很顺从，这里的顺从就是他的次要特质。

2. 卡特尔的特质理论。在所有的特质理论中，影响最大的当属由美国心理学家雷蒙德·卡特尔提出的 16 种根源特质，即十六因子模型。卡特尔受化学元素周期表的启发，用因素分析法对人的特质进行了分析，他接受了奥尔波特关于特质的概念，并在此基础上进一步发展了特质概念，提出了基于特质的一个理论模型。该模型分为四层：个别特质和共同特质；表面特质和根源特质；体质特质和环境特质；动力特质、能力特质和气质特质。

1949 年，卡特尔用因素分析法提出了 16 种相互独立的根源特质，并编制了《卡特尔 16 种人格因素测验》(16PF)。这 16 种特质分别是：乐群性、聪慧性、情绪稳定性、恃强性、兴奋性、有恒性、敢为性、敏感性、怀疑性、幻想性、世故性、忧虑性、激进性、独立性、自律性、紧张性。卡特尔认为，每个人身上都具备这 16 种特质，只是在不同人身上的表现有程度上的差异。

3. 现代特质理论。近年来，一些研究者在个性的理论建模上达成了共识，提出了几种有代表性的现代个性理论。

(1)三因素模型。艾森克依据因素分析法提出了人格的三因素模型。这三个因素分别是:外倾性,它表现为内外倾的差异;神经质,它表现为情绪稳定性的差异;精神质,它表现为孤独、冷酷、敌视、怪异等偏于负面的人格特征。艾森克依据这一模型编制了人格问卷,这个量表在人格评价中得到了广泛的应用。

(2)五因素模型。塔佩斯等运用词汇学的方法对卡特尔的特质变量进行了再分析,发现了五个相对稳定的因素,以后许多学者进一步验证了五种特质的模型,形成了著名的大五因素模型。这五个因素是:①开放性,具有想象、审美、情感丰富、求异、创造、智能等特质;②责任心,显示了胜任、公正、条理、尽职、成就、自律、谨慎、克制等特质;③外倾性。表现出热情、社交、果断、活跃、冒险、乐观等特质;④宜人性,具有信任、直率、利他、依从、谦虚、移情等特质;⑤神经质或情绪稳定性,具有焦虑、敌对、压抑、自我意识、冲动、脆弱等特质。1989 年,麦克雷和科斯塔编制了大五因素的测定量表。

(3)七因素模型。尽管大五因素模式在多种语言文化(包括中国文化)中被证实具有良好的信度与效度,但仍有部分学者认为完全照搬该模式会带来文化理解上的偏差,因此,我国研究者王登峰等人(杨国枢、王登峰,1999;王登峰、崔红,2004)提出了适合中国人的个性结构模型——中国人的七因素模型,七个维度分别为外向性、善良、行事风格、才干、情绪性、人际关系和处世态度。

四、个性的形成与发展

个性的形成与发展离不开先天遗传与后天环境。心理学家们认为,个性是在遗传与环境的交互作用下逐渐形成并发展的。

(一)遗传与生理因素

所谓遗传,是指上一代染色体中包含的遗传性状传给下一代的现象。遗传包括种系遗传和个体遗传两种,而心理学中讨论的问题主要是个体遗传。在日常生活中人们会发现,子女与父母之间往往不只是容貌、体形相似,而且性格、智力、兴趣也有某些相似之处,这主要受遗传的影响。遗传不仅在身体外形方面表现出某种相似之处,而且由于子女在父母言传身教的影响下,他们经常观察和模仿家长的行为,这样,在子女身上会逐步表现出父母身上的某些个性特征。现实生活中人们容易看到,一些家庭为音乐世家、文学世家、教师世家;一些家庭几代人在性格、信仰、能力方面有很多相似之处。这就说明遗传因素、相同的生活环境、政治文化背景对下一代个性造成的影响。

(二)环境因素

环境因素主要是指家庭、学校和社会对一个人个性的影响。

1. 家庭环境。家庭因素对个性的影响是指家庭的经济与政治地位、父母的文化素养和言行、家庭成员之间的关系等因素对一个人个性的形成与发展有重大影响。研究发现,权威型教养方式的父母在子女教育中表现得过于支配,孩子的一切都由父母来控制,在这种环境中成长的孩子容易形成消极、被动、依赖、服从、懦弱,做事缺乏主动性,甚至会形成不诚实的个性特征;放纵型教养方式的父母对孩子过于溺爱,让孩子随心所欲,父母对孩子的教育有时出现失控的状态,在这种家庭环境中成长的孩子多表现为任性、幼稚、自私、野蛮、无礼、独立性差、唯我独尊、蛮横胡闹等;民主型教养方式的父母与孩子在家庭中处于一种平等和谐的氛围当中,父母尊重孩子,给孩子一定的自主权和积极正确地指导。父母的这种教育方式能使孩子形成积极的个性品质,如活泼、快乐、直爽、自立、彬彬有礼、善于交往、富于合作、思想活跃等。由此可见,家庭确实是"人类性格的工厂",它塑造了人们不同的个性特质。

除了父母的教育以外,家庭成员的相互关系,特别是父母的关系对儿童个性的形成有重要的作用。和睦、互相尊重、互相理解和支持的家庭氛围对孩子的个性有积极的影响,反之,父母间的争吵、隔阂、猜疑乃至关系破裂与离异会对儿童造成消极的影响。

孩子在兄弟姐妹间的排行对儿童的个性也有一定影响。一般认为,家庭的长子个性多偏于保守,进取心较弱,缺乏自信心,易受人暗示,不善于表达感情,同时有较强的责任感,主动,善交际,喜欢照顾他人;而家庭中最小的孩子往往得到的关心比较多,容易形成娇惯任性、依赖他人等个性特征。实际上,出生顺序对儿童个性的影响并不是由出生时间决定的,而是由于父母家人对待孩子的不同态度以及孩子在家庭中的地位决定的。

延伸阅读

XYZ 型:三种家庭教养模式[①]

卡其策巴希(Kagiticibasi)根据家庭中两代人之间的"独立—依赖"关系,归纳出了三种典型的家庭教养模式:

X 型:家庭中父母与子女在物质与情感上的关系是相互依赖的,亲子关系的取向是顺从,属于集体主义模式。如韩国与日本的母亲总是热心于保持与孩子的交互作用,母亲千方百计地要把自己与孩子"焊接"起来,她们认为母子的亲密关系是儿童健康发展的重要条件。在家庭教养中,母亲总是力图创造一种"关系上的协调",但是她们却难以培养孩子的心理独立性。

① 彭聃龄:《普通心理学》(修订版),北京师范大学出版社 2001 年版,第 450 页。

Z型:家庭中两代人之间在物质和情感上都是相互独立的,亲子关系的取向是独立,属于个人主义模式。如美国和加拿大的母亲认为母子间的分离与个体化是孩子个性健康发展的条件。所以,母亲尽力把自己与孩子分离开,以培养孩子的独立自主性,母亲在家庭关系中创设的是一种"个体上的协调"。但是,这也会带给双方情感上的孤独与失落。

Y型:将上述两种模式辩证地综合在一起,强调在物质上的独立,在情感上的相互依赖。中国与土耳其的家庭近似这种模式。如土耳其(Phalet & Claeys,1990)的研究发现,土耳其青年既忠于家庭,又注重本人才能的自我实现。在具有集体主义文化基础的发展中国家,大规模的城市化和现代化背景下,家庭人际关系可能向Y型转化。

2. 学校教育。学校教育对人的个性的形成,特别是对社会、事业、人的看法和态度的形成,对个人的世界观、人生观、道德理想、奋斗目标的确立具有重要的意义。学校对个人的影响不同于家庭和一般社会环境,它不是偶然的、零碎的,而是系统的、有目的、有计划地进行的,包括学校领导、老师提出的要求、方向,加上必要的奖惩措施,课堂上传授的知识内容,学校环境和班集体的影响,同学之间的相互交往,还有老师对学生的态度等。中学阶段是青少年个性形成的重要时期,学校的文化知识、思想品质、行为规范的教育对学生良好个性的培养都有至关重要的作用,这些影响主要来自课堂教学、课外活动、班集体的风貌、师生关系与同学关系等。一个优秀的班主任和一个良好的班集体对学生良好个性的培养起着直接的、潜移默化的作用。不同的班主任和班集体培养出来的学生的个性往往有很大差别,并且对学生的一生都会有影响,因此,选拔好的班主任、建立好的班集体在学校工作中显得尤为重要。

3. 社会实践。社会实践对人的个性的培养和发展的作用也不容忽视,而且可以说最终决定了人的个性的形成。当一个人从家庭、学校到最终走上社会,为了适应日益扩大的生活领域和人际交往,在反复学习担当各种新角色、新工作应有的行为方式和对事物的态度的同时,形成和改变着某些个性特征。职业的种类、劳动报酬、荣誉、与领导和同事的关系都会对其个性的变化起着重要作用。如人际关系协调、领导信任、事业得心应手都会使自己的才能得到充分的发挥,情绪饱满,容易显示出积极、主动、活泼、热情的个性。职业的不同也直接影响着人的个性,如教师热情、冷静、有口才、思维敏锐、有条理;文艺工作者活泼、开朗、情感丰富、富于创造性等。

4. 社会文化。每个人都处于特定的社会文化之中,社会文化对个性的影响是极为重要的。社会文化塑造了社会成员的个性特征,使其成员的个性结构朝着相似的方向发展,而这种相似性又具有维系社会稳定的功能。社会文化具有对个性的塑造功能，还突出地反映在不同文化的民族都有其固有的民族性格方面。

5. 自然物理条件。生态环境、气候条件、空间拥挤程度等这些物理因素也会影响个性的形成与发展。气温会提高某些个性特征出现的频率，如热天使人烦躁不安等。但自然环境对个性不起决定性的作用，在不同的物理环境中，个人可以表现不同的行为特点。

除了上述这些因素以外，年龄也会对人的个性产生影响，不同的年龄段，个性会有明显的区别，这与人的思想发展、知识面扩大、经验的丰富有关。

第二节　气质与行为

一、气质的含义

气质是指人的心理活动的动力特点，即人在进行心理活动时或是在行为方式上表现于情感和活动发生的速度、强度、稳定性、灵活性等动态性质方面的心理特征。在现实生活中我们很容易观察到，对待同一件事情会有不同的表达方式，如有的人脾气暴躁、易动感情，特别是当他的自尊心受到挫伤时，更容易发火；另一些人则冷静沉着，情绪发生得缓慢，不动声色，即使遭到非难，也可以冷静地思考，虽然内心不快，也不立刻爆发。有的人在行动上表现得伶俐、敏捷、活泼好动；有的人则反应比较迟钝，行动缓慢稳重。这些特征都是个性中的气质特征。对气质心理现象可以从以下几个方面加以理解。

（一）气质反映的是心理活动的动力方面的特征

气质主要反映了心理活动在速度、强度、稳定性和指向性等动力方面的特点。在心理活动的速度方面，主要表现为知觉、记忆、思维的速度和情绪变化的速度等；在心理活动的稳定性方面，主要表现为注意的稳定性和情绪的稳定性等；在心理活动的强度方面，主要表现为意志努力的强度和情绪体验的强度等；在心理活动的指向性方面，主要表现为内向或外向等特点。应当指出的是，人的心理活动的动力特点除了受气质影响，还与人的心理活动的内容、目的、动机有关。例如，不论什么气质的人，遇到高兴的事都会情绪高涨，遇到不愉快的事总会情绪低落。

（二）气质是一种典型的心理特征

气质使人的全部精神活动都染上独特的色彩，表现出与他人不同的典型特点。具有某种气质的人会在不同情境中表现出相同性质的心理活动的动力特点。例如，一个性情急躁的人，在争论时会情绪激动，在探究问题时会急不可待地要了解探究的结果。

(三)气质是一种稳定的心理特征

气质依赖于生物组织而存在,具有稳定性,所以在一般情况下,它不会因活动的情境发生变化而变化。在环境和教育的影响下,气质可能有所改变,但其变化很慢,相对于其他心理活动来说,几乎看不出其变化。俗话说的“禀性难移”即指气质具有稳定的、不易改变的特点。

气质虽具有稳定性,却不是固定不变的。在生活过程和教育以及实践活动中形成的各种个性特征,对气质都会产生影响,后天所获得的暂时联系系统可以掩盖神经系统的特性,并在长期影响下使其得到发展和改造,这使气质也具有一定程度的可塑性。

(四)气质具有天赋性

气质是与生俱来的,婴儿一生下来就存在明显的气质差异。例如,有的婴儿生下来就哭声响亮,对外界刺激的反应迅速;有的则比较安静,对外界刺激的反应缓慢。这种心理活动的特点在今后的游戏、学习和人际交往中都会表现出来。气质的天赋性还表现为气质特性与遗传有密切关系。同卵双生子的气质特点要比异卵双生子更相近,即使将他们一出生就分开抚养,他们仍然会保持原来的气质特点,变化不大。每个人出生时就具有某种气质,它受人的神经系统特性的影响。人的气质不受个人活动的目的、动机和内容的影响,在目的、内容不同的活动中,人的气质特征都会以同样的方式表现出来。例如,具有安静迟缓气质特征的人,无论在参加考试、当众演说或参加体育比赛时,都会表现出来。所以人的气质是最稳定、最牢固的心理特征。当然,人的气质也不是一成不变的,但是较之其他心理特征,它的变化要缓慢得多。

二、鉴定气质类型的心理指标

由于人的心理活动的动力特征从多方面表现出神经系统的基本特性,那么,在这些心理特征中,就可以既从实验结果,又从生活指标来判断不同人的气质类型。心理学用以区分气质类型的心理指标有六项:感受性、耐受性、反应的敏捷性、可塑性、情绪的兴奋性、外倾性与内倾性。

感受性是指个体对外界刺激的感觉能力。它可以用人产生某种感觉所需要的最小刺激量来衡量。感受性是心理活动强度的重要指标。

耐受性是指个体耐受刺激作用的能力。它可以从个体耐受刺激的强度或作用时间两方面进行衡量。耐受性也是心理活动的强度的重要指标。

反应的敏捷性是指心理活动的灵活性。它一方面表现为在不随意活动中能否迅速指向一定的对象;另一方面表现为随意性心理活动的速度或不同活动相互转换的速度。

可塑性是指个体根据外界事物的变化而改变自己适应性行为的可塑程度。可塑性强的人较容易对自己的思想、态度、行为进行改变，而较少出现不愉快的情绪反应；可塑性弱的人较难改变自己的思想、态度、行为，在改变时经常出现不愉快的情绪反应。

情绪的兴奋性是指在行为中表现出来的情绪的兴奋程度。情绪的兴奋性不仅反映了个体神经活动的强弱，还反映出个体兴奋与抑制的平衡性。例如，神经活动强的人，如果兴奋与抑制平衡，其强烈情绪就不表现出来；如果抑制水平低，其强烈情绪就会表现出来。

外倾性是情绪兴奋性强的体现，其心理活动和行为反应都倾向表现于外；内倾性是情绪的抑制过程占优势的反映，其心理活动和行为反应都不轻易表现出来。

三、气质的相关学说

（一）气质的体液说

古希腊最著名的气质学说是希波克拉底提出的气质体液说。希波克拉特认为，人体含有四种体液：血液、黏液、黄胆汁、黑胆汁，有机体的状态取决于这四种体液的适当搭配。这种观点经过不断演化，逐步形成了气质按体液特性可以划分为多血质、黏液质、胆汁质、抑郁质四种类型的学说。四种气质类型分化的原因是占优势的体液不同，血液占优势的称为多血质，黏液占优势的称为黏液质，黄胆汁占优势的称为胆汁质，黑胆汁占优势的称为抑郁质。

1. 多血质。多血质的气质特征是感受性低而耐受性高；不随意反应性强，易受外界刺激的影响；具有较高的可塑性；情绪兴奋性高，反应迅速而灵活；外倾性明显。具有这种气质的人像春风一样，富有朝气。这种人乖巧伶俐，惹人喜爱；情绪丰富而外露，表情多变；活泼、乐观、好动、灵活，喜欢与人交往，有种“自来熟”的本事，但交情粗浅，语言表达力强而且富有感染力，思维灵活，行动敏捷，对各种环境适应力强，教育的可塑性强，但往往缺乏耐心和毅力，稳定性差，见异思迁。《水浒传》中的浪子燕青就是这种气质的典型人物。

2. 黏液质。黏液质的气质特征是感受性低而耐受性高；不随意反应性低，不易受外界刺激的影响；可塑性较弱；情绪兴奋性低，反应速度慢，具有稳定性；内倾性明显，外部表现较少。具有这种气质的人像冬天一样冰冷耐寒且缺乏生气。这种人安静稳重，沉默寡言，喜欢沉思，表情平淡，情绪不外露；自制力很强，不怕困难，忍耐力高；与人交往适度，朋友少但知心；思维灵活性略差，但考虑问题细致而周到，这往往弥补了思维的不足。这种人平时总是四平八稳，所以有时“火烧眉毛也不急”，行为主动性比较差，经常是别人让做某事才会去做。《水浒传》中的豹子头林冲就是这种气质的典型人物。

3. 胆汁质。胆汁质的气质特征是感受性低而耐受性高;不随意反应性强,易受外界刺激的影响,反应迅速但不灵活;可塑性较弱;情绪兴奋性高,抑制能力差;外倾性明显。具有这种气质的人像"夏天里的一把火",是火爆脾气。这种人精力旺盛,争强好斗;做事勇敢果断,为人热情直率,朴实真诚。但思维活动常常粗枝大叶、不求甚解,遇事常欠思量、鲁莽冒失,常常感情用事、刚愎自用,但表里如一。《水浒传》中的黑旋风李逵就是这种气质的典型人物。

4. 抑郁质。抑郁质的气质特征是感受性高而耐受性低;不随意反应性低,不易受外界刺激的影响;可塑性较弱,具有刻板性,不灵活;情绪兴奋性高,情绪体验深刻,反应速度慢;具有严重的内倾性。具有这种气质的人给人以"秋天落叶"般的无奈、忧愁的印象。这种人情绪体验深刻、细腻而又持久,主导心境消极抑郁,多愁善感,给人以温柔怯懦的感觉。聪明而富有想象力,自制力强,注重内心世界,不善交际,孤僻离群,软弱胆小,萎靡不振。行为举止缓慢而单调,虽然踏实稳重,却优柔寡断。《红楼梦》中的林黛玉就是这种气质的典型人物。

知识链接

看戏迟到

苏联心理学家巧妙设计了"看戏迟到"的特定问题情境,对四种典型气质类型的人进行观察研究,结果发现,四种基本气质类型的观众在面临同一情境时有截然不同的行为表现,气质使其心理活动染上了一种独特的色彩。

胆汁质的人面红耳赤地与检票员争吵起来,甚至企图推开检票员,冲过检票口,径直跑到自己的座位上去,并且还会埋怨说,戏院时钟走得太快了。

多血质的人明白检票员不会放他进去,他不与检票员发生争吵,而是悄悄跑到楼上另寻一个适当的地方来看戏剧表演。

黏液质的人看到检票员不让他从检票口进去,便想反正第一场戏不太精彩,还是暂且到小卖部待一会儿,待幕间休息再进去。

抑郁质的人对此情景会说自己老是不走运,偶尔来一次戏院,就这样倒霉,接着就垂头丧气地回家了。

(二)气质的高级神经活动类型说

高级神经活动类型说是巴甫洛夫提出的,它认为人的气质是由人的高级神经活动类型决定的。巴甫洛夫用条件反射方法研究动物高级神经活动时发现,大脑皮层神经活动的兴奋与抑制过程具有三个基本特征:

1. 神经过程的强度。即神经细胞和神经系统的兴奋与抑制的工作能力和耐力。兴奋与抑制能力强,其神经活动就是强型;兴奋与抑制能力弱,其神经活动就是弱型。

2. 神经过程的平衡性。即兴奋与抑制在强度方面的相对均势或优势。兴奋与抑制的能力基本接近，就是平衡型；兴奋能力明显高于抑制能力，就是不平衡型。

3. 神经过程的灵活性。即兴奋与抑制过程相互转化的速度。抑制与兴奋转换迅速的，叫灵活型；抑制与兴奋转换缓慢的，叫不灵活型。

巴甫洛夫根据神经系统这三个基本特性相互组合的特点，把高级神经系统活动划分为四种基本类型：强、不平衡型（兴奋型），强、平衡、不灵活型（安静型），强、平衡、灵活型（活泼型）和弱型（抑制型）。巴甫洛夫认为，上述四种神经系统的基本类型是动物和人共有的，因此称为一般类型。神经系统的一般类型就是气质的生理基础，气质是神经系统一般类型的心理表现。每一种高级神经活动的类型都对应着一种气质类型（如表 2－1 所示）。神经活动的兴奋型对应的气质类型是胆汁质；神经活动的安静型对应的气质类型是黏液质；神经活动的活泼型对应的气质类型是多血质；神经活动的抑制型对应的气质类型是抑郁质。

表 2－1　神经活动类型与气质类型的对应关系

高级神经活动类型	强度	平衡性	灵活性	行为特点	气质类型
不可遏制型	强	不平衡		攻击性强，易兴奋，不易约束，不可抑制	胆汁质
活泼型	强	平衡	灵活	活泼好动，反应灵活，好交际	多血质
安静型	强	平衡	不灵活	安静、坚定、迟缓、有节制、不好交际	黏液质
抑制型	弱			胆小畏缩，消极防御反应强	抑郁质

（三）气质的体型说

德国心理学家、精神病学家克瑞其米尔认为，人的身体结构与气质及所患精神病的种类是紧密关联的，体型决定人的气质。经过总结，他把人的体型划分成三类：肥胖型、细长型和筋骨型。每一类体型易患的精神病分别为：肥胖型易患躁狂症；细长型易患精神分裂症；筋骨型易患癫痫症。

美国心理学家谢尔顿也是体型说的代表之一。他通过分析几千张大学生的照片，提出划分体型的三个维度：内胚叶型（柔软、丰满）、中胚叶型（发达、健壮）和外胚叶型（高大、细瘦），并发现气质与体型之间的相关达 0.80。

由于人的体型在一生中不断变化，且不能说明因果关系，因此体型说并不具有很强的说服力。

（四）气质的血型说

血型说是日本学者古川竹二提出来的，他认为人的气质与血型有关。古川竹二根据人的血型将气质分为A型、B型、AB型、O型四种类型。他认为,A型血的人温和、稳重、顺从;B型血的人感觉灵敏、善于社交;AB型的兼有A型和B型的特点;O型血的人志向高远,好胜心强,比较霸道。事实上,并没有证据证明气质与血型有必然的联系。

(五)气质的活动特性说

气质的活动特性说是美国心理学家巴斯(A. H. Bass)1975年提出的。巴斯以活动性、情绪性、社交性和冲动性等反应活动的特性为指标,区分了四种气质类型。一是活动型,活动型的人总是抢先迎接新的任务,爱活动,不知疲倦;二是情绪型,情绪型的人觉醒程度和反应强度大;三是社交型,社交型的人渴望与他人建立密切的联系;四是冲动型,冲动型的人缺乏抑制能力。

(六)气质的激素理论

气质的激素理论认为,气质特点是由不同的内分泌腺所致。根据内分泌腺的发达情况,可以把人分成甲状腺型、脑垂体型、肾上腺型、副甲状腺型、性腺型。

尽管内分泌腺的活动与人的气质有一定的关系,但内分泌腺是在高级神经系统的调节下活动的,因此,将气质简单归结为是内分泌腺活动的结果是不合适的。内分泌腺的活动不是气质差异的唯一原因。

四、气质差异与行为管理

(一)气质在管理实践中的意义

在同一领域内可以找出不同气质类型的代表,在不同领域内的杰出人物中也可以找出相同气质类型的代表。各种气质类型很难说绝对的好坏,但特定的岗位却有是否合适的问题,如有的岗位需要开拓性,有的职务需要一丝不苟的特性等。因此,对不同职务和岗位,每种气质类型都有其积极的一面,也有消极的一面,对于积极的一面要发展,消极的一面要抑制、改变。了解个体的气质,对管理工作的开展、人际关系的处理及工作效率的提高都有着重要的意义。

1. 气质是人的天性,并无好坏之分。在评定人的气质时不能认为一种气质类型是好的,另一种气质类型是坏的。每一种气质都有积极和消极两个方面,在这种情况下可能具有积极的意义,而在另一种情况下则可能具有消极的意义。如胆汁质的人可成为积极、热情的人,也可发展成为任性、粗暴、易发脾气的人;多血质的人情感丰富、工作能力强、易适应新的环境,但注意力不够集中,兴趣容易转移,无恒心等;抑郁质的人工作中耐受能力差,容易感到疲劳,但感情比较细腻,做事审慎小心,观察力敏锐,善于察觉到别人不易察觉的细小事物。

2. 气质不能决定一个人活动的社会价值和成就的高低。据研究,俄国的四位著名作家就是四种气质的代表，普希金具有明显的胆汁质特征，赫尔岑具有多血质的特征，克雷洛夫属于黏液质，而果戈理则属于抑郁质。类型各不相同，却并不影响他们同样在文学上取得杰出的成就。气质只是属于人的各种心理品质的动力方面，它使人的心理活动染上某些独特的色彩，却并不决定一个人性格的倾向性和能力的发展水平。所以，气质相同的人可以成为对社会做出重大贡献、品德高尚的人，也可以成为一事无成、品德低劣的人；可以成为先进人物，也可以成为落后人物，甚至反动人物。反之，气质极不相同的人也都可以成为品德高尚的人，成为某一职业领域的能手或专家。

3. 气质虽然在人的实践活动中不起决定作用，但是有一定的影响。气质不仅影响活动进行的性质，而且可能影响活动的效率。例如，要求做出迅速灵活反应的工作对多血质和胆汁质的人较为合适，而黏液质和抑郁质的人则较难适应。反之，要求持久、细致的工作对黏液质、抑郁质的人较为合适，而多血质、胆汁质的人又较难适应。气质不能决定人们的行为，是因为人们可以自觉地去调节和控制。在一般的学习和劳动活动中，气质的各种特性之间可以起互相补偿的作用，因此对活动效率的影响并不显著。对先进纺织工人所做的研究证明，一些看管多台机床的纺织女工属于黏液质，她们的注意力稳定，工作中很少分心，这在及时发现断头故障等方面是一种积极的特性。注意力的这种稳定性补偿了她们从一台机床到另一台机床转移注意力较为困难的缺陷。另一些纺织女工属于活泼型，她们的注意力比较容易从一台机床转向另一台机床，这样注意力易于转移就补偿了注意力易于分散的缺陷。

4. 气质影响人的职业适应性。一般说来，多血质和胆汁质的人容易适应迅速且需要灵活转换的工作，黏液质和抑郁质的人容易适应持久而细致的工作，在组织协同工作时，要注意选择不同气质类型的人互相搭配。苏联心理学家鲁萨洛夫发现，在两个人的协同活动中，气质类型不同的两人配合要比气质相同的两人相配合能够取得更好的成绩。在一些特殊职业中（如飞机驾驶员、宇航员、大型动力系统调度员或运动员等），要经受高度的身心紧张，要求人们有极其灵敏的反应，敢于冒险和临危不惧，对人的气质特性提出了特定的要求。在这种情况下，气质的特性影响着一个人是否适合于从事该种职业。因此在培训这类职业的工作人员时，应当测定人的气质特性，这是职业选择和淘汰的根据。

（二）气质差异理论在管理中的应用

1. 应用范围。尽管气质并不能决定一个人活动的社会价值和成就的高低，但它并不是毫无作用。在涉及人的各种实践活动中，不能不考虑气质因素。

（1）人机关系。不同气质类型的人适合于不同的工作、不同的岗位、不同的职位，这也是现代化大生产对气质的要求。例如，对飞机驾驶员、宇航员要求具备机智、勇敢、敏捷、身心能耐受高度紧张等气质特点，对从事组织人事管理工作的干部,除要求有为人民服务的思想品质以外,还应具备工作细致、善于交际、耐心、稳重等气质特点,这有利于团结人,彼此增强信任,调动他人的工作积极性。气质既然影响一个人对该种职业的适合性,因此,在挑选和培训各种职业的工作人员时,尤其是挑选从事管理工作的人员时,应该测定其气质,以利于工作的开展和工作效率的提高。

(2)人际关系。组织、群体内人际关系的状况是影响工作效率与工作成绩的重要因素。不同气质类型的人在处理人际关系时的表现是不同的,一般来说,胆汁质和多血质类型的人外倾性明显,容易与人相处,其人际关系可能较融洽;而黏液质和抑郁质类型的人内倾性明显,不太愿意与人交往,其人际关系可能较差。因此,在管理活动中,管理人员应当了解每一个员工与人际关系有关的气质特征,将不同气质类型的人适当搭配,充分利用气质互补原理,调整好关系,以利于群体中人际关系的健康发展。

(3)思想教育。要想掌握思想政治工作的主动权,使工作做得更有效,就应该了解人的气质特征,针对不同气质类型的人及其不同的特点,采取切合实际的教育方法。如对胆汁质气质类型的人进行有说服力的公开的严厉批评会取得好的效果,但不要激怒他们;对多血质类型的人除了上面的方式外,还可以给他们更多的参政议政机会,通过参与活动开展交心活动;对黏液质类型的人,他们接受不了公开、严厉、激烈的批评,这样会产生逆反心理,严重的可能造成心理障碍,因此,做这部分人的思想工作要耐心细致,给予其思考问题的时间,让他们逐步提高思想认识;对抑郁质气质类型的人还需给予更多的关怀和体贴,使他们感觉到集体的温暖;对中间型和混合型气质类型的人,则应多种教育方式并举,即采用综合方式,根据不同的时间、不同的地点,针对不同的情况,灵活掌握采用何种方式,以取得最佳的教育效果,切不可一刀切,把事情弄得更糟。

2. 应用的原则。

(1)气质绝对原则。气质在人的实践活动中不起决定性作用,它不代表能力的大小,也不代表道德水平的高低,但它有可能影响人们活动的效率。对某些特殊的工作,要求从事这种工作的人必须具备相应的气质特征,即只有具有这种气质的人才能从事这种工作,这就叫作气质绝对原则。如飞机驾驶员,当飞机降落时,在五分钟之内进行一百多个操作动作,注视仪表达一百多次,每次注视的时间只有0.4～0.6秒,这就要求飞行员反应迅速敏捷,具有多血质和胆汁质的人较为合适,而具有黏液质和抑郁质的人则较难胜任。实践证明,由于应用气质绝对原则选拔飞行员,其结果是使淘汰率从原来的三分之二下降到三分之一。反之,要求持久、细致的工作,具有黏液质和抑郁质的人较为合适,而具有多血质和胆汁质的人又较难适应。因此,对要从事某些特殊工作的人都要进行气质测验,从而降低淘汰率,有利于节约时间和降低成本。

(2)气质互补原则。一般来说,完成简单的、机械的工作任务时,由于主要表现为人与机器的关系,人与人之间不发生关系或关系甚少,具有相同气质的人在一起工作,能够取得较为理想的工作效率。而完成复杂、灵活的工作,不仅存在人机关系,更多的是处理人与人之间的关系时,同类气质的人在一起工作效率反而变低,必须是具有不同气质类型的人有机地组合在一起,形成气质互补包容,才能取得较高的效率,更好地完成工作。

(3)气质发展原则。气质虽无好坏之分,但各种气质类型都有其积极的一面,也有其消极的一面,因此,正确认识每种气质类型的特点,了解它对不同工作性质的长处和短处,人们就可主动地以其长处补其短处。气质虽然具有“天赋性”,一般很难改变,但在客观条件的影响下,气质特征会发生缓慢变化,这是一种量的变化,不是质的变化。比如,随着年龄的增长,在教育与环境影响下,气质可以有一定程度的改变,但变化是比较缓慢、微弱的,它与个性的其他心理特征相比,更具有稳定性。

第三节　性格与行为

一、性格概述

(一)性格的概念

性格是一个人对现实的稳定态度和习惯化了的行为方式中所表现出来的个性心理特征。它是一个人的心理面貌的本质属性的独特结合,是人与人之间相互区别的主要方面。对性格的概念可有如下理解:

1. 性格与个体的态度和行为方式关系密切。性格首先表现为个体对现实的态度和相应的行为方式。在现实生活中,人们通过认知活动了解现实世界的一定对象或活动与自己需要的关系:有的能满足自己的需要,有的妨碍自己需要的满足。在这种认识的基础上,人们会形成一定的态度,产生一定的情感反应和行为倾向:喜欢那些能满足自己需要的对象,并乐于从事自己喜欢的活动;讨厌那些妨碍自己满足需要的对象,不愿意从事自己不喜欢的活动。例如,人们在学习活动中,由于经常失败或遭到挫折,就会产生厌恶学习的情绪,在行为方式上就会表现为消极对待学习活动。

2. 性格是个体稳定的心理特征。人的性格是个性心理特征的一个重要方面,它不是一个人一时性的偶然表现。偶然形成的态度和相应的行为方式还不能称为性格,只有当它们巩固下来,成为对现实的稳定的态度或习惯化的行为方式,才能称为性格。例如,一个学生因为偶然的原因而撒谎,我们就不能认定他"不诚实"。但如果他经常撒谎,则可以认定这个学生具有"不诚实"的性格。再如,一个人在他受辱的情况下发了脾气,我们不能就此断定他性格粗暴,对人不友善,但如果他经常发脾气,我们就可以推断他的性格中有粗暴的一面。

3. 性格是具有核心意义的心理特征。性格是个体在后天获得的,是现实生活中社会关系的反映。性格反映出一个人的道德品质及世界观,它在个性中具有核心意义。一个人能力的高低、动作的快慢、情绪的急缓虽然也都属于人的个性特征,但并不体现一个人个性的本质,而性格涉及一个人对现实的稳定的态度和行为方式,它就具有了直接的社会意义,要受到社会的道德意义的评价。一个性格与社会进步相一致的人,无论其能力大小、气质类型如何,都可能对社会进步做出贡献;如果这个人的性格是与社会进步相违背的,就会对社会产生危害,而且能力越强危害越大。因此,人的性格就有了好坏之分。例如,勤劳、勇敢、坚定、大公无私对社会有积极作用,是优良的性格特征;而懒惰、怯懦、动摇、自私自利对社会有消极影响,是不良的性格特征。

性格在个性中具有核心意义,还因为性格对个性的其他方面(如气质、能力等)具有制约和调节作用。性格中还有一些特征虽然与道德品质无直接联系,但对个体身心发展具有重要影响,如乐观与消极、勤奋与懒惰、勇敢与退缩、独立与顺从等。俗话说:"勤能补拙",就是说一个人能力可能差一些,但如果有勤奋这一优良的性格特征,也可以通过艰苦的努力达到理想的境界。因此,掌握了人的性格特征,就可以大致了解一个人整体的精神面貌。

(二)性格的结构及特征

性格具有一定的结构。一般认为,性格包括以下四个方面的特征。

1. 道德特征。道德特征又称态度特征,它包括对人、对事、对己以及对物的态度。如对人是热情还是冷淡;对事是认真负责还是马虎敷衍等。这种对现实的态度以及与之相应的习惯化的行为方式表现在人的行为和活动之中,属于人对现实的态度的性格特征,主要是如何处理社会各方面关系的性格特征,即个人与社会的关系、个人与集体的关系、个人与个人的关系以及对待自己的态度等方面的性格特征。

(1)对社会、对集体、对他人的态度的性格特征。属于这方面的性格特征,良好的表现主要有爱集体、正直、诚实、富于同情心、善于交际、亲切、有礼貌等;与此相反的表现是不热爱集体、阿谀奉承、冷酷无情、盛气凌人、生硬粗暴等。

(2)对工作和学习的态度的性格特征。属于这方面的性格特征主要有勤劳或懒惰,认真负责或敷衍了事,细致或粗心,革新开拓或墨守成规,节俭或浮华等。

(3)对行为调节客观表现的意志果断性特征。它表现为一个人在困难或紧急条件下能否迅速、准确地做出抉择。例如,是坚决果断还是优柔寡断,是勇敢还是胆怯等。

(4)对行为调节客观表现的意志坚韧性特征。它表现为一个人能否以坚强的毅力把已做出的决定贯彻到底,以达到预期目标。例如,是恪守信念还是见异思迁,是威武不屈还是临阵脱逃,甚至投降变节。

2. 理智特征。理智特征是指认知和智力方面的一些特点,如认知风格有独立性和依存性、冲动和沉思之分。

(1)在感知、注意等方面的性格特征。这方面的性格特征有主动观察型和被动观察型的差异。主动观察型在知觉过程中抵御环境干扰的能力较强,表现为在干扰下仍能根据自己的任务和兴趣坚持观察和判断;被动观察型则明显地易受环境的影响。

(2)在想象方面表现出的性格特征。就想象的现实感而言,存在幻想家与"冷静的"现实主义者之别,以及具有现实感的幻想家和脱离实际的幻想家之别;就想象的主动性而言,有所谓主动想象型与被动想象型之分;就想象的丰富性而言,有狭窄想象型与广阔想象型之分;在想象水平上存在有创造力与机械模仿的差别。

(3)在记忆方面表现出来的性格特征。在记忆类型上有直观形象型与逻辑思维型之分;在识记过程中有快慢之分;在保持长久性上有长久保持与迅速遗忘之分。

(4)在思维方面表现出来的性格特征。在思维的深度上有深刻型与肤浅型之分;在思维的创造性上有独立型与附和型之分,前者善于独立地提出问题,后者则回避问题而宁可借用现成的答案或附和他人之见;此外,还有爱好分析和爱好综合的差异。

3. 情绪特征。情绪特征是指情绪对活动影响以及对情绪的控制方面的特点,通常表现在情绪活动的强度、稳定性、持久性以及主导心境四个方面。

(1)情绪强度特征。它表现为情绪对一个人的影响程度和情绪受意志控制的程度。因为情绪状态影响着人的全部行为,它或是成为鼓舞人行动的力量,或是成为消磨人意志的因素。无论是积极情绪或消极情绪,都有一个控制的问题。在这里,强度特征常有控制力强与弱之分,有的人情绪活动一旦被引起就比较强烈,身体状态、工作和生活受其影响较大,同时他的意志对情绪活动的控制力较薄弱,他好像被情绪所支配;有的人情绪体验比较微弱,身体状态、工作和生活受其影响较小,同时他的意志对情绪活动的控制力较强,他好像"无动于衷",不为情绪所左右。

(2)情绪稳定性特征。它表现为一个人的情绪状态受外界条件变化而发生的起伏波动的程度。有的人不易为一般情境引起强烈的情绪反应,或是情绪活动的引起较缓慢,就是在成功或失败等重大事件面前,情绪波动也较平稳,对情绪的控制也比较容易,这就是情绪稳定的人的性格特征的表现;有的人较容易引起情绪反应,甚至一些琐碎小事也能引起强烈的情绪,而且一经引起情绪,意志的控制力显得比较弱,在成功面前易表现为忘乎所以,在失败面前易表现为垂头丧气,凡此都是情绪易激动的人的性格特征的表现。

(3)情绪持久性特征。它表现为情绪活动的持续时间和对身体、工作和生活影响的久暂性质。比如,同样遇到悲伤的事件,多血质的人可能表现为当时难过异常,事后很快恢复平静,对身体、工作和生活的影响也消失得很快,好像什么痕迹也没留下;而抑郁质人的悲伤情绪反应可能持续相当长的时间,对身体、工作和生活的影响也较持久。

(4)主导心境。心境本是一种微弱而持久的情绪状态,在一段时间内有一种心境支配人的言行和情绪,这就是所谓主导心境。表现在主导心境方面的性格特征是指不同的主导心境在一个人身上的稳定表现。主导心境有各式各样的表现,比如,愉快的与忧伤的,不安的与安静的,朝气蓬勃的与抑郁寡欢的等。有的人受主导心境支配时间长,主导心境的稳定性大;有的人受主导心境支配时间短,即主导心境的稳定性小。

以上四个方面的特征既是互相依从的,又是相对独立的。例如,情绪反应比较强烈,时常爆发情绪的人,有时有较持久的影响,或有较持久的主导心境;有时爆发快、消失也快,没有持久的影响,或是主导心境持续的时间也短。此外,上述情绪特征所具有的强度、速度、持久性等动态特点即是鲜明的气质特征的表现。但是要注意,相同的情绪特征还可因气质的不同而有不同的表现,例如,同样是情绪稳定,有的人表现为精神饱满,有的人则表现为平静安详。

4. 意志特征。意志特征是指行为自觉调节方面的特征,主要包括四个方面的品质:自觉性、果断性、坚韧性、自制性。首先,自觉性是指行为具有明确的目的性、独立性与主动性,遇到困难能不断地调整自己的行为,朝自己既定的目标前进。其次,一个人在生活中为了达到自己预定的目标,有时需要控制个人的内心冲动与外部行为,有时则需要激发自己的追求欲望或强制自己实施外部行为,这就需要自制力。果断性就是个人在紧急或需做决断时表现出来的意志特征。有的人在面临意想不到的情况时,表现出镇定、勇敢、临危不惧的性格特征,有的则表现出惊慌、胆怯、不知所措的性格特征。在面临重大选择时,有的能迅速根据情况做出判断,有的则表现出犹豫不决、优柔寡断,个体差异性较明显。坚韧性是指恒心、耐力、毅力等。在工作和生活中,有人稍遇挫折就半途而废,做事虎头蛇尾,兴致所至则可废寝忘食,稍有不顺即打退堂鼓,表现出意志脆弱的特征。

上述性格各个方面的特征是互相联系、不可分割的，在每一个人身上结合为独特的整体，从而形成一个人不同于他人的、个人独有的“特征”、“标志”、“属性”或“特性”。

性格并不是各种性格特征的散乱堆积，而是彼此关联、相互制约的一个整体。首先，就它们表现性格的重要意义而言，在上述四个性格特征中，态度特征和性格的意志特征是最主要的两个组成部分，其中，态度特征又显得更为重要。因为性格的态度特征直接表现了一个人对周围事物所特有的、恒常的倾向，也是一个人的本质属性、品德和世界观的具体反映；其次，各种性格特征之间存在一定的内在联系。例如，在对工作和学习的态度特征方面表现出认真负责、勤奋踏实的人，一般在意志特征方面表现出较好的坚持性和自制力，并且在性格的理智特征方面会有更多的主动观察和详细分析的特点等表现，这也是性格的一贯性或一致性的含义。正由于各种性格特征之间存在这种内在联系，人们有时可以根据一个人的某种性格特征判断他的另一些有关的性格特征。

二、性格与气质的关系

性格与气质同属于个性心理特征，但它们之间有着严格的区别。首先，两者表现个性特征的角度不同。性格是从个体对待现实的态度和行为方式方面来表现其个性特征，而气质则是从心理活动的速度、稳定性与灵活性、强度与平衡性以及趋向性方面来表现个性差异的。其次，两者可塑性程度不同。气质较多地受制于生物学因素，体现了高级神经活动类型的自然表现，可塑性较小，变化较缓慢，而性格是后天形成的，由现实生活经历与个人实践决定，可塑性较大，虽然相对稳定，但较易改变。最后，两者的社会意义不同。气质所表现的只是心理活动特征，无好坏之分，而性格则直接体现于社会生活之中，具有社会内容与社会意义，本身具有社会评价的好坏之分。

气质与性格相互制约、相互影响，有着密切的联系。一方面，气质影响性格的形成和表现。在性格特征形成的快慢速度和表现方面，无不明显带着各自气质类型的特点；另一方面，性格对气质也发生一定的影响，它在一定程度上掩盖和影响着气质，也渐渐影响一个人某方面气质特征的改变。人为了适应社会，发展自我，往往会学会控制自己，在现实生活中形成对社会的态度和习惯化了的行为方式，这种性格自我塑造的过程往往也是对气质产生反作用的过程。

三、性格差异与行为管理

（一）性格在管理中的实践意义

性格反映着人的生活，同时又影响着人的行为方式。因此，了解人的性格，把握其变化规律并预测其行为，在管理活动中有着重大的意义。

1. 了解人的性格有利于管理者做好管理工作。管理者与被管理者相互了解性格,熟悉和掌握对方为人处世的方式,不仅有利于管理者因人制宜、因事制宜地做好组织管理工作,而且有利于人们克服消极性格品质,培养良好的性格,促进人才的健康发展。

2. 了解人的性格有利于个人不断陶冶、完善自我。一个具有坚强果断性格的人,能果断地处理自己工作和生活中的各种问题,能自觉地克服困难,达到既定的目标。一个具有良好性格的人,不但有助于工作、学习,而且有助于心理健康;反之则会影响工作和学习,甚至有害于身心健康。一个人了解了自己性格中的良好品质和不良品质,就能自觉地陶冶自己的性格,促使性格向良好、健康的方向发展。

3. 了解人的性格有利于人际关系的协调和社会的稳定。在群体或组织中,常常由于性格的影响使集体不够和谐,家庭不够和睦,甚至经常发生矛盾和冲突,导致社会的不安定。因此,一个人应该培养明快、开朗、朝气蓬勃的性格,促进工作顺利地进行,促使家庭生活、集体生活的幸福与和谐。

4. 了解人的性格有利于提高工作效率。首先,如果我们了解每位职工的性格,并尽量安排适合其性格特点的工作,这无疑会调动职工的工作积极性,有助于提高工作效率;其次,管理者在考虑组织中职工的人才结构、年龄结构、专业结构、性别结构时,应同时注意职工中存在的性格差异,尽量做到最佳的性格结构组合,也有助于提高工作效率。

另外,为了加强管理,深入了解人的性格,还必须对人的性格进行鉴定。一般情况下,人们经常依靠自己的经验去鉴定一个人的性格,如作家在观察人物、教师在评价学生时都是这样做的。但是,比起能力或其他心理方面的鉴定,性格的鉴定存在特殊的困难。性格鉴定的方法很多,如观察法、谈话法、作品分析法、个案法、实验法等,由于性格的复杂性,至今还没有一种有效鉴定性格的方法,为了使被鉴定的性格符合实际情况,多采用综合研究法。

(二)性格差异在管理中的应用

1. 在行为预测方面。由于性格是个人对现实稳定的态度和习惯化了的行为方式,所以,不同性格的人会有不同的态度和不同的行为方式。在一件事情面前,一个人将采取什么行动,根据个人的性格就可以事先做出预测,这有助于合理地安排和分配工作任务。对员工性格的预测还有助于在工作中采取必要的预防措施,使工作免于遭受损失,得以顺利进行。

2. 在人员选拔和录用方面。由于具有不同性格的人的行为方式不同,他们适宜从事的工作也不一样,从事同一工作所获得的效益也有很大的差别。一般来说,意志坚强、有坚定信念、积极向上、活泼外向、善于独立思考和解决问题的人适合于从事管理工作,独立地负责一个部门的工作,或从事外事接待、公共关系方面的工作；而性格内向、做事深思熟虑、办事谨慎、自我控制能力强的人适合当参谋人员，或从事研究、产品开发、内部管理工作；至于独立性差、易受暗示、遇事无主见的顺从型人员，适合于从事一般的具体工作。

3. 在思想教育方面。人的性格不同，接受别人意见的方式也不同。因此，在做思想工作时，要根据不同的性格，采取不同的方式，对症下药。对理智型的对象，要向他们提供大量事实真相的东西，设法使他们在工作中看到自身的缺点和不足，而不能采取不留情面的激烈批评；对内倾型性格的人，则要注意批评的时间、地点、方式，尽量采用启发、暗示的方式，批评的同时也要指出其优点，采取间接方式达到使他们转变思想的目的。

4. 在群体成员的组合方面。一个群体要产生整体效能，必须根据人才结构整体相关规律，使人才群体在知识、能力、年龄等硬结构方面形成互补，使气质、性格等软结构呈和谐趋势，把不同性格的人才有机组合成心理包容、性格叠合、刚柔并济、动静相宜的软结构，使之产生互补叠加效能。要特别注意"同型相斥"、"同层相抵"的现象。

第四节　能力与行为

一、能力及其类型

能力是指人们成功地完成某种活动而在主观上所必须具备的个性心理特征，它直接影响着活动的效率，关系到能否保证活动的顺利完成。

按不同的标准，能力可以有以下几种分类，具体介绍如下。

(一)一般能力和特殊能力

根据能力所表现的活动领域的不同，可以将能力细分为一般能力和特征能力。一般能力是指在进行各种活动时必须具备的基本能力，它保证人们有效地认识世界，也称智力。智力包括个体在认识活动中所必须具备的各种能力，如感知能力(观察力)、记忆力、想象力、思维能力、注意力等，其中，抽象思维能力是核心，因为抽象思维能力支配着智力的诸多因素，并制约着能力发展的水平。

特殊能力又称专门能力，是指顺利完成某种专门活动所必备的能力，如音乐能力、绘画能力、数学能力、运动能力等。各种特殊能力都有其独特结构。如音乐能力是由四种基本要素构成：音乐的感知能力、音乐的记忆和想象能力、音乐的情感能力、音乐的动作能力。这些要素的不同结合构成了不同音乐家独特的音乐能力。

一般能力和特殊能力相互关联。一方面,一般能力在某种特殊活动领域得到特别发展时,就可能成为特殊能力的重要组成部分。例如,人的一般听觉能力既存在于音乐能力之中,也存在于言语能力中,没有听觉一般能力的发展,就不可能发展言语和音乐的听觉能力;另一方面,在发展特殊能力的同时,也发展了一般能力。观察力属于一般能力,但在画家的身上,由于绘画能力的特殊发展,对事物一般的观察力也相应增强起来。人在完成某种活动时,常需要一般能力和特殊能力的共同参与。总之,一般能力的发展为特殊能力的发展提供了更好的内部条件,特殊能力的发展也会积极促进一般能力的发展。

(二)再造能力和创造能力

按照活动中能力的创造性大小的不同,可分为再造能力和创造能力。再造能力是指在活动中顺利地掌握前人所积累的知识和技能,并按现成的模式进行活动的能力。这种能力有利于学习活动的要求,人们在学习活动中的认知、记忆、操作与熟练能力多属于再造能力。创造能力是指在活动中创造出独特的、新颖的、有社会价值的产品的能力,它具有独特性、变通性、流畅性的特点。再造能力和创造能力是互相联系的。再造能力是创造能力的基础,任何创造活动都不可能凭空产生。因此,为了发展创造能力,首先就应虚心地学习、模仿、再造。在实际活动中,这两种能力是相互渗透的。

(三)认知能力和元认知能力

按活动认知对象的维度的不同,可以将能力分为认知能力和元认知能力。认知能力是指个体接受信息、加工信息和运用信息的能力,它表现在人对客观世界的认识活动中。元认知能力是指个体对自己的认识过程进行认知和控制的能力,它表现为人对内心正在发生的认知活动的认识、体验和监控。认知能力的活动对象是认知信息,而元认知能力的活动对象是认知活动本身,它包括个人怎样评价自己的认知活动,怎样从已知的可能性中选择解决问题的确切方法,怎样集中注意力,怎样及时决定停止做一件困难的工作,怎样判断目标是否与自己的能力一致等。

二、能力的结构

能力的结构问题是现代心理学中一个非常重要的研究课题,分析能力结构的因素对深入理解能力的本质,合理设计和进行能力测量,科学地拟定能力培养的原则,具有重要的意义。

(一)二因素理论

英国心理学家斯皮尔曼运用因素分析的方法提出智力结构的二因素理论。他认为智力包括两个因素,即一般因素(又称 G 因素)和特殊因素(又称 S 因素)。G 因素是每种心智活动所共同具有的,S 因素则因心智活动的不同而各异，它是指专门领域的知识。完成任何一项作业都是以上两种因素决定的（如图 2－1 所示）。例如，完成一个数学推理作业需要 $G+S_1$，完成一个言语作业需要 $G+S_2$，完成第三个作业则需要 $G+S_3$，这几个测验的结果出现正相关，是由于每个作业中都包含一般因素 G，但三者又不完全相关，是由于每个作业中都包含不同的、无联系的 S 因素。由此，斯皮尔曼得出 G 因素是智力结构的基础与关键，是一切能力活动的主体。

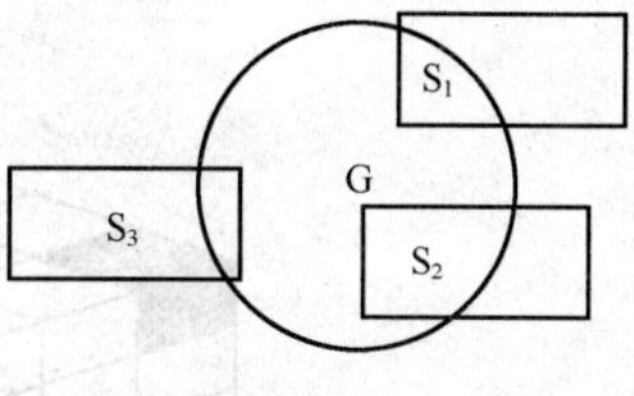

图 2－1　智力的二因素理论

（二）群因素理论

美国心理测验权威瑟斯顿认为，智力活动都是依靠彼此无关的许多原始因素或原始能力构成的。他从 56 种不同的测验中概括出七种主要因素，分别是计算能力、言语理解能力、词的流畅性、记忆能力、演绎推理能力、空间知觉能力和知觉速度（如图 2－2 所示）。瑟斯顿为此设计了基本智力测验来测量这七种因素，结果发现这些能力之间存在一定的相关性，这说明它们并非彼此独立，这实际上又支持了斯皮尔曼的二因素理论。

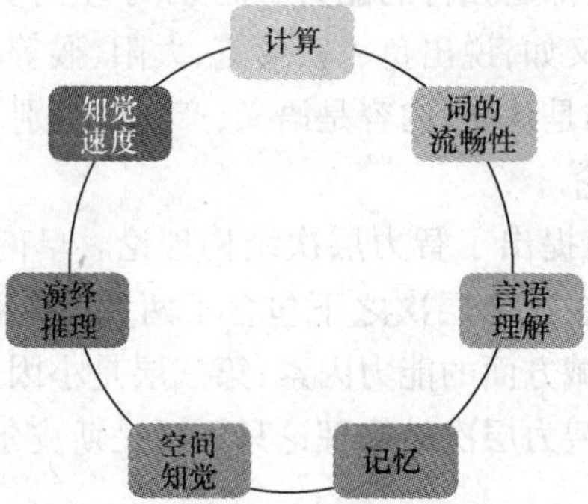

图 2－2　智力的群因素理论

（三）三维结构模式理论

美国心理学家吉尔福德在二十余年因素分析研究的基础上，于 1967 年创立了智力三维结构模型理论，认为智力结构应从操作、内容、产物三个维度去考虑。智力活动就是人在头脑里加工（即操作过程）客观对象（即内容），产生知识（即产物）的过程。智力的操作过程包括认知、记忆、发散思维、聚合思维、评价五个因素；智力加工的内容包括图形（具体事物的形象）、符号（由字母、数字和其他记号组成的事物）、语义（词、句的意义及概念）、行为（社会能力）四个因素；智力加工的产物包括单元、类别、关系、系统、转换、蕴含六个因素，这样，智力便由(4×6×5=)120 种基本能力构成(如图 2-3 所示)。

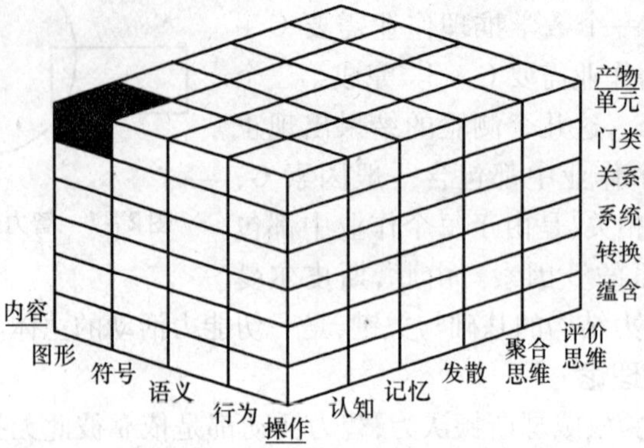

图 2-3 智力的三维结构图

1971 年,他把内容维度中的图形改为视觉和听觉,使其增为五项,智力组成因素变为 150 种。1988 年,他又将操作维度中的记忆分为短时记忆和长时记忆,使其由五项变为六项,智力结构的组成因素便增加到(5×6×6=)180 种。吉尔福德认为每种因素都是独特的能力。例如,学生对英语单词的掌握就是语义、记忆、单元的能力;又如,说出鱼、马、菊花、太阳、猴等事物哪些属于一类,回答这类问题进行的操作是认知,内容是语义,产物是类别。

(四)层次结构理论

美国心理学家阜南提出了智力层次结构理论。阜南把斯皮尔曼的一般能力因素作为最高层次;在这个层次之下包含了两大因素群,即言语和教育方面的能力因素、操作和机械方面的能力因素;第三层是小因素群;第四层是特殊因素。由此可见,阜南的智力层次结构理论只不过是斯皮尔曼二因素理论的深化(如图 2-4 所示)。

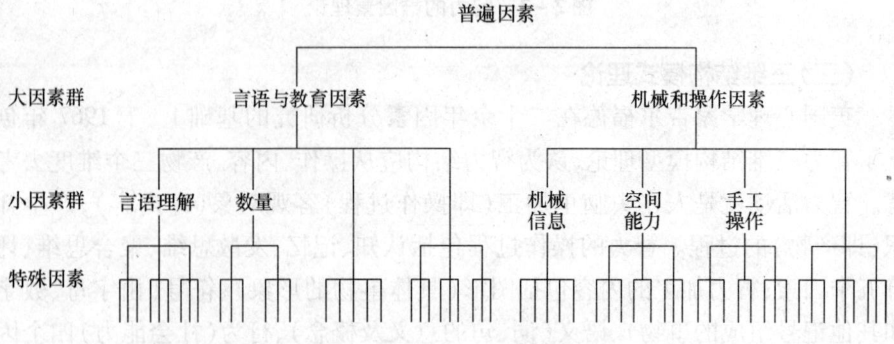

图 2-4 智力的层次结构模型

三、能力的发展差异

一个人能力的高低与他的年龄、职业、经验、受教育程度和先天素质都有着密切的关系，因此，能力在每个个体身上表现出差异是必然的。例如，从质量上看，人们的能力水平是有差异的，有的人高，有的人低；从发展上看，人们能力的发展速度是有差异的，有的人早，有的人晚；从类型上看，人们的能力类型是有差异的，有的人记忆力好，有的人观察力强等。从心理学家们长期的研究结果来看，能力的差异只存在于个体之间，与性别无任何必然联系，也就是说，能力只会形成个别差异，不存在性别差异。能力的个别差异主要表现在以下几个方面。

（一）能力水平的差异

能力是一个人成才的重要因素，一般说来，成就高的人总是具有较高的能力。在现实生活中，我们都会观察到这一现象。从整体上来看，人们的能力水平是不一致的，以一般能力的高低为例，人们在智力方面的个体差异是很明显的。心理学家经过大量的测验研究，得出一个共同结论，智力的个别差异在一般人口中是按常态分布的（如图 2－5 所示）。

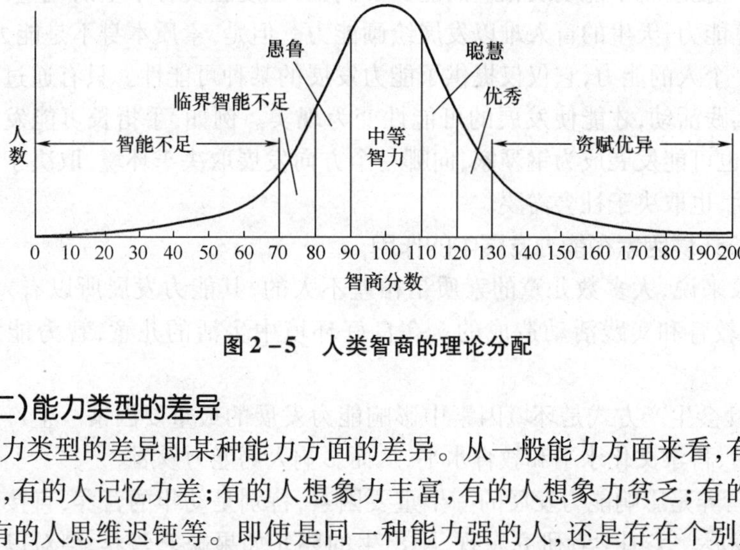

图 2－5　人类智商的理论分配

（二）能力类型的差异

能力类型的差异即某种能力方面的差异。从一般能力方面来看，有的人记忆力好，有的人记忆力差；有的人想象力丰富，有的人想象力贫乏；有的人思维敏捷，有的人思维迟钝等。即使是同一种能力强的人，还是存在个别差异的。如记忆力好的人中，也存在记忆类型差异，有的人擅长视觉记忆，有人擅长听觉记忆，有的人记得快忘得快，有的人记得慢却保持长久。能力的这种类型差异表现在特殊能力方面就更明显了，有的人擅长绘画，有的人擅长音乐，有的人有文学才能，有的人有技术才能，这种种差异的存在是显而易见的。

(三)能力发展时间上的差异

能力发展时间上的差异即能力表现早晚的差异。能力不仅在类型上存在差异,在发展速度上也是有差异的。有的人很早就显示出非凡的智力或某方面的能力,有的人却大器晚成,很晚才表现出来。造成能力个体差异的原因很多,除先天素质外,后天环境是主要的原因。

四、影响能力发展的因素

制约能力发展因素的问题历史上曾有过长期的争论,遗传决定论和环境决定论便是其中两个极端对立的观点。现代心理学研究表明,不能证实能力的发展只是由遗传或环境单一因素所决定。20 世纪 20 年代后,越来越多的人认为,遗传因素和环境因素对能力的发展都是重要的。

(一)遗传因素在能力发展中的作用

遗传就是父母把自己的性状即结构和机能特点传给子女的现象。一般认为基因是遗传的基本单元。遗传是通过素质影响儿童的智力发展。素质是人的机体与生俱来的某些解剖生理特点,主要是神经系统、感觉器官和运动器官的解剖生理特点,特别是大脑的解剖生理特点。素质是能力发展的自然前提,没有这个前提,就不能发展相应的能力。例如,轻度脑发育不全的儿童,不可能发展计算能力;天生的盲人难以发展绘画能力。但是,素质本身不是能力,也不能决定一个人的能力,它仅仅提供了能力发展的某种可能性。只有通过后天的教育和实践活动,才能使发展的可能性变为现实。例如,手指长可能发展打字的能力,也可能发展成为钢琴家,向哪一个方向发展取决于环境,取决于教育和实践活动,也取决于社会需要。

(二)环境因素在能力发展中的作用

一般来说,大多数儿童的素质是相差不大的,其能力发展所以有差异,是由环境、教育和实践活动造成的。在良好环境中生活的儿童,智力能发展得更好。

1. 社会生产方式是环境因素中影响能力发展的最重要因素。生产力影响经济生活、科学文化水平和教育水平,从而影响人的能力发展。

2. 营养是影响能力发展的一个重要因素,特别是幼年的营养,直接关系到能力的发展。美国学者研究发现,刚出生的婴儿如果缺乏营养,会对以后的智力发展产生持久的影响;英国学者发现,缺乏营养的儿童缺乏好奇心和探索精神,记忆力也差。

3. 社会生活条件对能力发展的决定作用通常是通过教育实现的。近来人们越来越认识到早期教育对儿童智力发展的重要性,早期教育不仅影响儿童当前智力水平,而且影响他们以后智力的发展。

（三）实践活动和个性品质在能力发展中的作用

环境和教育是能力发展的外部条件。人的能力是在主体的实践活动中形成和发展起来的，离开了实践活动，即使有良好的素质及良好的环境和教育，能力也不可能得到发展。例如，有经验的磨粉工人只要手一摸，就能鉴别出面粉的粗细和质量；长期从事染色的工人能够辨别 40 多种浓淡不同的黑色，而一般人只能辨别三四种。

优良的个性品质推动人们从事并坚持某种活动，从而促进能力的发展。我国心理学家的研究也表明，具有比较稳定的特殊兴趣，是促进某方面能力发展的一种极重要的因素。能力的发展是与意志、性格分不开的，没有坚强的毅力，没有勤学苦练的精神，能力就难以发展。

五、能力差异在行为管理中的应用

（一）应用范围

1. 人事关系。能力是多方面的，既有强弱之分，也有方向之分。什么样的个性能力，就应该放在什么岗位上；有哪方面的能力，就应该做哪方面的工作。应使人适其职，职得其人，达到人事的和谐统一，切不可"张冠李戴"、"赶鸭子上架"和"乱点鸳鸯谱"。

2. 人际关系。一群优秀的个体并不一定能组成一个优秀的群体。"一流人才，组成二流群体，发挥三流功能"的现象是很多的。管理工作重在人与人的协调、部分与整体的和谐。

（二）应用的原则

1. 能力阈限原则。从事某一种工作所需要的最起码的能力水平，叫作能力阈限。如果一个人不具备从事某种工作的起码能力，就不能保持人岗合理配置与协调，他会干得很吃力，而且工作也做不好，不仅给个人造成心理压力，使其丧失信心，也会影响事业的发展，因此决不能小材大用。

然而，大材小用也是不可取的。当一个人的能力远远超过能力阈限，即从事某项工作感到很容易、不用费力时，就会造成人才的严重浪费。而且由于个体感到完成任务太轻松，不满足于已取得的成绩，或感到自己不受重用，有损自尊心，由此积极性不高，完成任务的情况也就必然不理想。例如，某专业研究生分到学校工作，最初，为熟悉学校职能情况分派在班里担任主任，负责各项事务性的杂事，几个月、半年、甚至几个学期尚且可以，如果长此以往，仅仅是单一的事务性工作，就会影响其工作积极性；反之，如果在他担任班主任的同时，适当委派以课程教学或是参与科研课题之类的任务，使其不荒废业务能力的锻炼，就能保持其工作的积极性。因此，当一个人在某个岗位的工作能力有富余时，就应及时调整到更复杂的岗位上，使其才华得到充分施展。

2. 能力适配原则。在安排员工的工作时，不仅要坚持能力阈限原则，而且要在选用人才时根据选拔对象的素质优势和能力所长安排工作、确定岗位，使其扬长避短、各尽所能，使组织位得其才、提高效益。这既有利于个人需要的满足和自我价值的顺利实现，也有利于事业的成功和社会的发展。

3. 能力互补原则。协调互补的能力是群体优化组合的重要基础。就拿一个领导班子来说，善于决策和富于组织能力、勇于开拓和不畏困难的管理者是帅才，是群体中的核心；具有战术指挥和营运管理能力，具有坚强求实、勇于带头、泼辣大胆、勤于实干特点的是日常工作的中坚力量，是将才；具备严密逻辑思维能力和洞察预见能力，善于捕捉和收集信息，善于发现问题，长于研究分析，尤其是有预测前瞻性思维的，是干部群体中足智多谋的"思想库"。将这三种能力组合在一起，就是一个完整的、能力均衡的"智囊团"了。

4. 能力时效原则。人才学的研究表明，人才的创造力与年龄具有统计性相关规律。人在学习和创造的最佳年龄内学习和创造所取得成果的可能性（概率）最大、质量最高、数量最多、速度最快。心理学家认为，最佳年龄一般在25～40岁，人过了40岁就很难成才，对全世界的科学家的调查统计结果也证明上述年龄是正确的。这就要求用人者一定要注意起用人才的时效观念，掌握人才成长的最佳年龄，实行"重点资助最佳年龄区的人才"的政策，克服论资排辈的恶习，这样才能大大提高人才使用的经济效益和社会效益。

尽管能力发展有早晚的差异，然而造成大器晚成的原因是多方面的，除了先天因素、后天环境、个人努力之外，还有一个主要的原因是人才被埋没。姜子牙并不是年轻时没有才华，八十多岁以后上天降下了能力，而是他早就有能力却无用武之地。冯唐则明显是被社会所埋没的。在今天，正是需要人才的时候，管理者的重要任务就是及时发现有用之才，采取多种途径，使人才脱颖而出，争做当代伯乐。

实训模拟

模块一：案例分析与思考

谁适合当总经理？

某电子电器工业公司是一个由十几家小厂组成的专业公司，公司行政领导班子由一正三副四位成员组成。总经理由于年事已高即将退休，需要物色一个合适的新总经理。该公司的上级主管部门经过一段时间的研究考察，认为现任三位副经理不宜提升，新的总经理需从下面挑选。各方面的意见最后集中到李厂长和王厂长两人，下面是有关他们两人的资料。

李厂长，男，39岁，大学本科（电子专业），中共党员，高级工程师。他工作积极努力,认真学习科学文化知识,并善于把学到的知识用来指导工作,为本厂的产品开发、产品的升级换代、提高质量、建立科学的检测手段等都做出了重要贡献。提升为厂长后,他对厂里进行了一系列的改革,加强科学管理,使工厂的面貌大为改观,大大提高了经济效益,年创利和人均创利都在本系统居首位,职工收入也大幅度增加。全厂精神振奋,一派欣欣向荣景象。

李厂长性格开朗、精力充沛,善言谈、好交际,活动能力很强,积极开展横向联系,在全国十多个省市开设了200多个经销点,30多个加工企业,效益都很显著。他认为,要发展就要靠技术,因此,他千方百计、不惜重金引进人才,至今该厂已有十多位外来高级工程师和工程师。他很重视产品的广告,每年要花几十万广告费。他担任了市企业管理协会的理事,在协会中活动频繁,各方面关系融洽,对厂里工作也有促进。

李厂长事业心强、一心扑在工作上,早出晚归、南来北往,一年到头风尘仆仆、不辞辛苦。该厂曾被评为市企业管理先进单位,李厂长获市优秀厂长称号,该厂产品也被评为市优质产品。但李厂长也有一个明显的缺点,就是骄傲自满、自以为是,常常盛气凌人,有时性情急躁,弄不好还会暴跳如雷,不大把公司领导放在眼里,公司的“指令”常常被他顶回去,因此公司领导对他这一点颇为不满。各科室也不大愿意和他打交道,他同公司下属的其他几个兄弟厂关系也不融洽。这些厂的厂长们对他敬而远之,对上级表彰他颇有微词。他也不善于做思想工作,认为这是党支部的事。所以平时遇到思想问题,他都是作为“信息”告诉书记,要支部去做工作。他和几个副厂长关系处理得也不太好,领导几次协调都无济于事。

王厂长,男,37岁,大专(企业管理专业),中共党员,有经济师职称。他担任厂长已近10年,经历了该厂由弱到强,几起几落的整个过程。对电子行业的特点很熟悉,自己又有动手设计的能力。他最大的特点是精于企业管理,他率先把计算机运用到企业管理中。他对整个厂的机构设置、行政人员的配备、岗位责任以及各级管理人员的职责都有明确的规定,每年考核两次,奖惩分明。因此,平时大家各司其职,他却显得很悠闲自在,常常上这个科室转转,到那个车间看看,以便了解情况,发现问题。公司及有关部门召开的会议,他从来不缺席,而有的厂长常常忙得脱不开身。他似乎比别的厂长“超脱”,厂长们都很羡慕。

王厂长性格内向、沉稳,不喜欢大大咧咧地发议论,对什么事情总要深思熟虑,三思而后行,人们说他“内秀”。他对自己厂今后五年的发展有一个远景规划,听起来切实可行,也颇鼓舞人心。对一些出风头的社会活动,他不太喜欢参加,但对各种开阔思路的业务技术讲座却很感兴趣。他善于做职工的思想工作,认为企业职工的思想问题都是在生产过程中产生的,都和生产有关,作为一厂之长，要抓好生产怎么能不做思想工作呢。因此，对一些老大难问题，他从不推诿，都是亲自处理。他还要求各级行政干部做人的思想工作，并把它作为考核的内容。他和党支部、工会的关系都很好，积极支持他们的工作。他待人谦和、彬彬有礼，和本公司上下左右关系都不错，因此，他的人缘挺好，厂里进行民意测验，几乎异口同声称赞他。

和李厂长不同，他不喜欢花高价引进工程技术人员，他认为这些人中不乏见利忘义之徒，只能同甘，不能共苦，关键时刻还是要靠自己，宁愿多花些钱来培养自己厂里的技术人员。这几年来，厂里也确实培养了一批技术骨干，有些人还很拔尖。他也不喜欢高价做广告，他说我们的产品质量自己有数，我不能干这边排队卖、那边排队修的事。他把做广告的钱用来购买先进的技术设备，为提高质量服务，他说等质量到经得起"吹"的时候再做广告。实际上，他们厂的产品质量还是不错的，开箱抽查，合格率达98%。

该厂是市企业管理先进单位、区文明单位，他本人则荣获市优秀厂长和局优秀党员称号。但也有不少人认为，王厂长缺乏开拓精神，求稳怕变、按部就班，工作没有多大起色。按照厂里的基础和实力，应该发展得更快些，可他们的效益比不上李厂长他们厂。和李厂长比，他就显得保守、过于谨慎、处事比较圆融、怕得罪人。王厂长听了这些议论，不以为然，依旧我行我素。

李厂长和王厂长谁当总经理更合适，上级领导部门至今议而未定。

讨论题：

1. 依据有关个性理论，对两位厂长的能力、气质、性格进行分析、比较。

2. 通过对他们个性的分析比较，你认为谁当总经理更为合适？怎样才能做到"扬长避短"、"人尽其才"？

模块二：管理游戏

真我风采

目的：互相了解个性

时间：10分钟

内容：用物件自我介绍

步骤：

组长说："从一件衣服，可看到真我流露，你身上的物品也不例外。"

1. 用几分钟时间在房中或自己身上找一样可以代表自己的物件。

2. 各人分享所选的物件，解释理由。例如："我选这手表，因为它代表我很有时间观念。"

3. 分享之后可互相代祷，感谢神赐我们这独特的个性。

模块三：相关测验

性格测试

性格分析是我们了解自己的有效方式。在下面有40道题，请你在每一题4个答案中，选择一个你认为最合适的，填在括号里。

001.（　　）

C. 冒险性——对新事物下决心做好。

P. 适应性——轻松自如融入任何环境。

S. 生动性——表情生动，多手势。

M. 分析性——准确知道所有细节之间的逻辑关系。

002.（　　）

C. 说服性——用逻辑与事实服人。

P. 在任何冲突中保持冷静，不受干扰。

S. 娱乐性——充满乐趣与幽默感。

M. 持久性——完成一件事后再接新事。

003.（　　）

C. 强烈意识性——决心依自己的方式做事。

P. 包容性——易接受他人的观点，不坚持己见。

S. 社交性——认为与他人相处是好玩，无所谓挑战与商机。

M. 牺牲性——为他人利益愿意放弃个人意见。

004.（　　）

C. 竞争性——把一切当成竞赛，总是有强烈的取胜欲望。

P. 控制性——控制自己的情感，极少外露。

S. 因个人魅力或性格使人信服。

M. 体贴性——关心别人的感觉与需要。

005.（　　）

C. 机智型——对任何情况都能很快地做出有效反应。

P. 保守型——自我约束情绪与热忱。

S. 清新振作型——给旁人清新振奋的刺激。

M. 敬仰型——对人诚实尊重。

006.（　　）

C. 自立性——独立性强、机智，凭自己的能力判断。

P. 满足性——容易接受任何情况和环境。

S. 生气性——充满动力与兴奋。

M. 敏感性——对周围的人和事十分在乎。

007.（　　）

C. 积极——相信自己有转危为安的能力。

P. 耐性——不因延误而懊恼，冷静且容忍功夫大。

S. 推广——运用性格魅力或鼓励推动别人参与。

M. 计划性——事先做详尽计划，依计划进行工作。

008.（　　）

C. 确信——自信，很少犹豫。

P. 害羞——安静，不易开启话匣子的人。

S. 率性——不喜欢预先计划，或受计划牵制。

M. 程序性——生活与处事均依时间表，不喜欢干扰。

009.（　　）

C. 直言不讳——毫不保留，坦率发言。

P. 迁就——愿改变，很快与人配合。

S. 乐观——自信任何事都会好转。

M. 井然有序——有系统、有条理地安排事情。

010.（　　）

C. 强迫性——发号施令者，别人不敢造次反抗。

P. 友善——不主动交谈，总是被动的回答者。

S. 趣味性——时时表露幽默感，任何事情都能讲出惊天动地的故事。

M. 忠诚——保持可靠、忠心、稳定。

011.（　　）

C. 勇敢——敢于冒险，下决心做好。

P. 外交——待人得体、有耐心。

S. 愉快——带给别人欢乐，令人喜欢，容易相处。

M. 细节——做事秩序井然，记忆清新。

012.（　　）

C. 自信——自我肯定能力与成功。

P. 坚持一贯——情绪平稳，反应永远能让人预料到。

S. 振奋——始终精神愉快，并把快乐推广到周围。

M. 文化性——对文学、艺术有特别的爱好。

013.（　　）

C. 独立性——自给自足，自我支持，无须他人帮忙。

P. 无攻击性——从不说或做引起他人不满与反感的事。

S. 激发性——游戏般地鼓励别人参与。

M. 理想主义——以自己完善的标准来设想或衡量事情。

014. (　　)

C. 果断——有很快做出反应与结论的能力。

P. 尖刻的幽默——直接的幽默近乎讽刺。

S. 感情外露——忘情地表达出自己的感受,与人娱乐时不由自主地接触别人。

M. 深沉——认真、深刻,不喜欢肤浅的谈话或爱好。

015. (　　)

C. 行动者——闲不住,努力推动工作,别人跟随的领导。

P. 调解者——避免冲突,经常居中调和不同的意见。

S. 结交者——喜好周旋于宴会中,结交朋友。

M. 音乐性——爱好且认同音乐的艺术性,不单是为了表演。

016. (　　)

C. 固执者——不达目的不罢休。

P. 容忍者——易接受别人的想法和方法,不愿意与人相左。

S. 发言者——不断愉快地说话、谈笑,娱乐周围的人。

M. 考虑周到——善解人意,能记住特别的日子,不吝于帮助别人。

017. (　　)

C. 领导者——天生的带领者,不相信别人的能力如自己。

P. 聆听者——愿意听别人想说的。

S. 生趣——充满生机,活力充沛。

M. 忠心——对理想、工作、朋友都有不言而喻的忠心。

018. (　　)

C. 首领型——要求领导地位及跟随者。

P. 知足型——满足自己拥有的,很少羡慕人。

S. 可爱型——讨人喜欢、令人羡慕,人们的注意中心。

M. 制图型——用图表、数字来组织生活,解决问题。

019. (　　)

C. 工作者——不停地工作,不愿意休息。

P. 和所型——易相处,易说话,易让人亲近。

S. 受欢迎者——聚会时的灵魂人物,受欢迎的宾客。

M. 完美主义者——对己对人高标准,一切事情有秩序。

020. (　　)

C. 勇敢型——大无畏,不怕冒险。

P. 模范型——时时保持自己举止合乎认同的道德规范。

S. 跳跃型——充满活力和生气。

M. 平衡型——稳定,走中间路线。

021. (　　)

C. 专横——喜欢命令别人,有时略显傲慢。

P. 乏味——面上极少流露表情或情绪。

S. 露骨——好表现,华而不实,声音大。

M. 忸怩——躲避别人的注意力。

022. (　　)

C. 无同情心——不易理解别人的问题与麻烦。

P. 无热忱——不易兴奋,经常感到好事难成。

S. 散漫——生活任性无秩序。

M. 不宽恕——不易宽恕或忘记别人对自己的伤害,易嫉妒。

023. (　　)

C. 逆反——抗拒接受别人的方法,固执己见。

P. 保留性——不愿意参与,尤其当事物复杂时。

S. 重复——反复讲同一件事或故事,忘记自己已重复多次,总是不断找话题讲话。

M. 怨恨性——把实际或想象的别人的侵犯常放在心中。

024. (　　)

C. 率直——直言不讳,不介意把自己的看法直说。

P. 惧怕——经常感到强烈的担心、焦虑、悲戚。

S. 健忘——由于缺乏自我约束,不愿意记无趣的事。

M. 挑剔——坚持做琐碎的事,要求注意细节。

025. (　　)

C. 不善表达——很难用语言或肢体当众表达感情。

P. 优柔寡断——很难下定决心。

S. 好插嘴——滔滔不绝的发言者,不是好听众,不留意别人也在讲话。

M. 无安全感——感到担心且无信心。

026. (　　)

C. 不耐烦——难以忍受等待别人。

P. 不愿意参与——无兴趣且不愿意介入团体活动或别人的生活。

S. 难预测——时而兴奋,时而低落,承诺总难以兑现。

M. 不受欢迎——由于强烈追求完美,而拒人于千里之外。

027. (　　)

C. 固执——坚持依自己的意见行事。

P. 犹豫不决——迟迟才有行动,不易参与。

S. 即兴——不依照方法做事。

M. 难于取悦——标准太高,很难满意。

028. (　　)

C. 自负——自我评价很高,认为自己是最好的人选。

P. 平淡——中间性格,无高低情绪,很少表露情感。

S. 放任——容许别人(包括孩子)做他喜欢做的事,为的是讨好别人,让人喜欢自己。

M. 悲观——尽管期待好结果,但往往先看到事物的不利之处。

029. (　　)

C. 好争吵——易与人争吵,永远觉得自己是正确的。

P. 无目标——不喜欢订目标,也无意订目标。

S. 易发怒——有小孩子般的情绪,易激动,但事后马上又忘了。

M. 冷落感——容易感到被人疏离,经常担心无安全感。

030. (　　)

C. 莽撞——充满自信,坚韧不拔,但常不适当。

P. 漠不关心——得过且过,以不变应万变。

S. 天真——孩子般的单纯,不喜欢去理解生命的意义。

M. 消极——往往看到事物的反面,而少有积极的态度。

031. (　　)

C. 工作狂——为回报或成就感不断工作,耻于休息。

P. 担忧——时时感到不确定、焦虑、心烦。

S. 需要认可——如同艺术家,需要观众的掌声与接受。

M. 孤独离群——感到大量时间需要独处。

032. (　　)

C. 不圆滑老练——常用冒犯或未斟酌的方式表达自己。

P. 胆怯——遇到困难退缩。

S. 喋喋不休——难以自控,滔滔不绝,不是好听众。

M. 过分敏感——被人误解时常感到冒犯。

033. (　　)

C. 擅权——冲动地控制事情或别人,指挥他人。

P. 多疑——事事不确定,又对事事缺乏信心。

S. 生活紊乱——缺乏组织生活秩序的能力。

M. 抑郁——很多时候情绪低落。

034. (　　)

C. 排斥异己——不接受他人的态度、观点、做事方法。

P. 无异议——对多数事情均漠不关心。

S. 反复——善变，互相矛盾，情绪与行动不合逻辑。

M. 内向——思想兴趣放在内心，活在自己的世界里。

035.（　　）

C. 顽固——决心依自己的意愿行事，不易被说服。

P. 含糊语言——低声说话，不在乎说不清楚。

S. 杂乱无章——生活无秩序，经常找不到东西。

M. 情绪化——情绪不易高涨，不被欣赏时很容易失落。

036.（　　）

C. 统治欲——毫不犹豫地表示自己的正确或控制能力。

P. 缓慢——行动思想均比较缓慢，通常是懒于行动。

S. 好表现——要吸引人，要做注意力的焦点。

M. 怀疑——不易相信别人，寻究语言背后的玄机。

037.（　　）

C. 易怒——当别人不能合乎自己的要求，动作不够快时，易感到不耐烦而发怒。

P. 懒惰——总是先估量每件事需要多少精力。

S. 大嗓门——说话声与笑声总是令全场震惊。

M. 孤僻——需大量时间独处，喜避开人群。

038.（　　）

C. 喜操纵——精明处事，影响事物，使自己得利。

P. 勉强——不甘愿的，挣扎，不愿意参与或投入。

S. 不专注——无法专注或集中注意力。

M. 猜疑——凡事怀疑，不相信别人。

039.（　　）

C. 烦躁——喜新厌旧，不喜欢长期做相同的事。

P. 拖延——凡事起步慢，需要推动力。

S. 轻率——因无耐性，不经思考，草率行动。

M. 报复性强——情感不定，记恨并力惩冒犯自己的人。

040.（　　）

C. 狡猾——精明，总是有办法达到目的。

P. 妥协——为避免矛盾，宁愿放弃自己的立场。

S. 善变——像孩子般注意力短暂，需要各种变化，怕无聊。

M. 好批评——不断地衡量和下判断，经常考虑提出相反的意见。

请你将每一道题中选择的字母做一个统计，并填在下面相应的括号里。例如，你有10题选择了C，那么就在C后面的括号里写上(10)。

C—( ) M—( ) S—( ) P—( )

注：S代表活泼型性格，M代表完美型性格，C代表力量型性格，P代表和平型性格。

每个人不可能只属于一种性格类型，而是多种性格的综合体。我们看自己的性格，只要看自己哪一项的得分比较多。比如你的得分是M较多，有15分，说明你是完美型占多的性格，但同时你的C得分也有10分以上，说明你是完美与力量型性格占多的人。

1. 活泼型(S型)：让我们和活泼型一起快乐！活泼型的人在黑夜把自己高高挂在星宿上，把月亮带回家；迷恋生活的童话，总希望永远活得快乐。典型的活泼型性格情感外露、热情奔放，他们懂得把工作变成乐趣，而且乐于与人交往。他们既外向又乐观，能够从任何事情中发掘出兴奋。

2. 完美型(M型)：让我们和完美型一起统筹！即使在婴儿阶段，完美型的人似乎懂得深思熟虑。他们文静、随和、喜欢独处。完美型的成年人是个思想家，他们对待目标严肃认真，强调做事情先后和组织，崇尚美感和才智，会为生活做长远且最好的安排。如果这世界少了完美型的人，我们会少了诗歌、文学、哲学和音乐，埋藏我们性格深处的教养、品位、才干便会失去；世界可能少了很多工程师、发明家和科学家；我们的经济会失去平衡。完美型的人是人类的灵魂、智慧、精神、核心。

3. 力量型(C型)：让我们与力量型一起行动！力量型的人永远充满动力和理想，他勇于攀登高不可攀的顶峰，总是对准目标前进。当活泼型的人在说话，完美型的人在思考，力量型的人会进取。他有不二定律："现在就按我的方式去做！"。你会发现，他的脾气最容易懂，并且是最好相处的。力量型的人能够坦诚与人交流，他知道一切将会妥当——只要他来负责。由于力量型的是目标主导兼具有与生俱来的领导素质，他们往往在自己的选择中达到顶峰，大多数具有政治影响力的领导都是力量型的。

4. 和平型(P型)：让我们与和平型一起轻松！上天特别创造了和平型的人，他是情感的缓冲器，提供了稳定和平衡。和平型缓和色彩斑斓的活泼型；拒绝过分欣赏力量型的优秀决定；对完美型的复杂计划也不过分认真。和平型的人是我们中间伟大的促进平等者。他告诉我们："这没有什么了不起。"从长远来说，确实是这样。

模块四:复习思考

一、单项选择题

1. 一个人的主要行为特征是:有精力但沉着平稳,行为反应不灵活,情绪受抑制,行为的内倾明显,其气质类型是( )。

A. 多血质　　B. 胆汁质

C. 黏液质　　D. 抑郁质

2. 以能力所表现的活动领域的不同来划分,可将能力划分为( )。

A. 再造能力与创造能力　　B. 一般能力与特殊能力

C. 认知能力与元认知能力　　D. 主要能力与次要能力

3. 具有高水平的专长,善于在活动中进行创造性思维,引发灵感,活动成果突出而优异的人属于( )。

A. 能力低下　　B. 一般能力

C. 天才　　D. 才能

二、多项选择题

1. 个性具有哪些特征?( )

A. 整体性　　B. 稳定性

C. 独特性　　D. 社会性

2. 奥尔波特将人的个人特质分成哪几类?( )

A. 表面特质　　B. 中心特质

C. 首要特质　　D. 次要特质

3. 性格具有哪些结构特征?( )

A. 道德特征　　B. 理智特征

C. 情绪特征　　D. 意志特征

三、思考题

1. 如何根据气质、性格、能力等个性差异进行针对性管理?

2. 请结合自己从小到大的生活经历,思考对你的性格影响最大的因素有哪些?

第三章

个性倾向性与行为

学习目标

1. 掌握工作动机的激发方法；
2. 熟悉员工兴趣管理；
3. 了解价值与态度的形成条件；
4. 掌握价值观与态度的转变途径。

开篇案例

在东京帝国饭店打工的女生

故事发生在日本，故事主角是一个利用假期到东京帝国饭店打工的女大学生。女大学生在这个五星级饭店里所分配到的工作是清洗厕所。当她第一天伸手进马桶刷洗时，差点当场呕吐。勉强撑过几日后，实在难以为继，遂决定辞职。但就在此关键时刻，女大学生发现和她一起工作的一位老清洁工，居然在清洗工作完成后，从马桶里舀了一杯水喝下去。

女大学生看得目瞪口呆，但老清洁工却自豪地表示，经他清理过的马桶，是干净得连里面的水都可以喝下去的。这个举动带给女大学生很大的启发，令她了解到所谓敬业精神，就是任何工作不论性质如何，都有理想、境界与更高的质量可以追寻；而工作的意义和价值不在其高低贵贱如何，却在从事工作的人能否把重点放在工作本身，去挖掘或创造其中的乐趣和积极性。

此后，再进入厕所时，女大学生不再引以为苦，却视为自我磨炼与提升的道场，每次清洗完马桶，也总清晰自问：我可以从这里舀一杯水喝下去吗？

假期结束，当经理验收考核成果，女大学生在所有人面前，从她清洗过的马桶里舀了一杯水喝下去。这个举动同样震惊了在场所有人，尤其是让经理认为这名女大学生是绝对必须延揽的人才。

毕业后，女大学生果然顺利进入帝国饭店工作。而凭着这简直匪夷所思的敬业精神，37 岁以前她是日本帝国饭店最出色的员工和晋升最快的人。37 岁以后，她步入政坛，得到小泉首相赏识，成为日本内阁邮政大臣。

这位女大学生的名字叫野田圣子。直到现在，据说其自我介绍时总还是说："我是最敬业的厕所清洁工，和最忠于职守的内阁大臣。"

讨论题：

1. 野田圣子为什么具有强烈的敬业精神？
2. 如何形成良好的工作价值观？
3. 工作价值观与工作行为有什么联系？
4. 这个案例还给你什么启示？

第一节　动机与行为

一、动机概述

(一)动机及其产生

1. 动机的概念。动机(motivation)一词来源于拉丁语 Movere,意思是移动、推动或引起活动。现代心理学将动机定义为推动个体从事某种活动的内在原因。具体来说,动机是引起、维持个体活动并使活动朝某一目标前进的内在动力,它是用来说明个体为什么要从事某种活动,而不是用来说明活动本身是什么或怎样进行的。例如,人的感知、记忆、学习和解决问题是受什么力量推动、调节和控制的?人为什么对某些事物感兴趣,而不喜欢别的事物?是什么力量使人们在十分艰苦的条件下仍继续坚持学习和工作?面对金钱,有的人拾金不昧,有的人抢劫行骗,有的人甚至谋财害命,其行为之迥异令人感叹,为何会有这样大的差别?不少家长为刺激子女学习,采取"高分换物质"的做法,但结果是物质越多分数越少,为什么会这样呢?这些都是研究动机时需要解决的问题。

2. 动机的产生。动机是在需要的基础上产生的,当某种需要没有得到满足时,它就会推动人们去寻找满足需要的对象,从而产生活动的动机。例如,人体需要一个稳定的内环境,保持正常的体温,维持细胞内水与盐水的适当平衡等。当这些平衡发生变异或遭到破坏时,人体内的一些调节机制就会自动地进行校正。体温升高时,靠近皮肤的血管就会舒张,使热量散出,汗腺分泌汗液,体温下降。有机体的这种自动调节机制也维持着血液中氧与二氧化碳的水平、血糖浓度、血液的酸碱度(pH 值)等。在这种情况下,需要会引起有机体的自动调节机制的活动,但它还不是行动的动机。心理学家的研究表明,需要本身是主体意识到的缺乏状态,但这种缺乏状态在没有诱因出现时只是一种静止的、潜在的动机,表现为愿望、意向。只有当诱因出现时,需要才能被激活,而成为内驱力驱使个体趋向或接近目标,这时需要才能转化为动机。所谓诱因,是指所有能引起个体动机的刺激或情境。诱因按性质可分为两种:凡能驱使个体趋向接近目标者,称为正诱因,它可以是简单的,如食物、水等,也可以是复杂的,如名誉、地位等;凡是驱使个体逃离或回避目标者,称为负诱因,如躲避危险、逃避灾难等。显然,诱因有些时候与行为目标是相同的,有时它只是帮助达到行为目标的条件。并且诱因正与负的性质不是绝对的,而是相对的。

(二)动机的功能

从动机与行为的关系上分析,动机具有激活功能、指向功能以及维持和调整功能:

1. 激活功能。动机是个体能动性的一个主要方面,它具有发动行为的作用,能推动个体产生某种活动,使个体由静止状态转向活动状态。如为了消除饥饿而引起择食活动,为了获得优秀成绩而努力学习,为了取得他人赞扬而勤奋工作,为了摆脱孤独而结交朋友等。动机激活力量的大小是由动机的性质和强度决定的。一般认为,中等强度的动机有利于任务的完成。

2. 指向功能。动机不仅能激发行为,而且能将行为指向一定的对象或目标。如在学习动机的支配下,人们可能去图书馆或教室;在休息动机的支配下,人们可能去电影院或娱乐场所;在成就动机的驱使下,人们会主动选择具有挑战性的任务等。可见,动机不一样,个体活动的方向和所追求的目标是不一样的。

3. 维持和调整功能。动机具有维持功能,具体表现为行为的坚持性。当动机激发个体的某种活动后,这种活动能否坚持下去,同样要受动机的调节和支配。动机的维持作用是由个体的活动与他所预期的目标一致程度来决定的,当活动指向个体所追求的目标时,这种活动就会在相应动机的维持下继续下去;相反,当活动背离了个体所追求的目标时,这种活动的积极性就会降低,或者完全停止下来。有时,人们在成功的机会很小时也会坚持某种行为,这是人的长远信念在起决定作用。

在具体活动中,动机上述功能的表现是很复杂的,因为影响动机的因素很多,如人的兴趣、价值观、意志、认知等。不同的动机可以通过相同的活动表现出来;不同的活动也可能是由相同或相似的动机所支配,并且人的活动还可以由多种动机所支配。例如,学生按时复习功课、完成作业的活动,其学习动机可能不同。有的可能是为父母,有的可能是为了可以考取高一级的学校,有的可能是出于个人的物质要求,有的可能是理解到自己对祖国的责任等。又如,成就动机可以促使人们在不同的学习领域(体育、音乐、美术等)进行积极的活动。因此,在考察人的行为活动时,就必须揭示其动机,只有这样,才能对他的行为做出准确的判断。

延伸阅读

动机与信仰

费斯汀格、里肯和斯坎特于 1956 年进行了一项有趣的研究。他们对信仰如何影响人类动机的问题很感兴趣,特别想了解当我们深信不疑的信仰明显受到事实的冲击时，我们的动机会如何。他们对洛杉矶的一群准宗教信徒进行研究，这些人坚定地相信世界会在某一特定的日期走向终结。费斯汀格等人采用了参与式的观察方法，加入了该团体并通过与成员交谈来了解他们的信仰。在指定的世界末日那一天，信徒都卖掉了他们所有的财产并集合在城外的一座小山顶上，整个晚上都在祈祷以等待世界的终结。然而当世界并没有如期终结的时候，费斯汀格和同事们与那些成员进行了交谈，看看这是否影响到了他们的信仰。有趣的是，尽管在成员的预期与现实之间出现了明显的矛盾，但是他们的信仰并没有实质性的改变——他们当然不会承认自己错了！相反，他们只是稍稍修改了一下他们的信仰，声称正是他们的行为拯救了世界。费斯汀格将这种现象归因为认知失调。

二、动机的分类

（一）生理性动机和社会性动机

根据动机的性质，可以将动机分为生理性动机和社会性动机。生理性动机是以个体的生理需要为基础的动机，如觅食、饮水、睡眠、排泄、避险等动机，都属于生理性动机。生理性动机能够推动人们的活动，从而满足个体的生理需要。

社会性动机是以人的社会性需要为基础的动机，如人有交往动机、学习动机、声誉动机、劳动动机等。

由于人是社会的实体，人生理需要的满足要受到社会生活的影响，因而，人没有纯粹的生理性动机，其生理性动机必然会打上社会的烙印。

（二）内部动机和外部动机

根据动机的来源，可以将动机分为内部动机和外部动机。内部动机是由个体内在需要引起的动机，如有的儿童刻苦学习是因为他们在学习方面有强烈的好奇心、求知欲、责任心等，这种学习动机就是内部动机；外部动机是指人在外界的要求或外力作用下所产生的动机，如有的儿童学习就是为了父母和老师的表扬和奖励，避免受到批评和惩罚，这种学习动机就是外部动机。

一般说来，内部动机比较稳定，会随着目标的实现而增强；而外部动机则是不稳定的，往往会因目标的实现而减弱。

（三）有意识的动机和无意识的动机

根据动机的意识水平，可以将动机分为有意识的动机和无意识的动机。人的动机有一部分是发生在意识水平上的，也就是能意识到自己的行为在追求什么样的目标。但是，在自我意识没有发展起来的婴幼儿身上，他们的行为动机都是无意识的。另外，在成年人身上也有无意识的或没有清楚意识到的动机，如定势、刻板印象等。

(四)主导性动机和辅助性动机

根据动机在活动中所发挥的作用,可以将动机分为主导性动机与辅助性动机。主导性的动机是一个人动机中最强烈、最稳定的动机,在各种动机中处于主导和支配地位;而辅助性动机往往与一个人的习惯和兴趣相联系,它能强化和补充主导性动机。例如,对一个喜欢看足球赛的学生来说,面临第二天的考试,他就会放弃晚上的精彩比赛,这时复习应考就成为他的主导性动机。

(五)近景性动机和远景性动机

根据动机引起的行为与目标之间的关系,可以将动机分为近景性动机与远景性动机。近景性动机是指与近期目标相联系的动机,远景性动机则是与较长远的目标相联系的动机。

三、动机强度和工作效率

动机和行为的关系不仅非常密切,而且十分复杂。一般而言,动机是行为的动因,其作用在于引发和维持人的某一行为,使人的行为导向一定的目标。动机的强度不同,行为的结果也会不同。生活中经常会有这样的情况:能力不相上下的人,取得的成绩却大不一样,甚至能力差的人比能力强的人工作得更好。这是由于动机的强度,或者说是由于动机的激发程度不同造成的。

工作效率与动机强度有密切联系。一般情况下,人们可能认为,如果动机强度不断增强,有机体的活动就会越高涨,活动的效率也就越佳。但是,事实并非如此。活动动机过低、对工作的态度冷漠,工作效率是低的;但当活动动机过强时,有机体处于高度紧张的状态,其注意和知觉的范围变得过于狭窄,反而限制了正常活动,从而也会使工作效率降低。例如,在考试复习中做了充分准备的学生一心想考出好成绩,但往往在考试中不能充分发挥实力,甚至不及格,就是因为其动机过强反而降低了效率。因此,为了使活动卓有成效,就应避免动机强度过低或过高。

在各种活动中都有一个动机最佳水平问题,动机最佳水平因课题性质的不同而不同。在比较容易的课题中,工作效率有随动机提高而上升的趋势;而在比较困难的课题中,动机最佳水平有逐渐下降的趋势。这种现象是耶克斯和多德森通过动物实验发现的,所以称为耶克斯—多德森定律。

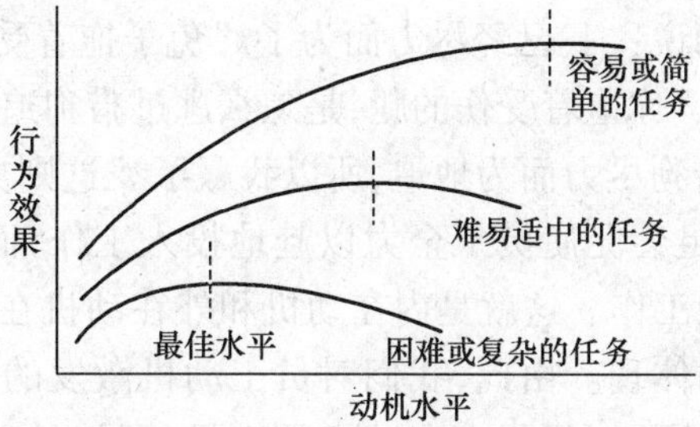

图 3－1 耶克斯—多德森定律

延伸阅读

怎样改变旧习惯

在讨论动机时，我们了解动机是行为的动力，而行为（习惯）一旦形成，通常不容易改变，这是因为：一、旧的习惯不仅容易引起，也容易执行；二、人们经常受到环境的暗示，也就是说，当我们发现自己处于某种环境中时，会自动地引发和执行旧习惯；三、习惯通常与短期动机相一致。例如，喜欢吸烟的人，吸烟时会感觉很好。因此，尽管我们有很好的意图和计划，但我们经常发现我们是过去的奴隶。

为了改变行为，我们需要做的一件事是：当我们已建立起一种新的习惯并最终将代替旧习惯时，要在一定程度上阻止已有的习惯发生。否则，我们会发现，在我们有机会实践新习惯之前，我们已经自动地执行了旧习惯。例如，当你进屋时，脱掉鞋子。如果你过去没有做过进屋脱鞋这件事，那么，你要花很长的时间才能注意到自己正穿着鞋子在屋子里走来走去。阻止旧习惯的方法之一就是故意在你的门廊上丢下某件东西，例如一把伞，你就不得不停下来，这就是对你的一个提醒，即你需要换鞋。

四、员工动机的激发

员工工作的动机无非是两个方面：一是内在动机，也就是为满足尊重、认可、欣赏、人际等心理需求而工作的动机，它可以驱动员工自发主动、积极地去工作；二是外在动机，是员工为了实现获取丰厚物质报酬、改善生活条件等目标而工作的动机，它使员工更多地为了某种物质上的需求而被动地去工作，也就是说，员工为了生存、为了满足基本的生活要求而无奈地投入工作。

曾经看到这么一则小故事：很久以前，有一位猎人带着猎狗在树林里打猎。有一天，猎人发现了一只野兔，举枪射击，打中了兔子的一条腿，受伤的兔子惊慌而逃。猎人命令猎狗追击,猎狗追了很久却空手而归。猎人问猎狗:"你怎么空手回来了呢?"猎狗说:"我已经尽力而为了。"兔子拖着受伤的腿跑回家,全家欢欣鼓舞,问小兔子:"你拖着受伤的腿,是怎么逃过猎狗追捕的呢?"兔子回答:"我全力以赴地跑,猎狗尽力而为地追,所以我赢了。"这则寓言故事给我们的启发是:内在动机的满足会促使员工全力以赴地投入工作,而外在动机的满足只能让员工尽力而为的工作。这就是内在动机和外在动机在员工工作状态、业绩表现方面截然不同的体现。由此,我们对员工动机激发的重点应该是:在有效保障基本福利待遇的同时,强化内在动机的满足,那就是最大化地满足员工尊重、认可、欣赏等精神层面的需求。

(一)满足员工协作的需求动机,与之建立合作伙伴关系

管理者应着手建立自己与员工之间的绩效合作伙伴关系,与员工成为工作上的盟友而非权威的领导者,与员工共进退,让员工感觉到你不仅是他的上司,更是他的老师和朋友。只有这样,员工才可能愿意敞开心扉与你交流,你才能真正了解员工的想法,有的放矢地开展工作,而使你的每一项计划和指令都收到效果,产生收益。为此,管理者必须很好地定义自己和员工的绩效合作伙伴关系,成为帮助员工提高绩效水平的教练和伙伴,并在这一点上积极与员工沟通,与之达成共识;管理者必须让员工明白绩效合作伙伴关系对管理者和员工之间的关系意味着什么,对员工的进步会有什么样的帮助,以及这样做会给组织和团队带来什么好处;管理者必须告诉员工,作为绩效合作伙伴,自己将以怎样的风格工作,自己能为员工提供什么样的发挥空间以及能为员工提供什么样的支持和帮助等。通过绩效合作伙伴关系的建立和发展,管理者能很好地满足员工协作的需求,激发员工的参与欲望,使员工的才能在最大程度上得到施展,潜能在最大程度上得到发挥。

(二)满足员工满意的需求动机,学会用欣赏管理和开发员工

管理者的工作主要是将员工的工作表现反馈给员工,及时对员工的工作给予正面表扬和评价,让员工感觉到被尊重、被赏识,持续强化正面的行为,使之带来的影响产生倍数效应,不断挖掘员工的潜能。著名哲学家威廉·詹姆斯说,人的本性是喜欢被人赏识。认识到这一点对管理者的激励工作非常重要,只有正确认识这一点,管理者才能学会欣赏员工,学会用欣赏管理和开发员工。而许多管理者恰恰忽略了这一点,认为反馈可有可无,认为员工应该知道自己对员工的评价。管理之父亨利·法约尔曾经做过这样一个实验:他挑选了20名技术水平相近的工人,把他们分成两组,每10人一组。在相同的条件下,让他们同时进行生产,每隔一小时,他就会去检查一下工人们的生产情况。对第一组工人,法约尔只把他们各自生产产品数量记录下来,并没有告诉工人他们的工作进展速度,而对第二组工人,法约尔不仅对生产数量进行了记录,而且明确地告诉他们各自的工作进度。第一次考核完,法约尔根据考核的结果,在生产速度最快的两个工人的机器上各插了一面小红旗;速度居中的四个人,每人插了一面小绿旗;而最后的那四个人,则插了一面小黄旗。这样一来,每个工人对自己的生产速度到底如何就一目了然。实验表明,第二组工人的生产速度和效率明显高于第一组工人。可见,将员工的表现反馈给员工是非常重要的,不仅能帮助员工明确自己努力的方向,更能激发员工的工作动机,提高其工作效率。

(三)做好授权工作,激发员工的工作动机

授权是管理者的重要工作之一,员工只有责任没有权力,显然满足不了其自我实现的需求动机。许多管理者害怕授权,怕权力授出之后,自己的位置受到威胁、被下属所取代,其实完全没有必要。员工的成长实际上就是自己的进步,自己的每一点成绩都要通过员工的努力体现,任何单打独斗都不是正常的管理者行为。一定意义上说,授权也是对员工信任的表现,必须建立在对员工信任的基础上,做到用人不疑。你对员工任何的不放心与怀疑都会影响你授权的技巧和效果,因此要放手让员工发挥,不能畏首畏尾、瞻前顾后。授权的依据是员工的职务说明书,职责要求什么就授予什么样的权限,如果职务说明书变动,相应的授权也应不断改变,以保证员工的职责和权限相一致。授权不是事必躬亲,也不是撒手不管,而是根据员工的能力水平,从业务层面到职能层面逐步开展和深入。

第二节　兴趣与行为

一、兴趣的含义

兴趣是人们探究某种事物或从事某种活动的心理倾向,它以认识或探究外界的需要为基础,是推动人们认识事物、探究真理的重要动机。人生的成功是和个人兴趣紧密相连的,做自己真正感兴趣的事情才会离成功更近。获得诺贝尔物理奖的华人丁肇中说过:兴趣比天才重要。爱因斯坦对物理学的浓厚兴趣使他提出了影响我们一个多世纪的《相对论》;化学家诺贝尔冒着生命危险研制炸药,终于取得了最后的成功。从心理学角度来讲,兴趣是人的需要的心理表现,它使人对于某些事物优先给予注意,并带有积极的感情色彩。例如,对足球感兴趣的人,总是对足球赛事以及足球明星的刊物、消息等优先加以注意;对音乐感兴趣的人,总是对乐器以及有关音乐的书籍、刊物等优先加以注意,甚至报纸上有关音乐的报道,别人议论有关音乐的事,对他都有很大的吸引力,并总是以积极情绪去探究、领会和掌握这些事情。兴趣起源于个体的需要,在社会实践中形成,这种内在的个体心理倾向可以在人的心理和行为中发挥积极作用,使你长期专注于某一方向,做出艰苦的努力,取得令人瞩目的成绩。

人的兴趣是以需要为前提和基础的,需要有直接与间接之分,兴趣也因此有直接兴趣与间接兴趣之分,他们的不同只在于是否对实践本身感兴趣。根据马斯洛的需求层次理论,当人们的生理需要或物质需要得到满足时,便会追求更高层次的精神满足,因此,兴趣作为需要的延伸,便表现为高层次需要的满足。在企业中,员工在工作中更倾向于拓展自己的兴趣,发挥所长,在工作的同时实现自我价值、个人成就感等目标。

兴趣往往与爱好紧密相连,当兴趣不是指向认识的对象,而是指向某种活动时,这种动机叫爱好,爱好不仅是对事物优先注意和向往的心情,更表现为某种实际行动。例如,对绘画感兴趣,继而由喜欢、观赏发展到自己动手学习,那么对绘画就有了爱好。兴趣是爱好的基础,当进一步发展成为从事实际活动的需要时,兴趣就演变为爱好。人的爱好比兴趣更具持久性,体现为积极地从事实践活动。兴趣这一内在动机促使员工进行与兴趣相关的创新性尝试,这种尝试的不断进行会促使兴趣转变为爱好,并使员工各得其所,各尽所能,在各自的领域真正处于主导地位。兴趣与爱好是和人的积极情绪体验联系在一起的,当人们兴趣盎然地进行某种活动、获得某种认识时,他们常常体验到快慰和满意等积极情绪。

二、兴趣的品质

兴趣的品质主要包括以下几个方面。

(一)兴趣的倾向性

兴趣的倾向性是指人的兴趣是指向一定事物的。有的人对自然科学感兴趣,有的人对社会科学感兴趣,这就是人与人之间兴趣的倾向性不同。兴趣的倾向性不是天生的,其差异性主要是由于人的后天生活实践的不同造成的。

(二)兴趣的广阔性

兴趣的广阔性是指兴趣的广泛程度。如果一个人拥有广泛的兴趣,那么他的生活一定会丰富多彩,并且他本人也会拥有渊博的知识。例如,我国汉代杰出的科学家张衡,正是由于他本人有着广泛的兴趣,才使他不仅在天文学、地理学、数学、机械学方面有所成就,而且在文学和绘画方面也很有造诣。他的文学作品在文学史上占有重要地位,同时他又是东汉六大画家之一。相反,如果一个人兴趣狭窄,就难免会知识贫乏、目光短浅、生活单调。但如果一个人的兴趣仅仅是广泛而无中心的话,则可能使其一无所长。

(三)兴趣的稳定性

兴趣的稳定性是指兴趣保持在某一或某些对象时间上的久暂性。有的人对事物的兴趣能够长时间保持稳定,可以做到数年乃至数十年如一日,不懈地努力和追求,最终取得成就。例如,居里夫人曾经说过:“我的生活是不能离开实验室的。”与此相反,有的人则缺乏稳定的兴趣,做起事来半途而废、见异思迁,这种人是很难在工作和学习中做出成绩的。

(四)兴趣的效能性

兴趣的效能性是指兴趣推动认识深化过程所起的作用。有的人兴趣只停留在消极的感知水平上,喜欢听听音乐、看看绘画便感到满足,没有进一步表现出认识的积极性,不去理解它、掌握它;有的人兴趣是积极主动的,表现出力求认识它、掌握它。因此,后者的兴趣效能高于前者。

三、“兴趣”的魅力

孔子曰:“知之者不如好知者,好知者不如乐知者”,兴趣是乐趣的孪生兄弟,对有兴趣的事物人们总是乐此不疲。兴趣是成功的开始,而成功的体验又会将兴趣转变成为志趣或是矢志奋斗的理想。

(一)兴趣与幸福感

每个人对幸福的定义不同,但是兴趣却超脱于为求生存的功利目的。一般而言,兴趣并无功利的羁绊,是一种内在动力,驱使人们自觉、连续地进行某种活动。在这种情况下,一旦兴趣与职业联系起来,或者说,一旦兴趣与专业联系起来,将大大促进其发展或成功,成为快乐与幸福的源泉。庄子《逍遥游》中的“无已”、“无名”、“无功”的境界所描述的正是自由地选择兴趣所指引的无功利之事,按照自己的理想和爱好做事做人,不为己忧,不为物喜。工作之所以为员工带来幸福感的原因之一就在于其提供了一个发掘兴趣、专注激情的空间,这是物质报酬很难涉足的境界。物质奖励作为保健因素,其激励作用仅仅在于预防员工产生不满的情绪,而兴趣直接关系到员工满意度的提升,使工作内容本身成为更有效、更充分的激励手段。拥有较高员工忠诚度的公司如惠普、3M 并没有提供给员工第一流的丰厚物质回报,而是将企业建成寻求理想、一展所长的梦想之地。

(二)兴趣与使命感

任何一种兴趣都是由于参与这种活动而使人体验到情绪上的满足,这种满足伴随着一定的情感过程,由此产生的内在性激励会更持久、更经济、更有效。在企业内部,责任与兴趣相伴而生。兴趣源于为实现个人目标而进行的努力,责任则源于为企业创造价值和实现共同的愿景,当两者通过管理层的激励与工作设计融合在一起时,员工就会被巨大的使命感驱策,以主人翁的精神迸发出积极奉献的动力，投入创新性的工作。

（三）兴趣与自我价值实现

马斯洛说："音乐家必须演奏音乐，画家必须绘画，诗人必须写诗，这样才会使他们感到最大的快乐。什么样的角色从事什么样的事情，我们将这种需求称为自我实现。"自我实现是人们对完成与自己能力相称的工作的渴望，来源于对自己潜力充分发挥的内在需要。知名经理人叶莺出任柯达全球副总裁，在柯达开拓中国市场的同时实现自我价值，其根本动力来自于她对色彩世界的执着兴趣以及对于"红酥手、黄藤酒"境界的向往与痴迷。自我价值的衡量来自于内心的尺度，兴趣作为价值观的初级形式，不仅为如何衡量自我价值提供了标准，更能与自我价值和人生目标相结合，促使个体挖掘自身潜力，迸发出追求事业顶峰的激情和活力，真正成为激励的有效手段。

四、霍兰德的职业兴趣理论

美国职业咨询专家霍兰德于 1971 年提出了具有广泛社会影响的职业兴趣理论，也是对我国影响最大的一种职业生涯规划理论。霍兰德认为，包括价值观、动机和需要等构成的职业兴趣是决定一个人选择何种职业的一个重要因素。它从 1959 年起，经过多次大规模的实验研究，发现个人的遗传因素和生活经历等形成了个人独特的个性，而个体所选择的职业生涯发展方向必须符合这种个性，才能最好地发挥潜能。这也是霍兰德职业兴趣理论的核心理念。

霍兰德职业兴趣理论的核心假设是人根据其个性可以分为六大类，即现实型(R)、研究型(I)、社会型(S)、传统型(C)、企业型(E)、艺术型(A)，职业环境也可以分成相应的同样名称的六大类(如图 3－2 所示)。六种个性类型与职业环境类型相对应如下：第一种是现实型。具有这种兴趣的人喜欢有规律的具体劳动和需要某种技能的工作。这种类型的人往往缺乏社交能力，这类职业包括机械工、电工、农民、森林工人、农场主等。第二种是研究型。具有这种兴趣的人喜欢智力、抽象、推理、独立定向的工作，他们会被吸引去从事那些较多认知活动(思考、组织、理解等)的职业。这种个性往往缺乏领导能力，这类职业有生物学家、化学家以及大学教授等。第三种是社会型。具有这种兴趣的人会被吸引去从事包含着大量人际交往内容的职业，而不是那些包含着大量智力活动或体力活动的职业，如心理咨询医生、外交工作者以及社会工作者等。第四种是传统型。具有这种兴趣的人会被吸引去从事系统且有条理的职业，他们具有良好的控制能力，相当保守，一般按常规办事。这类职业有办公室工作人员、会计、银行职员等。第五种是企业型。具有这种兴趣的人性格外向，喜欢冒险活动和担任领导角色，喜欢从事包含着大量以影响他人为目的的语言活动的职业。如管理人员、政治家、律师以及公共关系管理者等。第六种是艺术型。具有这种兴趣的人会被吸引去从事包含着大量自我表现、艺术创造、情感表达以及个性化活动的职业。这类职业的例子有艺术家、广告制作者以及音乐家等。

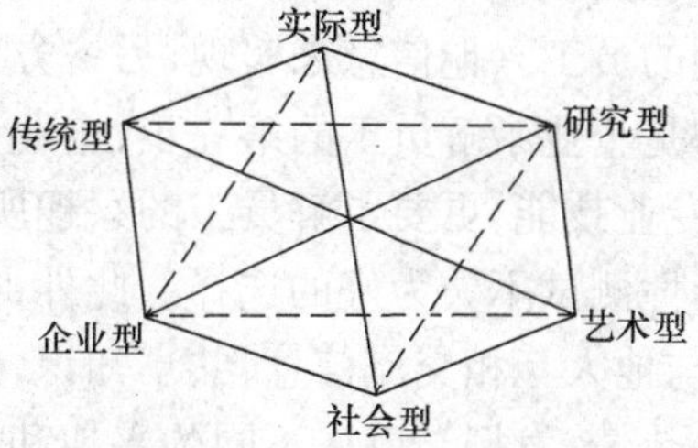

图 3-2　霍兰德个性与职业类型模型

霍兰德的职业兴趣理论的实质在于工作者的个性类型与职业类型相适应。他认为,个性类型与职业环境的匹配是形成职业满意度、成就感的基础。人们会寻找适合自己的职业环境来充分发挥自己的能力与价值,表达自己的态度以及承担相应的责任。同一类型的工作者与同一类型的职业互相结合,便达到适应状态,这样工作者找到了适宜的职业岗位,其才能与积极性才能得以发挥。然而上述个性类型与职业关系也并非绝对的一一对应。霍兰德在研究中发现,尽管大多数人的个性类型可以主要划分为某一类型,但个人又有着广泛的适应能力,其个性类型在某种程度上相近于另外两种个性类型,则也能适应另两种职业类型的工作。也就是说,某些类型之间存在较多的相关性,同时每一类型又有几种极为相斥的职业环境类型。比如,人的个性类型中很可能同时包含社会型、现实型和研究型这三种类型。霍兰德认为,这些个性类型越相似或相容性越强,则一个人在选择职业时所面临的内在冲突和犹豫就越少。

在霍兰德的理论中,最理想的职业应该符合以下几个特点:首先是一致性,即个性的代码在六边形中距离越近越好;其次是分化性,即某人在六种类型上的表现大致相同;最后是身份认定,即对自己的兴趣、目标以及天分具有明确而稳定的概念。符合这几个特点的个人如果能够顺利选择与此相符的职业环境,即个人与职业的适配性较高时,那么,他未来的职业绩效、坚持度、工作满意度以及稳定度就会大为提高。霍兰德的职业兴趣理论是个体分析和了解自己职业兴趣的工具。

五、员工兴趣管理

如何有效地进行兴趣管理,不仅要考虑员工个体已经习得的价值标准和心理需求,企业作为外部环境依然可以通过恰当的管理方法和协调手段激发员工内在的成就欲望和责任感,实现兴趣管理的最终目标——兴趣与工作的完美结合。

(一)了解员工的兴趣

了解员工的兴趣所在是激励和管理兴趣的前提条件。企业一方面可以通过在招聘环节中收集到的员工兴趣信息来实现,另一方面要充分地赋予员工具有挑战性的工作。招聘是企业了解员工的第一步,企业要关注的不仅是以往的工作经验、综合知识和专业技能,更要了解员工的兴趣所在,因而在招聘环节中设计一些心理测试和个性测试不失为好的选择。此外,富于挑战性的工作将会激励员工不断地学习,与他人互相交流信息、共享知识,这种积极性可以激发员工对工作的极大兴趣与热情,发掘与以往不同的兴趣和潜力,拓展自己的技能,在自我挑战中寻找生活的乐趣,培养工作兴趣。

(二)让员工自由地选择工作岗位,参与目标的制定

将合适的员工放在最大限度发挥其才能的地方,达到岗位与人员的合理配置是人力资源工作的核心。企业可以允许员工在一定的权限范围内自由地选择所从事的岗位,这种信任感会激发员工仔细地审视自身优势和兴趣所在,更为审慎地选择自己擅长的有趣工作。员工的选择和意向可以充分显现员工的兴趣,为企业工作和岗位的设计提供依据。参与工作目标的制定同样是兴趣管理的有效手段,这不仅体现着目标管理的理念,更可以最大限度地诱发人的动机和行为。员工在选择目标时必然会充分考虑自己的兴趣和特长,激发工作的责任感,在提高效率的同时享受兴趣带来的工作乐趣,目标的贡献和实现程度更是自我价值实现的源泉之一。

(三)适当的工作流动——从"鼹鼠"到"螺丝钉"

不可否认,部分员工并不了解自身的真正兴趣,恰当的岗位轮换可以让员工寻找到自身的潜力与兴趣所在。成为挪来挪去的"鼹鼠"并不是一件坏事。华为就非常提倡员工不定期的岗位轮换。如果某一职位与员工的兴趣和个性完全不符,一成不变的工作很可能导致创造力的丧失和热情的消耗。丰富的工作内容不仅可以充分调动好奇心,更是发掘真正兴趣的必要方式。当员工在多彩的工作挑战中找到真正与自己兴趣相关的岗位后,就会从漫无目标的"鼹鼠"变成执着的"螺丝钉",在岗位上深入探索。

(四)培养员工的兴趣

培养员工的兴趣首先要帮助员工了解各个岗位的具体工作要求,特别是在工作说明书中明确地阐明工作流程与内容。在工作过程中应积极地给予意见反馈和信息交流,通过恰当的授权提高员工的工作自主性与独立性,增强员工的信心和积极性。此外,鼓励员工知识共享也是培养员工兴趣的必备一环,这

不仅可以增强知识积累和流动性，更可以让员工了解企业各部门的运作状况，拓展兴趣的广度。兴趣无功利的羁绊，因而管理层及同事的认可与鼓励在帮助员工建立持久的工作热情和兴趣方面可以发挥巨大作用，体现企业对培养员工兴趣的重视与参与。兴趣作为个体的典型心理倾向，很大程度上决定着员工的行为和努力程度，影响着员工是否能在工作中感到幸福和满意；作为心智的重要组成部分，兴趣还影响着管理层的激励手段，尤其是精神层面的引导、激发和鼓励是否有效。如何才能通过有效的管理激发员工的兴趣成为管理层和学术界正在探索的课题，而充分的尊重和工作空间的给予是管理员工兴趣的出发点和不变的前提。

第三节　价值观、态度与行为

处在社会环境中的人，其行为既要受到生活环境、经验、个人生理素质与个性心理特征的影响，更要受到其价值观与态度的影响。同时，每个人价值观与态度的形成和改变，还受到他人及整个社会环境的作用。因此，研究价值观与态度的构成、作用及其变化的规律性，有助于管理人员了解每个职工的价值观与态度，有的放矢地提高管理的绩效。

一、价值观概述

（一）价值观的含义

价值观是指一个人对周围的客观事物（包括人、物、事）的意义、重要性的总评价和总看法。对一个人来说，他认为最有意义、最重要的客观事物就是最有价值的东西。比如，人们对金钱、友谊、权力、自尊心、工作成就以及对国家的贡献等的总评价和总看法就不尽相同，有的人把金钱看得最重要，有的人把对人民的贡献看得最重要，也有的人把自尊看得最有价值等。像这种对诸事物的看法和评价在心目中的主次、轻重的排列秩序就是价值观体系，价值观和价值观体系是决定人的行为的心理基础。

价值观是从出生开始，在家庭和社会的影响下逐步形成的。一个人所处的社会生产方式及其所处的经济地位对其价值观的形成有决定性的影响。当然，报刊、电视和广播等宣传观点，以及父母、老师、朋友和英雄人物的观点与行为，对一个人的价值观也有着不可忽视的影响作用。

价值观既有相对的稳定性和持久性，又处在发展变化过程之中。也就是说，在特定的时间、地点和条件下，人的价值观总是相对稳定和持久的。比如，对某种事物的好坏总有一个评价和看法。在条件不变的情况下,这种看法不会改变。但是,随着人们经济地位的改变以及人生观和世界观的改变,这种价值观也会随之改变。

(二)价值观的分类

格雷夫斯在对企业组织内各种人员进行调查的基础上,把错综复杂的价值观按其表现形态的不同,归纳概括为七个等级。

第一级,反应型。这类人并没有意识到自己和周围的人是作为人类而存在,他们只是对自己基本的生理需要做出反应,而不考虑其他条件,类似于婴儿或脑神经受损伤的人。这类人在企业中很少见。

第二级,宗法式忠诚型。这是从父母或上级那里学到的价值观,其忠诚带有封建的色彩。这类人喜欢按部就班地看问题、做工作,依赖成性,服从习惯与权势,喜欢有一个友好而专制的监督和家庭似的和睦集体。

第三级,自我中心型。这类人性格粗犷,富有闯劲,为了取得自己所希望的报酬,愿做任何工作,愿意尊敬严格要求的上级领导。

第四级,顺从型。这类人具有传统的忠诚努力和尽职的性格,勤勤恳恳、谨小慎微,喜欢任务明确的工作,重视安全和公平的监督方式。

第五级,权术型。这类人重视现实,好活动、有目标,喜欢成就和进展,喜欢玩弄权术的诡诈手法的工作,乐于奉承“有奔头”的上级,常通过摆弄别人、篡改事实达到自己的目的。

第六级,社交中心型。这类人重视工作集体人际关系的和谐,喜欢友好的监督和人与人之间的平等关系,看重善于与人相处和被人喜爱更甚于自己的发展。

第七级,存在主义型。这类人喜欢自由和创造性的工作以及灵活的职务,重视挑战性的工作和学习成长的机会,认为金钱和晋升是次要的;能高度容忍别人提出的模糊不清的意见和不同观点,对于制度的僵化和决策存在的问题,如人浮于事、官僚主义等不良现象,敢于直言不讳。

管理学家迈尔斯等在 1974 年对美国企业的一项调查研究中发现,一般企业成员的价值观分布于第二层到第七层之间,而管理人员过去大多属于第四、五层,但现在属于第六、七层的人正逐步增多。

史布兰格则把人的价值观分为六类:一是理性的价值观,它以知识和真理为中心;二是美的价值观,它以外形协调和匀称为中心;三是政治性的价值观,它以权力地位为中心;四是社会性的价值观,它以群体和他人为中心;五是经济性的价值观,它以有效和实惠为中心;六是宗教性的价值观,它以信仰为中心。

阿尔波特根据史布兰格的价值观分类,对美国社会价值观的现状做了一个调查。他认为,没有哪一种类型的价值观是绝对的,一个人并不是只具有一种价值观,实际上,人们的价值观是六种类型价值观的混合。他还发现,不同职业的人对这六种价值观的重视程度不同,形成不同的主次序列,反映了不同的价值体系。

(三)价值观的作用

价值观不仅影响个人行为,还影响群体行为和整个组织行为,进而影响企业的经济效益和管理的效果。首先,在同样的客观条件下,对同一个事物,由于人们的价值观不同,会产生不同的行为;其次,在同一个组织中,有人注重工作成就,有人看重金钱报酬,也有人重视地位权力,这是因为他们的价值观不同;再次,同一个规章制度,如果两个人的价值观相反,那么,他们就会采取完全相反的行为。认为这个规章制度是合理的人就会认真贯彻执行,认为这个规章制度是错误的人则会拒不执行。而这种截然相反的行为将对组织目标的实现起着完全不同的作用。因此,为了提高工作效率,管理者在选择组织目标时,必须考虑与组织有关的各种人员和群体的价值观。同时,管理人员不仅应该了解职工的价值观,还应该探讨组织应建立什么样的价值观,以及如何培养职工应该具有的与组织发展目标相一致的价值观,以此引导职工的行为。

二、态度概述

(一)态度的概念

态度是个体对人、对事所持有的一种评价与行为的心理倾向。这里所说的评价是指人对态度对象的肯定或否定的看法,行为倾向则是指人的心理活动的准备状态,这种心理准备状态决定了人们对客观事物的喜恶情感和要采取的行为。所以,不同的态度具有不同的认识和情感,而且会影响其行为表现。

(二)态度的构成

作为一种心理倾向的态度,它是由三个部分组成,即认知、情感和行为倾向。

1. 认知成分,也叫认识成分,它是主体对态度对象的理解、评论、赞成和反对。例如,“我认为学习心理学有助于协调人际关系”这句话便表明了主体对心理学的理解与评价及赞赏的观点。

2. 情感成分是主体对态度对象所表现的好恶情感的体验。如“我热爱劳动”、“我讨厌虚伪”这两句话便分别反映了主体对劳动和虚伪的不同的爱憎情感。

3. 行为成分是指主体行为的思想倾向,但它不是行为本身,它在态度中具有指导作用和动力作用,指导着人对事物的行为方向,并制约着人的行为反应,决定了人们采取哪些行为。如“我要向公司提一项合理化建议”。

上述三种态度成分应是协调一致的，肯定的评价会产生友善的情感反应，并带来亲近性的行为倾向。而且一经协调形成之后，这种态度将持续一段时间，不会轻易改变。在行为反应模式上也表现出规则性，从而使个体适应社会。

（三）态度的作用

态度的作用表现在各个方面，在此主要探讨其对工作行为的作用。

1. 态度影响对事物的评价和体验。由于我们的偏见可能对同一事物的本质做出不同的解释，提出不同的假设，那些与我们态度相冲突的事实也会被合理化地加以取舍而使之适应我们的态度。这种合理化的过程保护了我们的态度不被改变。比如，一个管理者认为企业给员工提供了工作机会，他们就应感谢企业，并为企业支付给他们的工资做出应有的贡献；另一个管理者认为企业的工作需要有人去完成，把大家组织起来工作正是领导者的职能。这两种不同态度的管理者面对员工的不满和抱怨会做出不同的评价与解释，并采取不同的反应措施。前者更容易把职工的意见看成是不支持自己的工作；后者则认为自己的工作没做好，而努力沟通自己与职工的认识。

2. 态度影响对矛盾与冲突的调解。许多人持有相互矛盾的观点，特别是某一群体内的人更容易对群体外部人员产生误解和偏见，这就妨碍了人们的交流与合作。如果我们善于处理事实与维护自尊之间的关系，认识到处于不同地位及受环境因素的局限，会使人的态度和观点带有片面性，我们就有可能对别人的观点持更宽容一些的态度，就能使自己做到既合理地做出反应，又不会受到别人的指责。那些善于体贴他人、设身处地为别人着想的管理者，面对职工迟到、缺勤的行为，就会先考虑到有可能是交通拥挤或是家中有什么事情，是否能为他解决一些个人困难。

3. 态度对外界事实的组织与选择作用。外界所存在的事实是大量的，我们总是以一定的方式为基础对事实做出分类和组织，通常我们是以一定的态度为参照框架。当我们对某个事物持肯定态度时，就会更多地选择那些与态度一致的已知事实，而对不利的证据常常忽略，并不断以这些事实作为对已有态度的印证；相反，对我们不友善或不赞成的人或事，则会更多地发现存在的问题。

三、价值观与态度的形成和改变

（一）价值观与态度的形成条件

一个人的价值观与态度都是在其后天的生活环境中学习形成的，在这一过程中，有许多因素影响它们的发展以及最后的形成。在这众多因素中，个人欲望的满足程度、知识的获得与积累、个人在团体中的关系、个性特征等是较为重要的影响因素。

1. 个人欲望的满足程度对价值观与态度形成的影响。人的本性是趋利避害,凡能满足个人欲望,有助于自己达到目标的对象,必然使人们产生喜欢和友善的态度;相反,对那些妨碍自己目标实现、使个人产生挫折感的对象,必然让人们产生厌恶的态度。良好态度的产生总是与欲望的满足相连,热情而周到的服务通常给人们留下良好的印象,进而对整个组织也会产生较高的评价,认为他们管理有方,员工训练有素;而工作中的挫折感和不公正感会直接影响我们对工作甚至组织的看法,从而产生离职或调动的念头。特别是态度中的情感与行为成分,与欲望满足的关系更密切。

2. 新知识的接收和积累对价值观与态度形成的影响。我们对某一事物所了解的知识的多少决定了我们对这一事物的态度。比如,对社会上产生的股票热和购买各种证券的热潮,就存在一个态度与观念的转变过程。在人们不了解其性质的时候,要么是采取观望态度,要么是盲目购买。只有人们真正认识到它的性质,主要是更多的知识积累和宣传教育,人们才会对其做出正确的评价和认识,并具备客观的态度,以及形成对这一事物正确的价值观念,是赞同、支持,还是反对。然而,从外界接收新知识这只是问题的一个方面,我们原有的知识结构和背景在态度形成中也起一定的作用。

3. 个人与团体的关系对价值观与态度形成的影响。社会环境和教育可以说是态度和价值观形成的一个重要条件,我们周围的任何事情或任何人都可能促进价值观和态度的形成。每一个体都是具体的社会成员,家庭、生活环境、学校、志同道合的小圈子,这些代表文化、专业范围和广泛社会联系的环境中所具有的基本信念是产生价值观和态度的源泉。此外,组织的管理方式、政府的政策、社会上的广告宣传以及社会舆论等,这些因素都是价值观和态度产生的社会性条件。

4. 个性特征对价值观与态度形成的影响。人总是存在差异的,同样的事物,每个人对它的感受都不一样。这是因为人的个性特征不同。一些过分偏执和偏激的人,容易对任何事或人都不太友善;而极少偏见、对其他人较友善的人,与他们的宽容性有密切关系。

(二)价值观与态度形成过程的理论

价值观与态度的形成与一个人的社会化过程是一致的。个体对社会环境努力做出反应,学习有效的社会行为方式,这一过程就是社会化。在我们的一生中,从家庭、学校到工作组织,主要的社会化场所发生转变;从生理成熟、社会阶层、职业到组织,主要的活动性质和方式也在变化。由于外界环境的变化,在社会化过程中,价值观、态度和行为的因素也会发生变化。在家庭和学校教育中更多地形成价值观与态度的基础,而工作环境中则更多地表现为行为的成分。

心理学家在对态度的大量研究中创立了许多态度形成与改变的理论。本书仅介绍认知一致论中的认知失调理论和平衡理论以及参与改变理论。

1. 认知失调理论。认知失调理论是美国心理学家费斯廷格于1957年提出的。他认为人的认知因素有许多(如思维、信念的基本单位等),而这些认知因素有的相互独立、各不相干,有些则互相关联。如“书籍是人类进步的阶梯”与“我喜欢读书”是两个相互关联的认知因素,但它们均与“今天下雨了”不存在什么关系。费斯廷格指出,在相互关联的认知因素之间存在两种情况:协调与不协调。当个体发现自己所具有的认知因素之间的不协调,亦即失调时,会产生不愉快感,心理紧张、有压力,于是就引起排除不协调状态的动机。排除或减轻认知失调的方法有三种:

(1)在认知不协调构成的两个因素中,选择改变其中一个,使失调趋于协调。例如,认知因素——“我爱好读书”与另一认知因素——“读书无用”是不协调的。此时,这个人可以改变认知因素——“读书无用”为“读书有益,书籍是人类进步的阶梯”,也可能改变认知因素“我爱好读书”为“我不再喜欢读书”,这样便可使失调转化为协调。

(2)增加新的认知,以加强协调关系的认知系统。仍以前面的读书为例,可以加上“世界上许多的科学家等有成就的人士都是由于勤奋读书而成才的”或“社会上有许多人不读书也当上万元户”这一认知因素。这些新的认知因素都能使原来不协调的强度得以降低或提高。

(3)强调某一认知因素的重要性。假若不爱看书的学习者强调其价值体系中的经济因素,认为发财致富是人的最高价值体现时,便会坚持“读书无用”的态度。反之,他若坚信读书学习是人类个性得以发展、完善的必然途径的话,就会使自己的学习态度更加端正、更加坚定。

认知失调对每个人来说都是经常发生的事,但失调是否立即引起态度的改变而趋向协调,还得看失调的程度如何。失调的程度由以下两个方面决定:一是看认知因素对个人的重要性(主要是价值观)如何。若与本人关系不大,即使认知处于不协调的关系中,也不会产生多大的失调;二是认知失调的程度,随着失调关系中认知因素数量的增加而增长。

总之,费斯廷格的认知失调理论告诉我们,若要改变某些人的态度,首先要改变和增强其认识中的不协调因素,造成其不协调形态,形成压迫感,促使个体产生解除这种不协调状态的动机,以迅速解决个体认知上的矛盾,达到心情上的舒畅,从而使改变后的态度与自己的行为保持一致。

2. 平衡理论。认知一致论中的另一理论是平衡理论,它是心理学家海德提出的解释态度改变和指导态度改变的重要理论。海德认为,个体本身和外界环境是处在三角关系之中的,这个三角关系包括三个元素:自己、他人、其他事物或人,三个元素彼此也许是肯定关系,也许是否定关系。当三者处于肯定关系时,呈现平衡状态;若三者处于否定关系,则呈现不平衡状态。平衡状态形成的是稳定的态度,而不平衡状态形成的态度是不稳定的。因为不稳定,便导致三角关系中的某种变化,使其趋向平衡状态。失去平衡,便引起心理的紧张与压力,于是产生了恢复平衡的力量,由不平衡转化为平衡。其主要思想与认知失调理论相似。

海德根据三个元素构成的三角关系推导出八种模式(见图3-3)。图3-3中P表示对O(一般指另一个人)持肯定或否定态度的人,P对X(一般指某一事物)有某种肯定或否定的倾向性,并且P能觉察O对X的倾向性,三者的平衡关系见图3-3中的(1)~(4)。其中,"+"表示为赞成或肯定的倾向性,"-"表示为不赞成或否定的倾向性。

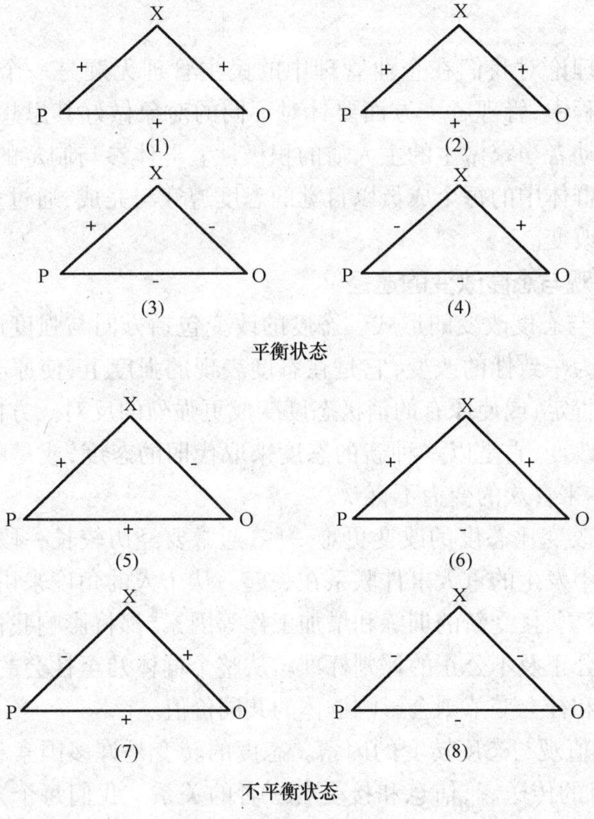

图3-3 海德平衡理论图

从P—O—X模式中,可得出两条规律:

(1)平衡状态必须是三角形三边符号相乘为正;

(2)不平衡状态必须是三角形三边符号相乘为负。

平衡理论告诉我们,在一定条件下,有很多解决认知不一致的途径。平衡理论侧重于人际关系对认知平衡的影响，而认知失调理论则强调个体通过对自身态度的调节达到认知平衡。

3. 参与改变理论。参与改变理论是著名心理学家勒温提出来的，他认为个体在群体中所从事的活动性质对其态度的形成与改变起着决定性的作用。勒温把人分为主动型和被动型两大类：主动型的人是主动参与群体活动，如政策、规范的制定，权力的执行等，因此，他们对群体中的制度、规范等自觉遵守；而被动型的人参与群体活动是被动的，他们对权威、制度、政策等规范要求也能遵守。勒温通过实验证明，主动型的人由于采取的是主动参与、共同讨论、共同决策，因此态度改变很显著，速度也很快，执行也自觉；相反，被动型的人由于在群体活动中其行为是被动接受他人的告知，因此态度改变就很缓慢。

参与改变理论对我们在企业管理中的民主管理无疑是一个有力的支持。在民主管理过程中，管理者一方面要针对不同的对象做好其思想工作，另一方面还要调动劳动者当家做主的主人翁的积极性。群体参与制定的规章制度、任务指标等要求群体中的每个成员以自觉的态度遵守与完成，通过多种途径促使人的态度得以改变。

（三）价值观与态度改变的途径

1. 价值观与态度改变的形式。态度的改变包括方向与强度两个方面。强度的改变也称为一致性的改变，它是在态度表现的强度上，使原有的积极态度变成更强烈的肯定；或使原有的消极态度变成更强烈的反对。方向的改变又称为不一致性的改变，它是以一种新的态度来取代旧的态度，或是将本来反对的变为赞成，将本来喜欢的变为不喜欢。

价值观的改变比态度的改变更难一些，通常要经历较长一段时间，或者是与一个人生活中发生的重大事件联系在一起。从个人的角度来讲，生活环境的变化、家庭的变更、接受新的训练和增加工作等因素，都将影响我们对事物的是与非、对与错、公正及不公正的评判标准。从整个群体乃至社会的角度来看，生产技术的发展和社会变革则会影响群体的共同价值。

2. 影响价值观与态度转变的因素。态度的转变是许多因素相互作用的结果，它涉及信息的传送者、信息和接受者三者的关系。我们每个人都企图按照自己的思想和行为去操纵、控制别人，在传送信息的过程中，常会使原信息发生改变；同时，我们又在抗拒外来的许多转变我们自己观点的努力，以求得自己价值观和态度的稳定。

（1）信息的传达者。如果新的信息是由地位显赫、声望很高的人物提供的，我们就更容易考虑他的意见，并做出改变自己态度的举动。这就是为什么电视广告往往找一些有名望的人来做的原因。如果信息提供者在表达观点时不使人感到他是为自己的利益这样做,他的这种努力并不是去获得某种私利,这种隐蔽的动机在改变人的态度上会产生较强烈的效果。因此,一个廉洁公正的领导者更容易得到群众的爱戴,他对廉政的宣传也更容易使人们接受。

(2)信息的特点。如果接受者是在无意识中听到的信息,并且在不同的场合下不断被重复,人们对这种信息更愿意去了解和理解。再有,先提供的信息和最后传达的信息,由于“首因效应”与“近因效应”的存在,也会在效果上优于中间呈现的内容。

(3)信息的接受者。如果我们先改变信息接受者的环境和行为,其态度就容易改变。此外,信息接受者的个性特点也是要考虑的一个因素。一个独立性强、对自己控制较好的人往往有个人的观点,这种人的态度是较难转变的;而对自身评估较低的人,他们的自尊程度也较低,容易与别人和团体保持观点上的一致,受从众的影响大,因此容易转变自己的态度。

3. 价值观与态度改变的方法与措施。

(1)以事实和说服的方式改变。劝导与说服是常用的改变态度的方法,它也包括议论、辩论等形式,通常是将两种不同的观点摆出来,让人们各自阐述赞成与不赞成的依据与态度。辩论探讨的结果是为达到一致性,改变一方的态度,或双方的态度都有所改变,形成新的态度上的一致。

(2)通过群体的情感与压力促使态度改变。个人总是生活在群体中,因此,群体会影响个人态度的改变。在个人与群体的关系上,决定个体态度改变的因素主要有:第一,对群体成员身份的重视程度。越看重这种身份标志者,越不能接受批评或反对该群体规范的言论;第二,在群体中的地位。一个人在群体中的地位越高,越容易接受该群体的全部规范;第三,对群体规范的看法。当一个人认为群体的种种规范都是合理合法的,他就更容易接受这些规范。

(3)通过行为手段改变态度。态度转变是以行为的改变作为证据的,通常态度转变的目的也是转变人的行为。在管理训练中经常使用的角色扮演技术就是使一个人在所扮演的角色中转变自己的态度。即让人们处在不同的地位,设身处地地理解对方在这一角色上的心情和困难,从而改变自己原有的态度和认识。

实训模拟

模块一:案例分析与思考

我适合做什么

两年前,王浩是南京××学院大三的学生,因为快毕业了,所以一直忙着找工作。王浩在大学里学的是计算机专业,专业课学得不错,自身也对计算机网络等方面很感兴趣，因为听同学说现在社会上做营销工作工资很高，所以一直想找营销方面的工作。前段时间到好几家公司参加面试，全都落聘了，后来去一家保险公司面试又被淘汰。看到同学们都找到了满意的工作，王浩感到非常沮丧，觉得自己真没有用，连最基本的面试都通不过。

班主任知道王浩的情况后，建议他到学校的心理辅导室去看看。在心理辅导室，心理辅导教师让王浩做一份职业测试，通过分析测试结果，辅导老师发现王浩的职业类型的 RIC，即现实、研究、传统型。也就是说，王浩不适合从事营销方面的工作，而比较适合从事操作技术类工作。因此，辅导老师建议他从自己的专业入手，先找一份与专业较接近的技术类工作。初期就业，工资不是最重要的，重要的是先做一份自己感兴趣的、有能力做的工作。王浩听从了辅导老师的建议，几天后在一家公司找到了一份网络维护的工作。两年后，王浩已经做到了该公司网络主管的位置，工资提高了，干起工作来也非常开心。

思考：这个案例给我们带来了什么启示？

模块二：管理游戏

补句练习

（一）把下列句子补写完整，越完整越好

1. 当我第一次来到这个课堂，我想（ ）。
2. 这学期我最关心的是（ ）。
3. 在剩下的大学时光里，我将（ ）。
4. 我现在面对的最大挑战是（ ）。
5. 人活着就是应该（ ）。
6. 最令我感到高兴的事情是（ ）。
7. 记忆中最尴尬的经历是（ ）。
8. 我被提问过的最有用的问题是（ ）。
9. 管理者最重要的品质是（ ）。
10. 在（ ）的时候，我学得最多。

（二）指导

老师在课堂上和学生讨论以上问题的答案，注意同学们的答案有何相似以及不同之处（即个性差异）。

模块三：相关测验

霍兰德职业倾向测试题

本测验是以美国著名职业教育专家霍兰德的人才测评理论为基础，结合中国广大学生和工作者的实际编制的。根据霍兰德的研究成果和后人的分析论证，按照不同的职业特点和个性特征，一般可以将人分为六类：现实型(R)、研究型(I)、艺术型(A)、社会型(S)、企业型(E)和传统型(C)，这六种类型的人具有不同的典型特征。每个类型的人都对相应职业类型感兴趣，个性特征和职业需求应合理搭配。同时，人们在择业时主要受三个因素的影响：兴趣（你想做什么——兴趣倾向）、能力（你能做什么——个人经历）和个性（你适合做什么——个性倾向）。以此为依据，本套试题由三部分组成：兴趣倾向问卷、个人经历问卷和个性倾向问卷，分别对测评者的兴趣、能力和个性特点进行测评。通过对测评结果的综合分析，可以帮助测评者发现和确定自己的职业兴趣以及能力特长，使我们对与自身性格相匹配的职业类别、岗位特质有更为明晰的认识，从而在我们就业、升学、进修或职业转向时做出最佳的选择。

该测评适用于高中毕业生、在读大中专生、应届大中专毕业生以及已参加工作但渴望转行，需发现和确定自己的职业兴趣和能力特长的人士。

请根据对每一题目的第一印象作答，不必仔细推敲，答案没有好坏、对错之分。具体填写方法是，根据自己的情况每一题回答“是”或“否”。

1. 我喜欢把一件事情做完后再做另一件事。
2. 在工作中我喜欢独自筹划，不愿受别人干涉。
3. 在集体讨论中，我往往保持沉默。
4. 我喜欢做戏剧、音乐、歌舞、新闻采访等方面的工作。
5. 每次写信我都一挥而就，不再重复。
6. 我经常不停地思考某一问题，直到想出正确的答案。
7. 对别人借我的和我借别人的东西，我都能记得很清楚。
8. 我喜欢抽象思维的工作，不喜欢动手的工作。
9. 我喜欢成为人们注意的焦点。
10. 我喜欢不时地夸耀一下自己取得的好成就。
11. 我曾经渴望有机会参加探险。
12. 当我一个独处时，会感到更愉快。
13. 我喜欢在做事情前，对此事情做出细致的安排。
14. 我讨厌修理自行车、电器一类的工作。
15. 我喜欢参加各种各样的聚会。
16. 我愿意从事虽然工资少、但是比较稳定的职业。
17. 音乐能使我陶醉。
18. 我办事很少思前想后。
19. 我喜欢经常请示上级。

20. 我喜欢需要运用智力的游戏。
21. 我很难做那种需要持续集中注意力的工作。
22. 我喜欢亲自动手制作一些东西,从中得到乐趣。
23. 我的动手能力很差。
24. 和不熟悉的人交谈对我来说毫不困难。
25. 和别人谈判时,我总是很容易放弃自己的观点。
26. 我很容易结识同性别朋友。
27. 对于社会问题,我通常持中庸的态度。
28. 当我开始做一件事情后,即使碰到再多的困难,我也要执着地干下去。
29. 我是一个沉静而不易动感情的人。
30. 当我工作时,我喜欢避免干扰。
31. 我的理想是当一名科学家。
32. 与言情小说相比,我更喜欢推理小说。
33. 有些人太霸道,有时明明知道他们是对的,也要和他们对着干。
34. 我爱幻想。
35. 我总是主动地向别人提出自己的建议。
36. 我喜欢使用榔头一类的工具。
37. 我乐于解除别人的痛苦。
38. 我更喜欢自己下了赌注的比赛或游戏。
39. 我喜欢按部就班地完成要做的工作。
40. 我希望能经常换不同的工作来做。
41. 我总留有充裕的时间去赴约会。
42. 我喜欢阅读自然科学方面的书籍和杂志。
43. 如果掌握一门手艺并能以此为生,我会感到非常满意。
44. 我曾渴望当一名汽车司机。
45. 听别人谈"家中被盗"一类的事,很难引起我的同情。
46. 如果待遇相同,我宁愿当商品推销员,而不愿当图书管理员。
47. 我讨厌跟各类机械打交道。
48. 我小时候经常把玩具拆开,把里面看个究竟。
49. 当接受新任务后,我喜欢以自己的独特方法去完成它。
50. 我有文艺方面的天赋。
51. 我喜欢把一切安排得整整齐齐、井井有条。
52. 我喜欢做一名教师。
53. 和一群人在一起的时候,我总想不出恰当的话来说。
54. 看情感影片时,我常禁不住眼圈红润。

55. 我讨厌学数学。
56. 在实验室里独自做实验会令我寂寞难耐。
57. 对于急躁、爱发脾气的人,我仍能以礼相待。
58. 遇到难解答的问题时,我常常放弃。
59. 大家公认我是一名勤劳踏实的、愿为大家服务的人。
60. 我喜欢在人事部门工作。

职业个性的类型

计算方法:答对以下题号得1分,不对得0分;得分多者属于该类型。
现实型"是"(2,13,22,36,43),"否"(14,23,44,47,48)
研究型"是"(6,8,20,30,31,42),"否"(21,55,56,58)
艺术型"是"(4,9,10,17,33,34,49,50,54),"否"(32)
社会型"是"(26,37,52,59),"否"(1,12,15,27,45,53)
企业型"是"(11,24,28,35,38,46,60),"否"(3,16,25)
传统型"是"(7,19,29,39,41,51,57),"否"(5,18,40)

模块四:复习思考

(一)单项选择题

1. 个性倾向性的核心是(　)。
A. 世界观　　B. 信念
C. 理想　　D. 兴趣

2. 世界观是一个人对整个世界的总的看法和态度,它是个性倾向性的(　)。
A. 一般表现　　B. 重要表现
C. 集中表现　　D. 突出表现

3. 耶克斯—多德森定律表明,较难课题最适宜动机强度(　)。
A. 最强　　B. 中等
C. 较弱　　D. 没有一定强度

4. 诗人歌德对文学有研究,而且对自然科学也很热爱,经常弹钢琴、吹笛子、练习击剑等。这说明他的兴趣具有(　)。
A. 高尚性　　B. 广阔性
C. 效能性　　D. 稳定性

5. 动机、兴趣产生的基础是(　)。
A. 感知　　B. 实践
C. 需要　　D. 财物

(二)多项选择题

1. 人们在群体中可以获得的需要和满足有( )。

A. 安全需要　　B. 情感需要

C. 尊重和认同需要　　D. 完成任务的需要

E. 实现组织目标的需要

2. 人的价值观体系来源有( )。

A. 遗传　　B. 民族文化

C. 家庭教育　　D. 社会舆论

E. 大众传播

3. 在霍兰德理论中,最理想的职业应该符合哪几个特点( )。

A. 一致性　　B. 共同性

C. 分化性　　D. 身份认定

(三)思考题

1. 试述社会主义市场经济条件下,大学生应坚持什么样的人生价值取向。

2. 前微软公司全球副总裁、杰出的华裔学者李开复院士在谈到兴趣对他事业成功的影响时这样写道:找到自己真正的兴趣、爱好并不是一件很容易的事,有时还要经过许多反复和波折,不过,一旦发现了兴趣所在,每个人都可以在激情的推动下走向成功。

拿我自己来说,我读高中的时候一心想做个数学家,刚进入大学时又打算当一名出色的政治家,可直到大二时我才逐渐发现,自己无法全身心地喜爱数学和政治,学习成绩也只在中游徘徊。与此同时,我接触并喜欢上了计算机,每天疯狂地编程,很快引起了老师、同学的注意。终于,大二的一天,我做了一个重大的决定:放弃此前一年多在全美前三名的哥伦比亚大学法律系已经修成的学分,转入哥伦比亚大学默默无闻的计算机系。我告诉自己,人生只有一次,不应浪费在没有快乐、没有成就感的领域。当时也有朋友对我说,改变专业会付出很多代价,但我对他们说,做一个没有激情的工作将会付出更大的代价。那一天,我心花怒放、精神振奋,我对自己承诺,大学后三年的每一门功能都要拿A。如果不是那天的决定,今天的我就不会在计算机领域取得这样的成就;如果不是那天的决定,今天的我很可能只是美国某个小镇上一名既不成功又不快乐的律师。

(引自李开复:《做最好的自己》,人民出版社2005年版,第137页。)

思考:请结合李开复博士的事例分析兴趣的内涵、性质和功能。

第四章

心理过程与行为

学习目标

1. 了解影响知觉准确性的因素;
2. 熟悉情绪来源及其表达方式;
3. 掌握情绪管理办法;
4. 熟悉挫折管理及意志力培养方法。

开篇案例

当一位高 EQ 主管

20 世纪 90 年代提出情绪智商概念的戈尔曼被誉为 EQ 之父。有一次,他在对几百位企业执行长官演讲时,他问:你们谁毕业的时候是班上第一名?结果只有寥寥两三个人举手。也就是说,世界上多的是学业成绩平均 90 分的人在替学业成绩平均 80 分的人工作。

如果一个人的学业成绩不能拿来预测他的事业发展,那么什么才可以?戈尔曼整整花了 30 年的时间找答案。他在才出版的作品集《领导人的特质》(*What Makes a Leader*)一书中提出他的结论:顶尖企业领导人跟一般人的不同点在 EQ 上。根据戈尔曼的定义,EQ 包含了自我意识、自我管理、同理心和社交技能,其重要性远大于智商。他指出,他的意思不是一个人的智商不重要。在决定一个人有能力做什么工作时,智商当然很重要;然而一旦跨过某个门槛,在跟自己旗鼓相当的人竞争时,想要胜出,就必须比对手更懂得管理自己和领导别人。

戈尔曼强调,幸运的是,EQ 并非与生俱来,是后天可以学习改善的。至于如何找出自己 EQ 的哪个部分需要改进,他建议:先想象 5 到 10 年之后,理想的我是什么样子。接着,比较现在与理想之间的差距。先自问自答,然后也请别人帮你回答以下的问题:

通常你会注意到自己的感觉以及造成这些感觉的原因吗?

你善于管理负面情绪吗?(例如,感到沮丧或压力时,能够很快恢复)

通常你会注意到跟自己互动的人的感觉吗?你了解他们看事情的角度吗?

你善于说服以及有效地使用自己的影响力吗?

戈尔曼谈到,现今许多主管普遍都有一个 EQ 弱点:缺乏倾听能力。我们常常希望对方赶快讲重点,甚至不惜打断他们的发言,主动接手对话,只求赶快送走对方,不要浪费自己宝贵的时间。但是要当一名好的倾听者,必须真的花时间去听对方想说什么,而且确定自己了解对方的意思。另一个主管常见的 EQ 弱点是:老是当带来坏消息的乌鸦。戈尔曼认为,许多对自己要求很高的人靠着努力爬到主管的位子,之后他们拿相同的高标准要求员工。一个永远打出不及格分数的人,会让员工士气大失。要当一位高 EQ 主管,必须特别注意这两个常见的通病。

(案例来源:EMBA 杂志,2014 年 9 月。)

第一节 知觉与行为

我们经常看到,对同一个人、同一件事、同一个问题,不同人的观点差别很大。为什么会形成这种差别呢?一种可能是价值观或个性心理不同,不同价值观或个性心理的人标准不一样,对同一事实的看法可能截然相反,难以调和,即所谓“道不同不相谋”;另一种可能是价值观标准相同,但对同一个对象,大家捕捉到的信息不一样,从而得出了不同的结论,“盲人摸象”就是这种情况。人们拥有的信息来源于对客观事物的认知过程和心理过程,而认知过程是从人脑对客观现实的反映——感觉与知觉开始的。一切较高级、复杂的心理活动过程都以感觉与知觉为基础,即在感觉与知觉所获得的材料基础上才能产生。不同的人知觉过程不一样,所以人们的决策和行为是以他对现实的知觉为基础的,而不是以现实为基础的。

一、感觉与知觉

(一)感觉的概念

一方面,感觉是人们对客观事物个别属性的反映,是客观事物个别属性作用于感官,引起感受器官活动而产生的最原始的主观印象;另一方面,感觉是主体对客体个别属性的觉察,且常受主体高层次心理活动的制约,如注意、知觉、情绪、心境等均对人们的感觉发生重要影响。

(二)感觉的特性

1. 感觉的适应。感觉具有随环境和条件变化而变化的特点。例如,刚进浴池感到水热,泡一段时间就不再感觉那样热了,这是皮肤感觉的适应性所致。据研究,除痛觉之外各种感觉都有适应问题。刚入暗室,什么也看不见,等一会就看清了,这是暗适应;自暗室突然走出来,光亮刺眼,什么也看不见,等一会又看清了,这是光适应;入芝兰之室,久而不闻其香,入鲍鱼之肆,久而不闻其臭,则是嗅觉适应。

当一种强度不变的刺激持续作用于感觉器时,传入神经纤维的冲动频率逐渐下降,引起的感觉逐渐减弱或消失,这一现象称为感受器的适应现象。适应是所有感受器的一个功能特点,但不同感受器有很大的差别,嗅觉感受器最容易适应。

2. 感觉的对比。感觉对比是某一感受器由于不同的刺激背景而引起感受性程度变化的现象。如同样的白色在黑色背景上比在灰色背景上显得更白。这样的感觉对比现象在日常生活中是常见的。轻松的音乐可缓解焦虑情绪,有些优雅乐曲则可以减轻某些疼痛。左手泡在热水里,右手泡在凉水里,然后同时放进温水里,结果左手感觉凉,右手感觉热,这是同时对比。吃过螃蟹再吃虾,就感觉不到虾的鲜味,这是继时对比。即不同的刺激先后作用于某一感觉器官而产生的对比现象。

影响感受性变化的还有联觉。比如,同是一个黄瓤西瓜挤出的汁,一杯加入食用红色素,一杯不加,不知者品尝起来,大都感到红色西瓜汁更甜,这就是视—味联觉。又如,红、橙、黄色往往引起温暖感、接近感、沉重感;而绿、蓝、紫色则往往引起凉爽感、深远感和轻快感。正因如此,同样大小的房间,墙壁、地板、家具等颜色不同,会产生大小、冷暖乃至兴奋、压抑等不同感觉。

3. 感受性的补偿与发展。人一出生就具备各种感觉器官和初步感觉能力,从而为各种感觉能力的发展奠定了基础。由于实践活动不同,某些感觉能力的发展水平也有差异。有经验的管钳工人只要用手一握螺纹钢管,就可判断粗细的细微差别。残疾人的感受性补偿是惊人的,盲人的触觉和听觉格外灵敏。所以说,人的感受性是可以通过实践训练发展的。

(三)知觉的概念

知觉是人脑对直接作用于感觉器官的客观事物的各种属性、各个部分及其相互关系的整体反映。它以感觉为基础,是人脑对感觉信息选择、组织和解释的过程。但是知觉又与感觉不同,感觉是人脑对直接作用于各感觉器官的事物的个别属性的反映,知觉是人脑对直接作用于各感觉器官的事物的整体反映。因此,知觉反映的是客观事物的整体属性,是多种感觉协同活动的结果,也是对感觉信息做出的进一步处理。

(四)知觉的特征

1. 知觉理解性。知觉理解性是指在知觉过程中,人们根据自己已有的知识经验对客观事物进行解释,并用词语加以概括以赋予其意义的组织加工过程。人在感知知觉对象时,总是用以往的知识经验对所获得的感觉信息提出假设、推断并做出最佳的解释,然后把它们标示出来。比如,在听一段音乐的时候,非专业的听众会听出“好听”或者“不好听”,更进一步的能听出这段音乐里表达出了怎样一种感情,而专业的音乐学习者则能听出其中每个乐章代表的不同含义,这段音乐使用了多少种乐器进行演奏,甚至听几遍就能学会并演奏这段旋律。这是听觉方面的例子,在视觉和其他感觉中也是如此。

视觉上，我们看到图 4－1 中不规则的墨块，一下子看不出这是什么，但是在以往的经验上，我们曾经见过“狗”这种动物，便会反映出这是狗。因为知觉的理解受到已知经验的很大影响，容易形成知觉定势。知觉定势是指个体由于已有知识经验、动机或暗示等形成的某种知觉期望，有准备地按照特定的方式进行知觉的过程。这是一种自上而下的信息加工过程。有时候（常为实验状态下）定势的产生依赖于先前刺激呈现的时间长短，如果过长，被试者会产生疲劳效应，定势作用消失。

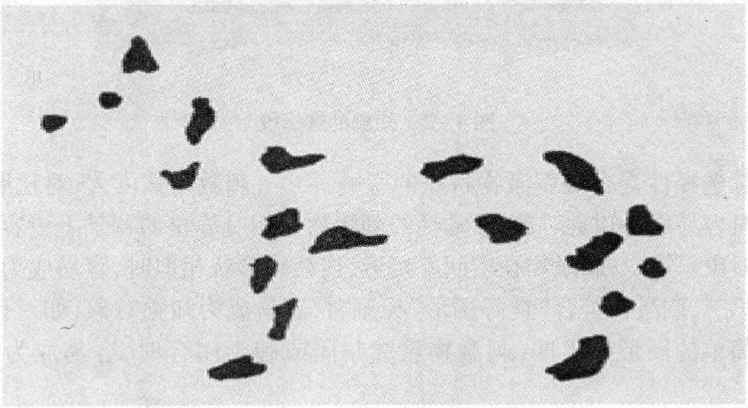

图 4－1　知觉的理解性

知觉理解性是以人们已有的知识经验为前提对信息进行加工处理的。因此，当人无法用过去的知识经验对所感知的事物进行理解和解释，知觉理解性就会降低。

另外，知觉理解性受语言指导的重要影响。同样是听音乐的例子，如果一个专业音乐人向听众说明，在这一段音乐中，哪一个乐章讲述了一个怎样的故事，表达了一种怎样的情绪，那么，非专业的听众再自己听一遍，也会感觉到这样一种情绪存在。

2. 知觉选择性。知觉选择性是指人们受自己的需要和兴趣等因素的影响，有意或无意地把某些刺激信息或刺激的某些方面作为知觉对象，而把其他事物作为背景进行组织加工的过程。知觉对象与知觉背景之间的关系是相对的，在一定条件下，它们可以相互转换。这一特点在图像上表现为通过不同的直觉选择，不同的图形可以成为知觉对象，也可以成为背景。

图 4－2 是一副奇妙的图画，以玫瑰花为对象时，画框是背景；以玫瑰花为背景时，可以看到画中的一对恋人。然而，由于细节的巧妙运用，玫瑰花、恋人和画框三者之间又分不清对象和背景的差别。

图 4－2　知觉的选择性

知觉选择性受客观刺激物特点的影响：第一，刺激物强度大、对比明显、颜色鲜艳时容易成为知觉对象；活动性的刺激物在相对静止的背景上更容易成为知觉的对象。第二，刺激物在空间上接近、连续或形状相似时，容易成为知觉的对象。第三，刺激物符合"良好图形"原则时，容易成为知觉对象，如对称、连续或结构简单的图形。第四，刺激物轮廓封闭或趋于闭合时，容易成为知觉的对象。

知觉选择性受人的主观因素的影响。比如，我们在看图 4－2 时，如果是喜欢玫瑰花的人，则趋于将玫瑰花作为对象；如果是正处于热恋中的人，则趋于将图中的恋人作为对象。

3. 知觉整体性。知觉的对象都是由不同属性的许多部分组成的，人们在知觉它时却能依据以往的经验组成一个整体，知觉的这一特性就是知觉的整体性（或完整性）。知觉并非感觉信息的机械相加，而是源于感觉又高于感觉的一种认识活动。当人感知一个熟悉的对象时，只要感觉了它的个别属性或主要特征，就可以根据经验而知道它的其他属性或特征，从而从整体上知觉它。如果感觉的对象是不熟悉的，知觉会更多地依赖于感觉，并以感知对象的特点为转移，而把它知觉为具有一定结构的整体。

图 4－3 中，粗看之下只是四条线段和四个缺角的圆，但是中间却形成了一个白色的正方形，这也是一种"主管轮廓"的知觉。

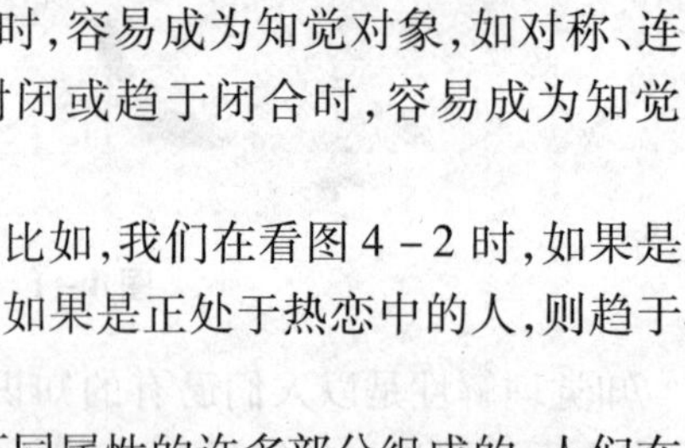

图 4－3　知觉的整体性

知觉整体性不仅与刺激物本身的特征及各部分之间的成分密切相关，还受到人的主观状态，特别是人原有的知识经验的影响。如果我们没有"正方形”这个概念,也不会形成图 4－3 中的白色正方体。刺激物的各个部分、各种属性对整体知觉的作用不同。

4. 知觉恒常性。知觉恒常性是指人在一定范围内,不随知觉客观条件的改变而保持其知觉印象的过程。它是人们长期实践活动的结果,也是人认识世界的需要。

在视觉范围内,知觉恒常性有大小恒常性、形状恒常性、方向恒常性、明度恒常性和颜色恒常性等。在不同角度、不同距离、不同明暗度的情境之下,观察某一熟知物体时,虽然该物体的物理特征(大小、形状、亮度、颜色、方向等)因受环境影响而有所改变,但我们对物体特征所获得的知觉经验却倾向于保持原样不变。

综上所述,知觉的四种特性有一些共同点:它们的形成都受到人的主观因素和以往经验的影响,同时也受到刺激物本身特点的影响,两者是相互作用的。这些知觉的特性既是人在认识和实践的过程中形成的,也是人类认识世界的重要方法。

二、社会知觉

作用于人的信息有两大类:一类是自然界中的机械、物理、化学和生物等方面的信息,属于非社会性信息;另一类是由人的社会生活实践构成的社会现象的信息,包括担任社会角色并具有人性的人、人际关系和群体以及各种社会结构和社会事件等,属于社会性信息。对非社会性信息形成的知觉通常称作物知觉(object perception)或一般知觉(general perception),而社会性信息形成的知觉就是社会知觉(social perception)。

(一)社会知觉的概念

社会知觉的研究始于 20 世纪 40 年代。此前,心理学家大多局限于对物体知觉的研究过程,忽视了知觉主体本身的欲望、价值、情感等因素对知觉的影响。1947 年,心理学家布鲁纳最先提出“社会知觉”的概念,指出知觉不仅取决于客体本身,也取决于知觉者的目的、需要、态度与价值观,即指明知觉者的社会决定性。因此,社会知觉是个体在生活过程中对别人、对群体及对自己的知觉。它不仅是对人的外部特征(如外貌、姿势、行为举止等)的知觉,而且要判断人的内部动机、兴趣、性格和心理状态等,从而形成对人的整体认识、印象和评价。

(二)社会知觉的分类

1. 对他人的知觉。这是指对他人的需要、动机、情感、观点、信念、性格等内部心理状态的知觉。这种知觉主要是通过一个人的仪表、风度、表情、姿态、言谈、行为举止等外部特征来认识这个人的需要、动机、情感、观点、信念、性格等

心理特点与内在品质,即“听其言观其行而知其人”。对他人的知觉受以下条件制约:

(1)知觉对象的外部特征。包括一个人的仪表、风度、表情、姿态、言谈、行为举止等。例如,西装革履的人往往给人留下正派、大方、素雅、严谨、拘谨、循规蹈矩的印象;而牛仔装或运动装(休闲便装)则给人活泼、热情、随便、不拘小节、马虎、充满活力等印象。人的外貌特征也是如此。在初次交往中,一个人面貌端正、言谈高雅、举止端庄往往给人留下良好的印象;反之,五官不正、言谈粗俗、举止轻浮的人则往往给人留下不良的印象。

(2)知觉者的知觉组织结构。这是指一个人在知觉他人时所特有的观点和态度,即站在什么角度,用什么标准来观察、衡量对方。知觉者的知觉组织结构不同,知觉的结果也不相同。例如,在观察、了解同一个人时,有的人侧重于道德品质,有的人着眼于其智力特征,结果每个人所得的印象各不相同。

2. 人际知觉。这是指人与人之间相互关系的知觉,它是社会知觉最核心的部分。在人际知觉中,比较明显地受到人的情感因素的影响。例如,在工作、学习和生活中,人们互相接触、互相观察,而且彼此之间形成一定的态度,产生各种各样的情感,如敬仰、爱慕、信赖、同情或鄙视、憎恶、猜疑、反感等。产生这些情感是由于多因素的影响,如彼此接近的程度,彼此交往的深度,彼此在志向、兴趣、性格、修养乃至年龄等方面的相似性等。

3. 角色知觉。角色知觉是指个体对于自己所处的社会与组织中特定地位的知觉。角色是在涉及他人的社会活动中社会对某一特定对象所期望的一种行为模式,它反映了一个人在社会系统中的地位以及相应的权利、义务和职责。个人对自己的角色知觉,对其行为有重大影响。例如,在家里扮演儿女角色,到学校扮演学生角色,课外活动(演出)则扮演歌唱家的角色,到市场上采购则扮演消费者的角色。

4. 自我知觉。自我知觉是指对自己的心理和行为状态的知觉。即通过对自己行为的观察形成的对自己的思想、情感、能力、性格、道德水平等的认知。自我知觉对个体行为的基本形态以及生活态度具有决定性的作用。一般来说,一个能够全面、正确地认识自己的人,比较不容易发生行为失当(失轨)现象,但是人并非在任何情况下都能正确认识自己的心理状态。例如,在顺利的情况下,往往过高地估计自己的水平(得意忘形);而在受挫的情况下,则往往对自己的能力、水平产生怀疑。

在自我观察的自我知觉中,一个人观察别人与观察自己是有区别。这种区别在于:第一,人们观察自己时所掌握的信息要比观察别人时更多。例如,一个人虽然工作成绩并不显著,却做出了最大的努力,这在自己看来是心中有数的,如果别人观察他的行为就不一定能够了解;第二,观察自己与观察别人有熟悉和陌生的区别,对自己行为的知觉比对别人更熟悉,这主要是因为自己对自己的知识、经验和过去的经历要比对别人知道得更多些;第三,在知觉别人时自己是观察者、别人是被观察者,而在自我知觉时,自己既是观察者又是被观察者。

尽管自我知觉与对别人的知觉有上述区别,但这并不是说自我知觉一定比对别人的知觉更正确。有人在企业中曾做过一个实验,该实验设计了四种情境,让工人解释在每种情境下积极工作或者能坚持工作的动机。第一种情境:给予很高的报酬,但工作比较单调乏味;第二种情境:报酬并不很高,但工作很有趣味;第三种情境:报酬不高,工作也很乏味;第四种情境:报酬很高,工作也很有趣。实验结果:在第一、二种情境中,绝大多数工人均能解释自己积极工作的原因。他指出,在第一种情境中之所以积极工作是因为有很高的报酬;在第二种情境中积极工作是因为工作很引人入胜。但是在第三、四种情况下,对自己能坚持或积极工作的原因往往不能做正确的解释。虽然这个实验研究的主要目的在于研究内在奖励和外在奖励对人的工作积极性的作用。但这也表明,自我知觉不是在任何情况下都是正确的,故真正做到"有自知之明"并非易事。

三、影响知觉正确的主要因素

(一)知觉的主体因素

在知觉的主体方面,影响个体对别人认知的主要因素是其动机、经验和情感。一个人是否具有同别人交往、认识别人的动机,以及这种动机的强弱,对他认识别人具有重要影响。阿特金森用速视器向被试者快速显示四张一组的画片,每组画片之中有一张是人物面孔,而另外三张则是萝卜、饭锅等类似人头的画面。要求被试者回答"看见了什么?"结果表明,交往动机强的人对于人物面孔知觉得更为迅速、清楚。佩皮通的实验也证明,对于同一个人,交往动机强的被试者比交往动机弱的被试者认为他更为亲切。

人们是根据自己的经验从一个陌生人的衣着打扮推断他的民族、性别、年龄、职业与性格特征的。人们已有的知识、经验将影响其知觉的选择性和对知觉对象的理解,缺乏有关的经验是不可能凭借人的外部形象推断内部特点的。巴贝奇用速视器向被试者分别呈现同样的图片,图片的一侧绘有棒球比赛图,而另一侧则绘有斗牛图,尽管给所有的被试者都是左右两眼同时看这两种不同图景,结果却大不相同。美国人被试者有84%说看到了棒球比赛,而西班牙人被试者有85%说看到了斗牛。一个人的经验不仅影响他对别人的认识,也影响他对别人的感情。一个陌生人仅仅由于他的相貌同我们所厌恶的人的面貌相像,就可能成为我们所不喜欢的人。

（二）知觉的客体因素

在知觉过程中，知觉对象本身的内在因素也会对知觉产生影响。优点多的知觉对象倾向于做出积极、肯定的判断；知觉对象知名度大小也直接影响着知觉者的社会认知。对知名度大的对象，知觉者无形中会把他看成是有魅力的人；知觉对象的复杂程度也会对人们的社会知觉造成影响。简单的事物易知觉，复杂的事物则给知觉者带来困难；知觉对象的特征也是影响知觉的一个重要因素。空间或时间上较接近的、相似的、具有连续性、封闭性的对象易被组合，往往会产生错觉，对表面相似实质并不相关的对象做因果判断。

（三）知觉的情境因素

在人际知觉中，除去知觉的主体、客体之外，知觉的情境也具有重要作用。一个人所处的环境以及他同什么人为伍，是同王公贵族、百万富翁还是同平民百姓、流浪汉在一起，深刻影响着别人对他的认识和评价。西格尔的研究表明，同一个男人，当他和一个美丽的女人坐在一起时，人们认为他是和气友好、富有自信心的；而当他坐在一个丑陋的女人旁边时，人们对他的知觉印象就大不相同了。人们对知觉情境的理解能够转移到知觉对象的身上，影响对知觉对象的认知。例如，人们看到西装笔挺、手拿高级公文包进出银行大楼的人，就倾向于认为他不是银行高级职员就是公司经理，不是来存款就是来取款，人们一般不会想到他是来偷钱或是抢钱的。

为什么情境对于认识一个人会具有如此重要的作用呢？这是因为，人们的行为是由情境所要求、所规定的。出席生日晚会的人必须面带笑容、举杯祝贺；参加追悼会的人必须愁容满面，而且要在一定位置采取一定姿势站立。既然行为是由情境决定的，那么，人们根据情境判断人的行为，或者认识一个人、判断一个人的时候依赖于他所处的环境也就不难理解了。

制约人际知觉的因素和条件除去主体、客体以及情境方面之外，交往时间的长短也是一个重要因素。为了深入认识一个人，总是需要时间、需要接触、需要共同活动的。俗语说："路遥知马力，日久见人心。"然而，在人际交往时间长短、彼此熟悉程度与相互认识、理解的准确性之间并不存在正相关。交往时间很长，彼此十分熟悉的人，很容易过高估计对方个性的积极方面，而难以察觉第三者一眼就能看出的弱点，人对人恰如其分的认识与理解并不需要很长时间和过分亲密。

四、知觉偏差与行为管理

在现实生活中，人们往往由于受到主客观条件的限制而不能全面地看待问题，尤其是看待别人时，往往受到各种偏见的影响而造成社会知觉的歪曲，对别人的行为做出错误的归因判断。研究在社会知觉过程中产生的各种偏见和归因，对做好人的管理工作具有重要的意义。

（一）首因效应

首因是指一个人在同他人初次接触时所形成的最初印象。首因效应是指在社会认知过程中，最先的印象对人的认知具有极其重要的影响。首因效应往往是通过对别人外部特征的知觉，进而取得对他们的动机、感情、意图等方面的认识，最终形成关于这个人的印象。这些外部特征包括人的面部表情、身体姿态、眼神、仪表等。如某人在初次会面时给人留下了良好的印象，这种印象会在很长一段时间内左右人们对他以后的一系列心理与行为特征的解释。由于首因效应的存在，使人们对他人的知觉往往表现出这样的倾向，即当人们只获取了有关他人的少量信息时，就力图对他人的另外一些特征进行推理、判断，以期形成有关他人的统一、一致的印象。

S. E. 阿希是最早研究有关首因效应对认知影响的社会心理学家。1946年，他以七种描述个人人格特征的词为刺激物，以大学生为被试对象研究了有关人格印象的形成过程。这七种人格修饰语为“精干、坚信、健谈、冷酷/热情、机智、进取、有说服力”。实验分A、B两组进行，除第四个人格修饰语不同外（A组为冷酷、B组为热情），给予两组被试者的刺激语没有区别，提示的方式、时间间隔、重复次数也一概相同。实验结果发现，两组被试者都很快根据七种人格修饰语描述了该人的人格形象，但两组的印象大相径庭。不仅A组被试者说该人是个“冷型”的人，B组被试者说该人是个“热型”的人；而且两组被试者都咬定，在这七个修饰语中，最关键的是冷酷或热情。阿希将这个词抽出后，用另六个词进行的实验表明，两组被试者此时形成的印象转变为中性的了，已不再具有前述褒贬性质①。据此，阿希得出这样两条结论：其一，印象形成是所有人格要素综合作用的结果；其二，在这些人格要素中，有一种是左右印象形成的主要因素，最早出现的中心词（如冷酷/热情）决定第一印象。

对某人的第一印象一旦形成，就会影响人们对他以后一系列行为的解释。第一印象既有积极的作用，也有消极的作用，在实际生活中有重要的积极意义。一位新上任的管理人员若被他的下属获得较为满意的印象，就能为日后彼此间交往、搞好人际关系和进行有效管理打下良好的基础；良好的第一印象也有助于建立管理人员的威信。一般说来，“新官上任三把火”，即新的领导要特别重视第一印象，要想方设法给下属留一个好印象，为今后工作的顺利开展创造有利条件。

第一印象比较持久，但在形成对他人的正确印象的能力方面有下述局

① Asch, S. E. *Forming Impressionsof Personality*. Journal of Abnormal and Social Psychology. 1946, 41, 258 ~ 290.

限性：

首先，第一印象的形成会不同程度地受到周围环境或事物的影响，而很少单纯地根据人们的观察直接形成印象。例如，在一个豪华餐厅中遇到人，与在一个普通饭馆里遇到人，这两种环境下形成的第一印象会有很大的差别。第一印象是根据被观察对象的有限行为形成的，因而是不全面的，带有一定的片面性。

其次，第一印象是高度个性化的反应，从而有可能歪曲被观察对象的印象。第一印象仅从偶然的交谈中，而不全面考察被观察对象的个性、智力等，因而可能形成片面形象，它会造成认知上的惰性，形成对被知觉对象的固定看法。如果第一印象非常强烈，由此认为该人很好，那么就会一直认为此人很好；反之，第一印象很坏，则一直认为此人不好。

最后，第一印象在实际生活中会造成“先入效应”，这会给管理人员带来认识上的片面性。这种先入为主的第一印象是好的时候，就看不到别人的缺点；反之，第一印象是坏的时候，就看不到别人的优点。作为一个管理者，既不能忽视第一印象的积极作用，同时也要克服第一印象的消极影响，要全面、客观考察被知觉对象，最终获得正确的人际知觉。

资料链接

一个新闻系的毕业生正急于寻找工作。一天，他到某报社对总编说：“你们需要一个编辑吗？”“不需要！”“那么记者呢？”“不需要！”“那么排字工人、校对呢？”“不，我们现在什么空缺也没有了。”“那么，你们一定需要这个东西。”说着他从公文包中拿出一块精致的小牌子，上面写着“额满，暂不雇用”。总编看了看牌子，微笑着点了点头，说：“如果你愿意，可以到我们广告部工作。”这个大学生通过自己制作的牌子表达了自己的机智和乐观，给总编留下了美好的“第一印象”，引起其极大的兴趣，从而为自己赢得了一份满意的工作。这种“第一印象”的微妙作用在心理学上称为首因效应。

（二）近因效应

近因即最近的印象，近因效应是指最近的印象对人的认知具有重要的影响。在社会知觉中，既存在首因效应，也存在近因效应，那么，如何解释这似乎矛盾的现象呢？换言之，究竟在何种情况下首因效应起作用，何种情况下近因效应起作用呢？社会心理学家对此进行了多种解释，具体说来有这样几种看法。卢钦斯认为，在关于某人的两种信息连续被人感知时，人们总倾向于相信前一种信息，并对其印象较深，即此时起作用的是首因效应；而在关于某人的两种信息断续被人感知时，起作用的则是近因效应。也有人指出，认知者在与陌生人交往时，首因效应起较大作用，而认知者与熟人交往时，近因效应则起较大作用。怀斯纳则认为，首因效应和近因效应究竟何者起作用，取决于认知主体的价值选择和价值评价。他在 1960 年的一项实验中使用了两套刺激语做实验，一套是阿希实验的七种人格修饰语，另一套是测验被试者选择能力和比较能力的测验表，他让被试者对两套刺激语进行评价，然后计算被试者对人物人格修饰语的评价值和测验表中各项内容评价值之间的关系。结果发现，被试者对人物性格特点的评价取决于对测验表各项内容的评价，即被试者究竟喜欢哪一种人格特点取决于他们的价值观念。

首因效应和近因效应是考核中最常见的社会认知偏差，对管理均有重要影响。例如，在对员工进行绩效考核时，由于直接或间接的第一印象对人的影响非常深刻，使考核者只关注被考核者的最初印象，对其后来的表现视而不见，或只凭在第一印象中获取的少量信息，就力图对被考核者的其他特征和表现加以推测与判断。这种认知偏差多见于人才聘用、引进之时以及新进人员的考核中。近因效应是与首因效应截然相反的时间效应偏差，它是指最近的印象对人的认知所产生的重要影响。考核评定人员对考核对象近期的表现关注较多，而忽视了他们以往的表现。如果某人最近一段时间工作表现突出，考核的意见就比较好，反之，考核意见就差。一般地说，在考核不太熟悉的人时，首因效应起较大的作用；而考核身边的人或熟悉的人时，近因效应则会起更大作用。

管理中，应该把首因效应和近因效应结合起来对人、事进行感知。首先，要预防两种效应的消极影响，既不能“先入为主”，也不能不看过去、只看现在。而应该以联系发展的态度感知事物，把对人、对事的每一次感知都当作我们认知事物过程中的一个阶段，避免形而上学的片面性；其次，要在一定条件下发挥两种效应的积极作用。讲话、办事、接触人、做具体工作都要善始善终，不能使人感觉“无头无尾”、“虎头蛇尾”或“蛇头龙尾”。

（三）晕轮效应

晕轮效应是指在知觉过程中，通过获得知觉对象某一行为特征的突出印象而将其扩大成为整体行为特征的认知活动，它是一种“以偏概全”的评价倾向。即在社会认知时，人们常从所认知到的特征泛化推及未被认知的特征，从局部信息形成一个完整的印象，根据一个人的个别品质做出对其全面的评价。

好恶评价是印象形成中最重要的方面，在知觉他人时，人们往往根据少量的信息将人分为好或坏两种，如果认知对象被标明是“好”的，他就会被“好”的光圈笼罩着，并被赋予一切好的品质；如果认知对象被标明是“坏”的，他就会被“坏”的光圈笼罩着，他所有的品质都会被认为是坏的。后者是消极品质的晕轮效应，也称扫帚星效应（forked-tail effect）。心理学家戴恩等人曾用实验证实了晕轮效应的存在。他们让被试者看一些人的照片,这些照片看上去分别是无魅力的、中等的和有魅力的,然后,研究者让被试者评定这些人的特点,而这些特点原本可能与有无魅力是无关的,但评定的结果却显示,有魅力的人得到了最高的评价,无魅力的人得到了最低的评价。

晕轮效应的错误在于:第一,它容易抓住事物的个别特征,习惯以个别推及一般,就像盲人摸象一样,以点代面;第二,它把并无内在联系的一些个性或外貌特征联系在一起,断言有这种特征必然会有另一种特征;第三,它说好就全部肯定,说坏就全部否定,这是一种受主观偏见支配的绝对化倾向。

在考核中,由于晕轮效应的作用,一个人某方面的优缺点常常可以形成光环扩张到其他方面,而这些优缺点一旦被夸大,其他方面的优缺点就会隐退到光环的背后被遮挡住了。晕轮效应主要出现于干部的选拔和职工的年度考核中。首先,管理人员可能选用一种品质作为基础来判断员工其他方面的表现。例如,如果某人全年无一次旷工、迟到行为,那么,很可能由此就会认为他的生产率也高、工作质量也好、工作勤勉。其次,管理人员评价员工时往往把某些品质联系起来。例如,可能认为进取心强的人必然精力充沛,能控制别人,必有成就;待人友好的人,必然是热情、慷慨的,且富有幽默感。

晕轮效应的启示有:第一,正确地利用晕轮效应能达到事半功倍的作用;第二,在看待他人、评价他人和使用人才时,要避免发生晕轮效应而产生偏差和失误;第三,警惕偶像崇拜或个人崇拜。

资料链接

一位毕业生在应聘时,当被问及英语水平情况,她便用英语熟练地与考官交谈起来,从而引起招聘者的极大兴趣,当场便与她拍板"成交"。毕业生在求职应聘中,如果能够巧妙地运用这种晕轮效应,把自身的优势充分地展现出来,一定会给招聘考官留下深刻的印象,赢得对方的赏识,取得面试的成功。在运用晕轮效应时要注意的是,不能刻意制造"光环"效果,那种虚妄做出的行为只会适得其反。

(四)定势效应

定势效应也称刻板印象,是指社会上对某一类事或某一类人产生的一种比较固定、概括和笼统的看法。人们把在头脑中形成的对某类知觉对象的形象固定下来,并对以后有关该类对象的知觉产生强烈影响。比如,中国人勤劳勇敢,美国人敢于冒险;北方人豪爽率直,南方人精明算计;商人唯利是图,教师文质彬彬,农民朴实憨厚;已婚员工比未婚员工更稳定;无商不奸等,这都是定势效应的例子。

定势效应是我们在认识他人时经常出现的一种相当普遍的现象，其一经形成就很难改变。因此，在日常生活中，一定要考虑到定势效应的影响，例如，市场调查公司在招聘入户调查的访员时，一般应该选择女性，而不应该选择男性，因为在人们心目中，女性一般来说比较善良、较少攻击性、力量也比较单薄，因而入户访问对主人的威胁较小；而男性，尤其是身强力壮的男性如果要求登门访问，则很容易被拒绝，因为他们更容易使人联想到一系列与暴力、攻击有关的事物，使人们增强防卫心理。但是，“人心不同，各如其面”，定势效应毕竟只是一种概括而笼统的看法，并不能代替活生生的个体，因而“以偏概全”的错误总是在所难免。

（五）投射效应

古代一位喜欢吃芹菜的人，总以为别人也像他一样喜欢吃芹菜，于是一到公众场合就向别人热情推荐芹菜，成为笑谈。但是生活中每个人都免不了犯类似这样的错误，这种“以己度人”的现象心理学上称为投射效应。投射效应是指在人际认知过程中，人们常常假设他人与自己具有相同的属性、爱好或倾向等，常常认为别人理所当然地知道自己心中的想法。

投射效应常使人们对他人的知觉产生失真现象。人们倾向于按照自己是什么样的人来知觉他人，而不是按照被观察者的真实情况进行知觉。心理学家罗斯做过这样的实验来研究投射效应，在80名参加实验的大学生中征求意见，问他们是否愿意背着一块大牌子在校园里走动。结果，48名大学生同意背牌子在校园内走动，并且认为大部分学生都会乐意背，而拒绝背牌的学生则普遍认为，只有少数学生愿意背。可见，这些学生将自己的态度投射到其他学生身上。

投射效应的表现形式是多种多样的，主要有两种：

一是感情投射。即认为别人的好恶与自己相同，把他人的特性硬纳入自己既定的框框中，按照自己的思维方式加以理解。比如，自己喜欢某一事物，跟他人谈论的话题总是离不开这件事，不管别人是不是感兴趣、能不能听进去；引不起别人共鸣，就认为是别人不给面子，或不理解自己。

二是认知缺乏客观性。比如，有的人对自己喜欢的人或事越来越喜欢，越看优点越多；对自己不喜欢的人或事越来越讨厌，越看缺点越多，因而表现出过分地赞扬和吹捧自己喜欢的人或事，过分地指责甚至中伤自己所厌恶的人或事。这种认为自己喜欢的人或事是美好的，自己讨厌的人或事是丑恶的，并有把自己的感情投射到这些人或事上进行美化或丑化的心理倾向，失去了人际沟通中认知的客观性，从而导致主观臆断，并陷入偏见的泥潭。

投射效应是一种严重的认知心理偏差，辩证地、一分为二地去对待别人和对待自己，是克服投射效应的良方。

第二节　情绪与行为

“人非草木,孰能无情”,人在认识周围世界的同时往往会表现出自己的态度。表现态度的过程就是情绪、情感的过程。

一、情绪及其分类

(一)情绪及相关概念

1. 情绪。情绪是人对客观事物的态度体验及相应的行为反应,也是客观事物与人的需要之间关系的反映。这一概念包括三层含义:

(1)客观事物是产生情绪的来源。任何情绪都不是自发的,而是由某种事物引起。引起情绪的客观事物包括发生在主体周围的人和事,也包括主体自身的生理状态等。

(2)情绪由客观事物引起,但客观事物本身不直接决定情绪,情绪的产生是以客观事物是否满足主体的需要为中介。当客观事物满足了人的需要时,就会引起快乐、满意等积极肯定的情绪;当客观事物不能满足人的需要时,会引起生气、苦闷、不满、憎恨等否定消极的情绪;当客观事物只能部分满足需要时,就会产生喜忧参半、百感交集、啼笑皆非等多种情绪交织的情况。

(3)情绪不是态度本身,而是一种主观的态度体验。

2. 情绪与情感的关系。情绪与个体的需要相联系,具有较大的情景性、激动性和暂时性。情绪常常难以控制,也很难假装,如高兴时手舞足蹈,愤怒时暴跳如雷。情感与社会需要相联系,以内心体验的形式存在,比较内隐,具有较大的稳定性、深刻性和持久性。

情绪和情感有区别,但在具体的人身上很难区分,它们总是相互依存,不可分割。稳定的情感是在情绪的基础上形成的,同时又通过情绪反应得以表达,离开情绪的情感是不存在的;情绪也离不开情感,情绪的变化往往反映了情感的深度,在情绪发生的过程中,常常深含着情感。

3. 情商。情商又称情绪或情感商数,用EQ(emotional quotient)表示。正式提出“情感智商”这一术语的是美国耶鲁大学的彼得·沙洛维和新罕布什尔大学的约翰·梅耶。他们将情感智商描述为由三种能力组成的结构:准确评价和表达情绪的能力;有效调节情绪的能力;将情绪体验运用于驱动、计划和追求成功等动机和意志过程的能力。

1993年,沙洛维和梅耶对情感智商又做了进一步研究,把它定义为社会智力的一种类型,并对其应包含的能力内容做了重新地界定,即区分自己与他人情绪的能力,调节自己与他人情绪的能力,运用情绪信息引导思维的能力。

1995 年,美国作家戈尔曼出版了《情感智商》一书,一时间情感智商这一概念在世界各地得到广泛传播。戈尔曼认为,情感智商包括五个方面的能力,即认识自身情绪的能力、妥善管理情绪的能力、自我激励的能力、认识他人情绪的能力、人际关系的管理能力。如今,EQ 在国外已被纳入正式教育。

我国学者都认同的 EQ 主要包括五大因素:自我意识、自我激励、情绪控制、人际沟通、挫折承受能力。

(二)情绪分类

1. 情绪的基本分类。关于情绪的类别,长期以来说法不一。我国古代有喜、怒、忧、思、悲、恐、惊的七情说;美国心理学家普拉切克提出了八种基本情绪:悲痛、恐惧、惊奇、接受、狂喜、狂怒、警惕、憎恨;还有的心理学家提出了九种类别。虽然类别很多,但一般认为有四种基本情绪,即快乐、愤怒、恐惧和悲哀。

2. 情绪的状态分类。情绪状态是指在一定的生活事件影响下,一段时间内各种情绪体验的一般特征表现。根据情绪状态的强度、紧张度及持续时间的长短,可以将其分为心境、激情和应激。

(1)心境。心境是一种微弱、平静和持久的情绪状态,它具有弥散性和长期性。生活中我们常说"人逢喜事精神爽",是指发生在我们身上的一件喜事让我们很长时间保持着愉快的心情;但有时候一件不如意的事也会让我们很长一段时间忧心忡忡、情绪低落,这都是心境的表现。

心境具有弥漫性,它不是关于某一事物特定的体验,而是一定时间内的情绪基调,即以同样的态度体验对待一切事物。它成为人们内心世界的背景,每时每刻发生的心理事件都受这一情绪背景的影响,使之产生与这一心境相关的色调。如一个在单位受到表彰的人觉得心情愉快,回到家里同家人会谈笑风生,遇到邻居会笑脸相迎,走在路上也会觉得天高气爽;而当他心情郁闷时,在单位、在家里都会情绪低落,无精打采,甚至会"对花落泪,对月伤情"。古语中说人们对同一种事物"忧者见之而忧,喜者见之而喜",也是心境弥散性的表现。

心境的长期性是指心境产生后要在相当长的时间内主导人的情绪表现。虽然基本情绪具有情境性,但心境中的喜悦、悲伤、生气、害怕却要维持一段较长的时间,有时甚至成为人一生的主导心境。如有的人一生历尽坎坷,却总是豁达、开朗,以乐观的心境去面对生活;有的人总觉得命运对自己不公平,或觉得别人都对自己不友好,结果总是保持着抑郁愁闷的心境。

(2)激情。激情是一种爆发时强烈而持续时间短暂的情绪状态。人们在生活中的狂喜、狂怒、深重的悲痛和异常的恐惧等都是激情的表现。和心境相比,激情在强度上更大,但维持的时间一般较短暂。

激情具有爆发性和冲动性,同时伴随有明显的生理变化和行为表现。当激情到来的时候,大量心理能量在短时间内积聚而出,如疾风骤雨,使当事人失去了对自己行为的控制力。《儒林外史》中的范进听到自己金榜题名,狂喜之下,竟然意识混乱,手舞足蹈,疯疯癫癫;有些人在暴怒之下,双目圆睁,咬牙切齿,甚至拳脚相加。但这些激情在宣泄之后,人又会很快平息下来,甚至出现精力衰竭的状态。

激情常由生活事件引起,那些对个体有特殊意义的事件会导致激情,如考上大学、找到满意的工作等;出乎意料的突发事件会引起激情,如多年失去音信的亲人突然回归常会欣喜若狂。另外,违背个体意愿的事件也会引起激情。中国古书中记载,春秋战国时期的伍子胥过昭关,因担心被抓回楚国,父仇不能报,一夜之间竟然愁白了头。可见,不同的生活事件会引起不同的激情。

激情对人的影响有积极和消极两个方面。一方面,激情可以激发内在的心理能量,成为行为的巨大动力,提高工作效率并有所创造。如战士在战场上冲锋陷阵,一往无前;画家在创作中尽情挥洒,浑然忘我;运动员在报效祖国的激情感染下敢于拼搏,勇夺金牌。另一方面,激情也有很大的破坏性和危害性。激情中的人有时任性而为,不计后果,对人对己都造成损失。一些青少年犯罪就是在激情的控制下,一时冲动,酿成大错。激情有时还会引起强烈的生理变化,使人言语混乱,动作失调,甚至休克。所以,生活中应该适当地控制激情,多发挥其积极作用。

(3)应激。应激是在出乎意料的紧迫与危险情况下引起的高速而高度紧张的情绪状态,它最直接的表现即精神紧张。如在日常生活中突然遇到火灾、地震,飞行员在执行任务中突然遇到恶劣天气,旅途中突然遭到歹徒的抢劫等,无论天灾还是人祸,这些突发事件常常使人们心理上高度警醒和紧张,并产生相应的反应,这都是应激的表现。

人在应激状态下常伴随明显的生理变化,这是因为个体在意外刺激作用下必须调动体内全部的能量以应付紧急事件和重大变故。这个生理反应的具体过程为:紧张刺激作用于大脑,使下丘脑兴奋,肾上腺髓质释放大量肾上腺素和去甲状腺素,从而大大增加通向体内某些器官和肌肉处的血流量,提高机体应付紧张刺激的能力。加拿大心理学家塞里把整个应激反应过程分为动员、阻抗和衰竭三个阶段:首先是有机体通过自身生理机能的变化和调整做好防御性的准备;其次是借助呼吸心率变化和血糖增加等调动内在潜能,应对环境变化;最后,当刺激不能及时消除,持续的抵抗使内在机能受损,防御能力下降,从而导致疾病。

应激的生理反应大致相同,但外部表现可能有很大差异。积极的应激反应表现为沉着冷静、急中生智,全力以赴地去排除危险,克服困难;消极的应激反应则表现为惊慌无措、一筹莫展,或者发动错误的行为,加强了事态的严重性。这两种截然不同的行为表现既同个人的能力和素质有关,也同平时的训练和经验积累有关。如果接受过防火演习和救生训练,遇到类似突发事故,也能正确及时地逃生和救人。

3. 根据情绪的演化过程或刺激类型分类。情绪根据其演化过程或刺激类型可以分为六类:

(1)原始的基本情绪:快乐、愤怒、悲哀、恐惧(具有高度的紧张性)。

(2)由感觉刺激引发的情绪:疼痛、厌恶、轻快(温和、强烈)。

(3)由自我评价引发的情绪:成功感、失败感、骄傲与羞耻、内疚与悔恨。

(4)与别人有关的情绪:爱与恨。

(5)与欣赏有关的情绪:惊奇、敬畏、美感、幽默感。

(6)最为持久的情绪状态:心境。

除此以外,我国心理学家林传鼎从总结古代情绪分类的角度,将情绪划分为18类:安静、喜悦、贪欲、忧愁、愤激、恐惧、恭敬、烦闷、惊骇、爱抚、哀怜、悲痛、愤怒、傲慢、嫉妒、惭愧、耻辱、憎恶;黄希庭从情绪的时间序列性或刺激物属性的角度,将情绪分为情调、激情、心境、应激、情操五类。

二、情绪的功能

每个人都有各种各样的情绪,不管何种情绪,只要一经产生,便会影响整个认知过程,使整个认知过程都染上情绪的色彩。情绪积极时,认知过程也积极;情绪消极时,认知过程也消极。情绪对认知的影响主要表现为情绪具有动机性功能、信号性功能、感染性功能三个方面。

(一)情绪的动机性功能

情绪的动机性功能是指情绪能激发人的认知和行动的动机。情绪在个体的生存适应和人际交往过程中起着十分重要的作用,它与动机的关系十分密切,这主要体现在以下两个方面:第一,情绪能够以一种与生理性动机或社会性动机相同的方式激发和引导行为。有时我们会努力去做某件事,只因为这件事能够给我们带来愉快与喜悦;第二,情绪也可能与动机引发的行为同时出现,情绪的表达能够直接反映个体内在动机的强度与方向。由此,情绪可以被视为动机潜力的指标,它是指个体追踪行动变化的能力,可以被来自环境的挑战激发,对动机潜力的认识可以通过对情绪的辨别与分析来实现。例如,当个体面对应激场面时,动机潜力会发生作用,促使个体做出特定的行为(如逃跑),对这个动机潜力的分析可以由对情绪的分析获得。面对应激场面时,个体的情绪会发生生理的、体验的和行为的三个方面的变化,这些变化会告诉我们个体在应激场合动机潜力的方向和强度。

(二)情绪的信号性功能

情绪的信号性功能是指情绪是人的思想意识的自然流露,各种各样的表情都具有一定的信号意义,这种信号有助于人与人之间的相互了解,即使在语言不通的情况下,凭借表情,人们也是可以交流的。在教学过程中,在师生各自的认知过程与相互之间的认知过程中,教学信息或信号是中介,师生之间的教与学活动是情绪认知活动,教师有必要从学生的表情了解学生的学习状况,以便获得反馈信号,从而反思与改进自己的教学方法;学生也有必要从教师的表情去了解教师对教学信息的反应以及教师对学生学习的认可程度。因此,情绪的信号性功能在认知过程中起着不可或缺的作用。

(三)情绪的感染性功能

情绪的感染性功能是指人们之间感情的沟通需要情绪的感染,人接受客观事物带来的刺激而引发的情绪体验也具有渲染性。情绪的感染性功能充分说明,人们在认知过程中会以情动情,情景交融,引发人们对认知过程的集中注意或分散注意,从而影响认知的效率。

情绪对认知过程的影响既有积极的一面,也有消极的一面,这取决于人们认知过程的心境状态。由于心境对认知的影响是弥散性的,它不仅影响认知过程的质量,而且影响认知过程的效率。因此,心境的积极状态和消极状态会以不同的方式影响认知的各种过程。鲍尔等的一系列研究表明,与心境一致的材料比与心境不一致的材料更容易记忆,这种现象称为心境一致性记忆效应。鲍尔对这种现象的解释是,情绪也像其他东西一样可以作为回忆的线索,即一种心境(如高兴)产生时在心理出现的记忆(或事件)是和这种情绪联结在一起的,因而也间接地与其他情绪(如愉快、欢乐等)一致性的记忆联结在一起。产生这种效应的原因,可能是经过精细加工,在记忆中情绪一致性的材料就更多地联结在一起;也可能是心境一致性的材料与自我有密切关系;或者是心境加强了记忆联结的强度。由此可知,情绪直接影响着记忆的识记、保持、再认和重现等基本过程。

三、情绪管理

情绪管理(emotion management)是指通过研究个体和群体,对自身情绪和他人情绪的认识、协调、引导、互动和控制,充分挖掘和培植个体和群体的情绪智商,培养驾驭情绪的能力,从而确保个体和群体保持良好的情绪状态,并由此产生良好的管理效果。这个名词最先由因《情绪智商》(*Emotional Intelligence*)一书而成名的戈尔曼提出,他认为这是一种善于掌握自我、调节情绪,对生活中矛盾和事件引起的反应能适可而止地排解,能以乐观的态度、幽默的情趣及时地缓解紧张的心理状态。

(一)情绪管理理论

20世纪60年代初,美国心理学家阿尔伯特·艾里斯提出了"情绪ABC理论"。该理论的宗旨是:以理性的思维方式和观念代替不合理的思维方式,进而改善由非理性观念带来的情绪问题。

ABC理论中,A是缘起事件(activating event),B是信念(belief),C是情绪与行为的结果(emotional and behavioral consequence)。影响我们的并非事件本身,而是我们对此事的解释。因此,即使发生的事情相同,若我们所持的信念不同,便会产生不同的情绪反应。所以艾里斯认为,人们应该为他们的情绪负责,因为情绪是由他的想法制造出来的。我们如果能驳斥非理性的信念,以合理的信念取而代之,就会有新的情绪产生,就会拥有较好的情绪反应。

例如,有四个女人同样遭遇失恋,第一个人的态度是这样的:"算了,旧的不去新的不来,再找一个说不定比他更好!"然后挥一挥衣袖,难过一两个星期,一切就过去了;第二个人想:"我对你这么好,你怎么可以说分手就分手呢?"她自怨自艾,茶不思寝不寐,每天都生活得很痛苦,不论读书或工作,都弄得一团糟;第三个人很可怕:"你不要我了,我死给你看!"带着遗书去跳楼了;第四个人最恐怖,她想报复,说:"好!你不要我,我也不会要你好过!"然后跑到男方家大吵大闹,甚至带着硫酸去泼对方,要把对方也毁掉。同样一件事,四个人的想法、态度、行为各不相同,哪个合理哪个不合理读者一看便知。

阿尔伯特·艾里斯认为,情绪的好坏是由想法和信念决定的。遇到负面的事情,通常人会产生很多不合适的想法,这种思维方式导致犹豫、焦虑、悲观、压抑、恶毒等不良情绪,只要去除这些不正确的想法,才可以改变人的情绪甚至行为。也就是说,越是以正面、乐观的想法去面对问题,越是能产生愉悦、快乐的情绪,而不会被非理性的理念所控制。

小故事

晴雨在我心

在我国民间曾流传这样一个故事:有位老太太有两个女儿,女儿都出嫁了,大女儿家开伞店,小女儿开洗衣店。老太太天天为女儿忧愁,为什么呢?在雨天,担心小女儿洗的衣服晒不干;在晴天,担心大女儿的雨伞卖不出去。总之,每天都有让她忧愁的事。后来,一个人跟她说:"老人家,您好福气啊!下雨天,您大女儿家生意兴隆;大晴天,您小女儿家生意好做。对您来说,哪一天都是好日子。"老太太转念一想,不禁眉开眼笑了。

(二)情绪管理的内容

1. 情绪的自我觉察能力。情绪的自我觉察能力是指了解自己内心的一些想法和心理倾向,以及自己所具有的直觉能力。自我觉察,即当自己的某种情绪刚一出现时便能够察觉,它是情绪智力的核心能力。一个人所具备的、能够监控自己的情绪以及对经常变化的情绪状态的直觉,是自我理解和心理领悟力的基础。如果一个人不具有这种对情绪的自我觉察能力,或者说不认识自己真实的情绪感受的话,就容易听凭自己的情绪任意摆布,以至于做出许多遗憾的事情来。伟大的哲学家苏格拉底的"认识你自己"道出了情绪智力的核心与实质。

2. 情绪的自我调控能力。情绪的自我调控能力是指控制自己的情绪活动以及抑制情绪冲动的能力。情绪的自我调控能力是建立在对情绪状态自我觉知的基础上的,是指一个人如何有效地摆脱焦虑、沮丧、激动、愤怒或烦恼等因为失败或不顺利而产生的消极情绪的能力。这种能力的高低会影响一个人的工作、学习与生活。当情绪的自我调控能力低下时,就会使自己总是处于痛苦情绪的漩涡中;反之,则可以从情感的挫折或失败中迅速调整、控制、摆脱而重整旗鼓。

3. 情绪的自我激励能力。情绪的自我激励能力是指引导或推动自己达到预定目的的情绪倾向的能力,这也是一种自我指导能力。它要求一个人为服从自己的某种目标而产生调动与指挥自己情绪的能力。一个人做任何事情要成功的话,就要集中注意力,学会自我激励、自我把握,尽力发挥自己的创造潜力,这就需要具备对情绪的自我调节与控制能力,能够对自己的需要延迟满足,压抑自己的某种情绪冲动。

4. 对他人情绪的识别能力。这种觉察他人情绪的能力就是所谓同理心,亦即能设身处地站在别人的立场,为别人设想。越具同理心的人,越容易进入他人的内心世界,也越能觉察他人的情感状态。

5. 处理人际关系的能力。处理人际关系的协调能力是指善于调节与控制他人情绪反应,并能够使他人产生自己所期待的反应的能力。一般来说,能否处理好人际关系是一个人是否被社会接纳与受欢迎的基础。在处理人际关系的过程中,重要的是能否正确地向他人展示自己的情绪情感,因为,一个人的情绪表现会对接受者立即产生影响。如果你发出的情绪信息能够感染和影响对方,那么,人际交往就会顺利进行并且深入发展。当然,在交往过程中,自己要能够很好地调节与控制情绪,所有这些都需要人际交往的技能。

(三)情绪管理的方法

1. 自我情绪管理。

(1)体察自己的情绪。经常要提醒自己注意:我的情绪是什么?例如,当你因为朋友约会迟到而对他冷言冷语,问问自己:我为什么这么做?我有什么感觉?如果你察觉你已对朋友三番两次的迟到感到生气,你就可以对自己的情绪做更好的处理。有许多人认为人不应该有情绪,所以不肯承认自己有负面的情绪,但人是一定会有情绪的,压抑情绪反而带来更不好的结果,学会体察自己的情绪是情绪管理的第一步。

(2)适当表达自己的情绪。再以朋友约会迟到的例子来看。你之所以生气可能是因为他让你担心,在这种情况下,你可以委婉地告诉他:"你过了约定的时间还没到,我好担心你在路上发生意外。"试着把"我好担心"的感觉传达给他,让他了解他的迟到会带给你什么感受。什么是不适当的表达呢?例如,你指责他:"每次约会都迟到,你为什么都不考虑我的感觉?"当你指责对方时,也会引起对方负面的情绪,他会变成一只刺猬,忙着防御外来的攻击,没有办法站在你的立场为你着想,他的反应可能是:路上塞车嘛,有什么办法,你以为我不想准时吗?如此一来,两人开始吵架,别提什么愉快的约会了。因此,如何适当表达情绪是一门艺术,需要用心地体会、揣摩,更重要的是,要确实用在生活中。

(3)以适宜的方式舒缓情绪。舒缓情绪的方法很多,有些人会痛哭一场,有些人会找三五好友诉苦一番,另一些人会逛街、听音乐、散步或逼自己做别的事情以免老想起不愉快的事情,比较糟糕的方式是喝酒、飙车,甚至自杀。舒缓情绪的目的在于给自己一个理清想法的机会,让自己好过一点,也让自己更有能量去面对未来。如果舒缓情绪的方式只是暂时逃避痛苦,而后需承受更多的痛苦,这便不是一个适宜的方式。有了不舒服的感觉要勇敢面对,仔细想想,为什么这么难过、生气?我可以怎么做将来才不会再重蹈覆辙?怎么做可以降低我的不愉快?这么做会不会带来更大的伤害?根据这几个角度去选择适合自己且能有效舒缓情绪的方式,你就能够控制情绪,而不是让情绪来控制你!

2. 员工情绪管理。

(1)招聘、录用环节注重应聘者的情绪管理能力。在人力资源管理中,招聘和录用是很重要的一环,决定了未来企业的人力资源质量。在情绪管理越来越受到重视的今天,在招聘和录用环节对应聘者进行情绪管理能力考察显得很有必要,同时,现在人事测评技术的发展(如情商测试)也使之成为可能。虽然相对于智商、空间机械能力以及运动能力等测试,情商测试在企业人力资源管理中的信度和效度尚缺乏实证,但是情商测试的理论依据是可靠的,而且情商对个人成就的关联性已被各种实验研究所证实,因此,某些情绪方面的能力在企业人力资源管理中可以进行尝试性的测评。如让被测试者身处所设定的环境里,面对一些现实性的冲突和问题,从情绪变化、语言表情等方面的情绪反应中评估其情绪管理能力等。但这种测试必须在被测试者处于无测试意识的状态中进行,否则,被测试者情绪状态的真实性就会降低。

(2)把行业特点、工作的物理条件和员工个人能力相匹配。行业的特点和工作的物理条件对员工的情绪会产生很大影响。在实际环境中,因为行业的性质特点是无法改变的,所以要做的就是把工作的物理条件和行业特点、工作性质匹配起来,使物理条件尽量符合行业特点和工作性质。比如,IT 行业是高脑力劳动,工作性质是不确定性和挑战性,强调员工个人能力的发挥和团队合作,因此在 IT 行业中,工作的物理条件应该设置成开放式的,在办公用具的摆放、员工工作物理空间、墙体颜色等方面的设置相对宽松,个人空间大,有利于团队交流等;又如广告业,其工作特点是创新和个性化,因此墙体的颜色应刷成有利于激发灵感的颜色。但是仅仅创造物理条件还是不够的,由于个人之间的差别,工作还应因人而异,使员工在舒适的环境中发挥自己的最大潜能。

(3)把提高员工的情绪管理能力列入人力资源管理的培训内容。目前,人力资源管理培训多是关于技能或者知识的培训,情绪管理能力的培训较少。但是情绪管理能力具有后天可培养性、可塑造性,因此,在人力资源规划中,应该将员工情绪管理能力的培训作为一项重要内容。例如,怎样观察自己和他人的情绪、怎样对待情感波动、如何战胜压力和焦虑、如何积极交往、如何跟同事共享成功的喜悦、如何培养相互的信任感、如何激励自己与他人等。

(4)加强对员工的人文关怀。对员工的人文关怀应包括两方面,一是工作当中的关怀,二是日常生活中的关怀。首先,在工作的软环境方面,企业应建立透明、合理、公平、健全的管理制度,公平地对待每一位员工,选择符合大多数员工情感特点和需要的管理方式,以此规避由于不良管理而产生的负面情绪。此外,还要给员工创造一个宽松的情感交流环境,如经常举办员工聚会和定期的娱乐活动,以增进情感交流等;提供咨询服务,如聘请情绪指导专家或心理医生,以便帮助员工放松工作中积累的紧张情绪等。其次,员工在日常生活中所产生的负面情绪会对其个人甚至团队产生很大的消极影响,因此,企业应该为员工建立良好的福利条件,或者通过其他方式来关怀员工的个人生活。

(5)加强企业文化建设和培养管理者的情绪处理能力。企业中每个员工遇到的情绪问题和所具有的情绪管理能力是不同的,如果企业有一个能激励员工为之奋斗的目标愿景,一种被员工认同的价值观和追求的精神,也就是说,企业文化是和谐的,那么这个企业就有可能激励员工超越个人情感,营造属于企业的精神力量,激励他们以高度一致的情绪去达成企业的愿景。相反,如果企业文化是冲突的,那么负面情绪就会大量产生。另一方面,员工的工作是在管理者的领导下进行的,如果管理者的情绪处理能力较差,那么,当员工情绪出现问题时,管理者就很难帮助员工解决问题。所以,员工的情绪管理能力与企业文化和管理者的情绪处理能力是密切相关的。

总而言之,情绪管理作为人力资源管理的一个重要方面,在企业管理中越来越受到普遍关注。企业应该多管齐下,不仅要在看得见的“硬件”方面改进,还要在看不见的“软件”方面下工夫,不断提高管理员工情绪的能力。这样,一方面可以降低员工绩效的波动幅度,另一方面可以不断地吸引优秀人才,同时还可以为企业培养卓越的管理者,实现企业持续发展的战略目标。

小故事

秀才赶考

有位秀才第三次进京赶考,住在一个经常住的店里。考试前两天他做了三个梦,第一个梦是梦到自己在墙上种白菜,第二个梦是下雨天,他戴了斗笠还打伞,第三个梦是梦到跟心爱的表妹躺在一起,但是背靠着背。

这三个梦似乎有些深意,秀才第二天就赶紧去找算命的解梦。算命的一听,连拍大腿说:“你还是回家吧。你想想,高墙上种菜不是白费劲吗?戴斗笠打雨伞不是多此一举吗?跟表妹躺在一张床上了,却背靠背,不是没戏吗?”

秀才一听,心灰意冷,回店收拾包袱准备回家。店老板非常奇怪,问:“不是明天才考试吗?今天你怎么就回乡了?”

秀才如此这般说了一番,店老板乐了:“哟,我也会解梦的。我倒觉得,你这次一定要留下来。你想想,墙上种菜不是高种吗?戴斗笠打伞不是说明你这次有备无患吗?跟你表妹背靠背躺在床上,不是说明你翻身的时候就要到了吗?”

秀才一听,更有道理,于是精神振奋地参加考试,居然中了个探花。

第三节　意志与行为

一、意志及其特征

(一)意志的概念

意志是自觉地确定目的,并根据目的来支配、调节自己的行动,克服各种困难,从而实现目的的心理活动。

人的行动是有意识、有目的的行动。在从事各种实践活动时,通常是根据对客观规律的认识,先在头脑里确定行动的目的,然后根据目的选择方法组织行动,施加影响于客观现实,最后达到目的。例如,同学们进高等师范院校学习,立志从事教育事业,这首先要确定行动目的,然后根据这个目的刻苦学习,参加体育锻炼,克服各种困难,争取在德智体方面都得到发展,成长为合格的人民教师。在这些行动过程中,同学们不仅意识到自己的需要和目的,还以此调节自己的行动以实现预定的目的。意志就是在这样的实际行动中表现出来的。

(二)意志的特征

人的意志行动有以下三个特征。

1. 意志行动是自觉地确定目的的行动。意志是在有目的的行动中表现出来,这个目的是自觉的、有意识的。动物有各种各样的行为,但动物没有意志,意志是人类所独有的。人之所以不同于动物,是由于人具有根据自觉的目的去行动的能力,目的在意志行动中起着极其重要的作用。它既能发动符合目的的某些行动,同时又能制止不符合于目的的另一些行动。目的越高尚,目的的社会意义越大,产生的意志力也越大。常言说:"伟大的目的产生伟大的毅力。"

目的,不是凭主观任意决定的,而是受客观现实制约的。人的目的是否能实现,要看人的目的和行动是否符合客观现实的情况和社会历史发展的规律。如果符合,人的目的就有可能达到。现实的客观规律是不以人们的意志为转移的,人们不能改变它、消灭它。当人们还未掌握客观规律时,人们的行动就带有一定的盲目性。如果违反了客观规律,人们的意志就不能实现。但是,一旦认识了自然和社会规律以后,就能摆脱对自然和社会的盲目性,从而获得自由,能真正自由地发挥主观能动作用,自觉地改造客观现实。唯心主义者的"意志自由论"认为,意志是一种既与人脑无关,又与周围环境无关的精神力量。他们把意志看作脱离现实而独立存在的、可任意"创造"一切的绝对自由的力量,这是对意识能动性的恶意歪曲。这种鼓吹意志的绝对自由是极其荒谬的,其目的在于为统治阶级的罪行辩护,并掩盖其反动本质。心理学认为,目的的确定是受客观规律制约的,只有按客观规律行动,才能获得真正的自由。

2. 意志行动是与克服困难相联系的行动。意志行动是有目的的行动,目的的确定与实现通常会遇到种种困难,而克服困难的过程就是意志行动的过程。困难有两种:内部困难和外部困难。内部困难是指人在行动时有相反的要求和愿望的干扰。例如,当要实现某种计划时,缺乏饱满的信心,畏缩不前,这对计划的实现是十分不利的。计划一经确定,就必须满腔热情,信心百倍,勇往直前,要有不达目的决不罢休的英勇气概。外部困难是指外在条件的障碍,如缺乏必要的工具和工作条件,或来自他人的讥讽和打击等。困难的性质和程度有轻有重,意志行动有的简单、有的复杂,因此意志力的水平也有强有弱。在执行计划时,有时由于情况的变化,计划必须加以修改和调整,预定的目的才能实现。

3. 意志行动是以随意动作为基础。人的行动都是由简单的动作组成的,动作可分为不随意的和随意的两种。不随意动作主要是指那些不由自主的动作。它们在出现以前,人并不是有意识地要那样做的。比如,眼受到强光的刺激,瞳孔立即缩小;手碰到刺,立即缩回。至于随意动作,它们都是由意识指引的动作,是在生活实践中学会的动作,它们是意志行动的必要组成部分。如果没有掌握这些必要的随意动作,意志行动就无法实现。有了随意动作,人们就可以根据目的去组织、支配和调节一系列的动作,组成复杂的行动,从而实现预定的目的。

二、意志的基本品质

一个意志明确而坚强的人,主要具有以下几方面的基本品质。

(一)自觉性

自觉性是指一个人对自己的行动目的的正确性和重要性有充分的认识,尤其是清楚地意识到行动效果的社会意义。人们根据对客观现实发展规律的认识,自觉地确定行动的目的,有步骤地组织自己的行动,以实现预期的目的,从而改造客观现实,同时也改造自己的主观世界,这样就能减少行动的盲目性,正确地发挥人的主观能动性。一个具有辩证唯物主义世界观的人,能够根据马克思列宁主义的立场、观点和方法来调节自己的行动。

与自觉性相反的品质是意志的动摇性和独断性。动摇性是指一个人没有以正确的认识为基础,也没有意识到自己行动的真正意义,因而极易轻信别人,易受外界势力的干扰,轻易改变自己原来决定,甚至采取违反自己原来观点和信念的行动。独断性是动摇性的另一个极端,是指一个人经常毫无理由地拒绝考虑别人的任何劝告,顽固地拒绝接受别人的任何意见,或者不顾现实情况的变化,一意孤行,即所谓“独断独行”、“固执己见”。其结果是到处碰壁,一无所成。

(二)果断性

果断性是指一个人善于明辨是非,适时采取决定并执行决定。所谓适时,是指在需要立即行动时,当机立断、毫不犹豫,甚至在危及生命时也敢坚持真理、大义凛然;但在不需要立即行动或情况发生改变时,又能立即停止执行或改变已做出的决定。果断性是以勇敢和深思熟虑为前提的。

与果断性相反的品质是优柔寡断和草率决定。前者往往患得患失,踌躇不前;后者则懒于思考、轻举妄动,凭一时冲动鲁莽从事,结果是完不成任务,达不到目的。这就是意志薄弱的表现。

(三)坚持性

坚持性包括充沛的精力和坚韧的毅力。在达成一定目的的行动过程中,必须具有充沛的精力和顽强的毅力。毅力不仅表现为坚持的决心,而且含有顽强奋斗的品质。在意识到行动的正确性和重要性之后,不因一时失败而气馁,也不因有所成功而骄傲。缺乏精力和毅力,就不可能完成艰巨的任务。

与坚持性相反的品质是顽固、执拗,对自己的行动不做理性检查,一意孤行;另一种是见异思迁、虎头蛇尾,偶遇小挫折便望而却步。

(四)自制性

自制性是指一个人在意志行动中善于控制自己的情绪、约束自己的言行。自制性表现在以下两个方面:第一,善于促使自己去执行已经采取的决定,并能战胜与执行决定相对抗的一切因素;第二,善于克服盲目的冲动和消极的情绪。一个有自制性的人能自觉地控制和调节自己的行动。马卡连柯说过:"坚强的意志——这不仅是想什么就获得什么的那种本事,也是迫使自己在必要时放弃什么的那种本事。没有制动器不可能有汽车,而没有克制也就不可能有任何意志。"

延伸阅读

英国麦当劳的故事

英国有1.35万家麦当劳,拥有它的人是一个叫琼森的人。当初琼森是一个打工者,根本无法具备麦当劳总部所要求的75万美元现款和一家中等规模以上银行信用卡支持的苛刻条件,只有5万美元存款的琼森决意要在英国创立麦当劳事业。5个月他也只借到4万元,面对巨大的资金落差,琼森没有放弃,偏要迎难而上。

于是,他叩响了伦敦银行总裁办公室的大门。在听完他的表述后,银行总裁说,让我考虑考虑吧。琼森心头掠过失望,但他立刻镇定下来说:可否让我告诉你我那5万美元的来历吗?回答是"可以"。"那是我6年来按月存款的收获,我每月坚持存下1/3的工资,雷打不动,从未间断。6年里,无数次面对过度紧张或手痒难耐的尴尬局面,我都咬紧牙关挺了过来。我立下宏愿,存够10万美元开创自己的事业,现在机会来了,我要提前开创事业。"

送走琼森后,总裁立即驱车前往那家银行,亲自了解琼森的存钱情况。果然,6年来琼森风雨无阻地准时存钱。总裁听完后大为动容,立即打通琼森家的电话,告诉他伦敦银行可以毫无条件地支持他创建麦当劳事业。

三、意志力的培养

(一)强化正确的动机能够激发毅力

人们的行动都是受到动机支配,而动机的萌发则起源于需要的满足。人都有各自的需要和追求,只是由于人生观的不同,不同的人总是把不同的追求作为自己最大的满足。斯大林说过,伟大的目的产生伟大的毅力。从奥斯特洛夫斯基和张海迪身上,我们可以充分地看到,崇高的人生目的怎样有力地激发出坚韧的毅力。

(二)培养兴趣能够激发毅力

有人说兴趣是毅力的门槛,这话是有道理的。法布尔对昆虫有特殊的爱好,他在树下观察昆虫,可以一趴就是半天;诺贝尔奖获得者丁肇中说,我经常不分日夜地把自己关在实验室里,有人以为我很苦,其实这只是我兴趣所在,我感到"其乐无穷"的事情,自然有毅力干下去了。当然,人的兴趣有直观兴趣和内在兴趣之分,但两者是可以转换的。例如,有的人对学外文兴味索然,可他懂得学好外文是建设四化的需要,对这个需要他有兴趣,因此他能强迫自己坚持学外文。在学的过程中,对外文的兴趣就能够渐渐培养起来,这反过来又能进一步激发他坚持学外文的毅力。一个人一旦对某种事物、某项工作发生内在的稳定兴趣,那么,令人向往的毅力不知不觉来到他身边也就成为十分自然的事情。

(三)从小事做起可锻炼大毅力

李四光向来以工作坚韧、一丝不苟著称,这与他年轻时就锻炼自己每步走零点八米这类的小事不无关系;道尔顿平生不畏困难,看来从他50年天天观察气象而养成的韧性中得益匪浅。高尔基说:"哪怕是对自己的一点小小的克制,也会使人变得强而有力。"生活一再昭示,人皆可以有毅力,人皆可以锻炼毅力,毅力与克服困难相伴而生。克服困难的过程也就是培养、增强毅力的过程。毅力不很强的人往往能克服小困难而不能克服大困难,但积克服小困难之小胜也能使人具备克服大困难之毅力。

(四)由易入难,既增强信心又锻炼毅力

有些人很想把某件事情善始善终地干完,但往往因为事情的难度太大而难以为继。对毅力不太强的人来说,在确定自己的奋斗目标、选择实现这一目标突破口时,一定要坚持从实际出发、由易入难的原则。美国学者米切尔·柯达说过:"以完成一些事情来开始每天的工作是十分重要的,不管这些事情多么微小,它会给人们一种获得成功的感觉。"这种感觉无疑有利于毅力的激发。意志力的培养不是一天两天能够实现的,这需要一个长期的过程,长跑的目的不在于你能够跑多长,而在于它是否能够帮助你锻炼坚强的意志力。

实训模拟

模块一:案例分析与思考

"凶杀案"目击者自述

一天傍晚,我在一家超级市场购物。忽然,从拐角处跑出一个七、八岁的小女孩,她边回头边高喊:“住手,住手!你要把他弄死了!你要把我爸爸搞死了!”我放下自己的东西,向那边跑去。一转弯,我看到一幅吓人的景象:地板上躺着一个男人,他身上压着另一个人,上面那个人个子高大,简直像个恶魔!他掐住受害人的喉咙,将头往地板上撞,到处是鲜红的血。我急忙赶去叫商店经理。

当我和经理回到“杀人现场”时,警察也到了,费了好长时间才弄清真相。原来地上的男人患有糖尿病,使用胰岛素后产生反应而昏了过去,摔倒时碰破了头,造成了“满地是血”的现象。上面那人是正在购物的顾客,看到病人跌倒慌忙上前察看伤情,想设法帮助病人,给他松领口。

如果后来我没有返回现场,我会出庭作证见到了谋杀犯,初次见到“谋杀犯”时的震惊至今使我心有余悸。几分钟之前,我在光天化日之下把他当成一个巨大的、凶狠可怕的怪物。其实,此人是我的邻居,曾见过多次,他的个子相当矮。

讨论题:

1. 哪些感知因素使“我”觉得有人行凶?

2. 小女孩的反应对“我”的感知起了什么作用?

3. 你认为法庭上目睹者的证词可靠性如何?

4. 当你同朋友、父母发生争执时,你认为自己的观点都正确吗?有哪些因素会影响你的观点?

5. 你有过类似的体验吗?

模块二:管理游戏

小实验

(一)实验步骤

实验材料:胡萝卜、鸡蛋、咖啡豆,3个烧杯。

实验过程:煮三烧杯开水,分别把胡萝卜、鸡蛋和咖啡豆放进三个烧杯里,同时煮15分钟。

实验结果:胡萝卜变软,鸡蛋变硬,咖啡豆散发香气。

实验启示:如果把开水比作挫折,那么……

胡萝卜:原来健康强壮,面对挫折后变得软弱、自卑。

鸡蛋:原来善良、内心敏感,面对挫折后变得麻木、冷漠(或更坚强)。

咖啡豆:能坦然、从容面对挫折,并积极改变挫折。

(二)老师引导学生讨论:当你遇到挫折时,你会怎么做?

模块三:相关测验

国际标准情商测试题

这是一组欧洲流行的测试题,可口可乐公司、麦当劳公司等世界500强众多企业曾以此为员工 EQ 测试的模板,帮助员工了解自己的 EQ 状况。共 33 题,测试时间 25 分钟,最大 EQ 为 174 分。假如你已经预备就绪,请开始计时。

第 1 ~9 题:请从下面的问题中选择一个和自己最切合的答案。

1. 我有能力克服各种困难:______

A. 是的　　B. 不一定　　C. 不是的

2. 如果我能到一个新的环境,我要把生活安排得:______

A. 和从前相仿　　B. 不一定　　C. 和从前不一样

3. 一生中,我觉得自己能达到我所预想的目标:______

A. 是的　　B. 不一定　　C. 不是的

4. 不知为什么,有些人总是回避或冷淡我:______

A. 不是的　　B. 不一定　　C. 是的

5. 在大街上,我常常避开我不愿打招呼的人:______

A. 从未如此　　B. 偶然如此　　C. 有时如此

6. 当我集中精力工作时,假使有人在旁边高谈阔论:______

A. 我仍能用心工作

B. 介于 A、C 之间

C. 我不能专心且感到愤怒

7. 我不论到什么地方,都能清晰地辨别方向:______

A. 是的　　B. 不一定　　C. 不是的

8. 我热爱所学的专业和所从事的工作:______

A. 是的　　B. 不一定　　C. 不是的

9. 气候的变化不会影响我的情绪:______

A. 是的　　B. 介于 A、C 之间　　C. 不是的

第 10 ~16 题:请如实选答下列问题,将答案填入右边横线处。

10. 我从不因流言蜚语而气愤:______

A. 是的　　B. 介于 A、C 之间　　C. 不是的

11. 我善于控制自己的面部表情:______

A. 是的　　B. 不太确定　　C. 不是的

12. 在就寝时,我常常:______

A. 极易入睡　　B. 介于 A、C 之间　　C. 不易入睡

13. 有人侵扰我时,我:______

A. 不露声色　　B. 介于 A、C 之间　　C. 大声抗议,以泄己愤

14. 在和人争辩或工作出现失误后,我常感到震颤,精疲力竭,不能继续安心工作:______

A. 不是的　　B. 介于A、C之间　　C. 是的

15. 我常常被一些无谓的小事困扰:______

A. 不是的　　B. 介于A、C之间　　C. 是的

16. 我宁愿住在僻静的郊区,也不愿住在嘈杂的市区:______

A. 不是的　　B. 不太确定　　C. 是的

第17~25题:在下面问题中,每一题请选择一个和自己最切合的答案。

17. 我被朋友、同事起过绰号、讥讽过:______

A. 从来没有　　B. 偶尔有过　　C. 这是常有的事

18. 有一种食物使我吃后呕吐:______

A. 没有　　B. 记不清　　C. 有

19. 除去看见的世界外,我的心中没有另外的世界:______

A. 没有　　B. 记不清　　C. 有

20. 我会想到若干年后有什么使自己极为不安的事:______

A. 从来没有想过　　B. 偶尔想到过　　C. 经常想到

21. 我常常觉得自己的家庭对自己不好,但是我又确切地认识他们的确对我好:______

A. 否　　B. 说不清楚　　C. 是

22. 天天我一回家就马上把门关上:______

A. 否　　B. 不清楚　　C. 是

23. 我坐在小房间里把门关上,但我仍觉得心里不安:______

A. 否　　B. 偶尔是　　C. 是

24. 当一件事需要我做决定时,我常觉得很难:______

A. 否　　B. 偶尔是　　C. 是

25. 我常常用抛硬币、翻纸、抽签之类的游戏来猜测凶吉:______

A. 否　　B. 偶尔是　　C. 是

第26~29题:下面各题,请按实际情况如实回答,仅须回答"是"或"否"即可,在你选择的答案下打"√"。

26. 为了工作我早出晚归,早晨起床我常常感到疲劳不堪:

是______　　否______

27. 在某种心境下,我会因为困惑陷入空想将工作搁置下来:

是______　　否______

28. 我的神经脆弱,稍有刺激就会使我战栗:

是______ 否______

29. 睡梦中我常常被噩梦惊醒:

是______ 否______

第30~33题:本组测试共4题,每题有5种答案,请选择与自己最切合的答案,在你选择的答案下打"√"。

答案标准如下:

1 2 3 4 5

从不 几乎不 一半时间 大多数时间 总是

30. 工作中我愿意挑战艰巨的任务。 1 2 3 4 5

31. 我常发现别人好的意愿。 1 2 3 4 5

32. 能听取不同的意见,包括对自己的批评。 1 2 3 4 5

33. 我时常勉励自己,对未来充满希望。 1 2 3 4 5

参考答案及计分评估:

计分时请按照记分标准,先算出各部分得分,最后将几部分得分相加,得到的那一分值即为你的最终得分。

第1~9题,回答一个A得6分,回答一个B得3分,回答一个C得0分。计______分。

第10~16题,回答一个A得5分,回答一个B得2分,回答一个C得0分。计______分。

第17~25题,回答一个A得5分,回答一个B得2分,回答一个C得0分。计______分。

第26~29题,回答一个"是"得0分,回答一个"否"得5分。计______分。

第30~33题,从左至右分数分别为1分、2分、3分、4分、5分。计______分。

总计为______分。

测试后如果你的得分在90分以下,说明你的EQ较低,你常常不能控制自己,极易被自己的情绪所影响。很多时候,你轻易被激怒、动火、发脾气,这是非常危险的信号——你的事业可能会毁于你的暴躁。对于此最好的解决办法是:能够给不好的东西一个好的解释,保持头脑冷静,使自己心情开朗。

如果你的得分在90~129分,说明你的EQ一般,对于一件事,你不同时候的表现可能不一,这与你的意识有关,你比前者更具有EQ意识,但这种意识不是常常都有，因此需要你多加注重、时时提醒。

如果你的得分在130～149分，说明你的EQ较高，你是一个快乐的人，不易惊恐担忧，对于工作你热情投入、敢于负责，你为人更是正义正直、同情关怀，这是你的长处，应该努力保持。

如果你的EQ在150分以上，那你就是个EQ高手，你的情绪聪明不但不是你事业的阻碍，更是你事业有成的一个重要前提条件。

模块四：复习思考

一、单项选择题

1. 在社会知觉的偏差中，由获得个体某一行为特征的突出印象，进而将此扩大成为他的整体行为特征的心理效应称（ ）。

A. 首因效应和近因效应　　B. 第一印象效应

C. 晕轮效应　　D. 定型效应

2.（ ）是指当一个人预测将会有某种不良后果产生，或模糊的威胁出现时的一种不愉快情绪，表现为紧张不安、忧虑、烦恼、害怕。

A. 抑郁　　B. 恐惧

C. 强迫　　D. 焦虑

3. 当一个人在爱情问题上受到挫折后并未消沉，而是更加努力学习和工作，使工作做出了显著的成绩。这种行为反应是（ ）。

A. 坚持原有目标的行为反应　　B. 升华的行为反应

C. 反向的行为反应　　D. 放弃的行为反应

二、多项选择题

1. 以下属于社会知觉的有（ ）。

A. 对他人的知觉　　B. 人际知觉

C. 自我知觉　　D. 角色知觉

2. 根据情绪状态的强度、紧张度及持续时间的长短，可以将其分为（ ）。

A. 心境　　B. 恐惧

C. 激情　　D. 应激

3. 以下属于积极的心理防卫机制的有（ ）。

A. 攻击　　B. 替代

C. 反向　　D. 幽默

三、思考题

1. 举例说明影响知觉准确性的因素。

2. 美国前陆军部长斯坦顿有一天怒气冲冲地来到美国总统林肯的办公室，向他诉说有一个少将居然用羞辱的话指责他。林肯深表同情，并建议他写一封内容深刻的信来回敬那个家伙,可以狠狠地骂他一顿。斯坦顿立即写了一封措辞激烈的信,以泄心中的愤怒,并请林肯看这封信。林肯高兴地说:“对了,对了,就是要这个,好好地训他一顿!”但当斯坦顿把信叠好装进信封的时候,林肯却叫住他,问道:“你要干什么?”斯坦顿有些不解地回答:“寄出去啊!”“不要胡闹!”林肯大声地说。这封信不能发,快把他扔到炉子里去烧掉。

问题:林肯为什么要烧掉这封信?联系你曾经经历过的情景,你受到哪些启示?

第五章

群体与群体行为

学习目标

1. 了解群体的概念与类型、正式群体与非正式群体的区别、群体发展的阶段模型及群体功能；
2. 理解群体动力理论的内容及应用；
3. 了解团队的特点、类型以及团队与群体的区别；
4. 理解影响团队绩效的因素、高绩效团队的特点；
5. 掌握创建高绩效团队的方法。

开篇案例

FS有限公司是一家生产服装的中型企业，一部分产品是自产自销，而绝大部分产品是按照国外订单生产，然后出口到国外。公司一直都保持着稳定的发展。自从公司的前厂长离职自己创业后，整个形势就开始慢慢地发生变化。公司老总开始物色具有丰富服装生产和出口经验的管理者，结果前后来了三任厂长都改变不了车间混乱的状况，生产的服装几乎每批都被外贸公司退回返工，产品质量达不到要求，一方面让公司大幅亏损，另一方面由于公司采取的是计件工资制，也导致员工的工资锐减。一时间公司内部流传着各种消息，如又要换厂长了；刚做的一单又要返工；这个月的工资老板会压着不发；老板准备放弃这家企业等。这时公司老总正在和深圳的一家贸易公司谈判，希望能获得一个100万元的海外订单，在离开公司之前虽然他也知道公司内部人心不稳，但他认为只要能签到大额的订单就可以稳住员工的心，然后生产也会走向正常。结果，当他给员工发了上个月的工资，回到车间却发现已经有40%的员工在领到工资后就已经集体辞职。他发现这些一起离开的员工大多来自同一个省份，或者以前在同一家公司工作过。

思考：试以非正式群体理论分析上述情况并总结该老总管理中的失误。

第一节　群体及其分类

群体是一种社会现象，它是介于个体与组织之间的一种特殊“关系体”，是众多个体为了某种需要而结合在一起的一种“集合体”。群体中个体的行为大于单个行为的总和。组织是由许多正式群体和非正式群体组成的。群体发展具有阶段性，它在组织中发挥着特殊的作用。认识群体对解释组织行为具有重要意义。

一、群体的内涵

(一)群体的概念

1. 群体的定义。群体(group)是指为了实现特定的目标,由两个或更多的相互影响、相互作用、相互依赖的个体组成的人群集合体。组织、群体和个体是不可分割的整体。群体介于组织和个人之间。管理所面临的群体不是散漫的个体。作为群体的一个显著标志是群体内成员在心理上是否有一定的联系,是否有共同的需要和共同的目标。

2. 群体的特征。

群体具有以下特征:

(1)群体拥有一定的行为规范,群体成员要遵守这些行为规范,他们在行为上相互制约。

(2)群体成员相互联系,相互影响,直接接触,相互作用。

(3)群体成员相互依赖,形成一个整体,具有群体意识和归属感,意识到自己是群体中的一员。

(4)群体成员在群体内占有一定的地位,扮演一定的角色,为完成共同的目标而分工协作,具有组织性。

3. 群体的心理效应及行为趋向。由单个的个体组成的群体具有不同于个体的心理和行为特征,形成群体的心理效应和行为趋向。

从心理效应看,群体成员间的相互影响会产生以下三个方面的心理效应:

(1)群体价值观。群体成员在长期的活动中逐步形成共同的价值取向,即以共有的价值评价为基础看待组织中的人和事。这种群体价值观一经形成,将对群体成员产生无形的巨大的影响,群体成员受群体价值观的制约和指导。

(2)群体凝聚力。群体一经形成,将对群体成员产生一种吸引力,也就是群体成员对群体的向心力,它是群体价值观和行为准则一致的反映,是群体得以存在和发展的必要条件。这种凝聚力来自群体成员的归属感(群体成员彼此体会到同属某一群体,一致对外,为共同的荣誉而高兴,同共同的敌人做斗争)、群体认同感(群体成员对一些重大原则问题所保持的共同的认识和评价)、群体角色感(群体内某一成员因长期担任某种角色而逐步形成的特有的心理习惯,其言谈、举止、思想和方法上打上了“角色”的烙印)、群体力量感(群体对其成员行为的正强化使其正确行为得到鼓励而产生力量感)。

(3)群体责任感。群体成员在实现群体目标中逐步形成的对群体生存与发展的责任观念和对所担任角色的明确认识,在行动上表现为认真履行职责,关心群体,为群体发展贡献力量。

从行为趋向看,群体对群体成员行为方式会产生以下四个方面的影响:

(1)社会助长作用。即生活在群体中的个体与其他成员交往过程中有助于消除单调、沉闷的心理状态,有利于激发积极的工作及活动动机,提高工作和活动效率。

(2)社会致弱作用。即个体在大众面前感到不自在,感到拘谨,有所顾虑,从而影响行为效果。

(3)行为趋同作用。即生活在群体中的个体在个性差异方面逐步变小,受群体规范的影响其行为逐步趋向于同一标准。

(4)行为遵从作用。即个体按照社会要求、团体规范或别人的意志而做出的行为。这种遵从行为来自两个方面情况的影响,一是在一定的有组织的团体规范影响下的遵从;二是对权威人物的遵从。

二、群体的分类

群体的类型很复杂,按照不同的标准可以对群体做出不同的分类。

(一)正式群体和非正式群体

按群体构成的原则和方式,可以将群体分为正式群体和非正式群体。正式群体是指有明文规定的、由一定社会组织认可和组织结构确定的、职务分配很明确的群体。非正式群体是指没有明文规定,没有正式结构,不是由组织确定,而是在成员的某种共同利益基础上,为满足社会交往的需要,在工作环境中自然形成的群体。

正式群体还可分为命令型群体和任务型群体。命令型群体是指直接对某主管负责、向某主管报告工作的下属同其主管之间构成的群体。比如,工厂厂长与各部门负责人之间、车间主任与所属各班组长之间、各班组长与工人之间、医院护士长与各职能护士之间构成的群体,都是命令型群体。任务型群体是指为完成某项工作任务或课题而在一起工作的群体。如筹备一个大型的会议而成立的一个会务组,下设文秘处、接待处、宣传处、医疗处、保安处等,因而该会务组吸收了办公室、公关部、保安部等单位或部门的人员参加。如对一个破产企业进行清算而成立的清算小组,由来自财务、审计、设备管理、法院等方面的人员组成。

非正式群体又大致可分为利益型群体和友谊型群体。利益型群体是指为了某个共同关系的特定目标而走到一起的人们。如失业自救群体是由一群为摆脱失业,寻找就业机会相互提供帮助而走到一起的人们组成的。友谊型群体是指那些因为兴趣、观点等相同或相近而走到一起的人们,如摄影小组、书画协会等群体。

(二)松散群体、联合群体和集体(集合体)

按联系的紧密程度及发展水平的不同,可以把群体分为松散群体、联合群体和集体(集合体)。松散群体是指人们只在时间和空间上结成群体,但群体成员之间并没有共同活动的内容、目的和意义。如同一车厢的乘客、同一病房的病人、同一商店购物的顾客等。松散群体进一步发展可能成为联合群体。联合群体的特点是参加这种群体的成员有着共同活动的目的,但这种共同活动都只有个人意义。集体是群体发展的最后阶段,其重要特征在于,集体的存在不仅对个人有意义,而且对整个社会都有意义。它的目的与社会要求的根本利益一致,对社会对人类都有积极有益的作用。集体的活动具有广泛的社会意义,真正的集体应该兼顾个人、集体和国家三者的利益。因此,集体具有组织性和心理上团结一致的特点。任何集体都是群体,但不是任何群体都可称为集体。

(三)开放型群体和封闭型群体

根据群体开放程度的不同,可以将其分为开放型群体和封闭型群体。开放型群体的成员变动频繁,来去自由,成员间的权力和地位不稳定,与外界联系较密切,内部联系相对松散。封闭型群体的成员相对稳定,变动较少,内部权力与地位明确,成员等级关系严格。一般来说,封闭型群体思想相对保守,对外界新事物接受较慢,有的甚至有抵触情绪;而开放型群体吸收新思想和新人才较快,对外部环境的适应性较强,但不适于完成长期任务。

(四)参照群体和一般群体

按群体在社会上发生作用大小的不同,可以把群体分为参照群体和一般群体。参照群体又称标准群体或示范群体。这类群体的标准、目标和规范可以成为人们行为的指南、努力追求达到的标准和学习的榜样。如以某英雄模范人物命名的班组、车号,或某些英雄模范群体,这些群体起着无形的典型示范作用,人们会把自己的行为与这些群体的标准进行对照,如果不符合这些标准,就改正自己的行为。参照群体在社会上发挥着表率作用,其标准和目标成为人们的向往和追求。相对于参照群体而言,一般群体是指那些大量存在于社会上的、众多的、不足以成为人们行为楷模的普通群体。

(五)大群体和小群体

根据群体规模的大小,可将其分为大群体和小群体。这种划分具有相对意义。车间相对于工厂是小群体,相对于班组是大群体。一般来说,大群体包含许多小群体。小群体更多地是指成员有直接的、个人间的、面对面的接触和联系的规模较小的群体。这些群体的成员容易在感情上和心理上接近。

(六)假设群体和实际群体

按群体是否存在,可以将群体划分为假设群体和实际群体。所谓假设群体,是指实际并不存在,只是为研究、分析问题的需要而划分出来的群体,所以也叫统计群体。假设群体可以按照不同的特征来划分,比如,按年龄划分,一个单位的成员可以划分为青年人、中年人、老年人三种群体。同年龄的人可能没有交往过,甚至互不相识,但共同的年龄特点可能使他们有共同的社会心理特征。所谓实际群体,是指客观存在的群体,群体成员之间有着直接或间接的联系,由共同的目标或活动结合在一起,如同一班级的学生、同一班组的工人。

三、正式群体与非正式群体

把群体划分为正式群体和非正式群体,对研究组织行为具有特殊的意义。正式群体和非正式群体是根据群体建立的原则和方式来划分的。这种划分最早是由美国心理学家梅奥在霍桑实验中提出来的。

正式群体是一个具有明确的共同目标、专门分工和部门分工,并在有意识的协调体系和固定结构的形态下,由相互作用和相互依赖的人员组成的群体。正式群体具有目标明确性、组织结构严密性、权力的强制性、工作的高效性、步调的一致性、人员的替代性等特点,其构成要素包括职位、部门等。

正式群体有以下几个系统:第一,有一个职能化系统,人们有可能实行专业分工;第二,有一个有效的激励系统,引导成员自觉地做出贡献;第三,有一个权力(权威)系统,导致集体成员去接受管理者的决定;第四,有一个决策系统,为组织的发展指引方向。

非正式群体是一种未经官方规定的自然形成的无形群体,其成员之间也有一定的相互关联的结构和准则,不过,它不是由外部力量规定的,而是由群体内在因素约定的。成员的行为受群体内部自然形成的常规调节。其形成可能是由于在一定时期内,某些人有某种共同的利益、共同的观点、相同的社会背景,有类似的生活经历或生活在邻近地区,也可能是由于有相同的爱好和兴趣,等等。总之,非正式群体是利益、情感、爱好、信仰、友谊、亲缘的产物。非正式群体具有形成的自发性、活动的自觉性、相互关系的自由性的特点。这类群体一般有不成文的群体规范,影响着群体成员的行为;有自然形成的领袖人物,在成员中间享有影响和威望;有有效的奖惩办法,违反者会受到群体的冷淡、蔑视和排斥;有一条灵敏的迅速传播信息的渠道;有较牢固的感情纽带,有明显的情绪色彩;有自卫性和排他性;有相对的不稳定性。

在任何一个组织里,在正式的法定关系下存在大量非正式群体,从而构成更为复杂的社会关系体系。非正式群体对生产效率、工作满意都具有强大的影响。无论是正式的还是非正式的群体,对于一个团体的活动都是不可或缺的,恰如车之两轮、鸟之两翼,缺一不可。

非正式群体的存在是客观的。从其性质和作用来看,既有积极的,也有消极的甚至破坏性的。从积极的方面来看,非正式群体可以作为正式群体的补充,满足人们交往、归属、友谊等心理需要,满足群体成员及时了解组织内外情况、沟通信息的需要,可以发挥实际的影响力,成为正式群体凝聚力的填充剂。从消极方面来看,非正式群体容易对组织产生抵触情绪,甚至形成与正式群体相对立的群体力量;可能由于同组织目标不一致而影响组织目标的实现,影响工作效率;容易传播小道消息,甚至制造谣言;容易形成小圈子、小团体、小帮派,不利于组织的团结和组织肌体的健康发展。

组织领导要像重视正式群体一样重视非正式群体,既不能回避、拒绝,让非正式群体自生自灭,也不能简单地将其禁止、取缔,而是要分清不同情况,对积极的非正式群体,要支持、提倡、鼓励;对中间的非正式群体,要注意引导;对消极的非正式群体,要密切注视,采取措施,防止质变、恶化;对破坏性的非正式群体,要打击重要成员,教育他人。对非正式群体中的领袖人物,要善于运用其长处,通过诱导、创造条件,使非正式群体的目标与组织目标相一致。实践证明,如果正式群体的领导人同时也是非正式群体的领导人,往往会收到良好的效果。

第二节　群体的发展阶段与功能

一、群体的发展阶段

群体不是静止的,而是不断变化发展。20 世纪 40 年代末以来,专家们提出了不少关于群体发展的理论。其中公认为比较完善的是塔克曼在 1965 年提出的观点。他认为群体发展要经历四个阶段:形成阶段、风暴阶段、正常化阶段、发挥作用阶段,如图 5 – 1 所示。

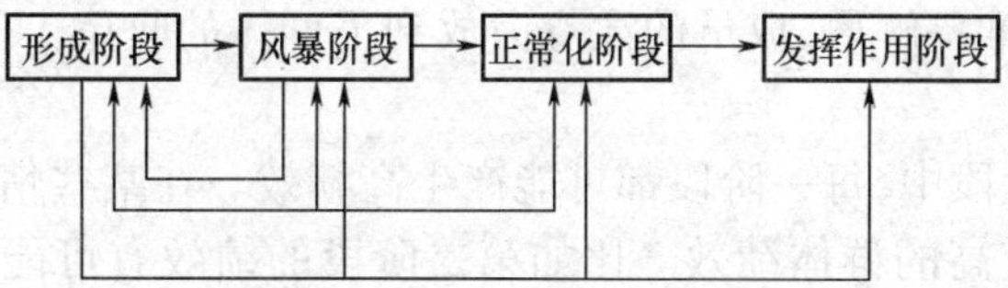

图 5 – 1　塔克曼群体发展阶段

还有人把群体发展归纳为五个阶段:形成阶段、震荡阶段、规范化阶段、执行任务阶段、中止阶段(如图 5 – 2 所示)。

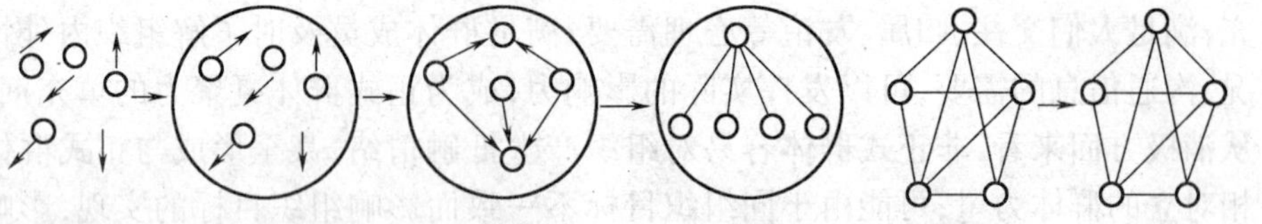

图 5－2　群体发展五阶段

第一阶段:形成(forming)阶段。群体的目的、结构、领导都不确定,群体成员各自摸索群体可以接受的行为规范,关心什么样的行为能为群体所接受,什么样的行为不能被接受,他们开始互相熟悉,了解彼此的特点。

第二阶段:震荡(storming)阶段。群体成员接受了群体的存在,但对群体加给他们的约束仍然予以抵制,群体成员对权力和地位的分配产生了分歧和敌意,领导者的意图很难得到成员的顺利贯彻。

第三阶段:规范化(normaling)阶段。群体成员之间开始产生亲密的关系,群体表现出一定的凝聚力。群体成员交换信息,分享感受,分享成功的喜悦。群体结构相对稳定。这一阶段群体容易陷入"群体意识",即群体由于内聚力过高而对反对意见置之不理,根本不考虑其他可供选择的行动方案,群体认为它本身完美无缺、不可取代,因此可能导致犯错误和群体绩效下降。如果这个阶段群体成员在感情上相互支持,在思想上允许争鸣,那么,就可以避免群体意识,同时又保持内聚力,这样的群体将很有绩效。

第四阶段:执行任务(performing)阶段。这时群体成员彼此相互依赖,相互合作,彼此能进行顺利的沟通,群体成员相互关心,又各抒己见,体现出既有民主又有集中,既有批评又心情舒畅的良好风气。群体成员了解自己对群体应尽的职责和所起的作用。这时的群体是一个成熟的、结构充分发挥作用的群体。

第五阶段:中止(adjourning)阶段。在这一阶段,高绩效不再是压倒一切的首要任务,群体准备解散,成员的注意力放到了群体的收尾工作上。群体成员的反应差异很大。

在这五个阶段中,每一阶段都可能产生高绩效。在某些情况下,高水平的冲突可能导致较高的群体绩效。比如第二阶段的绩效有可能超过第三、四阶段。上述五个阶段并非总是依次进行,有些阶段可能同时进行;群体也并非总是从一个阶段向前发展到另一个阶段,而是有可能退回到前一阶段。

二、角色定位的社会化过程

角色定位的社会化过程是指群体成员适应角色要求、接受群体行为规范、符合群体发展需要的过程。任何一个群体成员在群体中都担任着群体赋予的一定的角色,群体成员在群体中所处的地位以及与这种地位、身份相一致的一整套权利、义务的规范和行为模式,是群体对具有特定身份的人的行为期望,构成了群体的基础。社会群体就是由群体角色间的相互联系构成的。

在群体内,成员适应角色、接受群体行为规范、行为模式的过程就是群体的社会化过程。它包括两个方面的社会化:一方面是个体自身在群体中适应环境,学习群体文化,学习担任社会角色,把自己同所在的群体、组织一体化,成为符合群体要求的社会成员的过程;另一方面是群体要生存与发展,必须使群体新陈代谢,使新的成员不断接受群体价值观念,学习各种知识、技能和行为规范,使群体具有向心力和凝聚力。

角色定位的社会化内容包括以下几个方面:

1. 教给群体成员知识、技能,使群体成员接受促进群体生存发展所必需的生产、经营、管理技能,使群体成员具有适应环境的能力,掌握为群体做贡献的知识和本领。

2. 教给群体成员社会规范。通过各种形式的教育培训和舆论力量,使成员逐渐形成群体所要求和倡导的信息、习惯、传统,用以约束自己的行为,调整个人与组织、个人与个人、群体与群体之间的社会关系。

3. 使群体成员明确群体发展目标。通过群体成员间的相互影响和系统教育以及成员自己的社会实践,逐步接受群体发展目标,使个人自身发展目标同群体发展目标统一起来。

4. 培养群体成员的社会角色。这是社会化的最后成果,是指为组织培养符合组织要求的群体成员,使其在组织生活中担任一定的角色,肩负一定的职责,按照组织结构为他规定的规范行事,完成组织交给的工作任务;同时,敢于创新,具有开拓精神,在群体和组织中发挥重要作用,做出自身的贡献,促进群体与组织的顺利发展。

三、群体的功能

由于群体是介于组织和个体之间的人群结合体,因此,它的功能也表现在两大方面:一方面完成组织任务,另一方面满足群体成员的心理需求,制约成员的行为和沟通、激励成员。

完成组织赋予的任务是一个群体对组织来说最主要的功能。一个组织为了有效地达成目标,必须将任务分配给有关的群体去进行。群体为完成组织任务,就要设立工作目标,收集资料与意见,制定工作实施方案,进行决策,从事人力协助,进行可行性研究和工作检查。

人具有社会性,每个人在一定的群体中生活和工作,都有得到群体评价

的欲望,都有一种对群体的依赖和归属感。群体可以满足成员下列心理需求:

第一,获得安全感。个体在群体中可免于孤独、寂寞、恐惧感等。

第二,满足自尊的需要。个体在群体中的地位,如受人欢迎,受人尊重,受人保护,承认他的存在价值,都能满足个体自尊的需要。

第三,增强自信心。在群体中,通过成员交换意见得出一致的看法,可使个体将某些不明确、没有把握的看法弄明白,从而增强自信心。

第四,增加力量感。个体在群体中与其他成员相互支持,相互帮助,相互依存,能够使个人具有力量感。

第五,群体还可以成为进行有效信息沟通的窗口。在群体中,人们可以利用各种正式和非正式渠道,互通信息,交换情报,沟通与各方面的联系。

第六,群体还能协调人际关系,促进成员间的相互激励。群体可以有针对性地做好成员的思想工作,化解隔阂和矛盾,促进成员间思想和感情的交流,激发成员你追我赶,奋发向上,团结互助地完成组织目标。

第七,群体还有制约个体行为的功能。心理学家的研究认为,改变个体的不良行为,如果单纯从个体出发,往往效果不佳,要改变一个人的行为,可以借助群体的影响和压力,从外在舆论和环境上改造人的行为。

第三节　群体动力理论

美籍德国人库尔特·卢因提出的“群体动力理论”认为,一个人的行为(B)是个体内在需要(P)和环境外力(E)相互作用的结果,可以用函数式 $B=f(P,E)$ 来表示。所谓群体动力理论,就是论述群体中的各种力量对个体的作用和影响。卢因及其后继者通过实验研究,发现了以下群体动力的存在和作用。

一、群体领导方式动力

群体的领导方式(专制型、民主型、自由放任型)不同,其成员的行为表现也不同。卢因认为,在专制型群体中,成员的行为表现为攻击性言行、引人注目的出风头行为,使用“我”而不是“我们”的频率较高、推卸责任、做给领导看的行为、对群体活动缺乏满足感;在民主型群体中的表现则相反,而且同一个成员一旦从专制型群体调入民主型群体,其行为立即发生变化。

二、群体组织形式动力

卢因及其追随者发现,在欧洲战场上被德国俘虏的美国士兵,反抗情绪和逃跑率都很高；而在朝鲜战场被中国俘虏的美国士兵，反抗情绪和逃跑率都很低。心理学家薛恩于1956年对此进行研究，认为这种行为反差是由群体组织形式造成的。在中国战俘营，看守人员与战俘的伙食、医疗条件平等，战俘经常调动而组成新的战俘群，有意识地让被俘士兵管理被俘军官，战俘被提审后不再回原来的战俘群。在德国的战俘营中，组织管理方法与中国的恰好相反，因此导致了战俘行为的不同。这一现象在管理领域很有借鉴意义。

三、群体结构性质动力

威尔逊等人将36名大学生分成两组进行实验，甲组成员都是以安全需要为优势需要而自尊需要较低的学生，乙组则是注重自尊需要而安全需要较低的学生。结果表明，甲组成员在平等型群体中的生产率低，而在层次型群体中的生产率高；乙组成员生产率的高低则正好相反。可见，成员行为取决于个人需要类型和群体领导方式如何搭配。

四、群体公约动力

卢因20世纪40年代曾就公约改变人们行为态度的有效性做过一系列实验，如怎样改变美国家庭主妇不喜欢用动物内脏做菜的习惯。实验结果表明，群体的公约规则比一般性的宣传说服更能改变群体成员的行为。

五、群体多数动力

社会心理学家阿奇于20世纪50年代通过多次实验证明：对于用来做实验的问题，如群体中只有一个成员故意给出错误答案，就会产生群体压力，被试者接受错误答案的次数达13.6%；若有三个成员故意答错，则被试者接受错误答案的比率上升为31.8%。

第四节　团队建设

一、团队及群体

（一）团队及其特点

团队是由一群不同背景、不同技能、不同知识的人组成的一种特殊类型的群体，它以成员高度的互补性、知识技能的跨职能性和信息的差异性为特征。

首先,团队成员之间有高度的相互依赖性,往往是处于复杂的互动之中。其次,一个团队内应具有执行不同职能的成员,从而使这个团队成为跨职能的群体。最后,由于成员间在背景、训练、能力、所接近的资源方面的差异,一个团队的成员在技能、知识、专长及信息的分配上是不平均的。

团队与传统的部门结构或其他形式的稳定性群体相比,所具有的优点主要在于:①它可以使不同的职能并行进行,而不是顺序进行,从而大大地节省了完成组织任务的时间;②它可以迅速地组合、重组和解散;③它可以由团队成员自我调节、相互约束,促进员工参与决策过程,增强组织的民主气氛,削减组织中的某些中层管理职能。

(二)团队与群体的比较

团队是一种特殊类型的群体,所有影响群体的因素都会影响团队。但是,并不是所有的群体都是团队。团队的绩效还受其他类型的群体所不具有的因素的影响。团队作为一种特殊类型的群体,与其他类型的群体相比,主要的区别在于:①目标不同。前者是为了获得协同效应,即团队追求的是大于个体成员绩效总和的绩效,而后者只是个体成员绩效的简单加总。②互动性质不同。前者各成员之间是一种积极的、有创造性的互动配合,而后者的配合只是例行公事的配合。③责任不同。前者的责任既是具体化到每个成员身上的,又是团队共同的责任,而后者的责任是个体化的。④技能不同。前者各成员的技能是高度互补的,而后者是随机的。因此,仅仅把工作群体换一种称呼,改称团队,而不从深层次上对组织进行改造,并不能自动提高组织的绩效。

(三)团队的类型

根据团队的存在目的,可以对它们进行分类。在组织中,有三种类型的团队比较常见:问题解决型团队、自我管理型团队、多功能型团队(如图 5－3 所示)。

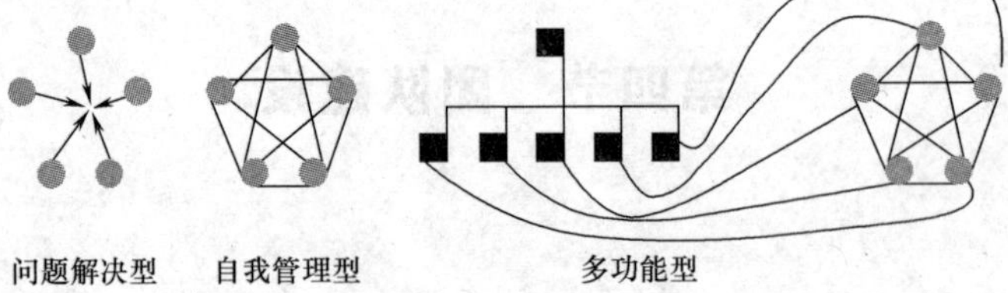

图 5－3　团队的三种类型

1. 问题解决型团队。这种团队一般由来自同一个部门的 5～12 个钟点工组成,他们每周用几个小时的时间聚在一起,讨论如何提高产品质量、生产效率和改进工作环境等问题。在问题解决型团队里,成员就如何改进工作程序和工作方法互相交换看法和提供建议。但是,这些团队几乎没有权力根据建议单方面采取行动。

20 世纪 80 年代,应用最广的一种问题解决型团队是质量圈。这种工作团队由职责范围部分重叠的员工及主管人员组成,一般是 8 ~ 10 人。他们定期相聚,讨论面临的质量问题,调查问题的原因,提出解决问题的建议并采取有效的行动。

2. 自我管理型团队。问题解决型团队的做法行之有效,但是在调动员工参与决策过程的积极性方面仍显不足,这种欠缺导致企业努力建立新型团队,即一种真正独立自主的团队,它们不仅注意问题的解决,而且执行解决问题的方案,并对工作结果承担全部责任。自我管理型团队通常由 10 ~ 15 人组成,他们承担着以前自己的上司所承担的一些责任。一般来说,他们的责任范围包括控制工作节奏、决定工作任务的分配、安排工间休息等。彻底的自我管理型团队甚至可以挑选自己的成员,并让成员相互进行绩效评估。这样,主管人员的重要性就下降了,甚至可以取消。

对自我管理型团队效果的总体研究表明,实行这种团队形式并不一定能带来积极效果。比如,在这种团队中,员工的满意度有所提高,但是成员的缺勤率和流动率偏高。

3. 多功能型团队。多功能型团队由来自同一等级、不同工作领域的员工组成,他们来到一起的目的是完成一项任务,任务完成后又回到各自的部门。

许多组织采用跨越横向部门界限组建任务团队的形式已有多年。例如,在 20 世纪 60 年代,IBM 公司为了开发卓有成效的 360 系统,组织了一个大型的任务攻坚队,攻坚队成员来自公司的多个部门。任务攻坚队其实就是一个临时性的多功能型团队。多功能型团队是一种有效的方式,它能使组织内(甚至组织之间)不同领域的员工之间交换信息,激发出新的观念,解决面临的问题,协调复杂的项目。当然,多功能型团队在其形成的早期阶段往往要消耗大量的时间,因为团体成员要学会处理复杂多样的任务。在成员之间,尤其是那些背景不同、经历和观点不同的成员之间,建立起信任和真正的合作也需要一定的时间。

二、影响团队绩效的因素

(一)规模

由于团队是一种特殊形式的群体,我们先考察群体规模对群体绩效的影响。事实表明,小群体完成任务的速度比大群体快,且善于完成生产性任务。但是,如果群体的目标是调查事情的真相,大群体更有效。因此,成员在 7 人左右的群体在执行任务时会更为有效。有关群体规模的研究可以得出两个结论：第一，成员总数为奇数的群体比成员总数为偶数的群体更好，因为成员总数为奇数时，可以降低投票时发生僵局的可能性。第二，5～7人群体在执行任务时比更大一些的群体或更小一些的群体都更有效。因为这样的群体足以形成大多数，允许发表各种不同意见，同时又可以避免与大群体相关的一些弊端，如多数人占绝对统治地位、形成小帮派、禁止某些成员参与决策、在决策时拖延时间等。因此，最好的团队规模一般比较小。如果团队成员多于12人，他们就很难顺利开展工作，在相互交流时也会遇到许多障碍，且很难在讨论问题时达成一致。一般来说，如果团队成员很多，就难以形成凝聚力、忠诚感和相互信赖感，而这些正是高绩效团队所不可缺少的。所以，管理人员要想塑造富有成效的团队，就应该把团队的成员人数控制在12人之内。如果一个自然工作单位本身较大，而又希望达到团结的效果，可以考虑把工作群体分成几个小的工作团队。

（二）能力

要想有成效地运作一个团队，需要三种不同技能类型的人。第一，需要具有技术专长的成员。第二，需要具有解决问题和决策的技能，能够发现问题，提出解决问题的建议并权衡这些建议，然后做出有效选择的成员。第三，团队需要若干善于聆听、反馈、具有解决人际关系问题技能的成员。

如果一个团队不具备以上三类成员，就不可能充分发挥其绩效潜能。对具备不同技能的人进行合理搭配是极其重要的。一种类型的人过多，另两种类型的人自然就少，团队绩效就会下降。但在团队形成之初，并不需要完全具备以上三个方面的成员。必要时，一个或多个成员去学习团队所缺乏的某种技能，从而使团队充分发挥其潜能的事情并不少见。

（三）角色互补

我们知道，人的人格特质各有不同，如果员工的工作性质与其人格特质一致，其绩效水平就容易提高。就工作团队内的位置分配而言，也是如此。团队有不同的需求，挑选团队成员时，应该以员工的人格特点和个人偏好为基础。

高绩效团队能够给员工适当地分配不同的角色。例如，长期使球队保持赢势的篮球教练知道如何挑选有前途的队员，识别他们的优势和劣势，并把他们安排到最适合他们发挥才能的位置，使他们能为球队做出最大贡献。这种教练能够认识到，一个想获胜的球队需要具有多种技能的成员，如控球手、强力得分手、3分球投手、投篮阻挡手等。成功的球队具有能够胜任关键位置的球员，并能在了解球员技能和爱好的基础上，把他们配置到各个位置上。

(四)对目标的认同

有效的团队有一个大家共同追求的、有意义的目标,它能够为团队成员指引方向、提供推动力,让团队成员愿意为它贡献力量。例如,苹果电脑公司设计开发麦金托什计算机的团队成员几乎都承诺要开发一种用户适用、方便可靠的机型,这种机型将给人们使用计算机的方式带来一场革命。

成功团队的成员通常会用大量的时间和精力来讨论、修改、完善一个在集体层次上和个人层次上都被大家接受的目标。这种共同目标一旦为团体所接受,就像航海学知识对船长一样——在任何情况下都能起到指引方向的作用。

成功的团队会把他们的共同目标转变为具体的、可以衡量的、切实可行的绩效目标。目标会使个体提高绩效水平,也能使群体最大限度地发挥潜力。具体的目标可以促进明确的沟通,还有助于团队把自己的精力放在达成有效的结果上。例如,1990 年秋,瑟茂斯公司组织了一个多功能型团队,其具体任务是设计、制造一种新型烤肉架。团队达成协议,这种烤肉架外形要美观,像一件家具,不需要使用木炭之类会带来污染的燃料,烤出来的食物要美味可口。完成各项任务的期限定得很死。他们要赶在 1992 年 8 月举行的大型国家五金博览会之前完成任务,这样,他们实际上只有不到两年的时间进行计划、设计和制造新产品。他们顺利完成了任务,他们发明制造的瑟茂斯电子烤肉架获得了四项设计奖,而且成为公司历史上开发最成功的新产品。

知识链接

如何打造员工团队的归属感

员工归属感是指员工经过一段时期的工作,在思想上、心理上、感情上对企业产生了认同感、公平感、安全感、价值感、工作使命感和成就感,这些感觉最终内化为员工的团队归属感。归属感的形成是一个非常复杂的过程,但一旦形成后,将会使员工产生内心自我约束力和强烈的责任感,调动员工自身的内部驱动力而形成自我激励,最终产生投桃报李的效应。

员工拥有强烈的归属感是公司极力营造的,其中包含了员工待遇、个人的未来、个人的兴趣、宽松的环境和个人的重要感五大方面的人才管理机制。

1. 员工的归属感首先来自待遇,具体体现在员工的工资和福利上。衣食住行是人生存最基本的需要,买房、买车、购置日常物品、休闲等都需要金钱,这些都依靠员工在公司取得的工资和福利来实现的。在收入上让每个员工都满意是一项比较艰难的事情,但是,人力是资本,不是成本,更不是包袱,所以待遇要能满足员工最基本的生活需求才能在最基本的层面上留住人才。因此,待遇在人才管理中只是一个保健因素,而不是人才留与走的决定因素。

2. 个人的未来性是赋予员工归属感的重要组成部分。每个人都会考虑自己在企业中的位置与价值,更注重自己未来价值的提升和发展。企业提供机会帮助员工增强以上能力,是企业增强魅力、吸引人才的重要手段。

3. 注重每个员工的兴趣同样是增强员工归属感的重要手段。兴趣是最好的老师,有兴趣才能自觉自愿地去学习,这样才能做好自己想做的事情。

4. 个人的重要感在归属感的营造方面是十分重要的一点,也是中高层管理者最难做到的一条,这就是管理者领导能力的具体体现。这要求领导们不断地提高自身的素质,让别人喜欢你,让别人认可你,让别人信服你。员工有了归属感,才能最大限度地发挥他们的潜能,员工才会把公司当成自己的家一样看待。

三、使群体成为高绩效团队

(一)采用团队形式的好处

曾经有一项对全美476家大公司的调查发现,有7%的员工是在团队这种形式中工作的。按照这一比例,全美目前共有800万~900万人在团队方式下从事工作。这一调查还发现,这些公司有半数以上都打算在不久的将来大幅度增加这种工作团队的组织方式。为什么要采用团队这种形式呢?对于目前出现的这种趋势众说纷纭。采用团队形式的好处有以下几点:

1. 形成团队精神。团队成员希望也要求相互之间的帮助和支持,以团队方式开展工作,促进了成员之间的合作,提高了员工的士气。团队规范在鼓励其成员追求卓越的同时,还创造了一种增加工作满意度的氛围。

2. 使管理层有时间进行战略性思考。采用团队形式,尤其是自我管理工作团队形式,使管理者得以脱身去做更多的战略规划。当工作以个体为基础设计时,管理者往往要花费大量时间监督他们的下属和解决下属的问题,而很少有时间进行战略性的思考。采用工作团队的形式,能让管理者把注意力集中到诸如长期发展计划等重大问题上来。

3. 提高决策速度。把一些决策权下放给团队,能使组织在做出决策时有更大的灵活性。团队成员对与工作相关的问题常常比管理者知道得多,因为他们离这些问题更近。因此,采用团队形式,决策常常更加迅速而准确。

4. 促进多元化和创意。由具有不同背景和经历的个人组成的群体,看问题的广度比单一性质的群体要大。同样,由风格各异的个体组成的团队所做的决策往往要比单个个体所做的决策更有创意。

5. 提高绩效。上述各因素组合起来能使团队的工作绩效明显高于单个个体的工作绩效。工作团队方式可以减少浪费，防止官僚主义作风，促进工作改进建议的提出，并加快工作进度。

（二）高绩效团队的特征

团队的形式并不能自动地提高生产力，它也可能使管理者失望。近来一些研究提出了高绩效团队的一些主要特征，现总结如下：

1. 清晰的目标。高绩效的团队对所要达到的目标有清楚的了解，并坚信这一目标包含重大意义和价值，而且这种目标的重要性还激励团队成员把个人目标升华到群体目标中去。在高绩效团队中，成员清楚地知道希望他们做什么工作，以及他们怎样共同工作以完成任务。

2. 相关的技能。高绩效的团队是由一群有能力的成员组成的。他们具备实现理想目标所必需的技术和能力，而且相互之间有能够良好合作的个性品质，从而能出色地完成任务。后者常常被人们忽视，却尤其重要。有精湛技术的人并不一定就有合作技巧，高绩效团队的成员往往必须兼而有之。

3. 相互信任的氛围。通过团队学习形成的组织文化和管理层的行为塑造，对形成相互信任的群体内氛围很有影响。如果组织崇尚开放、诚实、协作的办事原则，同时鼓励员工的参与和自主性，它就比较容易形成信任的环境，从而能帮助管理者建立和维持信任的行为。

4. 良好的沟通。团队成员通过畅通的渠道交流信息，管理层和团队成员之间有健康的信息反馈机制，并经常进行以获取超过个人水平的见解为目的的“深度会谈”，鼓励成员将他们认为最困难、最复杂、最具冲突性的问题放到团队中来讨论，自由地表达各自的观点并加以验证，使彼此真诚相对，让每个人以真实的想法在交流中碰撞出火花。

5. 不断地探索和调整。以个体为基础进行工作设计时，员工的角色由工作说明、工作程序、工作纪律以及其他一些正式文件明确规定。但对高绩效的团队来说，其成员角色具有灵活多变性，总在不断地进行调整，这就要求成员有充分的准备，持续面对和应付团队中时常变换的问题和关系。

6. 恰当的领导。有效的领导能够让团队成员跟随自己共同度过最艰难的时期，因为他能为团队指明方向。他向成员阐明变革的可能性，鼓舞成员的自信心，帮助他们更充分地了解自己的潜力。高绩效团队的领导者担任的往往是教练和后盾的角色，对团队提供指导和支持，但并不试图去控制它。对那些习惯于传统方式的管理者来说，这种从上司到后盾的角色转换，即从发号施令到为团队服务，实在是一种困难的转变。现在，许多管理者已经发现了这种新型的权力共享方式的好处，或通过领导培训逐渐意识到它的益处。

7. 内部支持和外部支持。从内部条件来看,高绩效的团队应该拥有合理的基础结构,包括适当的培训,一套公平合理的用以评估员工绩效的测量系统,以及一个起支持作用的人力资源系统。从外部条件来看,管理层应该给团队提供完成工作所必需的各种资源。

第五节 虚拟团队

一、虚拟团队及其特征

20 世纪末,以计算机网络通信技术为主的信息技术革命及互联网的崛起将人类社会带入网络时代,并极大地改变了整个世界的运行方式。这就是电子商务的核心,即运用现代计算机网络技术进行的一种社会生产经营形态的变革,目的是提高企业生产效率,降低经营成本、优化资源配置,实现社会财富的最大化。随着经济全球化的发展,一些组织开始引进虚拟团队,以适应外部环境的动态变化。在虚拟团队中,其成员在空间上分散,主要通过电子信息沟通技术(电子邮件、视频会议等)协调工作。而且新的沟通技术的发展,如互联网等,加速了这种趋势。目前,虚拟团队已经被应用于许多领域,如客户服务、科学研究等。赫特尔和盖斯特等人认为,虚拟团队包含以下几个方面:两个或两个以上的成员;为了一个共同的目标而相互合作;至少有一个成员位于不同的地点、时区或组织;通过电子媒体(电子邮件、传真、电话、视频会议等)沟通和协调。

对虚拟团队的研究始于 20 世纪 90 年代初期,1995 年以后得到蓬勃发展,其研究范围已经从虚拟团队的概念和定义探讨、虚拟团队的探索性研究发展到对虚拟团队的影响因素、团队过程和团队结果的研究,并取得了丰硕的成果,研究方法也从理论探讨、定性研究转向定量和实证研究。

综合相关的研究我们可以看出,虚拟团队具有以下四个方面的特征:①团队成员具有共同的目标;②团队成员地理位置的离散性;③采用电子沟通方式;④宽泛型的组织边界。

二、虚拟团队的作用

科技沟通技术的发展使传统的面对面的团队面临着在虚拟环境下运作的压力,以及对分布于各地区团队成员进行协调活动的压力。因此,虚拟团队作为一种新的组织结构形式出现,得到了信息和沟通技术的支持,能满足新工作

背景下解决新问题的要求。在全球化经营环境中,虚拟团队的部署是一种较具吸引力的管理战略,主要有以下几个方面原因:

首先,它允许分散性组织最大限度地发挥它们的专长,而不需要实质性的个体物理流动。完成一项任务所需的专家也许分布于各个地区,而虚拟团队可促进这些人力资源专注于某一问题,却不需要实质性的人员流动。

其次,虚拟团队允许组织将不同文化、商务习惯的多种意见统一起来,以避免逆生产效率的现象发生。它的有利之处包括成本的降低、周转时间的下降、远程成员间的整合、提高决策制定和问题解决技能。

最后,21世纪企业面临商业的挑战,全球化虚拟团队的应用为在复杂经营环境中,通过跨组织的宽泛联合、协调完成复杂的商业任务提供了一个重要的机会。

三、虚拟团队的基本因素

综合虚拟团队相关的案例研究,虚拟团队主要包括三个方面:目标、成员和联结。

1. 目标。对任何类型的组织来说,目标都极其重要,对虚拟组织和团队而言尤为关键,因为目标是使虚拟组织或团队成员一起工作的黏合剂。等级制组织中有权力聘用或解雇员工,而官僚组织中存在一系列的规章、制度和法规,但真正意义上的网络组织和虚拟团队通常只存在目标。只有当团队目标被团队成员强烈认同和接受,他们才会一起工作。在虚拟团队中,团队目标必须转换为行动方案,成为团队成员一起工作的基石,并要求目标具有可合作性、任务相依性和结果的明确具体性。团队的存在是为获得结果,没有合作性的目标,项目任务始终不会启动,如果任务都是相互独立的,团队就没有存在的必要。由于个人和单个组织独自无法取得预期的结果,通常会建立虚拟团队,以解决面临的困境。

2. 成员。团队成员是虚拟团队的核心,我们必须考虑以下三个关键因素:一是独立性。虚拟团队的每一位成员都必须自主、自我依赖,但又能相互依存。二是领导分享。虚拟团队的每一位成员都能随着团队进程担当领导者角色,领导者随任务的变化而变动,每一位成员在任务进程中发挥自己的才能和专长。三是整合水平。虚拟团队不仅是横向连接的团队,它还必须能与组织上下连接。

3. 联结。联结即联系,不仅指技术。这些联系可以通过面对面的交谈实现,也可以通过信息技术实现。但总的来讲,这些联系本身是被动的。任务的结果需要某些类型的互动,互动能产生关系,如果这些关系是可信任的,则其具有持续性。信息时代的不同之处并不在于关系和互动,而是数字技术。数字技术提供了极为丰富的互动机会，但这些技术如何影响组织方式值得我们进一步的研究。我们并不想放弃其他沟通方式，而是要继续丰富沟通方式。如有些工作可以通过面对面交谈来进行，如快速建立信任关系，但如果存在空间距离，这种方式并不可行。一旦明确了团队目标和成员，我们就可以选择最为适用的联结方式与团队成员沟通，完成共同的任务。

显然，虚拟团队有许多优势。首先，成本优势。团队成员可以在不同地点工作，不需要固定办公室；成员通过网络等媒介沟通，不用频繁出差和组织会议，这些都给团队节省了开支。其次，知识优势。团队成员由具备不同知识的专家构成，他们来自不同的专业领域、组织和地区，他们的组合给团队注入了新的知识流。最后，结构优势。虚拟团队是扁平型组织结构，对于组织、市场动态可以迅速做出反应。但是，虚拟团队也带来了一些并不必然出现的问题，首先，沟通方式的改变可能导致交流的减少，团队成员间缺乏信任；其次，团队成员的文化差异也带来了一系列问题。另外，虚拟性也带来了管理和协调的难度。

实训模拟

模块一：案例分析与思考

万科的团队管理

2008 年金融危机爆发至今已有多年，影响犹存。对中国的房地产行业而言，不仅在危机来临时首当其冲，还面临着一波接一波宏观调控的挑战。所幸的是，仍有万科、中海、恒基等优秀的企业在这一过程中实现了稳定、快速的增长。

对万科而言，对专业化的坚持以及由此形成的企业经营理念和成长方式，自 1992 年确立以大众住宅为核心业务，完成由多元化向专业化的转变开始，至今都不曾改变。这也正是其能在 2006 年房地产行业辉煌时表现出平静和理性，在 2008 年的金融危机以及接下来的宏观调控中表现出从容与淡定以及不俗业绩的根本。

一、万科的核心理念

1. 让建筑赞美生命。

“让建筑赞美生命”是长久以来万科的核心理念，也是万科所坚持的产品核心价值观。无论市场如何变迁，万科始终将客户视为最稀缺的资源和存在的全部理由，致力于为人们建设安全、安心的绿色住宅。在战略选择上，万科以客户为导向，不断追求其产品与中国房地产业的实际需求的契合，专业化程度不断提高。

正是如此,万科将眼光专注于城市居民住宅,并自1992年开始实行大规模的减法战略,成为专一的房地产公司。近年来,万科又逐步实现了产品的标准化,并通过住宅产业化带动大规模的生产,以提高经营效率来降低成本,将产品集中于中产阶级的普通住宅。不追求在单一楼盘上获取高额利润,而是通过开发更多的楼盘以满足需求,这无疑受到政府、购房者甚至供应商的青睐。

2. 追求行业的合理利润。

房地产行业经历了辉煌的十年,一个个创富神话被缔造,高收益成为行业的代名词。这和土地的升值以及拿地、盖房、预售、回钱的粗放式经营模式相关。然而,一系列问题的出现和爆发催生了2005年到2006年的宏观调控,加上2008年金融危机的爆发以及调控力度的不断加大,让房地产行业经历了寒冬,许多叱咤风云的企业就此消亡。

反观万科,无论行业环境如何变换,始终坚守合理的行业利润。自1992年万科正式确立房地产为主业,就提出"超过25%的利润不做",这成为王石经营地产的核心理念之一,为的是不求一日暴利,只求未来长久。在万科看来,房地产是一个自由准入的行业,不存在高耸的技术壁垒,在土地交易完全市场化的背景下,所能够期待的只能是一个公平的收益水平。坚守价值底线、拒绝利益诱惑、坚持以专业能力从市场获取公平回报,是万科获得成功的基石。

正是这一追求使万科赢得了行业内外的广泛赞誉。如此对理性的坚守也让万科在历次房地产调控中获得不小回报。在1997年前后的调控中,许多当时坚持"低于40%的利润不做"的开发商一筹莫展,而相对应的则是万科以城市白领阶层为客户群的"城市花园"系列项目顺利进展。2005年,万科再次重申"房价过快上涨无人受益,平稳发展才是行业之福"的观点。2008年之后的行业动荡再次显示了万科对价值底线坚守的成功。

3. 只关注真实的购买力。

"万科最相信市场,我们始终对市场抱有敬畏之心。"这是万科对外经常说的一句话。万科始终坚信,真实的需求与购买力才是一个行业复苏和持续成长的原动力。

随着城市化进程的不断推进,数以亿计的个人和数以千万计的家庭会朝着大城市涌入,万科提出城市带的布局思路,确定了以珠江三角洲、长江三角洲和环渤海湾区域为中心的三大区域城市群带发展以及其他区域中心城市的发展战略。当高收益神话被打破,自由准入、充分竞争、公平收益、广阔空间是值得期待的未来,而这其中的基础正是真实的购买力。

二、万科的专业化战略

1. 由专业化到产业化的选择。

自1992年万科确立大众住宅为核心业务，便开始了房地产专业化过程的探索，主要分为三个阶段。一是1992年至1998年，相对于其他行业来说只做房地产，这是一种初级阶段的专业化。二是从1998年到2004年，万科把产品进一步集中到住宅开发上，同时在地区选择上也更加明确，主要集中在长江三角洲、珠江三角洲和京津这些经济发达地区，经过这一阶段的努力，万科迅速成长为全国最大的住宅公司。三是从2004年至今，万科在住宅专业化的基础上不断朝着精细化、产业化和工业化迈进。

万科在房地产细分市场的专业化定位使规模化的扩张成为其做大做强的成长道路必然选择。相比其他传统的制造企业，房地产行业因为客户需求和地段的千差万别，更具有小批量甚至单件生产的特性。万科规模化的发展以强大品牌号召力和构建住宅标准化为基础。万科通过标准化手段来解决规模化生产和跨地域开发的问题。目前，万科标准化工作涉及产品规划、户型设计、材料选择等方面，万科希望通过标准化途径建立相关标准和体系，以保证住宅的品质。

随着企业规模的不断扩张，管理的复杂性与日俱增。如果采用作坊式的生产方式，生产单元越多，管理的难度包括质量控制的难度就越大。只有产业化才是唯一的出路。产业化不仅能够带来规模效应，也使管理复杂性对规模的敏感程度大幅度降低。近年来建筑行业的用工短缺和人工成本的大幅上升也使住宅产业化的必要性不断彰显。

2. 提高经营效率，防范风险。

随着企业规模的做大，资金流动性变弱似乎是一种必然的规律。专注于住宅房地产发展、坚守行业合理利润的万科不能选择依靠多元化经营来避免企业经受房地产行业的周期性伤害，通过单笔业务利润的提高来解决赢利能力问题，只能专注于经营效率，提高资金周转率，加快住宅产品的建设、开发、销售周期决定的资金回笼速度以及资本市场上的融资能力。万科看中的是每一分钱的使用效率。

万科标准化产品及成熟的运作模式使项目能够实现快速复制，迅速地投入开发建设、销售，从而缩短整个项目的运作周期，加快回款，实现循环开发。通过标准化的运作，使项目从拿地到开盘销售，周期控制在12个月左右。万科从2004年开始就明确提出，公司追求的是有质量的增长，是经营效率的提升，而有质量的增长应该体现规模效应和经营效率，“规模不经济”是对社会资源的浪费。快速周转是万科一贯的基本经营策略，也是确保经营安全和节约社会资源的必然选择。专注于效率的提高而不是行业处于上升周期中的粗放式增长，这是万科长久发展的根本。

三、不确定时代的战略创新

1. 应对不确定的战略历程。

2008 年金融危机是房地产行业发展的分水岭。在 2008 年之前，没有人去想房价哪一天会跌下来，无论是有钱的还是借钱的，无论是刚需者还是投资者，都争先恐后地排号、交钱，然后庆幸自己在下一轮涨价之前抢到了房子，2007 年下半年的涨势尤为火爆，政府急忙出手调控，希望给楼市降温。

然而席卷全球的金融危机不期而至，给房地产行业致命一击，让政府始料不及。2008 年下半年，政府为了提振经济，推出总额达 4 万亿的刺激内需计划，并不得不对房地产由调控改为松绑。但这次没有任由这匹“野马”脱缰而去，在 2009 年房地产行业回暖之后，2010 年政府又推出了以限购、房产税为代表的号称史上最严的调控手段，自此房地产再也不能重返往日风光。

现在，微博上大家对房价的调侃是“元芳，你怎么看？”房价走势几乎成了老百姓、开发商、经济学家们的共同困惑。意见领袖们各自表达着自己的观点，却莫衷一是，甚至截然相反。被网友戏称为“空军一号”的独立经济学家谢国忠在 2012 年 12 月份发表言论：“中国房价朝下走可能很多年，至少 5 年，掉一半的可能性是非常大的。”而被称为“任大炮”的华远地产董事长任志强，在 2012 年 4 月初就抛出“明年 3 月份房价将暴涨”的断言。毋庸置疑的是，房地产行业已经进入了一个不确定的时代。

万科经历了从“一个人的万科”到“两个人的万科”的发展过程，“一个人的万科”是王石阶段，“两个人的万科”是郁亮大胆创新、王石不时刹车的合力制衡阶段。王石代表着万科所处的房地产行业的确定性上升时代，郁亮则更多体现了如何应对当前的不确定的时代。

大家认识王石，不仅因为他是万科的缔造者，是一个上市公司的董事长，还因为他多次登顶珠峰，他的捐款门甚至他与“80 后”美女影星的爱情。个性鲜明的“硬汉”形象是王石留给大家的印象。在他主政下的万科也具有坚定、鲜明的战略姿态，可以用“四化”来概括万科的王石阶段：

专业化：万科早年学习日本综合商社的发展模式，曾涉足十多个产业，而后一专到底，不仅聚焦房地产，而且只做针对大中城市中层白领的住宅地产；

标准化：产品标准化、管理标准化，成为万科全国复制扩张的前提和基础；

市场化：打造“阳光照亮的体制”，不行贿，不赚取暴利，不囤地，按市场规则参与竞争；

产业化：这是万科最伟大的壮举，要改变住宅建设的作业模式，实现住宅生产、供应等的工业化，在万科的先行实践和推动下，住建部已经出台了相关产业政策。

2. 万科的创新战略。

2004 年,王石将主掌万科的大权交给郁亮,也就是从这时开始,万科逐步驶入"两个人的万科"阶段,郁亮和王石的合力制衡也表现得淋漓尽致。

这个阶段万科的战略创新主要有以下三个方面。

首先是速度。在 2004 年的发展规划畅想会上,郁亮提出了一个大胆的计划:十年之后万科要做到 1000 亿元的规模。王石立马泼一瓢冷水:"年轻人要沉住气! 不要弄乱了阵脚。"尽管郁亮做了大量客观理性的分析论证,最后得以将千亿元目标写进了规划,但王石在接受媒体采访时仍表达了自己不同的看法:"目标是一个概念,结果又是一个概念。结果有可能是 1100 亿元,也有可能是 900 亿元,但我觉得并不重要。"

其次是进军商业地产。2009 年郁亮就曾多次向媒体吹风,说万科并非绝对不做商业地产。舆论铺垫做足了之后,在当年 11 月,郁亮宣布万科新战略,称万科未来将加大持有型物业的储备,并在近期内陆续推出养老物业、酒店及商业配套等多种物业类型,住宅与开发持有物业比为 8:2。

王石又如影随形地出来踩一脚刹车,在中山大学演讲时宣称:"如果有一天,万科不走住宅专业化道路了,我即使躺在棺材里,也会举起手来反对。即使哪一天中国不需要建商品住宅了,我希望,城市里最后一套住宅是万科造的。"

在激烈碰撞之后两人达成妥协,万科在 2009 年的年报中只称:"尝试与住宅相配套的其他物业类型,积极关注健康养老住宅和度假物业等新兴的住宅领域。"

最后是多渠道拿地模式。万科历史上主要通过市场化手段进行拍地,而今面对不断推高的土地价格和行业不确定性带来的风险,郁亮推动了多种方式的项目合作,合作对象有央企、民企、大公司、小公司;合作方式有多种股权比例的灵活形式。郁亮认为对方提供资源,万科输出专业,相得益彰。在目前万科的销售项目中,有近六成为合作开发项目。战略创新带给万科的,有顺势而为的收获,也有发展中的阵痛。

收获是万科从 2004 年销售额只有 91.6 亿元到 2011 年销售额首次破千亿,达到 1 026 亿元,在四大房企里遥遥领先。万科以珠海宾馆项目启动为标志打响进军商业地产的"第一枪"之后,加速了商业地产开发进程,东莞长安项目、西安曲江项目、北京赢嘉中心项目紧锣密鼓开张,投资总额超过百亿元。

在万科快速发展的同时,震惊全国的"安信毒地板"事件、"纸板门"事件,呈现蝴蝶效应在发酵扩散;多渠道拿地带来的合作风险亦有增加。2011 年 5 月,万科卷入了河北香河的土地违规案中,最终其在香河的欢庆城项目被迫叫停;2012 年年末万科被指卷入违规获得成都五龙山项目用地事件中。

四、万科的学习型团队

1. 授人以鱼不如授人以渔。

给一个人一条鱼，你只能喂饱他一天；教会一个人钓鱼，才能使他一辈子不会挨饿。作为团队领导，不但要自己会钓鱼，还要教会员工钓鱼。

真正优秀、能够留住人才的公司，不仅在于工资水准，而且在于你的公司能否让员工得到锻炼成长的机会。万科集团就是一个善于授人以渔的企业。在所有的房地产公司中，万科的薪水并不是最高的，王石曾经说万科的工薪水准只能维持在同行业优秀公司的75%以上，但是万科最后被评为“大学生的最佳雇主”，成为房地产行业的“黄埔军校”，引领着行业的潮流，究其根源就在于万科重视对人才的培训，每年“新动力”招聘的学员都要集中在总部培训三个月之后才让其上岗，不仅如此，平时万科也倡导一种内部学习的文化，给予各种各样的机会让员工学习，所以整个企业充满凝聚力。

授人以鱼只能使他“做对了事情”，授人以渔则可以使他“以正确的方法做事”，不仅要做正确的事，还要正确地做事，这是活到老也要学到老的事。知识更新速度加快的今天，企业已不可能承受停止学习所带来的灾难性后果，发掘每个人学习的潜能是企业成功的必经之路。在激烈竞争的状态中，比对手学得更快意味着最稳定的竞争优势。通用电器公司的前总裁杰克·韦尔奇说：“一个企业学习的能力，以及把学问迅速转化为行动的能力，就是最终的竞争优势。”学习型组织对所处环境极其敏感，造就了公司创新与适应的能力，在全球化时代特别需要这种能力。

现在，一个新观点正在被越来越多的企业所接受，这就是：“培训是最大的福利。”许多企业不惜重金使员工接受新观念，充实新的知识。培训是间接投资，虽然培训不是今天投一万元，明天就立刻能产出二万元的利润，但只要坚持下去，那些善于学习的团队最后一定会成为赢家。

2. 主管要成为学习的楷模。

作为主管，仅仅授人以渔、让下属学习是不够的，主管自己首先得认识到学习的重要性并不断地学习。

纵观国内外著名企业的发展，无一离开“学习”二字。美国排名前25位的企业中，有80%的企业是按照“学习型组织”模式进行改造的。国内一些企业也通过创办“学习型企业”给企业带来了勃勃生机。毫无疑问，进入21世纪，随着科技的进步和知识更新速度的加快，不管是作为创业者，还是守业者，一定要不断地学习，更新自己的知识，才能适应日益激烈的竞争。作为员工，也只有不断学习，使自己成为“知识型员工”，才能适应企业发展的需要。

尤其是在如今这个多变的时代，知识、技术快速更新换代，主管只有通过不断的学习，才能跟上时代，才能以不变应万变。对团队管理者来说，主要从以下几个方面进行学习。

(1)学习有关本企业的知识,即本企业的历史、文化、组织结构、战略、业务、产品等。

(2)学习行业的历史、现状和发展趋势。现在,很少有企业能有"垄断"的能力。每一个行业中都会有许许多多的企业在参与竞争。只有充分地了解行业和竞争对手的情况,我们才能够更好地采取策略与之竞争。

(3)学习管理的有关知识,包括管理学基本理论、组织行为学、心理学等。因为主管直接面对的是形形色色的下属,只有充分了解他们,才能想办法管理好他们,影响他们。

此外,学习练就良好的表达能力和沟通能力,学习驾驭文字的能力,培养艺术修养等也是必要的。

另外,学习的方式也可以多种多样,比如:①设立专门的培训课程,以授课的方式学习;②召开讨论会,以经验交流的方式学习;③建立小型图书馆,鼓励自我"充值";④利用机会,去大学进修或者参加管理培训班。

作为房地产界的领头羊,万科十分注重自身的企业公民形象,积极履行社会责任。2012 年,万科发表了企业社会责任绿皮书。

五、万科的招聘测评工具

万科比较重视在人才招聘和选拔过程中使用测评工具来帮助他们更为准确、快速、全面地考量一个人才。

从求职者接触万科的第一个步骤——在网站上填报资料时开始,万科对人才的测评就开始了。在万科的网站上填报相关资料一,需要花费两三个小时才能完成,其中就包含了一些人格倾向和智力测试的测评。这些资料将经过人力资源部的初次筛选。通过人格测评,可以剔除个别性格特别偏激或有人格缺陷的人,此外还可看出应聘者的择业倾向是否和公司的发展一致。智力测试则是测量一个人的反应速度,大量的试题被要求在规定时间内完成,以此考察求职者在充满压力的情况下,是否还能保持清醒的头脑和快速反应能力,通过这种测评的人员比例一般为 1∶15 到 1∶20 之间。

此后,专业技术人才还有专业的技术测试,管理人才将接受管理能力测评。万科花巨资引入人才测评系统,并由两位博士进行了"万科化",用来测试求职者与万科提供的工作岗位之间的匹配度。解冻说,用人才测评这种方式既快速又科学,由于万科在选择这些测试工具时非常慎重,迄今为止,使用中还没有出现过明显的偏差。

职业规划促成企业和员工的双赢。"一个没有主见的人,连自己喜欢什么,想做什么都不知道的人,是不会受企业青睐的。"解冻认为,一个人应该对自己未来的发展目标有个相对明确的认识,万科更青睐那些在自己的职业发展方向上有清晰思路的人。“如果你做自己并不喜爱的工作,必然不长久。企业和人才的发展,要协调、追求双赢,要对员工和企业都有好处。企业靠人才实现发展,与此同时帮助员工更好地实现自我成长。”

此外,大企业作为一个内部人才市场,员工在一定的时候可以有机会选择尝试另一个岗位。如果新员工在万科的某个职位已经稳定了两年以上,人力资源部在做职业规划调查时,会问你最想做的事情是什么,你最擅长做的是什么。根据员工的爱好和特长,帮助员工选择更适合自己的职业。

给员工重新选择职业的机会,对此解冻非常理解。他认为,中国的学生在择业的过程中往往缺乏自主。上大学选的专业很多时候并非自己的兴趣所在,面临就业时也受到各种资源的限制。因此,有能力的企业有必要关心并帮助他们设计自己的职业生涯。

【思考与讨论题】

1. 万科的核心理念对于万科的团队建设有什么作用?

2. 万科的学习型团队是如何打造的?

模块二:管理游戏

穿越雷区

目的:培养两个人的信任合作精神及默契感。

要求:1. 两人合作;2. 需要若干长布条;3. 要有一个比较开阔的空地。

程序:1. 先分好组,每组若干两人小组,人数相等;2. 在空地上划分 N 多雷区,每组难易程度相当;3. 用长布条蒙住两组中一人的眼睛,另一人指挥,通过雷区,不能碰线,碰线者即被淘汰。

评分:在规定的时间内,走出雷区人数最多的小组获胜。

模块三:相关测验

团队角色自我知觉问卷

答题说明:

1. 本问卷共有 7 个部分,每部分有 10 项陈述。每部分的总分是 10 分。请将 10 分分配给你认为最准确地描述你的行为或感觉的项目上。

2. 你可以自由分配这 10 分,你认为哪一项越能反映你的行为或感受,就给这一项一个较高的分数:这 10 分既可以分别打给几项,也可以只打到一项上。

3. 注意:每一部分的总分必须是 10 分。

4. 请将答案写在“答题表”中。

一、我认为自己可以为一支团队做出如下贡献:(共 10 分)

A. 我的技术知识和经验通常是我的主要财富。

B. 我善于与各种各样类型的人打交道。

C. 我总有许多点子。

D. 我善于发现其他人身上对于团队的总任务有价值的才能,并合理加以利用。

E. 我做任何事情都会把它做完。

F. 为了确保事物的正确性,我总会采取坦率和直言不讳的态度。

G. 通常我总是可以事先判断一项计划或想法是否会适合解决某个特定情况。

H. 寻找某一问题的解决方案时,我通常可以提供无偏见、经过理性分析的方案。

I. 我一般能够很快发现新机会并加以利用。

二、如果说在团队中我可能有缺点的话,它们一般是:(共 10 分)

A. 如果会议安排不合理、缺乏控制和有效的组织,我就会感到不舒服。

B. 除非我对此事物比较了解,一般我不会随便提出我的看法。

C. 一旦团队讨论新的话题,我都喜欢大发议论。

D. 由于我的客观性,经常使我不能立即热情主动地与别人配合。

E. 在处理重大问题时,有时我会被认为武断、专横的倾向。

F. 我发现领导别人很困难,也许是因为我过多考虑别人情绪和团队和谐气氛。

G. 我有时过于沉湎于思考自己的主意和想法而忽略了事情的发展和变化。

H. 我不愿对不完整、细节不充分的方案发表意见。

I. 如果有人有合理的意见而没有充分的机会表达,我会非常倾向于给人家时间和机会。

三、当跟他人共同完成一个项目或计划时:(共 10 分)

A. 我具备有效影响别人而又不使人感受到压力的才能。

B. 一般来讲,我能够有效地避免因大意而引起的错误或遗漏,从而避免这类错误给整个运作造成失败的可能性。

C. 我常在必要时采取行动以保证会议不浪费时间或偏离主题。

D. 我总是努力保持自己的行为准则。

E. 我随时准备支持对大家利益都有好处的建议。

F. 我常常能够很快地从新想法、新发展中看到机会的可能性。

G. 我相信我的判断能力能帮我做出正确的决策。

H. 别人可以相信我一定会把组织有序的工作方式带进工作当中。

I. 人可以信赖我的是我一定可以在会上提出一些有创意的新意见。

四、我处理团队工作的特点或方式是:(共 10 分)

A. 我以一种耐心静观的方式来了解团队其他成员。

B. 我会自然地对于其他人的观点和看法提出异议,或个人保留少数意见。

C. 只有当我自己比较了解一个事物时,我才会就此事物提出我自己的观点。

D. 一旦一项计划被决定下来需要执行,我就有办法使其实施成功。

E. 我宁愿下工夫深入了解那些的事物的本质,而不是对事物的了解停留在表面。

F. 我对我做的任何工作都尽量追求完美与精确无误。

G. 我愿意承担对外联络一类的工作。

H. 我善于倾听各方面的意见,但必要时我亦会毫不犹豫地当机立断。

I. 对于站不住脚的观点或方案,我通常会找到一系列论据对其加以批驳。

五、我从工作中获得满足是因为:(共 10 分)

A. 我喜欢对事物进行分析并权衡所有的解决方案。

B. 我对于寻找最实际的解决方案最感兴趣。

C. 我更倾向于建立和保护良好的团队工作关系。

D. 我可以在很大程度上对决策产生影响。

E. 我有机会接触到新人与不同的想法。

F. 我有能力使别人对于任务目标及其关键问题达成共识。

G. 我感到可以尽情发挥自己的特长及技能。

H. 我可以有机会进一步开发我的想象力。

I. 我感觉在我的工作范围内可以集中精力做好一项工作。

六、如果我突然接到一项时间紧、难度大、需要与不熟悉的人合作的任务时:(共 10 分)

A. 我会像自己单独完成这项任务一样找出解决方案,而后设法说服团队成员按我的方案去做。

B. 我愿意与表现得积极的人一起工作,即使他可能难于相处。

C. 我会设法通过让每个成员都发挥长处来完成这项工作量很大的任务。

D. 我天生的紧迫感能确保我们按时完成任务。

E. 我相信我会保持冷静和理智思考能力

F. 尽管会有冲突的压力,我还是会按计划进行必要的工作使项目向前推进。

G. 如果团队工作没有进展,我将毫不犹豫地站出来发挥带头作用。

H. 我会启发大家展开讨论,激发新的想法使项目向前推进。

I. 我一般会尽量地收集和了解有关这一任务的情况。

七、与团队一起工作中遇到问题时:(共 10 分)

A. 当有人影响团队进展速度时,我可能会做出过激的反应。

B. 有人会批评我对什么事情都太注重理性分析。

C. 有些人不喜欢我致力于检查重要细节以确保其准确的做法。

D. 除非我可以同能让我兴奋的成员一起工作,否则我会很快觉得乏味。

E. 我经常认为在团队里工作是浪费时间,我想我独自做恐怕会做得更好。

F. 对我来讲,把我思考出来的复杂的观点介绍给大家有时是件很不容易的事。

G. 我意识到有时我要求别人做我自己也做不到的事情。

H. 在难以应付的人或重要人物面前,我总是不愿表达我的个人意见。

I. 当工作目标不明确时,我发现我很难开始工作。

答 题 表

姓名:　　年龄:　　性别:　　部门/现职:

题目	一		二		三		四		五		六		七	
	A		A		A		A		A		A		A	
	B		B		B		B		B		B		B	
	C		C		C		C		C		C		C	
	D		D		D		D		D		D		D	
	E		E		E		E		E		E		E	
	F		F		F		F		F		F		F	
	G		G		G		G		G		G		G	
	H		H		H		H		H		H		H	
	I		I		I		I		I		I		I	
总分	10		10		10		10		10		10		10	

分　析　表

题目	每	句	子	分	值													
一	C		I		D		F		H		B		G		E		A	
二	G		C		I		E		D		F		A		H		B	
三	I		F		A		C		G		E		H		B		D	
四	E		G		H		B		I		A		D		F		C	
五	H		E		F		D		A		C		B		I		G	
六	A		H		C		G		E		B		F		D		I	
七	F		D		G		A		B		H		I		C		E	
合计																		
角色	PL		RI		CO		SH		ME		TW		IM		CF		SP	

团队角色分值对照表

请将上面《分析表》中各项测评分在本表中找到对应的数值，即为该角色的角色分值，填写到下一页的《团队角色描述表》中。

得分	PL	RI	CO	SH	ME	TW	IM	CF	SP	得分
22				95						22
21				93						21
20				92						10
19				89						19
18				87						18
17				86						17
16			95	83			93			16
15	95	95	93	79		95	91			15
14	93	90	91	75		94	86		95	14
13	92	86	90	71	94	89	83	93	92	13
12	90	83	86	64	92	83	77	89	89	12
11	86	77	82	55	89	79	68	85	85	11
10	84	71	80	50	82	74	61	83	77	10
9	82	66	72	45	72	67	49	78	74	9
8	75	58	64	36	61	60	36	72	69	8
7	64	49	55	30	52	49	29	67	64	7

续表

得分	PL	RI	CO	SH	ME	TW	IM	CF	SP	得分
6	53	38	48	23	41	37	19	56	53	6
5	45	32	29	18	31	27	14	51	46	5
4	38	23	19	12	23	19	8	41	30	4
3	25	16	11	6	12	12	4	31	24	3
2	16	7	6	4	4	6	2	18	11	2
1	8	3	3	1	1	1	1	11	8	1

对总分的解释及进一步的说明：

(1)得分最高的角色，就是测试者在管理团队或项目团队中最适合扮演的团队角色。

(2)接下来的高分所指示的项目是他的备份角色，在团队不需要他的主要角色时，他可以扮演这些角色。

(3)最低的两个分数，指出了他可能存在的弱点。但我们建议管理人员不要试图在这些方面改变自己，而应该找一个能在这些方面弥补自己缺点的同事。

团队角色表述表

避免角色	次要角色	自然角色	角色名称	角色作用	可容许弱点
0～29	30～69	70～100			
			PL 智多星	有创造力、想象力，善于打破常规、解决困难问题	不善于与普通人交往
			RI 资源调查员	外向、热情、善交际、探索机会、建立联系	热情一过很快失去兴趣
			CO 协调者	成熟、自信、可信任、好的主席、阐明目标、促进决策	不一定是最聪明或最有创造力的人
			SH 鞭策者	有活力、开朗、易激动、爱挑战、施压、在困难面前寻找各种办法	易怒、脾气急
			ME 监督评论员	冷静、有战略眼光、考虑全面周到、判断准确	缺少激发鼓舞别人的能力
			TW 凝聚者	善交往、温和、善解人意、乐于助人、包容、倾听、解决摩擦	关键时刻优柔寡断

续表

避免角色	次要角色	自然角色	角色名称	角色作用	可容许弱点
			IM 实干家	守纪律、高效、可靠、保守、把想法付诸实际行动	有些固执、对新生事物反应慢
			CF 善始善终者	吃苦耐劳、尽职尽责、严肃、谨慎、守时、善于发现错误	过分担心、不愿授权
			SP 专家	诚实、自我工作、投入、提供急需的知识和技能	专业领域较窄

智多星：

特征：个人主义、有创新精神、标新立异。

强项：创造力、想象力、才智、知识。

弱项：脱离实际，经常忽视实际情况或规程。

资源调查员：

特征：外向型、热情、充满好奇心、善于沟通。

强项：能够发掘有用的人力资源、想法或机会，充满活力和朝气。

弱项：有时会虎头蛇尾。

协调者：

特征：冷静、自信、克制。

强项：可以使人们朝着一个共同的目标努力。他们成熟、值得信赖、自信、乐意授权。能很快发现别人的过人之处，并加以利用。高瞻远瞩、受人尊敬。能一直把握住主要目标。

弱项：缺乏活跃的思维和创造力。

凝聚者：

特征：善于交际，温和，敏感。

强项：能够针对个人及各种情况做出相应的反应，并推动团队合作精神。

弱项：在危急时刻优柔寡断，有时无法起到很好的带头作用导致他人迷失方向。

监督评论员：

特征：审慎，理性，严谨。

强项：判断力、慎重、冷静。

弱项：缺乏对别人进行激励的灵感或能力。

鞭策者：

特征：精力充沛，善于交际，充满活力。

强项：随时对懒散、效率低下、骄傲自满和自欺欺人发起挑战，喜欢领导别人并且推动其进入工作状态，最终取得成功。

弱项：易怒，脾气急。

实干家：

特征：稳健，尽忠职守，胸有成竹。善于自我控制和遵守纪律。

强项：组织能力强，富于实际经验和判断力，工作努力，严于律己。

弱项：缺乏灵活性，拒绝采纳那些没有得到验证的想法。

善始善终者：

特征：兢兢业业，有条不紊，认真负责，急切。

强项：信守承诺，按照最高的标准来完成工作。

弱项：常常为一些琐事感到担心，不愿意“授权”。

专家：

特征：具有专业水准，自我激励，专心致志。

强项：提供知识和技能。

弱项：只能在狭窄的专门领域做出贡献。

模块四：复习思考

一、单项选择题

1. 在(　)里，成员就如何改进工作程序和工作方法互相交换看法和提供建议。

A. 虚拟工作团队　　B. 多功能型团队
C. 问题解决型团队　　D. 自我管理型团队

2. 由组织正式文件明文规定的，群体成员有固定的编制，有规定的权利和义务，有明确的职责的群体属于(　)。

A. 非正式群体　　B. 正式群体
C. 小群体　　D. 参照群体

3. (　)在调动员工参与决策过程中的积极性方面比较明显，不仅注意问题的解决，而且执行解决问题的方案，员工要对整个工作过程负责并且要为国内外的消费者提供产品和服务。

A. 虚拟工作团队　　B. 问题解决型团队
C. 多功能型团队　　D. 自我管理型团队

4. (　)由来自同一等级、不同工作领域的员工组成，他们来到一起的目的是完成一项任务。

A. 多功能型团队　　B. 自我管理型团队
C. 虚拟工作团队　　D. 问题解决型团队

二、多项选择题

1. 判断群体的特征有( )。

A. 群体是一个人群
B. 群体中个体都具有相同的价值观
C. 群体成员有共同的行动目标
D. 群体成员有共同遵守的规范
E. 群体成员相互影响和相互作用

2. 根据群体的属性可以将群体划分为( )。

A. 正式群体
B. 大群体
C. 非正式群体
D. 小群体
E. 共同行动群体

3. 如果按照团队存在的目的和形态进行分类,一般可以将团队划分成( )。

A. 建议参与团队
B. 问题解决型团队
C. 自我管理型团队
D. 跨职能团队

4. 团队形成阶段主要完成( )。

A. 强调团队的管理
B. 确定团队的成员,使团队有清晰的界限
C. 团队成员必须理解和接受团队的使命和目标
D. 在组织中正式宣布团队的使命和职责

三、思考题

1. 什么是群体?群体有哪些类型?重视非正式群体在管理上有什么意义?
2. 在现代管理中,为什么团队组织要比群体组织更有效?
3. 如何营建高绩效团队?

第六章

群体冲突

学习目标

1. 掌握冲突的概念、类型及其作用;
2. 了解冲突管理的过程;
3. 掌握诊断冲突的方法;
4. 掌握解决冲突的策略。

开篇案例

江淮汽车的反思能力

“江淮汽车是我见过的最近接学习型组织的企业。”彼得·圣吉,《第五项修炼》的作者,学习型组织概念的创始人,在考察江淮汽车集团之后如此评价。

“所有的学习型组织都有两个特征。”江淮汽车集团董事长左延安说:“第一,有一个与时俱进的价值观;第二,这个组织有反思的能力。”

熟悉《第五项修炼》的人都知道,反思是彼得·圣吉的核心思想之一,而如何将之应用于实践,并产生效果,江淮颇有心得。“学习型组织就是要防微杜渐。”JAC(江淮汽车简称)大学校长康易成说:“学习型组织的魅力就在于问题刚刚暴露,就能尽早地反映出来,这就需要每个人不断地找出自己的问题。”

然而总是要跟自己“过不去”其实并不容易,尤其是迈出第一步的时候。

江淮的技术研发部门定期要对图纸进行评审。从前这个活动都是由部门领导来做,但如何能让活动从一个由上至下的评审变为从下至上的学习呢?于是江淮决定让每个员工都可以对图纸进行评价,提出自己的意见。然而一开始,制图人对这种方式本能上无法接受,谁愿意让大家对自己的图纸指手画脚?而员工们也不大放得开,谁愿意干得罪人的事呢?

“后来我们决定把绘图人的名字遮挡起来,这样作者不觉得没面子,员工们也可以开诚布公。”康易成说:“然后,再将员工们对图纸的意见进行总结,反馈给制图人。”

能够在不失颜面的情况下听到来自各方面的意见,制图人颇受启发,很多问题迎刃而解。底盘设计部工程师李学增说:“通过图评活动,我发现我好像比以前能接受别人的意见了。光看图纸很有局限性,我可能只关注我自己的分组,但到了现场我就能注意到相关分组,注意到系统,我的设计才能更完善。”

“员工的心态随着活动的开展发生了变化,由最初的事不关己到关注进而到理解,最后转变为支持。交流由声调高、态度远,变为态度近、声调低。”康易成说,“后来,名字也不再遮挡了。比起图纸的完善,这种心态上的转变在我们看来更可贵,更有意义。”

让每个员工都可以对图纸进行评价,提出自己的意见,和绘图人“过不去”,是江淮汽车集团激发建设性冲突的范例。由于个人间存在各种差异,群体间有不同的任务和规范,对同一个问题就会有不同的理解和处理,于是就会产生不一致,或是不能相容。也就是说,冲突是一种常见的社会现象,普遍存在于社会关系的各个领域,在组织或群体内是客观存在的,冲突管理水平的高低直接影响组织目标的实现。因此,我们应坚持冲突的相互作用的观点,积极的激发建设性冲突,重在管理冲突而不是控制或解决冲突。

第一节　冲突概述

一、冲突的概念

(一)冲突的定义

什么是冲突？有关冲突的定义很多。在《布罗克豪斯百科全书》中,冲突的定义为:存在于个体内部或者多数人之间的内在动机、欲望、价值及看法的相互矛盾的不同表现。斯蒂芬·罗宾斯认为:冲突是一个过程,这种过程是起始于一方感觉到另一方对自己关心的事情产生消极影响或将要产生消极影响。管理决策学派的代表西蒙把冲突定义为:组织的标准决策机制遭到破坏,导致个人或团体陷入难以选择的困难。

我们认为,冲突是指个人或群体内部、个人与个人之间、个人与群体之间、群体与群体之间互不相容的目标、认识或感情,并引起对立或不一致的相互作用的任何一个状态。该定义强调了三个方面。

第一,冲突是普遍的现象,它可能发生于个人内部、人与人之间,人与群体之间、群体内部的人与人之间、群体与群体之间等。

第二,冲突有三种类型,①目标性冲突,即冲突双方具有不同的目标导向时发生冲突,②认知性冲突,即不同群体或个人在对待某些问题上由于认识、看法、观念之间的差异而引发的冲突;③感情性冲突,即人们之间存在情绪与情感上的差异所引发的冲突。

第三,冲突是双方意见的对立或不一致,以及一定程度的相互作用,它有各种各样的表现形式,如暴力、破坏、无理取闹、争吵等。

(二)冲突的积极作用和消极作用

关于冲突对群体行为的影响,主要存在三种观点。

第一,冲突的传统观点(20 世纪 30 年代至 20 世纪 40 年代),这是冲突的早期观点，认为所有的冲突都是不良的、消极的，它常常作为暴乱、破坏、非理性的同义词，冲突是有害的，是应该避免的。如霍桑实验所得的结论就把冲突单纯地看成由于沟通不良、人际间缺乏坦诚和信任、管理者对员工的需求和抱负不敏感所带来的破坏性后果。

第二，人际关系观点(20 世纪40 年代至20 世纪70 年代中叶)，这种观点认为，冲突是任何群体与生俱来、不可避免的结果，但它并不一定是破坏性的，存在对群体工作绩效产生积极影响的潜在可能性，该观点建议要接纳冲突，使它的存在合理化。

第三，相互作用观点(20 世纪70 年代以后)，这种观点代表当代思想，认为冲突不仅可以成为群体内的积极动力，某些冲突对群体的有效工作是必不可少的。融洽、和平、安宁、合作的组织容易对变革的需要表现出冷漠、静止和迟钝。这一观点的主要贡献在于鼓励冲突，即鼓励管理者维持一种冲突的最低水平，从而使群体保持旺盛的生命力，善于自我批评和不断创新。

根据相互作用的观点，认为冲突都是好的或都是坏的看法显然并不恰当，也不符合实际情况，因此我们有必要具体分析冲突的积极作用和消极作用。

1. 冲突的积极作用。首先，解决冲突的过程能够激发组织中的积极变革。人们为了消除冲突，就要寻求改变现有方式和方法的途径。寻求解决冲突的过程不仅可以导致革新和变革，而且可能使变革更容易为下属所接受，甚至为员工所期望。北京开关厂的案例说明，一个组织有效地解决了冲突而得到的好处。在20 世纪90 年代初，北京开关厂行政处发生了一件事，一名事业部员工到行政处要求给计算机换电池，因具体负责该项工作的人员不在而多次扑空，这名员工和行政处发生的冲突引起了行政处领导的重视，在解决冲突的同时，进而提出“99 +1 =0”的观念，意思是说99 项工作做好了，只有一项工作没做好，其工作效果就等于零。厂长黄国城又在此公式的基础上，根据市场经济的要求和北京开关厂的实际对“99 +1”的内涵给予了新的界定：“企业的一切工作以市场为导向，99 项工作做好了，没有市场等于零，99 项工作做好，顾客不满意等于零;99 项工作做好了，要抓住市场，要争取用户满意，必须从零开始。”后来，“99 +1 =0”成为北京开关厂的管理理念，成为指导企业各项工作的指导思想。

其次，在决策过程中有意激发冲突可以提高决策的有效性。在群体决策过程中，由于从众压力或某权威控制局面，或凝聚力强的群体为了取得内部一致，而不愿考虑更多的备选方案，就可能因方案未能充分列举而造成决策失误，如果以提出反对意见或提出多种不同看法的方式来激发冲突，就可能提出更多的创意，提高决策的正确性和有效性。

最后，冲突可能形成的一种竞争气氛，促使员工振奋精神、努力工作。如果员工觉得在工作绩效方面存在一种竞争气氛，就可能振奋精神，以求得在竞争中名列前茅。

2. 冲突的消极作用。冲突也可能带来严重的后果。首先，冲突可能分散资源。冲突可能分散人们为实现目标而做出的努力，组织的资源不是主要用来实现既定目标，而是消耗在解决冲突上，时间和金钱常被分散到消除冲突上的两种重要资源。

其次，冲突有损员工的心理健康。一些研究表明，置身于对立的意见中会导致敌意、紧张和焦虑。随着时间的推移，冲突的存在可能使相互支持、相互信任的关系难以建立和维持。

最后，要求内部竞争而引发的冲突可能对群体效率产生不良影响。内部竞争可能引发冲突，如当两个销售公司为了扩大销售额以赢得总公司的奖励，就可能因追求局部利益，在争夺资金、人员等方面发生冲突，如果处理不当，就可能对公司整体产生影响。

（三）建设性冲突和破坏性冲突

根据相互作用的观点，冲突有积极作用，也有消极作用。有的冲突积极作用大于消极作用，对组织来说具有积极意义，有的冲突则有巨大的消极作用。因此，我们把冲突区分为两类，建设性的冲突和破坏性的冲突。表 6 - 1 描述了建设性冲突和破坏性冲突所具有的特点。

建设性冲突是指在目标一致的基础上，由于实现目标的手段和方法不一致而产生的冲突。这类冲突是功能正常型的冲突，使组织内部活动能够不断创新，增强生命力，易提高工作绩效，对完成组织目标是有利的。

表 6 - 1　建设性冲突与破坏性冲突的特点

建设性冲突	破坏性冲突
1. 双方所要实现的目标一致。	1. 不愿意听取对方的观点意见。
2. 乐于了解对方的观点、态度。	2. 双方由意见的争论转变为人身攻击。
3. 大家以争论问题为中心。	3. 双方对自己观点的胜利最为关心。
4. 互相交换意见的情况日益增加。	4. 互相交换意见情况减少，以致完全停止。

破坏性冲突是指在目标不一致时各自为了自身利益，采取错误的态度和处理方法而发生冲突。这类冲突是功能失调型冲突，容易使组织内部活动变得冷漠、迟钝或者分裂，从而阻碍了组织工作绩效的提高。表 6 - 2 描述了冲突和组织绩效之间的关系。

表6-2 冲突与组织绩效之间的关系

情境	冲突水平	冲突类型	组织内活动的性质	工作绩效
A	低或无	功能失调	冷漠、迟钝、对变化反应慢、缺乏新观念	低
B	最佳	功能正常	生命力强、自我批评,不断革新	高
C	高	功能失调	分裂、混乱无秩序,不合作	低

资料来源:斯蒂芬·P. 罗宾斯:《管理学》(第4版),黄卫伟等译,中国人民大学出版社2002年版。

建设性冲突和破坏性冲突的区分不是绝对的,二者之间的界限也并不清楚明确,往往是综合交叉,也可以互相转化。若处理恰当,破坏性冲突可以转化为建设性冲突;处理不当,建设性冲突也可能转化为破坏性冲突。某种冲突可能会促使某群体为达到目标而健康积极的工作,但对另一群体或同一群体的不同时期而言,则可能是破坏性冲突。

二、冲突的过程

冲突是一个动态的过程。实际的冲突一般是从冲突相关主体的潜在矛盾映射为彼此的冲突意识,再酝酿成彼此的冲突行为意向,然后表现为彼此显性的冲突行为,最终造成结果与影响,这是一个逐步产生、发展和变化的过程。

根据美国行为学家庞蒂提出的"五阶段模式",我们认为冲突的发展经历了五个阶段:潜在冲突期、认知冲突期、行为意向期、冲突行为期和冲突结果期。

(一)潜在冲突期

冲突过程的第一步是存在可能产生冲突的潜在原因。这些原因并不必定导致冲突,但它们是冲突产生的必要条件。这些原因通常源自个人间的差异性、沟通障碍和结构三个方面。

1. 个人间的差异性。差异性是产生冲突的潜在个人因素,个人间的差异性包括社会类型差异、信息差异和价值观差异。社会类型差异是指每个人在性别、个性、种族、民族、年龄等方面的差异。信息差异是指个人在知识基础和观点方面的不同,这些不同是每个人所受教育、经验、个人技能的函数。价值观差异是指人们对某种特定的行为方式、对事物的用途或积极作用的看法存在差异。

个人间的差异性构成了一个人的风格,使他与其他人不同。比如,某个人说话的声音、微笑的神态及其他个性方面的特点令你讨厌,当你和他共事时,常常会发生冲突。有证据表明,某些个性类型,如十分专制教条的人、缺乏自尊的人是冲突的潜在原因。不同价值观的人对同一事物或行为具有不同的价值判断标准,追求的目标和感兴趣的东西不同,这种价值观的差异极易引起相互之间的分歧和争议。

2. 沟通障碍。沟通主体的信息过滤、选择性的接受、语言理解的困难、缺乏沟通技巧等因素,都构成了沟通障碍,也成为冲突的潜在原因。朱军在某公司采购部已工作了五年,他喜欢这项工作很大程度上是因为他原来的上司是一个非常容易合作的人。最近,朱军却提出调离原工作,理由是他现在的上司是非常难沟通的人:"他今天让我做这件事,我照办了,明天却说我做错了。我觉得他总是冲着我大喊大叫,真受不了!"朱军的情况表明,沟通不良是冲突产生的重要原因,另外,沟通过多或过少都会增加冲突的潜在可能性。

3. 结构。结构的变量包括任务的专门化程度、管辖范围的清晰度、领导风格、群体间相互依赖的程度,员工与目标之间的匹配性、奖励机制等。研究表明,群体规模越大,任务越专门化,则越可能出现冲突;由谁负责活动的模糊性程度越高,冲突出现的潜在可能性就越大。组织中不同群体追求的目标不同时,会增加冲突出现的可能性;通过严密监督来控制员工行为的领导风格增加了冲突的潜在可能性;如果一个人获得的奖酬是以另一个人丧失利益为代价的,这种报酬系统也会产生冲突。

王艳和李瑞同在一家电子公司工作,他们认识多年,且有很多相似之处,他们住得很近,女儿们又在同一所学校,而且是好朋友。但是,王艳和李瑞时常发生冲突。王艳是生产线工人,李瑞是质检员,王艳生产的产品李瑞总是能挑出很多问题,如果不是工作,他们可能会成为好朋友,他们的冲突毫无个人问题,而是各自的工作任务导致的。

(二)认知冲突期

如果冲突的主体体验到紧张、焦虑、挫折或对立,则潜在的对立或不一致就在这一阶段显现出来。也就是说,在这一阶段,客观存在的双方的对立或不一致将被冲突主体意识到,产生了相应的知觉,开始推测辨别是否会有冲突、什么类型的冲突、什么性质的冲突等,从而使冲突问题与矛盾变得明朗化,潜在冲突向显在冲突转化。在此阶段,冲突主体会在感知潜在冲突的基础上认识和界定冲突,形成个性化的冲突认知,而且不同主体对冲突的认知方式将极大地影响后续的冲突行为意向和冲突的可能解决办法。

在这一过程中,情绪对冲突认知有重要作用。研究表明,消极情绪会导致对对方的信任感降低,以及对对方的行为做出消极解释。相反,积极情绪促使人们以开阔的视野来看待情景,采取创造性的办法来解决冲突。

(三)行为意向期

在此阶段,冲突主体要做出选择,即选择在自身的认知、情感与外显的行为之间,究竟应采取何种行为意向。也就是说,冲突主体在认知的基础上,根据自己对冲突情景的判断,确定自己在处理冲突中的行为策略。

在这一阶段,处理冲突的行为意向有五种,即逃避型、体谅型、强制型、折中型和协作型。这五种方式可以用两个维度来确定,一个维度是合作程度,即一个人坚持满足对方愿望的程度;另一个维度是坚持程度,即一个人愿意满足自己愿望的程度。上面五种处理冲突的行为意向是根据两个维度确定的,表明坚持性和合作性的不同的结合。

1. 逃避型。逃避型是指一个人可能意识到冲突的存在,但希望逃避它或抑制它,试图忽略冲突,忽视其他人与自己不同的意见。逃避可以减少冲突升级的可能性,但逃避往往使另一方感到沮丧,一贯采用这种方式的人得不到别人的好评。

2. 体谅型。体谅型是指为了维持相互关系,一方愿意做出自我牺牲。例如,愿意牺牲自己的目标使对方达到目标;尽管自己不同意,还是支持他人的意见,原谅某人的违规行为并允许他继续这样做。这种方式代表一种利他的行为,一种诱使他人合作的策略,虽然这种方式会受到别人的好评,但可能被认为是软弱的,缺乏为自己斗争的坚持性。

3. 强制型。强制型也称竞争型,是指一个人在冲突中寻求自我利益的满足,而不考虑他人的利益。例如,试图以牺牲他人的目标为代价达到自己的目标;试图向别人证实自己的结论是正确的,而他人的则是错误的;出现问题时试图让别人承担。这是一种非赢即输的方式,常常含有权势的因素在内,这种方式有利于实现目标,但会引起别人的不良评价。

4. 折中型。当冲突双方都放弃某些东西而共同分享利益时,则会带来折中的结果。在折中时没有明显的输者或赢者,他们愿意共同解决冲突的问题,并接受一种双方都达不到彻底满足的解决办法。折中的明显特点是,双方都倾向于放弃一些东西。例如,愿意接受每月300元加薪而放弃自己提出的400元加薪。折中是人们普遍采用和广泛接受的一种解决冲突的方式。

5. 协作型。协作是指冲突双方均希望满足双方利益,并寻求相互受益的结果。在协作中,双方的意图是坦率澄清差异并找到解决问题的办法,而不是迁就不同的观点。这方面的例子有试图找到双赢的解决办法,使双方目标均得以实现;寻求综合双方见解的最终结论。采用协作型方式的人常被认为是充满活力、有能力的人,并且能得到别人的好评。

研究表明,人们在处理冲突时要采取何种方式总有一种基本的倾向。具体而言,五种处理冲突的方式是相对稳定的,而不是一个人为了适应恰当的环境而进行的选择。面对冲突情景,有些人希望不惜一切代价获胜,有些人希望发现一种最佳的解决方式,有些人希望逃避,有些人希望施惠于人,还有一些人则希望共同承担冲突问题。

（四）冲突行为期

冲突行为阶段是冲突双方进行的说明、争辩、态度和活动。潜在的冲突变成明显可见的公开冲突，此时的冲突往往带有刺激性、对立性和互动性，往往一方有所行为，对方就会做出反应，是人们最容易认识、感受和强调的冲突状态。

在此过程中，冲突行为的强度有较大的不同。所有冲突都可能处于这个连续体的某一位置上，在连续体的下端，冲突以微妙、间接、节制为特点，表现为轻度的意见分歧或误解。如果冲突上升到连续体的最顶端，则具有极大的破坏性，这时双方都做摧毁对方的公开努力。大多数情况下，处于连续体顶端位置的冲突常常是破坏性冲突，建设性冲突一般来说位于冲突连续体的较低水平。

（五）冲突结果期

在此阶段，冲突主体之间的行为导致了冲突的最后结果，冲突的最后结果又会间接或者直接地影响冲突主体，并反馈形成新冲突的前提条件，产生新一轮的“潜在冲突”。

在此阶段，冲突的最后结果一般表现为两种不同的冲突结局，一是功能正常的建设性冲突，促进了群体或组织绩效的提高；二是功能失调的破坏性冲突，妨碍了群体或组织绩效的提高。

延伸阅读

激发建设性的冲突

皇家荷兰壳牌集团在决策过程中引进了吹毛求疵的提意见者。公司的政策委员会在考虑一项重大措施时，常常把对问题持各种意见的人组织到一个群体中，这一过程常常导致公司采取过去没有想到的决策方案。

北京开关厂设置一个“用户代理岗”，从各个事业部挑选一位技术全面、责任心强的人员。作为“用户代表”对从签订合同到售后服务的生产全过程进行监督检查。

美菱公司组成“监督部”，公司聘请了对企业颇有研究的专家和专爱挑毛病的人，他们的任务就是到公司的各个部门进行考察、找漏洞、唱反调，并每月将种种漏洞汇编成手册，总裁随即将各部门主管召集起来对批评意见进行具体分析，区别对待，逐项落实。

众所周知，激发建议性冲突是一件很难的工作。一名企业顾问曾说：“高层管理者中有很大一部分人是冲突的回避者，他们不喜欢听反面意见，不喜欢从相反方面谈论或思考问题。他们之所以能升到高层位置，正是因为他们常常不去激怒上级的做法和行动。”另一项研究表明，当自己的意见与上级的不一致时，至少有70%的人会保持沉默，即使他们知道自己的想法更好，也会给上级留犯错误的机会。

这种抑制冲突的文化过去还行得通，但在今天激烈的全球竞争中却是绝对不可行的，那些不支持、不鼓励不同意见的组织将无法生存下去。

成功地激发了建设性冲突的组织都有一个共同特点，即奖励持异议者而惩罚冲突的回避者。对管理者来说，真正的挑战是当他们听到了自己不想听到的信息的时候。管理者需要学会以平常心对待坏消息，不激烈指责、不讽刺挖苦、不爱理不理、不咬牙切齿，而是心平气和地用“你能详细谈谈所发生的事吗”或“你认为我们该怎么办”真诚地表达“感谢你让我注意到这一点”之类的语言，这样可能会减少今后再出现类似问题的可能性。

第二节　冲突管理

一、冲突管理的原则

随着组织或群体内部分工的日益细化、具体，外部环境的日趋复杂多变，竞争的日趋激烈，技术和信息的日益进步，不同主体之间的相互交往与互动活动日趋频繁，多层次、多类型的冲突现象十分普遍，冲突问题越来越突出，冲突已经成为一种十分重要的组织现象和社会现象。因此，一个组织、群体以至个人能否学习、掌握和提高冲突管理的科学知识和艺术技巧，能否及时、正确、有效地实施冲突管理，趋利避害地驾驭冲突，直接影响着自身目标的实现，关系到组织、群体和个人的生存与发展。

冲突管理有广义与狭义之分。广义的冲突管理包括冲突主体对冲突问题的发现、认识、分析、处理、解决的全过程和所有相关工作，也就是对潜在的冲突（潜在的对立与不相容阶段）──→知觉冲突（认识和个人化阶段）──→意向冲突（行为意向阶段）──→行为冲突（行为阶段）──→结果冲突（结果阶段）的全过程进行研究管理；狭义的冲突管理则着重把冲突的行为意向和冲突中的实际行为以及反应行为作为研究对象，研究冲突在这两个阶段的内在规律、应对策略和方法技巧，以便有效地管理实际冲突。

冲突管理是有规律可循的，掌握这些规律和基本原则，对有效地处理冲突可以起到事半功倍的效果。具体而言，冲突管理应遵循如下主要原则。

（一）倡导建设性冲突，避免破坏性冲突，将冲突水平控制在适当的水平

西方现代冲突理论认为，冲突对组织的影响既有积极的方面，也有消极的

方面,冲突水平过高和过低都会给组织和群体带来不利影响。因此,在冲突管理中应当注意,对引起冲突的各种因素、冲突过程、冲突行为加以正确处理和控制,努力把已出现的冲突引向建设性轨道,尽量避免破坏性冲突的发生和发展,适度地诱发建设性冲突并把冲突维持在适当的水平之内,以便达成“弃其弊而用其利”的冲突管理目标。

(二)实行全面系统的冲突管理,而不是局限于事后的冲突控制和处理

传统的冲突管理把工作的重点放在冲突发生后的控制或处理上,比较被动。实际上,冲突的形成、发展和影响是一个系统的过程。现代冲突管理理论认为,冲突管理不仅是公开冲突发生后的事情,而且是潜在冲突、知觉冲突、意向冲突、行为冲突(公开冲突)、结局冲突等所有冲突阶段的事情,必须对冲突产生、发展、变化、结果的全过程,所有因素、矛盾和问题进行全面管理,才能把原则落到实处,尽量减少破坏性冲突的消极作用,充分发挥建设性冲突的积极作用,最大限度地减少冲突管理的成本。

(三)具体问题具体分析,随机制宜处理冲突

不存在一成不变、放之四海而皆准的冲突管理理论和管理方法,必须针对具体的情况,根据所处的环境条件,实事求是地分析问题、认识问题,灵活采用适宜的策略和方法随机应变地处理冲突。

二、冲突管理的过程

冲突管理是一个过程,是一个系统模式。美国行为科学家杜布林(Dubrin)运用系统的观点来考察冲突问题,提出了冲突的系统模式,如图 6-1 所示,

杜布林的冲突系统模式描述了冲突形成、冲突管理、冲突效果及反馈四阶段过程(如图 6-1 所示)。其中,在冲突形成阶段(输入),杜布林对冲突产生的原因进行了归纳,他认为冲突的产生主要有以下几个方面的原因,人的个性、有限资源的争夺、角色的冲突、价值观和利益的差异、职责规定不清、组织的变动和组织风气不佳等。由于多种原因产生冲突之后,如果组织采用恰当的手段对冲突进行管理(干涉变量),那么往往能给组织带来益处,相反,如果管理冲突的手段不当,对组织来说常常是有害的。无论冲突管理的结果给组织带来有益的还是有害的效果(输出),这些效果都将以信息反馈的形式影响下一次冲突的产生和发展过程。

我国学者郭朝阳认为,冲突管理至少应包括诊断(diagnosis)、干涉(intervention)、效果(effectiveness)和反馈(feedback)四个阶段。

根据以上观点,我们认为,冲突管理是一个系统过程,包括冲突前的诊断、冲突中的管理干涉和冲突后的效果反馈几个阶段,这几个阶段是相互联系、相互作用的。因此,我们在进行冲突管理时不能采取孤立的态度,而应从整体性

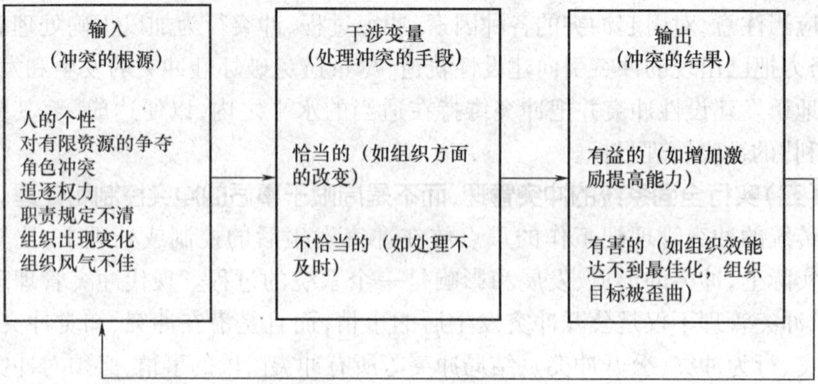

图 6-1 冲突的系统模式

和系统性的角度去探讨冲突的管理。

(一)冲突前的诊断

冲突前的诊断是指对问题的发觉,它是进行冲突管理其他阶段的前提和基础。通过诊断我们至少应该知道:①组织的冲突数量怎样？是太多、太少还是适中？②组织成员能否根据不同的情况恰当地选择管理冲突的策略？一个全面的诊断包括冲突的测量、来源和影响并对它们间的关系进行分析。

(二)冲突中的管理干涉

冲突中的管理干涉是指根据诊断的结果,采取干涉、解决或激发冲突的方式。如果有太多的破坏性冲突、太少的建设型冲突,或者组织成员没有有效地处理他们的冲突的时候,需要进行干涉。干涉的基本原则是激发组织中的建设性冲突,减少组织中的破坏性冲突。

(三)冲突后的效果反馈

冲突后的效果反馈是指组织通过对冲突进行干涉,产生了一定的效果,会给组织带来影响,而这些影响反过来又影响组织的下一次诊断。反馈为组织下一次诊断提供了可供参考的依据,同时也为组织的冲突管理提供了宝贵的经验。

三、诊断冲突的方法

诊断是对问题的诊断,强调如何发现问题,是冲突管理策略有效运用的前提和基础。既然诊断很重要,那么,如何有效地诊断冲突呢？

关于组织是否需要激发冲突方面的测量,罗宾斯提供了切实可行的十个项目,①你是否被“点头称是的人们”所包围;②你的下属害怕向你承认自己的无知与疑问吗;③决策者是否过于偏重折中方案,忽略了价值观、长远目标或组织福利,④管理者是否认为他们的最大乐趣是不惜代价维持组织单位中的和平与合作效果,⑤决策者是否注重不妨碍他人的感情;⑥管理者是否认为在奖励方面得众望比有能力和高绩效更重要;⑦管理者是否过分注重获得决策意见的一致;⑧员工是否对变革表现出异乎寻常的抵制;⑨是否缺乏新思想;⑩员工的离职率是否异常低。以上十个项目,如果你对其中的一个或多个问题持肯定的答案时,则表明需要激发冲突。

关于冲突是过多还是过少,可以根据冲突双方的态度、行为和结构等来衡量,表6-3显示了组织中冲突太多的症状和冲突太少的症状。

表6-3　群体内冲突的诊断

诊断领域	一般问题	冲突太多的症状	冲突太少的症状
态度	意识到彼此的相似性和差异性;对彼此间关系的曲解;对我群和他群的区分	忽略了相互依赖性;没有意识到冲突的动态影响和冲突成本;重复老一套,以利于自己,不利于对方	忽略了彼此间的利益冲突;没有意识到一致的动态影响及其成本;缺乏对自己群体的意识和与其他群体的区别
行为	群体内部行为;冲突管理风格;团体间的行为	高的内聚力、服从性和高度动员;高度竞争的风格;具有侵略性的、先发制人的进攻行为	人员高度分散和流动;高度合作的风格;回避冲突;追求平静
结构	系统扩大的自然属性;相互作用的规则;对团体及目标的定义	分散或打破过于庞大的系统界限;较少有限制升级的规则;存在严密的、固定的群体,并被自己的目标所困扰	共享庞大的系统以减少冲突;存在许多抑制差异性的规则;不固定的群体,也没有意识到共同目标

第三节　解决冲突的策略

组织对冲突的管理比较主流的一种类型是试图减少或避免冲突的发生。托马斯的冲突处理二维模式与布莱克—穆顿模式(冲突方格)是这种类型的代表。

一、托马斯二维模式

社会心理学家曾用一维空间来表述人们冲突中的行为，这一维空间是从竞争到合作，认为有的人倾向于竞争，有的人倾向于合作，有的人介于两者之间。近年来许多研究表明，这种看法不能全面反映冲突行为。美国行为科学家托马斯提出了冲突处理的二维模式——合作性（一方试图满足对方的关心点的程度）和坚持己见（一方试图满足自己的关心点的程度）。以“合作性”为横坐标，“坚持己见”为纵坐标，定义了冲突行为的二维空间，并组合成五种冲突处理策略，它们是竞争（坚持己见，不合作）、合作（坚持己见，合作）、回避（不坚持己见，不合作）、迁就（不坚持己见，合作）和妥协（中等程度的坚持己见，中等程度的合作）。

1. 竞争策略。竞争策略（competing strategy）又称强制策略，即为满足自身的利益而无视他人的利益，这是“我赢你输”的策略，双方都坚持自己的观点，并试图通过施加压力迫使另一方放弃，所施加的压力可以是威吓、处罚，这种策略很难使对方心悦诚服，并非解决冲突的好方法，但在应付危机或双方实力相差很大时往往有效。

2. 回避策略。回避策略（avoiding strategy）是指既不满足自身的利益，也不满足对方的利益，试图置身于冲突之外，无视不一致的存在，或保持中立，以退避三舍、难得糊涂的方式来处理冲突的策略。以人际冲突为例，当两个人有矛盾时，一个人跳槽到另一企业，或离开部门，到与另一人无关的部门工作，或是仍留在原职位，但不再与另一个人发生工作或私人联系。当冲突双方依赖性很低时，回避可避免冲突，减少消极后果；但当双方相互依赖时，回避会影响工作，降低绩效。

3. 妥协策略。妥协实质上是一种交易，妥协策略（compromise strategy）又称谈判策略，是指一种适度满足自己的关心点和他人的关心点，通过一系列的谈判、让步、讨价还价来部分满足双方要求和利益的冲突管理策略。为避免僵局，双方可能会做出一定让步，但不会一开始就这么做，以免给人以实力不强的印象，在讨价还价中失去主动性。妥协策略在双方都有达成一致的愿望时会很有效，但让步的前提是在满足对方最小期望的同时，双方都必须持灵活的态度、相互信任。消极影响是双方可能因妥协满足了短期利益，但牺牲了长期利益。

4. 迁就策略。迁就策略（accommodating strategy）又称克制策略或迎合策略，当事人主要考虑对方的利益或屈从于对方意愿，压制或牺牲自己的利益及意愿。实行迁就策略者，要么是为了从长远角度出发获取对方的合作，要么是不得已屈从于对方的势力和意愿。假如是情绪冲突，迁就能避免冲突升级，改善双方关系，如夫妻吵架；但当冲突是实质的合作、资源共享、责任共担时，迁就并不能解决问题，反而会被视为软弱。

5. 合作策略。合作策略（cooperating strategy）是指尽可能地满足双方利益，其基本观点如下：①冲突是双方共同的问题；②冲突双方是平等的，应同等对待；③每一方都应积极理解对方的需求，以找到双方满意的方案；④双方应充分沟通，了解冲突情景。合作策略是一种旨在达成冲突各方的需求而采取合作、协商，寻求新的资源和机会，扩大选择范围，"把蛋糕做大"的解决冲突问题方式。

合作策略能否成功，取决于冲突的具体情况及双方同样获利的可能。某些公司用该策略应付劳资谈判的做法是：资方增加工人的工资或福利，工会也要与资方合作，修改工作计划与程序逻辑，以降低成本、提高质量、提高生产率。

以上五种冲突管理模式给出了人们在面对冲突时可以采取的不同的策略，彼得·康戴夫在《冲突事务管理：理论与实践》一书中给出了这五种冲突管理策略的表现形式及其应用场合，如表 6-4 和表 6-5 所示。

表 6-4 冲突管理五种策略的表现

竞争 1. 创造胜败局势 2. 运用对抗 3. 运用权力达到某人的目的 4. 迫使其认输 回避 1. 忽略冲突并希望冲突消失 2. 将问题列入不考虑对象，或将其束之高阁 3. 要求放慢节奏以抑制冲突 4. 采用保密手段以避免正面冲突 5. 求助于正式规则，将其作为采用某种冲突解决方法的理由	妥协 1. 谈判 2. 期盼成交和达成协议 3. 寻求满意的或可能接受的解决方法 迁就 1. 退让 2. 屈服和顺从 合作 1. 解决问题的姿态 2. 正视分歧并进行思想和信息上的交流 3. 寻求整合性的方式 4. 找到大家都能取胜的局势 5. 视问题和冲突为一种挑战

图 6－5　冲突管理策略的应用场合

冲突模式	场　合	冲突模式	场　合
竞争	1. 当迅速、果断行动至关紧要之时——紧急状态 2. 有关需实施新行动的重大问题——如费用削减、推出新的规则、法律等 3. 有关公司福利的重大问题，且当你知道你是正确的时候 4. 反对那些利用非竞争性行为的人们	回避	1. 当问题很平常，或者更重要的问题刻不容缓的时候 2. 当你认识到满足你的愿望无望时 3. 当冲突解决的害大于利时 4. 为了促使人们冷静和恢复理智 5. 当收集信息比立即更加有效地解决冲突时 6. 当其他人能更加有效地解决冲突时 7. 当问题不相干或不总是出现时
合作	1. 当双方意愿无法达成妥协时，寻找一种整合性的解决方法 2. 当你的目标明确之时 3. 听取不同意见者的高见 4. 将关心变成意见一致以达到齐心协力 5. 因感到有损于彼此关系而精诚合作	迁就	1. 若发现自己错了，就要允许更改为更好的立场，从而显示你的知情达理 2. 若问题对别人比对自己更加重要，就应满足他人从而维持合作 3. 为今后的问题建立社会信誉 4. 当你要被战败和失败之时使损失最小化 5. 当和谐与稳定特别重要之时 6. 为了使下属“吃一堑，长一智”
妥协	1. 目标重要，但不值得努力去做或者继续坚持己见会弊大于利 4. 彼此旗鼓相当，从而导致互相排斥他方的目标 3. 暂时化解冲突，防止问题复杂化 4. 因时间紧迫而采取的权宜之计 5. 合作或竞争未成功时采取		

二、布莱克—穆顿冲突方格

布莱克与穆顿根据原先的管理方格(managerial grid)模式，修改后设计出另一个冲突方格(conflict grid)模式，可以根据“关心员工”和“关心工作”两个维度来分析管理者在处理冲突时的态度与风格。根据布莱克—穆顿冲突方格模式，管理者在处理冲突方面有五种策略可供选择：

(1,1)方式：回避。采用此种策略，管理者需要保持中立态度。把逃避或回避冲突的可能性视为借以舒缓矛盾冲突的有效方法，但冲突的根源问题仍然未解决或积极面对。

(1,9)方式:缓和。管理者采用这种策略,是认为冲突双方的分歧可通过缓和紧张气氛,或维持表面的和谐关系使矛盾双方和平共存。同样,冲突双方的根源问题仍未彻底解决。

(9,1)方式:压制。管理者采用这种策略时,大多数会认为冲突可通过权力迫使冲突双方服从。例如,高层判决谁胜谁负,全面压制冲突行动。

(5,5)方式:妥协。管理者若采用此种策略,冲突双方需做出妥协或谈判,结果是无人赢,也无人输。在大多数情况下,这种方式虽然不能算是最理想的解决方式,但可视为较切实可行的方式。

(9,9)方式:正视。管理者采用此种策略,大多数认为可通过积极面对的方式来解决冲突问题。例如,经过客观的讨论与分析,各方面的意见与观念都经过深入的分析考虑,从而提出冲突双方都同意或接受的解决问题的方法。一般而言,这是一种较为积极的冲突管理方式,且能彻底解决冲突。

需要说明的是,托马斯二维模式是从冲突双方对待冲突的态度和行为的角度来划分冲突处理模式的,而布莱克—穆顿的冲突方格模式是站在管理者的角度,探讨管理者面对组织中的冲突可以采用哪些处理方法,管理者往往并不是冲突过程中的当事人。

三、"组织—协调"四阶段模型

布坎南关于组织冲突的组织—协调四阶段模型提到了实现激发冲突的几种方法:

1. 沟通。沟通是指管理者对员工隐瞒信息,或不传递完整而清楚的信息,以使员工意识到不确定或危险,促使其进行争论。

2. 重组公司。如调整工作群体、成立新的部门并改变规章制度。

3. 引进外部人员。引进外部人员主要是将一些拥有与现有人员不同背景、价值观、态度或者管理风格的人加入群体。如前波音公司总裁、有37年航空业工作经验的穆拉利在2006年"空降"到陷入严重亏损的汽车业巨头福特公司任总裁。穆拉利在福特公司实行大刀阔斧的改革,为福特公司迅速带来了组织冲突,不到半年时间就有好几位副总裁辞职。在2008年发生的金融危机中,福特公司是美国三大汽车公司中受影响最小的一家。金融危机后,福特公司迅速走出低谷并实现赢利。

4. 魔鬼的辩护士(挑刺的)。组织需要有一个成员来充当批评家,不断地挑刺,以激发人们进行批判性的思考及对现实的检测。

5. 辩证的方法。在进行重大决策前,组织需要让成员进行争论,产生足够多的思想冲突,产生更多的可选择方案,以便加以充分的考虑。

6. 领导风格。在组织变革的规划中,领导风格的改变是关键部分,组织可以任命能够鼓励而非压制成员提出非传统的观点和看法的管理者。

四、激发冲突的方法

根据相互作用的观点，管理者要维持组织内冲突的最低水平，要使用一定的方法激发出建设性的冲突，促使组织保持旺盛的生命力和不断的创新精神。激发冲突的方法主要有：①重新构建组织，增加或削减部门，改革规章制度，增加部门间的相互依赖性等结构变革来打破现状，引发冲突；②引进外人，在组织中补充一些在背景、价值观、态度和管理风格等方面与当前成员不同的人；③利用非正式沟通渠道，利用模棱两可或具有威胁性的信息，激起员工的焦虑感，提高冲突水平；④树立对立面法，任命一名吹毛求疵者，要求他对组织中的任何行为提出不同意见，或在群体的决策中，让参与决策者对推荐的行动方案进行批评。

实训模拟

模块一：案例分析与思考

李宁公司的“让改变发生”

2008 年年初，李宁公司与世界顶级设计公司 ZIBA 合作，执行变革项目。该项目内部代号为 ZIBA，目的在于为公司带来脱胎换骨的变化。

参与项目培训的乐观者认为，ZIBA 为李宁公司提供了一套快速攀升至全球顶级品牌的方案，ZIBA 项目首先针对品牌定位进行研究，随后进行的产品实现以及市场的推广执行，最后销售系统给出针对品牌定位的渠道策略和销售创新计划，剩下的就是按整体方案执行。

时任李宁公司 CEO 的张志勇正急于打造更为年轻的超级品牌，而实际消费群偏大的年龄正被视做品牌溢价的最大绊脚石。若想实现更高的溢价，就必须拉低主流消费者的年龄，并取悦他们。这时，在李宁的高层中，一些人认为重塑品牌较之于产品变革更为关键。

市场营销系统相信，若要品牌升级，就必须更换 LOGO。时任李宁公司 CMO（中场总监）的方世伟曾列举过航空、化工、物流等领域挟标成功的伟大企业以佐证。ZIBA 项目目标人群定位由“中国改革开放第一代创造者”被精炼为“90 后李宁”。知情者坚称正是 ZIBA 的报告中关于目标人群的定位才直接导致了张志勇本人日后的品牌重塑决策。张志勇本人并没有正确地理解 ZIBA 的内涵，他很少直接关注创新性产品的流程改进。知情者说：“ZIBA 很明显执行偏了，张志勇当时最应该关注的是产品转型，其次才是品牌。”

张志勇很快调离ZIBA的项目负责人伍贤勇，取而代之的是刚刚履新的副总裁兼CPO（首席产品官）徐懋淳，徐懋淳对运动生活系列产品非常在行，这一擅长的领域甚至遮盖了ZIBA为李宁公司所设定的另外两条细分产品线——专业运动产品线和都市轻运动产品线。

英文名为Morrison的徐懋淳很有威望，当时在产品系统几乎一言九鼎。徐懋淳对导入新的产品设计流程的确居功甚伟，在他的倡导下，所有的产品设计人员必须做VLM（virtual load map）虚拟设计，设计师必须提供调研数据、故事包、创意和草图等。在项目初期，李宁公司开始定期组织产品经理和设计师举办"kick off"会议，以便各方进行头脑风暴，这些在耐克大行其道的开发流程也被照搬到李宁。而以往，李宁公司的产品经理仅会给设计师一张产品结构表，再无其他。

在人员搭配方面，徐懋淳力求专业化。他甚至利用自己的人脉关系帮助李宁挖来三位产品总监以及一名创意总监，这些人均为西方人或来自中国香港，并在耐克、锐步等相关背景公司工作过，不过，他们均热衷于运动生活系列产品，对专业体育并不擅长。

负面效应是，李宁公司以前没有产品总监一职，设计师只需与产品经理沟通即可，通常两者意见相左时，设计师往往是最终的决定者，但徐懋淳的出现终结了这一点，设计师只是流水线上的一环，而非全部。

在这些"空降兵"中，李宁运动生活总监Meta最受徐懋淳器重，此前两人曾在耐克共事六年。Meta聪明、漂亮、时髦，拥有典型的美式思维，其"鬼妹"性格与徐懋淳的审美观及个性都很接近。在徐懋淳的支持下，Meta治下的运动生活渐渐成为李宁公司的产品主流，订货量一度高居60%。

徐懋淳并不喜欢设计师天马行空的创意，他规定所有的产品创意概念必须由李宁服装创意总监、德国人KD Waltner决定。在李宁公司的设计师看来，KD的创意平庸，所提出的概念通常"不痛不痒"。ZIBA的参与者们更偏爱激进的创意风格，例如提倡中国风格、以"十八般武艺"命名的专业篮球系列，其产品家族仅10余款，但一度高居篮球系列订货量的30%，即使如此，它并没有得到徐懋淳的青睐。

"原因在于Morrison非常西化，他曾说他特别不能理解东方元素。"一位设计师说。戏剧性的是，私下里徐懋淳却有一个非常中国化的绰号。对此，徐懋淳却欣然接受。

在旁观者看来，徐懋淳的优缺点颇为明显——他对运动生活的专业导致其对专业运动产品的不理解。一些设计师认为徐懋淳过分偏袒Meta所在的运动生活部门，而故意冷落专业体育类概念及都市生活类产品，一些极富创新性的想法因此被扼杀。2010年年末，李宁篮球主设计师曾提出"肌肉"概念——研究人体肌肉纤维和每个运动部位的肌肉功能，并将其赋予李宁新产品功能和形象，这一创意方案被否决，而耐克之后才推出紧绷、强调肌肉支撑的 Nike Pro 贴身运动服，并大受好评。此外，被否决的产品创意还有“潜能”、“暗能”等。

身居高位的徐懋淳越来越失去设计师们的信任，在后者看来，其对李宁品牌的 DNA 理解肤浅，且个人好恶过于明显。在 2010 年的一次 kick off 会议上，徐懋淳发现以往篮球系列中他所喜爱也最为常见的蓝色产品消失了，取而代之的是深咖啡色，因此大为光火。他质问篮球主设计师原因，后者解释说咖啡色产品源于在洛杉矶采访 NBA 球星巴朗·戴维斯的结果，这是戴维斯所偏好的特殊颜色，可能极富市场卖点，徐懋淳对此并不认可，他反驳其颜色大者，这一说法随即遭到诸多设计师的围攻。

冲突仍在发酵。此后不久，在一次设计系统的全体会议上，一位 ZIBA 项目的参与者、李宁篮球运动主设计师在全体设计师面前当场嘲讽了徐懋淳，他挑衅式地讽刺说：“你满屋子的 LV 和爱马仕不都是咖啡色吗？你怎么不说它们颜色老呢？”此话一出，台下哄堂大笑。

内讧最终酿成大问题。一个危险的信号是自 2010 年起产品订货量开始下滑，由于一系列具有东方元素的创意产品接二连三遭否决，一些心怀不满的设计师开始离职。“我的工作已经被架空了，现在就好像温水煮青蛙一样，才能完全发挥不出来，也再不能带给公司任何利益了。”一名设计师在发给徐懋淳的辞职信中这样写道。

设计师们的抱怨在于流程。他们被剥夺了绘图的权利——创意总监的创意由专门的图章设计师绘图，然后交给设计师，设计师却无法通过细节来控制设计方向。“这种挫折感在于你成为一个画图工具，什么也发挥不出来，感觉以前学的东西白学了。”一位设计师说。

新的设计流程规定配饰图案也由专人负责，徐懋淳专门从香港招募了数名图案师，但两者隔阂明显。“你给香港人一个方向，做出来的却根本不是你想要的东西。”知情者说。香港设计师喜欢制作非常大且夸张的字母图案放于胸前，但李宁公司的设计师们却认为这很土。屡屡冲突之后，矛盾最终只能靠职位的高低化解——通常香港团队的职位与薪水均高于李宁公司的内地员工，他们是获胜者。于是，一个奇怪的现象出现了，即使内地设计师抱怨配图效果不好，但无权修改“走样”的产品，最终“走样”产品只能上柜，大多数时候，设计师只能选择沉默。

一位内地设计师曾将对每件衣服的细节修改意见发送给香港配图师，要求其修改。后者却勃然大怒地回复了一封长长的英文邮件并抄送给徐懋淳。在邮件中，配图师称自己拥有数十年的经验，设计师没有资格批评其作品，他坚称自己不会做任何修改。徐懋淳对此没有任何表态。

在李宁公司的设计师团队看来,这源于徐懋淳的过分偏袒——“一旦出问题,他会责备我们为什么会弄成这样,我们说图案师不按照既定方向来改,提了意见他们也不改,当然走样。但徐懋淳并不责备香港人,反而怪我们沟通不力。三番五次都这样,后来我们就没人提了。”一位离职的设计师说。

这种局面自2010年延续至今。知情者称,李宁公司的设计师在无法控制设计方向的情况下完成了8个季度的货品。市场红灯早已亮起。2011年年初举行的第二季度订货金额按零售价和批发价计算分别为年持平及下跌6%,第三季度则为约15%的负增长。2011年,李宁公司的全年营业收入为89亿元,同比下降5.8%,净利润则同比下降65%,从11亿元降至不足4亿元。李宁公司在国内运动品牌的地位也被安踏公司赶上,后者的销售额也为89亿元,但赢利则超过了17亿元。

在业绩不佳的情况下,公司高层还动荡不断,从2011年5月开始,曾是李宁品牌重塑的重要执行者、原公司首席品牌官方世伟,首席运营官郭建新,Lotto(乐途)事业部总经理伍贤勇等核心高管相继离职。同年11月,首席产品官徐懋淳和政府及对外公共事务部总监张小岩也先后宣布离职,加上本次张志勇卸任,李宁公司高层大变动已是毋庸置疑。

问题:

1. 你觉得引发李宁公司产品设计部门内冲突的主要原因是什么?

2. 面对整个部门出现的问题,部门领导者应该承担哪些责任?

模块二:管理游戏

团队练习

步骤:

1. 考虑工作中或学校里的一个冲突情景。试着再现能抓住冲突核心的一部分谈话。

2. 就这次冲突性的对话按照以下的格式做好笔记:

(1)背景;

(2)我的目的和目标;

(3)我的策略;

(4)我做的假设。

对话(下面再现对话的一部分,并试着将你真正所想的写入括号中)

我:

其他人:

我:

其他人：

3. 将你的情况与小组中的其他成员分享，将对话读给他们听。这可能需要某人扮演“其他人”。

4. 与小组讨论以下内容：

(1)你使用的解决冲突的方法（针锋相对、协作或逃避等）。

(2)冲突的导火线，即什么导致冲突以及为什么？

(3)你解决冲突的方式是否有效？

(4)其他处理问题的可能方式。

5. 从小组中选择一个对话与整个班级共享。准备好你的分析和在上述情况下其他可能的方法及解决方案。

模块三：相关测验

1. 我与同事一起讨论我遇到的问题，以显示我的意见的优越性。
2. 我与同事共同协商，以找到一个折中方案。
3. 我试图满足同事的期望。
4. 我与同事一起研究问题，以找到一个双方都能接受的解决办法
5. 在任何问题上，我总坚持自己的看法。
6. 我试图回避针锋相对，并把自己与同事之间的冲突藏在心里。
7. 我总坚持自己对问题的解决方法。
8. 我使用互相让步的方式获得折中解决的办法。
9. 我与同事相互交换信息，共同解决问题。
10. 对于我与同事之间的差异，我回避开放的讨论方式。
11. 我会迁就同事的希望和要求。
12. 我试图把我们关注的所有问题公开化，以便找到最佳解决方法。
13. 为了打破谈判僵局，我倾向于采用中庸之道。
14. 我常常赞同同事的意见。
15. 为了避免对方的激烈情绪反应，我试图把自己与同事之间的不一致意见藏在心里。

模块四：复习思考

一、单项选择题

1. 引发冲突的根源是(　　)。

A. 分歧　　　　B. 利益

C. 面子　　　　D. 收入

2. 面对冲突，应采取的方法不包括(　　)。

A. 强制解决　　B. 回避
C. 不合作　　D. 妥协
3. 引发冲突的两条导火索是(　)。
A. 情绪和压力　　B. 情绪和利益
C. 利益和压力　　D,观点和压力

二、多项选择题

1. 导致群体冲突的根源有(　)。
A. 沟通　　B. 行为意向
C. 个人因素　　D. 技术和能力

三、思考题

1. 冲突具有哪些积极作用,哪些消极作用?
2. 简述冲突和组织绩效的关系。
3. 简述冲突的过程。
4. 管理者如何管理冲突?管理者可能采取的解决冲突的策略有哪些?
5. 如何诊断组织中的冲突缺乏?简述激发建设性冲突的策略。

第七章

群体沟通

学习目标

1. 熟悉沟通的类型；
2. 了解群体沟通的影响因素与障碍；
3. 掌握有效沟通技巧。

开篇案例

AC 航班坠落事件

一个初春的晚上 7 点 40 分,AC 航班正飞行在离目的地 K 市不远处的高空。机上的油量还可维持近两个小时的航程。正常情况下,像 AC 这样的航班,由此飞行到降落 K 机场,仅需不到半小时的时间,可以说飞机的这一缓冲保护措施是安全的。但没有想到,AC 航班遭遇了一系列耽搁和问题。

晚上 8:00 整,K 机场航空交通管理员通知 AC 航班飞行员,由于机场出现了严重的交通问题,他们必须在机场上空盘旋待命。8:45,AC 航班的副驾驶员向机场报告他们飞机的“燃料快用完了”,交通管理局收到了这一信息,然而,在 9:24 之前,飞机并没有被批准降落机场。而在此之前,AC 航班机组成员也没有再向 K 机场传递任何情况十分危急的信息,只是飞机压舱中的机组成员在相互紧张地通告说他们的燃料供给出现了危机。

9 点 24 分,AC 航班第一次试降失败。由于飞行高度太低及能见度太差等原因,没法保证飞机安全着陆。当机场指示 AC 航班进行第二次试降时,机组成员再次提到他们的燃料将要用尽,但飞行员还是告诉机场交通管理员说新分配的飞行跑道“可行”。几分钟后,准确的时间是 9:32,飞机有两个引擎失灵了,一分钟后,另外两个也停止了工作。耗尽燃料的飞机最终在 9:34 坠毁于 K 市,机上 73 名人员全部遇难。

当事故调查人员检查了飞机座舱中的磁带并与当事的机场交通管理员讨论之后,他们发现导致这场悲剧的原因很简单:机场方面不知道 AC 航班的燃料会这么快耗尽。下面是有关人员对这一事件所做的调查:

第一,飞行员一直说他们“燃料不足”,交通管理员则告诉调查员,这是飞行员们经常使用的一句话。当因故出现降落延误时,管理员认为,每架飞机都不同程度存在燃料问题。但是,如果飞行员发出“燃料危急”的呼声,管理员有义务优先为其导航,并尽可能迅速地允许其着陆。一位管理员这样指出:“如果飞行员表明情况十分危急,那么,所有的规则程序都可以不顾,我们会尽可能以最快的速度引导其降落的。”事实上,AC 航班的飞行员从未说过“情况危急”,由此导致 K 机场交通管理员一直未能理解飞行员所面临的真正困难。

第二,AC 航班飞行员的语调并未向交通管理员传递有关燃料危急的严重信息。机场交通管理员普遍接受过专门训练,可以在多数情况下捕捉到飞行员声音中极细微的语调变化。尽管AC航班机组成员内部也表现出对燃料问题的极大忧虑,但他们对K机场传达信息时的语调却是冷静而职业化的。

另外也应该看到,AC航班的飞行员不愿意声明情况紧急是有一些客观原因的。如按条例规定,驾驶员在飞行中做了紧急情况报告之后,他们事后需要补写长篇的、正式的书面汇报交给有关方面。还有,紧急情况报告后,如果飞行员被发现在估算飞机在飞行中需要多少油量方面存在严重的疏漏,那么,飞行管理局就有理由吊销其驾驶执照。这种情况下,飞行员的专业技能和荣誉感便会变成一种“赌注”!

【分析与思考】

根据案例所提供的情况,请分析此次空难是否可以避免?如何避免?

第一节　沟通的概念与类型

对管理者来说,良好的沟通对任何群体和组织的工作效果都是十分重要的,沟通是保持群体凝聚力的黏合剂。如果群体内部各个成员无法相互沟通并与外界沟通,那么这个群体便不能生存。

一、沟通的概念

在中国,“沟通”一词本指开沟以使两水相通。后用以泛指使两方相连通,也指疏通彼此的意见。《大英百科全书》中对“沟通”的解释是:“用任何方法,彼此交换信息,即指一个人与另一个人之间用视觉、符号、电话、电报、收音机、电视或其他工具为媒介,所从事交换信息的方法。”《韦氏大辞典》认为沟通就是“文字、文句和消息之交通,思想或意见之交换。”

不同学科领域对沟通的研究视角是不同的,组织行为学是研究组织内个人、群体以及作为整体的组织的心理及行为规律的学科。因此,组织行为学研究的沟通,是为了特定目的,在活动过程中通过某种途径和方式,发送者有意识或无意识地将一定的信息传递给接收者并寻求反馈以达到相互理解的过程。具体来说,沟通的含义可以从以下几个方面来理解:①“有意识或无意识”是说明沟通不仅是在正式的组织或个人之间有计划地进行,而且包括无计划的非正式的沟通;②按某种途径和方式则说明了沟通必须借助某种媒介,包括话语、书面、仪表、仪态等各种因素;③将一定的信息从发送者传递给接收者是整个沟通的主体部分。这里的信息可以是常规的通知、消息,也可以是某种观点、思想;

④获取理解说明了沟通是一种双向的行为,必须是发送者和接收者双方之间的互动,并且整个过程当中包括反馈这一环节。

这里的沟通已经超越了单个个体的范围,上升到了多个人组成的群体层面。因此,从沟通行为的主体多元化出发,我们完全可以认为沟通和群体沟通具有相同的意义。显然,从组织层面来看,群体沟通包括了组织内个人与个人、个人与群体以及群体与群体之间的沟通。

知识链接

沟通的误区

A. 沟通不是太困难的事,我们每个人每天不都在做沟通么?——从表面上看,沟通的确是一件很简单的事,每人每天都在做,它像我们呼吸空气一样自然。但一件事情的自然存在并不表示我们已经将它做得很好了。由于"沟通"如此平凡,以至于我们很容易忽略它的复杂性,也不肯承认自己缺乏这项重要的基本能力了。如果我们有意成为一名成功的沟通者,那么我们就应该首先认识到:虽然沟通看起来很容易,但是有形沟通却是一项非常困难和复杂的行动。

B. 每个人都知道沟通是什么——我们经常使用这个字眼,却不知道它是最常被误解的字眼之一。虽然经常使用它,却对它的意义没有一个共同的认识。最近的一项研究发现,一般人所认为的"沟通"的定义竟有2600种之多。你认为沟通是什么呢?当你的顾客以皱眉头来回敬那一句"早安",算不算是一种沟通呢?是!"沟通"的实际意义远远超过简单资料的传递。它与人们的感情、态度、士气、动机、气氛、身体状况、环境等都有关系。我们必须牢记:"说"、"写"、"听"、"读"以及"非语言"等技巧,这些都属于沟通的范畴。

C. 我告诉他了,所以,我也和他沟通了——当你听到有人说"我告诉他们,但他们没有搞清我的意思",这个人深信他要表达的意思都在字句里面,他以为,只要能够找到适当的字句来表达意思,就可以沟通了,其实,"字句"本身并不具"意思","意思"必须经过人的解释。

D. 只有当我要想沟通的时候,才会有沟通——并不是当我们需要发生的时候,沟通才会发生,我们时时刻刻都在沟通,也无法阻止沟通的进行。我们在与别人交往时在沟通,即使我们自处的时候,我们仍然进行着与自己的沟通:在清醒的时候,我们称自我沟通为思考或做白日梦;在睡眠时,我们称之为做梦。

E. 沟通的能力是天生的,而不是教出来的——"沟通"是一种经过学习的行为,"有效沟通"的能力并不是上帝赐予少数几个子民的特别礼物,也不是祖上遗传的东西,它是一种努力学习后的成就,我们每一个人都有沟通方面的天赋潜力。当然，无法否认，遗传、环境、性格、过去经历、正规教育以及许多其他因素对我们沟通能力的发展也会有影响。

二、沟通的特点

沟通作为一种特殊的信息交互方式，是个人与周围人之间的心理沟通，是人与人之间的情感、情绪、态度、兴趣、思想、人格特点的相互交流、相互感应的过程。通过沟通，个人可以表达自身的个性心理特征信息，同时也能收集他人心理的、个性的信息，然后进行信息整理、分析、编码、输出。

沟通成立需要具备六点要素：第一，至少存在两方以上的沟通主体；第二，沟通主体之间要有共同的沟通动机；第三，沟通主体都是沟通过程积极的参与者；第四，沟通过程会使沟通主体之间产生相互影响；第五，沟通主体之间要具备一定的沟通能力；第六，在沟通过程中，有可能产生完全特殊的沟通障碍。

如图 7－1 所示，完美的沟通是实现发送者的思想和接受者的思想完全一致的途径，但是思想本身是不能传递的，它必须借助符号这个中介。只有沟通双方对同一信息做同样理解时，两者思想一致的情况才可能出现。

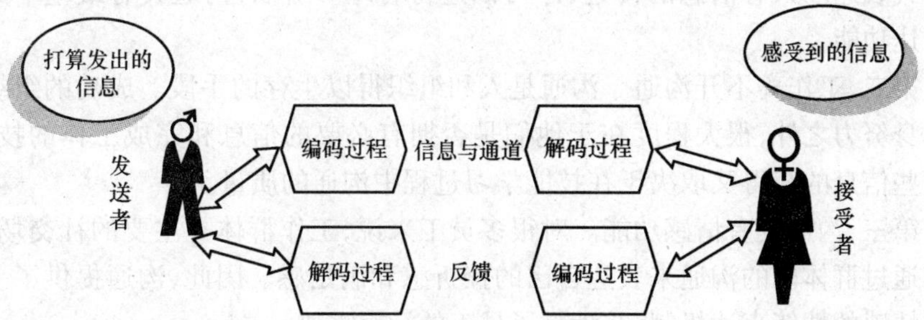

图 7－1 沟通的过程

需要特别注意的是，在整个沟通过程中，目标在于“接受”，而非“接收”；而要做到“接受”，就一定要“理解领悟”。在沟通过程中，需要关注两个方面要点。

首先是信息的“编码过程”和“解码过程”。如何更好地使信息接收方接受别人的信息，需要有一个良好的编码，反之，要更好地接受他人的信息，同样需要很好的领悟能力。其次是信息传输的通畅。在沟通的过程中，为了保障信息的时效性和在传输过程中不被扭曲，信息传输通道的通畅也是至关重要的。

因此，沟通的重点在于“如何说”，而非“说什么”，如图 7－2 所示。

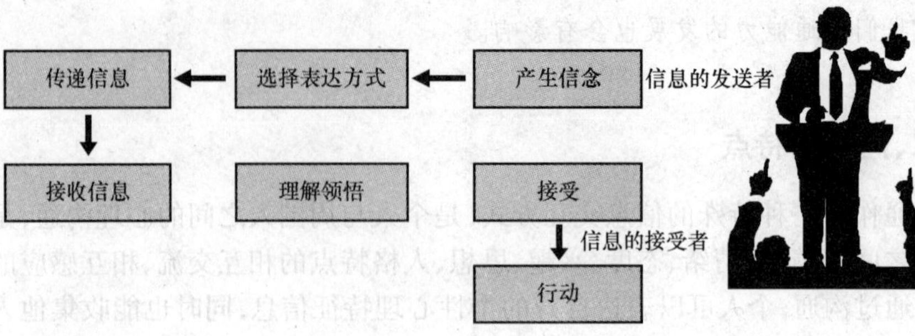

图7－2　沟通的重点

三、沟通的重要性

通用电气公司总裁杰克·韦尔奇说:“管理就是沟通、沟通再沟通。”沃尔玛公司总裁萨姆·沃尔顿说:“沟通是管理的浓缩。”由此可见沟通管理在组织发展中的作用。沟通的重要性主要体现在以下几个方面。

第一,沟通具有基本的信息传达功能。信息是人与组织得以生存的手段。存在的情况和性质都通过信息方式表达出来,对组织信息的判断、控制都以信息方式表达。只有信息的传达,才可以进行管理。所以,沟通具有最基本的信息传达功能。

第二,工作离不开沟通。沟通是人和组织得以生存的手段。成功的组织除了本身努力之外,很大程度在于他们是否拥有必要的信息和完成工作的技巧,而这些信息的获得又取决于在技能学习过程中沟通的质量。

第三,沟通具有情感功能。对很多员工来说,工作群体是主要的社交场所,员工通过群体内的沟通来表达自己的挫折感和满足感。因此,沟通提供了一种释放情感的情绪表达机制,并满足了员工的社交需要。

第四,沟通具有控制功能。沟通可以通过几种方式来控制员工的行为。员工们必须遵守组织中的权力等级和正式指导方针。比如,他们首先要与直接上级主管交流有关工作方面的不满和抱怨,要按照工作说明书工作,要遵守公司的政策法规等。通过沟通可以实现这种控制功能。另外,非正式沟通也控制着行为。比如,当工作群体中的某个人工作十分勤奋,并使其他成员相形见绌时,其他人会通过非正式沟通的方式控制该成员的行为。

第五,沟通具有激励功能。沟通可以通过下面的途径来激励员工:明确告诉员工做什么、如何做,没有达到标准时应如何改进。具体目标的设置、实现目标过程中的持续反馈以及对理想行为的强化这些过程都有激励作用,而这些过程又都需要沟通。

四、群体沟通的类型

现实中群体的沟通不是单一渠道和单一形式的沟通，而是把各种沟通方式组合起来，形成了沟通网络。沟通可以按照不同的标准划分为不同类型，一般是从沟通的组织、沟通的流向、是否收到反馈以及沟通的方式三个角度对沟通进行分类。

（一）正式沟通和非正式沟通

按照组织管理系统和沟通体制的规范程度，可以分为正式沟通和非正式沟通。

1. 正式沟通。正式沟通是指在组织系统内，依据组织明文规定的原则进行的信息传递与交流。例如，组织与组织之间的公函来往、组织内部的文件传达、召开会议、上下级之间的定期情报交换等。

美国心理学家亚利克斯·贝弗拉斯于1948年进行了用交流网络来模拟群体沟通过程的研究，发现在正式的沟通渠道中存在五种典型的沟通网络，即链式、环式、Y式、轮式、全通道式（如图7－3所示）。

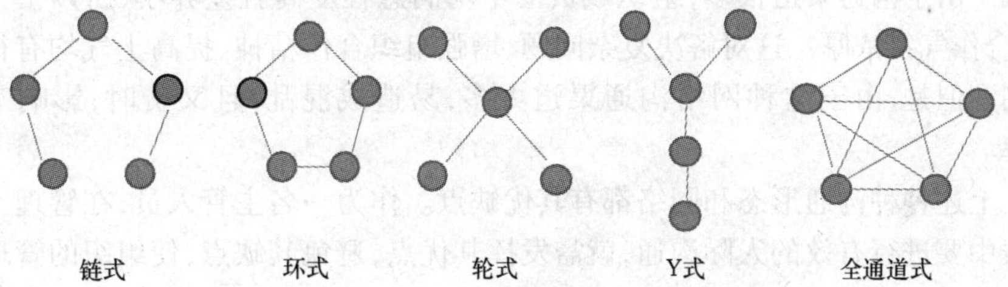

图7－3　五种沟通网络图

（1）链式沟通。链式沟通是指信息单线传递、顺序传递的链条状的沟通网络形式，其中，居于两端的人只能与内侧的一个成员联系，居中的人则可分别与两人沟通信息。在一个组织系统中，它相当于一个纵向沟通网络逐渐传递，信息可自上而下或自下而上进行传递。在这个网络中，信息经层层传递、筛选容易失真，各个信息传递者所接收的信息差异很大，平均满意程度有较大差距。但是在管理中，如果某一组织系统过于庞大，需要实行分权授权管理，那么，链式沟通网络是一种行之有效的方法。

（2）环式沟通。此形态可以看成链式形态的一个封闭式控制结构，表示层次之间依次联络和沟通。其中，每个人都可同时与两侧的人沟通信息。在这个网络中，组织的集中化程度和领导人的预测都较低；组织中成员具有比较一致的满意度，组织士气高昂。如果在组织中需要创造一种高昂的士气来实现组织目标，环式沟通是一种行之有效的措施。

(3)Y 式沟通。这是一个纵向沟通网络,其中只有一个成员位于沟通的中心,成为沟通的媒介。现实中,有些秘书或助理经常处于信息沟通的中心,而成为职位不高但具有相当权力的人。这种沟通网络集中化程度高,解决问题速度快,组织中领导人员预测程度较高。除中心人员外,组织成员的平均满意度较低。此网络适用于主管人员的工作任务十分繁重,需要有人选择信息,提供决策依据,节省时间,而又要对组织实行有效的控制。但此沟通网络易导致信息曲解或失真,影响组织中成员的士气,阻碍组织提高工作效率。

(4)轮式沟通。这属于控制型沟通网络,其中只有一个成员是各种信息的汇集点与传递中心。在组织中,大体相当于一个主管领导直接管理几个部门的权威控制系统。此沟通网络集中化程度高,解决问题的速度快。主管人员的预测程度很高,而沟通的渠道很少,组织成员的满意程度低,士气低落。轮式网络是加强组织控制、争时间、抢速度的一个有效方法。如果组织接受紧急攻关任务,要求进行严密控制,则可采取这种网络。

(5)全通道式网络。这是一个开放式的网络系统,每个成员之间都有一定的联系,彼此了解。此沟通网络中组织的集中化程度及主管人员的预测程度均很低。由于沟通渠道很多,组织成员的平均满意程度高且差异小,所以士气高昂,合作气氛浓厚。这对解决复杂问题、增强组织合作精神、提高士气均有很大作用。但是,由于这种网络沟通渠道太多,易造成混乱,且又费时,影响工作效率。

上述种种沟通形态和网络都有其优缺点。作为一名主管人员,在管理工作实践中要进行有效的人际沟通,就需发挥其优点,避免其缺点,使组织的管理工作水平逐步提高。

总体来说,正式沟通的优点在于:沟通效果好,易于保密,具有较强的约束力,可以使信息保持权威性。一般重要的信息通常都采用这种方式沟通。其缺点在于:由于依靠组织系统层层传递,因而沟通速度缓慢,过于刻板,容易延误时间,造成信息的失真或扭曲。

2. 非正式沟通。非正式沟通渠道是指正式沟通渠道以外的信息交流和传递,是与组织内部明确的规章制度无关的沟通方式。它不受组织监督,自由选择沟通渠道;它是正式沟通的有机补充。非正式沟通能更灵活迅速地适应事态的变化,省略许多烦琐的程序,并且常常能提供大量的通过正式沟通渠道难以获得的信息,真实地反映员工的思想、态度和动机。

非正式沟通是未经计划的,其沟通途径是通过组织内的各种社会关系,如非正式的会议、闲聊、走动式交谈、吃饭时进行的交谈等。非正式沟通的好处是形式多样、灵活,不需要刻意准备;沟通及时,问题发生后马上就可以进行简短的交谈,从而使问题很快得到解决;容易拉近主管与员工之间的距离。

非正式沟通有一种可以事先预知的模型。心理学研究表明，非正式沟通的内容和形式往往是能够事先被人知道的。它具有以下几个特点：①消息越新鲜，人们谈论的就越多；②对人们工作有影响的人或事最容易引起人们的谈论；③最为人们所熟悉的，最多为人们谈论；④在工作中有关系的人往往容易被牵扯到同一传闻中去；⑤在工作上接触多的人最可能被牵扯到同一传闻中去。

对于非正式沟通这些特点，管理者应该予以充分和全面的考虑，以防止起消极作用的“小道消息”。通过利用非正式沟通，为组织的目标服务。

人们之所以采用非正式沟通方式，可以说是人们天生的需求。通过这种沟通途径来交换或传递信息常常可以满足个人的某些需求。例如，人们由于某种安全的需求，乐意探听有关人事调动之类的消息；朋友之间交换消息，则意味着相互的关心和友谊的增进，借此更可以获得社会需求的满足。这种消息对组织成员来说往往是他们最感兴趣可又最缺乏的消息。因此，对依靠非正式沟通可以获得这种信息的环境，组织成员是会感到满意的。因此，非正式沟通的优点在于：沟通方便，内容广泛，方式灵活，沟通速度快，可用以传播一些不便正式沟通的信息，而且由于在这种沟通中比较容易把真实的思想、情绪、动机表露出来，因而能提供一些正式沟通中难以获得的信息。同时，非正式沟通也有一定的缺点：非正式沟通难以控制，传递的信息不确切，容易失真、被曲解，并且它可能促进小集团、小圈子的建立，影响员工关系的稳定和团体的凝聚力。如果能够对企业内部非正式的沟通渠道加以合理利用和引导，就可以帮助企业管理者获得许多无法从正式渠道获得的信息，在达成理解的同时解决潜在的问题，从而最大限度地提升企业内部的凝聚力，发挥整体效应。

资料链接

沟通交流：学会真诚吵架

［场景一］同事间唇枪舌剑

“嘭”，又是一拳砸在桌上，比先前的一声更加剧烈。不过，这回换成张雨反击，他一步冲到同事安森的面前，照他刚才砸过的地方狠狠地落下一拳。“少跟我说这些，企划书上的统计数据写得明明白白，不按样本做评估隐患有多大你知道吗！”“废话！但是你也不用用脑子，评估的参数那么低，符合实际情况吗……”

［专家拆招］小“吵”打破沟通鸿沟

同事之间，如果不是期望通过吵架来存心贬低对方、使对方难堪，而是在某个具体的工作问题上各持己见，争执不下，那么，这样的吵架不会造成当事人双方的敌对和仇视，反而有利于问题的充分沟通和解决。一方的强硬态度会第一时间充分引起另一方的重视和思量，避免了由于沉默和妥协造成的沟通失效，配合迟钝。同时由于彼此平等的工作关系，方式上可以表现得激烈一些，但切不可触及对方身体，由“吵架”变成“打架”。

[场景二]上下级相互交锋

张林严肃地走到经理室的办公桌前，站定后将一份文案推送到经理马克的面前，“我前天补充提加的方案开会都通过了，为什么没有写进最终的报告里去，请您解释一下！”“后来我又考虑了一下，并不合适。”“不合适就可以随意删减吗？那开会岂不是浪费彼此的时间……”

[专家拆招]一味指责抱怨不可取

上下级之间并不是绝对服从的不平等关系。当员工和老板的意见产生分歧，或者认为遭遇了不公平待遇的时候，可以适当地通过“吵架”来表达出自身强烈的主张或是不满。但是在言辞上要注意分寸，不要一味指责，而是要说明情况，探讨原因。这样其实有利于上下级之间的了解与配合。

[场景三]对下属严厉批评

“扣你的奖金是按规定办事，没有停职已经是网开一面了。”

“为什么一群人做错事只惩罚一个人！”

“那我现在就给你一个机会，让你解释清楚！”

沈鸿义愤填膺地开始详细诉说整件事情的始末，身为主管的冉杰并没有打断他的陈述，眉头紧锁地仔细聆听……

[专家拆招]给下属一个说话的机会

作为主管，不应将下属的牢骚和异议当作对自身权威的挑战，而应当给予他们“说话”的机会和权利，在他们释放自己的过程中学会聆听和重新分析。同时，语言上要注意留有余地和空间，不要一言独断，允许下属的解释和辩驳。

专家提示：职场“吵架”要诀

1. 不是所有的事情都可以用吵架来解决。人际交往的飞短流长、利益纷争的不甘示弱，这样的吵架会连“身段”一同吵丢。

2. 不是所有的人都适合吵架。激烈的言辞和激动的情绪不是每个人都能正常承受的东西。例如，“新人”如果在入职不久就“被吵”，那么很可能会伤害他的职业自尊心，影响他对企业文化的正确认识和评估。

3. 吵架要建立在彼此了解、彼此信任的基础上。初次合作的两个人还是应当尽量用平和的方式进行沟通，盲目的吵架会导致无端的猜疑，甚至造成关系的永久破裂。

4. 吵架要目的明确，不能偏题。只有发生了具体的问题时才可以吵架，不能将吵架视为日常不满情绪的发泄方式。所谓“对事不对人”，切不可“没事找不痛快”。

5. 吵架要注意语言方式。吵架应当就事论事，当事人可以直抒胸臆，但不可言词污秽，进行恶意的人身攻击，更不能越吵越远，最后变成“揭底口水大战”。

6. 正视吵架的意义。吵架不是攻击性、压倒性地强迫对方接受自己的意见，而是通过比较激烈的方式，讨论问题并解决问题。不要寄希望于通过比试嗓门的高低而使他人臣服。

7. 冷静对待吵架的结果。当“战事”平息之后，吵架的双方应当抽离出激动的情绪，客观地分析对方的意见或者指责，找出自身缺失或不足的地方加以改进和完善。

在非正式沟通中应注意以下技巧：

(1)以询问替代命令。美国的心理学家雷德以他多年的管理经验告诫管理者：“对下属不能用命令的方式，而要用询问的方式。”喜欢下命令的管理者似乎很少考虑这个问题，他们理所当然地认为下属一定能够做好他们所要求的事情。但实际上，命令一个人做某件事情是容易的，但接受命令的这个人是否愿意做好某件事却是不确定的。作为管理者，最好能够采取询问的方式对待下属，这样既可以了解下属内心的真实想法，又可以让下属感觉更舒服一些。

(2)态度要平等。一般说来，人们在与自己同等级、同层次的人讲话时，行为举止都会比较自然、大方，而在与比自己地位高的人交往时，就可能会感到紧张，表现比较拘谨，并且自卑感增强；相反，在与社会地位低于自己的人讲话时，就会表现得比较自信，甚至比较放肆。只有留意这些细微的言行举止，才能在无意中消除上下级之间的隔阂。

在与下属交谈的时候，平等的态度是很重要的。平等的态度，除说话本身的内容外，还可以通过语气、语调、表情、动作等细节体现出来。所以，不要以为是小节，纯属个人的习惯，不会影响到上下级的谈话。实际上，小节往往关系到下属是否敢向你靠近。

世界著名的谈话艺术专家费尔特先生曾经教人谈话时应该注意下列一些问题。他说道：“你应该时常说话，但不必说得太长。少叙述故事，除了真正贴切而简短之外，总以绝对不讲为妙。和人谈话，同时也要注意态度。切忌妄自尊大，平常的话要避免争论。谈话最好要一般化，勿作自我的宣传，把自己捧上天去。外表应该坦白而率直，内心应该谨慎而仔细。”

(3)避免无聊空谈。管理者与下属谈话时，要尽可能让每一次谈话都能保持中心点，也就是所谓的谈话目的，其目的是能够促进你和对方的关系。你必须使他觉察到你是一个有思想有观点的人，而绝非是个糊涂虫。单单无聊地空谈，是绝不能使对方对你有一点良好印象的。

(4)进行愉快的沟通。在进行任何谈话时，管理者都必须记住，切不可以说到会触怒他人的话题上去。因为凡是在你面前听你讲话的人，一定会从你的语言中窥测你的个性，同时也在留意你日后是否会说他本人的许多坏话。

延伸阅读

杰克·韦尔奇的非正式沟通管理

美国通用(GE)公司执行总裁杰克·韦尔奇(Jack Welch)被誉为"20世纪最伟大的经理人"之一。在他上任之初，GE公司内部等级制度森严、结构臃肿，韦尔奇通过大刀阔斧的改革，在公司内部引人"非正式沟通"的管理理念，韦尔奇经常给员工留便条和亲自打电话通知员工有关事宜，在他看来，沟通是随心所欲的，他努力使公司的所有员工都保持着一种近乎家庭式的亲友关系。使每个员工都有参与和发展的机会，从而增强管理者和员工之间的理解、相互尊重和感情交流。一些企业和组织在公司的网站上设立了相关论坛、BBS公告等多种非正式的沟通渠道。在这些渠道当中，组织成员的沟通一般是在身份隐蔽的前提下进行的。所以，这些沟通信息能够较为真实地反映组织成员的思想情感和想法。对组织领导者来说，掌握了解这些信息资料是有利于他们日后的管理沟通工作的。

(二)语言沟通和非语言沟通

按沟通方式的不同，可以分为语言沟通和非语言沟通两种方式。

1. 语言沟通。

(1)语言的功能。语言是人类社会中客观存在的现象。语言不仅是信息传播最有效、最便捷的媒介，也是与他人共享文化经验及个人经验的工具。作为社会中约定俗成的符号系统，语言的基本功能有两个：一个是思维的功能，如马克思所说："语言是思想的直接现实"；第二个是它的沟通功能，它是不同个体之间沟通交流的桥梁，是不同个体心理活动彼此发生影响最有效的工具。

(2)如何进行常见的语言沟通。

①一般性谈话。一般性谈话是我们日常生活中遇到最多的沟通情境。这种沟通的关键在于如何选择话题。应对这种沟通情境主要有以下几个方面的建议：就近寻找话题；接近特点寻找话题，如家乡、学校、姓氏等；社会热点、时事新闻；家庭、年龄、性别。同时，我们还应该通过读书、实践来增长见识，平时有意加强沟通实践来提高自我谈话能力。

②求助于人。求助于人也是我们日常生活中经常遇到的沟通情境之一，为

了达到更好的沟通效果，实现得到他人帮助的初衷，还要注意以下几点：选择好求助对象（对方要有办事能力，不影响他人，不违法，对方愿意帮助）；注意方式、方法；注意积累求助对象的情感储蓄；学会感谢。

③如何表达分歧。日常生活中，由于每个个体对事物的认识水平、出发点、角度不同，会产生各种分歧。分歧是不可避免，我们对待分歧的总体原则是大事化小，小事化了。具体把握如下：及时解决；坦诚沟通；换位思考；不要争吵；有理不在声高；学会幽默。

④如何推销自己。我们日常生活中会不时地向外界推销自己，在求职、面对客户、向领导汇报等情境都需要有更好的推销方式。针对在校大学生，主要用到的是求职这种推销自己的方式，下面主要从推销方式、撰写个人简历和如何应对面试几个方面加以阐释。

推销方式。求职时推销自己的方式多种多样，归纳起来主要有自荐、求职信、广告、他人推荐、组织推荐等几种方式。莘莘学子应用最多的是撰写求职信、自荐材料等书面形式的求职方式。

求职信如何写。撰写求职信是有一定技巧的，一封求职信里要具备以下几点要素：表达从何处了解到贵公司要何人才（即你想得到什么职位）；我是谁；我能做什么；表达愿望（“希望”贵公司能给我一次面试的机会）；联系方式（邮箱、电话、邮编、通信地址等）。书写时要注意以下几点：不烦琐；无错别字；书信格式规范；有尊称；要感谢；实事求是、态度诚恳。

个人简历如何写（自传）。个人简历的方式：文字方式或表格方式（常用，一目了然）；个人简历的内容：个人简况，毕业院校、专业、通信地址，教育简历，专业简历，主修课程，英语水平，计算机水平，认证资格证，论文发表，获奖情况，实践与实习情况（最好让该公司写个证明附上），工作经历。

面试。面试是求职成功的最后一个环节，在这个环节中要注意的事项有：了解岗位情况；得体的自我介绍（三分钟以内）；交谈技巧（回答简练、不迎合、不固执、有个人特色、自信、礼貌、精神状态好）；态度谦虚、诚恳。

小故事

秀才买材

有一个秀才去买材，他对卖材的人说：“荷薪者过来！”卖材的人听不懂“荷薪者”（担材的人）三个字，但是听得懂“过来”两个字，于是把材担到秀才前面。秀才问他“其价如何？”卖材的人听不太懂这句话，但是听得懂“价”这个字，于是就告诉秀才价钱。秀才接着说“外实而内虚，烟多而焰少，请损之。（你的木材外表是干的，里头却是湿的，燃烧起来，会浓烟多而火焰小，请减些价钱吧。）”

卖材的人因为听不懂秀才的话,于是担着材就走了。

说明:用对方听得懂的语言进行沟通是沟通成功的保障。如果销售人员完全从技术的角度向消费者讲解产品的好处,那么效果一定不会太好。

(资料来源:http://fashion. yesky. com/joke/xsgs/475/3300475. shtml)

2. 非语言沟通。语言是人类区别于其他动物的重要标志之一,自从有了语言,人类的沟通才变得快捷,但语言并不是唯一的沟通工具。例如,日常生活中的一个眼神、一个标记,都会向其他人传递相应的信息。显然,非语言符号在人类的社会沟通中同样具有极其重要的作用。据统计,在人际沟通中,语言沟通占45%,非语言沟通占55%,且两种沟通方式是兼而有之的。

非语言行为在沟通中所起的作用非常明显,诸如加强言语、配合语言、实现反馈、传达情感、调解互动等。

(1)非语言沟通的种类有:①标记:如裁判手势、交易所的手势、交警手势等;②动作:如吃东西、夹菜、挤牙膏等;③物体:如花语(玫瑰代表爱情,康乃馨代表母爱)、物语(香槟代表胜利的庆祝)等;④听觉:如笑声、掌声、鼓声、惊讶声等;⑤视觉:感知外界物体的大小、明暗、颜色、动静等;⑥触觉:冷、热等信息;⑦嗅觉:气味信息。

知识链接

谁能得救

有一条船在海上遇难了,有三个幸存者被海浪冲到三个相距很远的孤岛上。第一个人大声呼救,但周围什么也没有。第二个人也高声呼救,恰好一架飞机飞过天空,但飞机上的人听不到他的声音。第三个人在呼救的同时点燃了一堆篝火,飞机上的人发现了孤岛上的浓烟,通知海上救护队把他救了出来。

虽然遇难的三个人都在向外联系请求救命,但由于沟通方式不一样,效果截然不同。第一个人没有信息的接受者,第二个人发出的信息未被对方辨认,只有第三个人既有信息的接受者,发出的信息又能被对方辨认,才实现了有效的沟通。

(资料来源:http://www. 168i. cn/soft/show. asp? id = 174620。)

(2)非语言沟通的特点。非语言沟通作为人类社会的沟通工具之一,具有与语言沟通明显不同的特点,具体表现为:无意识性、情境性、可信性、个性化和文化性(传统性)。例如,同样是“OK”一个词语,在美国代表“可以”,在突尼斯代表“杀父”,在日本代表“拿钱来”。

(3)几种常见的非语言沟通方式。①体态语。其主要形式表现为:表情、眼神、手势、走姿、头部动作、触摸语等;其特性表现为习惯性、心理表现性、含糊性以及多意性的特点。②空间语言。分心理空间和物理空间两种。不同的民族有不同的空间需求,总体来说,西方人需求的空间大于东方人需求的空间,故在东方的中国常出现"四世同堂"现象。③物体语。礼品语(如别人结婚不送雨伞;老人寿日不送钟);花语;装饰语(灯光、窗帘、色彩等);服饰语(场合、职业、角色、时间等)。④色彩语(象征语)。色彩(黑色代表庄重,白色代表纯洁,红色代表喜庆、绿色代表生命、黄色代表吉祥、蓝色代表宽阔)。

(三)单向沟通和双向沟通

沟通按照是否进行反馈,可分为单向沟通和双向沟通。

1. 单向沟通。单向沟通是指发送者和接收者两者之间的地位不变(单向传递),一方只发送信息,另一方只接收信息。单向沟通中双方无论语言或情感上,都不要信息的反馈。如做报告、发指示、下命令等。单向沟通的速度快,信息发送者的压力小,易于保持传出信息的权威性,适用于任务急、工作简单、无须反馈的情形。但是接收者没有反馈意见的机会,不能产生平等和参与感,不利于增加接收者的自信心和责任心,不利于增加接收者的自信心,不利于建立双方的感情,且较难把握沟通的实际效果。

2. 双向沟通。双向沟通中,发送者和接收者两者之间的位置不断交换,且发送者是以协商和讨论的姿态面对接收者,信息发出以后还需及时听取反馈意见,必要时双方可进行多次重复商谈,直到双方共同明确和满意为止,如交谈、协商等。双向沟通的优点是沟通信息准确性较高,接收者有反馈意见的机会,产生平等感和参与感,增加自信心和责任心,有助于建立双方的感情。然而,发送者随时可能受到接收者的批评与挑剔,因而发送者心理压力较大,同时信息传递速度慢,易受干扰且缺乏条理。

(四)上行沟通、下行沟通和平行沟通

按照沟通的方向,可以分为上行沟通、下行沟通和平行沟通。

1. 上行沟通。上行沟通是指下级的意见向上级反映,即自下而上的沟通。上行沟通的目的就是要有一条让管理者听取员工意见、想法和建议的通路,同时,上行沟通又可以达到管理控制的目的。上行沟通的作用在于:提供员工参与管理的机会;减少员工因不能理解下达的信息造成大的误失;营造民主管理文化,提高企业创新能力;缓解工作压力。有效的上行沟通尽管有很多途径,诸如意见箱、小组会议、反馈表等,但这些途径真正发挥作用的关键在于营造上下级之间良好的信赖关系。我们应明白:有效的上行沟通与组织环境和工作氛围直接相关,努力形成和谐的工作氛围是沟通工作的重要内容。

2. 下行沟通。下行沟通是指信息的流动是由组织层次的较高处流向较低处，通常下行沟通的目的是控制、指示、激励及评估。其形式包括管理政策宣示、备忘录、任务指派、下达指示等。有效的下行沟通并不只是传送命令而已，应能让员工了解公司的政策，计划的内容，并获得员工的信赖与支持，因而得以有效的期待，同时有助于组织决策和计划的控制，达成组织的目标。

3. 平行沟通。平行沟通又称横向沟通，是指与平级间进行的与完成工作有关的交流。平行沟通具有很多优点：第一，它可以使办事程序、手续简化，节省时间，提高工作效率。第二，它可以使企业各个部门之间相互了解，有助于培养整体观念和合作精神，克服本位主义倾向。第三，它可以增加员工之间的互谅互让，培养员工之间的友谊，满足员工的社会需要，使员工提高工作兴趣，改善工作态度。但是其缺点表现在，平行沟通头绪过多，信息量大，易于造成混乱。此外，平行沟通尤其是个体之间的沟通也可能成为员工发牢骚、传播小道消息的途径，造成涣散团体士气的消极影响。

在上述三种沟通形式中，平行沟通是最困难的。在公司里面，让老总们非常头疼的一件事是部门之间的不协调：拿着公司的钱，还互相不配合，却把精力用在互相扯皮、互相推诿上。平行沟通中最大的问题是我和你不谈。与财务部有疙瘩，我向采购部、营销部讲，我和别人都讲，我就和你当事人不讲，或者即便是讲了，对方也不积极响应，可以不买你的账，你说要财务部办理报销，我就不报销，我说账上没钱，这款付不了。所以大家感觉部门之间沟通难，实际上是因为这种沟通不是真心，不是发自肺腑之言。因此，在平行沟通中应注意主动、双赢、协作、关心、谦让以及体谅。

第二节　沟通机制与影响因素

一、沟通机制

沟通由四个基本要素构成，即信息的发出者、接收者、信息的内容以及传递的通道。各式各样的沟通过程都可以用如图 7－4 所示的沟通模型来反映，这一模型包括七个组成部分：沟通信息源、编码、信息、通道、解码、接收者和反馈。

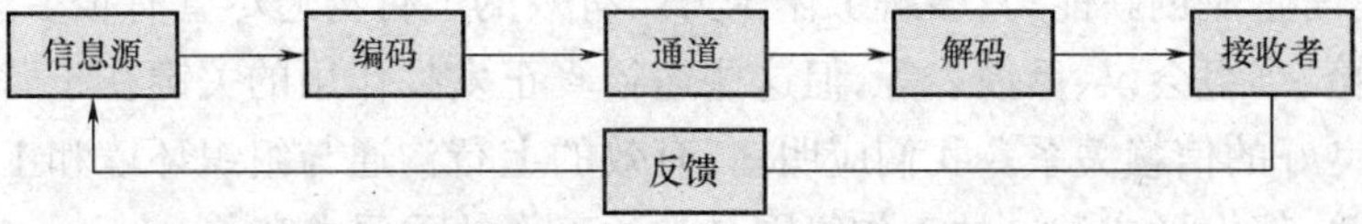

图 7－4　沟通模型

简单地说,沟通就是传递信息的过程。在这个过程中至少存在一个发送者和一个接收者,即发出信息一方和接收信息一方。信息在二者之间的传递过程一般经历了七个环节:

第一,发送者需要向接收者传递信息或者需要接收者提供信息。这里所说的信息是一个广义的概念,它包括观点、想法、资料等内容。

第二,发送者将所要发送的信息译成接收者能够理解的一系列符号。为了有效地进行沟通,这些符号必须适应媒体的需要。例如,如果媒体是书面报告,符号的形式应选择文字、图表或照片;如果媒体是讲座,就应选择文字、投影胶片和板书。

第三,发送的符号传递给接收者。由于选择的符号种类不同,传递的方式也不同。传递的方式可以是书面的,如信、备忘录等;也可以是口头的,如交谈、演讲、电话等;甚至还可以通过身体动作来表述,如手势、面部表情、姿态等。

第四,接收者接受符号。接收者根据发送来的符号的传递方式,选择相应的接受方式。例如,如果发送来的符号是口头传递的,接收者就必须仔细地听,否则,符号就会丢失。

第五,接收者将接收到的符号译成具有特定含义的信息。由于发送者翻译和传递能力的差异,以及接收者接受和翻译水平的不同,信息的内容和含义经常被曲解。

第六,接收者理解被翻译的信息内容。

第七,发送者通过反馈来了解他想传递的信息是否被对方准确地接受。一般来说,由于沟通过程中存在许多干扰和扭曲信息传递的因素(通常把这些因素称为噪音),使沟通的效率大为降低。因此,发送者了解信息被理解的程度也是十分必要的。图 7-4 中沟通过程的反馈构成了信息的双向沟通。

二、沟通的影响因素

围绕沟通的机制,影响沟通的因素有以下三个方面:

从信息发送者来看,与发送者的可信性、魅力、权威等个人品质有关。如果信息发送者是可信的、有魅力的、权威的,那么接收者对信息的个人解释程度就小,信息畸变的程度就弱,信息可以更好地传递和被执行。但是,如果信息接收者认为信息发送者是不可信的,不是权威的,也没有什么魅力,则会有更大的自我化解释,带来信息畸变。

从信息接收者来看,信息接收者的同理性、人格、智力、性别等个人品质也影响着信息。如果信息接收者具有同理心,能够从对方的角度思考问题,具有信任他人的性格,则更能接受信息,反之,如果具有多疑人格等,则会对信息有较大的个人化解释。

从信息本身来看,信息的内容以及信息的传达方式也影响着信息的传递。如果信息内容以确定的方式表达,对相关的概念给予准确的定义,行文严谨,则信息发生畸变的可能性就小,反之则大。同时,信息的排列方式,如纵向或横向的排列也影响着人的解释,带来信息理解的差异。

总之,沟通过程中,影响沟通的因素非常多。沟通要围绕信息的准确性来控制相关因素。

第三节　沟通障碍与技巧

一、沟通障碍

所谓沟通障碍,是指信息在传递和交换过程中,由于信息意图受到干扰或误解而导致沟通失真的现象。在人们沟通信息的过程中,常常会受到各种因素的影响和干扰,使沟通受到阻碍。

(一)沟通的组织障碍

管理中,合理的组织机构有利于信息沟通。但是,如果组织机构过于庞大,中间层次太多,那么,信息从最高决策层传递到下属单位不仅容易导致信息的失真,而且会浪费大量时间,影响信息的及时性。同时,自上而下的信息沟通,如果中间层次过多,同样也浪费时间,影响效率。

有的学者统计,如果一个信息在高层管理者那里的正确性是100%,到了信息的接收者手里可能只剩下20%的正确性。这是因为,在进行这种信息沟通时,各级主管部门都会花时间把接收到的信息自己甄别,一层一层地过滤,然后有可能将断章取义的信息上报。此外,在甄选过程中,还掺杂了大量主观因素,尤其是当发送的信息涉及传递者本身时,往往会由于心理方面的原因,造成信息失真。这种情况也会使信息的提供者畏而却步,不愿提供关键信息。因此,如果组织机构臃肿,机构设置不合理,各部门之间职责不清,分工不明,形成多头领导,或因人设事,人浮于事,就会给沟通双方造成一定的心理压力,影响沟通的进行。

相关链接

沟通漏斗

一个团队要共同完成一项任务,必须配合默契。一个企业要发展壮大,员工之间必须达成有效的合作,合作的默契源于沟通,是对沟通的升华。在工作中尽可能减少沟通漏斗,才能更好地理解,才能更出色地完成工作,还能避免他人不全面的或错误的理解影响人际关系。

沟通漏斗呈现的是一种由上至下逐渐减少的趋势,因为漏斗的特性就在于“漏”。对沟通者来说,是指如果一个人心里想的是100%的东西,当你在众人面前、在开会的场合用语言表达心里100%的东西时,这些东西已经漏掉20%了,你说出来的只剩下80%了。而当这80%的东西进入别人的耳朵时,由于文化水平、知识背景等关系,只存活了60%。实际上,真正被别人理解了、消化了的东西大概只有40%。等到这些人遵照领悟的40%具体行动时,已经变成20%了。因此,一定要掌握一些沟通技巧,争取让这个漏斗漏得越来越少。

(二)沟通的个人障碍

1. 个性因素引起的障碍。信息沟通很大程度上受个人心理因素的制约。个体的性质、气质、态度、情绪、见解等的差别都会成为信息沟通的障碍。

2. 知识、经验水平的差距导致的障碍。在信息沟通中,如果双方经验水平和知识水平差距过大,就会产生沟通障碍。此外,个体经验差异对信息沟通也有影响。现实生活中,人们往往会凭经验办事。一个经验丰富的人往往会对信息沟通做通盘考虑,谨慎细心;而一个初出茅庐者往往会不知所措。原因是信息沟通双方往往依据经验上的大体理解去处理信息,使彼此理解的差距拉大,形成沟通的障碍。

3. 个体记忆不佳造成的障碍。在管理中,信息沟通往往是依据组织系统分层次逐次传递的,然而,在按层次传递同一条信息时,往往会受个体素质的影响,从而降低信息沟通的效率。

4. 对信息的态度不同造成的障碍。这又可从不同的层次来考虑。一是认识差异。在管理活动中,不少员工和管理者忽视信息作用的现象还很普遍,这就对正常的信息沟通造成了很大的障碍。二是利益观念。在团体中,不同的成员对信息有不同的看法,所选择的侧重点也不相同。很多员工只关心与他们的物质利益有关的信息,而不关心组织目标、管理决策等方面的信息,这也成为信息沟通的障碍。

5. 相互不信任产生的障碍。有效的信息沟通要以相互信任为前提,这样才能使向上反映的情况得到重视,向下传达的决策迅速实施。管理者在进行信息沟通时,应该不带成见地听取意见,鼓励下级充分阐明自己的见解,这样才能做到思想和感情上的真正沟通,才能接收到全面可靠的情报,才能做出明智的判断与决策。

6. 沟通者的畏惧感以及个人心理品质也会造成沟通障碍。在管理实践中,信息沟通的成败主要取决于上级与上级、领导与员工之间的全面有效的合作。但在很多情况下,这些合作往往会因下属的恐惧心理以及沟通双方的个人心理品质而形成障碍。一方面,如果主管过分威严,给人造成难以接近的印象,或者管理人员缺乏必要的同情心,不愿体恤下情,都容易造成下级人员的恐惧心理,影响信息沟通的正常进行。另一方面,不良的心理品质也是造成沟通障碍的因素。

二、沟通技巧

所谓沟通技巧,是指管理者具有收集和发送信息的能力,能通过书写、口头与肢体语言的媒介,有效与明确地向他人表达自己的想法、感受与态度,亦能较快、正确地解读他人的信息,从而了解他人的想法、感受与态度。沟通技能涉及许多方面,如简化运用语言、积极倾听、重视反馈、控制情绪等。虽然拥有沟通技能并不意味着成为一个有效的管理者,但缺乏沟通技能会使管理者遇到许多麻烦和障碍。

面对日益复杂的市场竞争环境,顺畅的沟通是组织保持活力的有效保障。提升组织沟通效率既需要外部的力量,如商学院的教育水平、职业化的人力资源供给等,更需要企业从内部改善沟通的环境及机制。针对这些情况,要有效改善组织沟通,应从以下几个方面入手。

(一)组织应重视沟通者自身沟通技能的提高

提高组织沟通者自身的沟通技能是改善组织沟通的根本途径。因为沟通者自身就是组织沟通的行为主体,他们的文化水平、专业背景、语言表达能力和组织角色认识等因素直接影响(制约)沟通的进行。所以,本书认为企业应该注重以下几点:

1. 调整沟通心态。随着现代社会信息网络和通信技术的高速发展,人与人之间的沟通方式也变得多样和丰富。即使两个人相隔千山万水,他们之间的交流沟通也相当容易。表面看来,人们之间的沟通联络的确是越来越频繁了。实际上大多数沟通已成为一种为社会物质利益所驱使的表层化的行为,其效果是可想而知的。“开诚布公”、“推心置腹”、“设身处地”是悠久的中华文化积淀的闪光词汇,或许正是大多数现代企业沟通者所缺乏的一种沟通心态。所以,现代企业的组织沟通者不仅要做好企业运作的程序化信息沟通,同时也应重视组织成员之间的心灵沟通。

2. 学会倾听。倾听是沟通改善的重要方面。在人们长期的传统思维中,“沟通”是一种富有“动作性”的动感过程。自然而然,“倾听”这一“静态”过程就被许多沟通者忽视了,但倾听恰恰是沟通行为中的核心过程。因为,倾听能激发对方的谈话欲,促发更深层次的沟通。另外,只有善于倾听,深入探测到对方的心理以及他的逻辑思维，才能更好地与之交流，从而达到沟通的目的。所以，善于沟通的组织者必定是善于倾听的行动者。

3. 注重非言语信息。有关资料表明，在面对面的沟通过程中，那些来自语言文字的社交意义不会超过35%，换而言之，有65%是以非语言信息传达的。非言语信息包括沟通者的面部表情、语音语调、目光手势等身体语言和副语言信息。非言语信息往往比语言信息更能打动人。因此，如果你是组织沟通的信息发送者，你必须确保你发出的非语言信息有强化语言的作用。如果你是组织沟通的信息接收者，同样要密切注视对方的非语言提示，从而全面理解对方的思想、情感。

（二）有目的地健全组织的沟通渠道

沟通渠道对组织沟通效率的提高具有重要的决定意义。作为一个组织，要充分考虑组织的行业特点和人员心理结构，结合正式沟通渠道和非正式沟通渠道的优缺点，设计一套包含正式沟通和非正式沟通的沟通通道，以使组织内各种需求的沟通都能够准确及时而有效地实现。目前，大多数企业的组织沟通还是停留在指示、汇报和会议这些传统的沟通方式上。它们不能顺应社会经济的发展、组织成员心理结构以及需求层次的变化，而采用因人制宜、因时制宜的有效沟通方式，从而使组织成员的精神需求不能得到充分满足，如它们自我价值的实现和对组织的归属感、集体荣誉感和参与感的满足。

定期的领导见面和不定期的群众座谈会就是一种很好的正式沟通渠道，它也能切实解决上述存在的问题。在非正式沟通渠道方面，近年来采用的郊游、联谊会、聚会等形式是非正式沟通的良好方式。这些渠道既能充分发挥非正式沟通的优点，又因它们都属于一种有计划、有组织的活动而能够易于被组织领导者控制，从而大大减少信息失真和扭曲的可能性。随着科学技术的进步，网络技术也已被引入组织沟通领域，这正是组织沟通领域的变革和飞跃。网络因其快速、准确的特点，极大地提高了组织沟通的效率。另外，网络也因其“虚拟性”这一特点，为非正式沟通提供了良好的沟通平台。

（三）注重组织沟通反馈机制的建立

没有反馈的沟通不是一个完整的沟通，完整的沟通必然具备完善的反馈机制。否则，沟通的效果会大大降低。目前很多组织没有重视沟通反馈的作用，这应该引起组织沟通者的重视。

反馈机制的建立首先应从信息发送者入手。信息发送者在传递信息后，应该通过提问以及鼓励接收者积极反馈来取得反馈信息。另外，信息传送者也应仔细观察对方的反应或行动，以间接获取反馈信息。因为反馈可以是有意的，也可以是无意的。所以，信息接收者不自觉流露出的震惊、兴奋等表情都是反馈信息的重要组成部分。作为信息接收者，在沟通反馈中实际上处于主体地位。但他们往往因为信息发送者(通常是上级管理者)的权力威慑而不能客观准确地做出信息反馈,这就需要接收者端正沟通心态,以实事求是的态度对待信息沟通尤其是信息反馈。信息发送者也应积极接受接收者的反馈信息,使组织沟通成为真正意义上的双向沟通。

(四)注重组织沟通环境的改善

组织沟通总是在一定环境下进行的,沟通的环境是影响组织沟通的重要因素。这种环境包括组织的整体状况、组织中人际关系的和谐程度、组织文化氛围和民主气氛、领导者的行为风格等。

组织中和谐的人际关系是优化沟通环境的前提。平时组织领导者可以多开展一些群体活动(球赛、观看演出、聚餐等),鼓励工作中员工之间的相互交流、协作,强化组织成员的团队协作意识。这些措施一定程度上能起到促进人际关系和谐的作用。另外,组织成员之间也应尊重差异,促进相互理解,在此前提下的人际沟通也将更有效地改善人际关系。

组织中民主的文化氛围和科学的领导者作风是良好沟通环境的核心要素。所以,组织者应致力于营造民主的组织氛围,组织领导者也应适当地改善自己的领导风格和水平。

组织的沟通环境还包括地理环境因素。当组织采用会议沟通时,会议地点选在非常正式的会议室与选在风景旅游区相比,其沟通效果是大不一样的。杰克·韦尔奇在他的自传中曾提到,在他上任开始,为了更好地与他的领导班子交流以创造新的工作氛围,他邀请了14位高层管理人员到 Laurel Valley 静养了两天。最后他们在那里的交流达到了预想的效果。所以,组织沟通者应根据具体的沟通需求来选择恰当的沟通场所。如果沟通者需要传达某项执行决议或上层决策,最好选择比较正式的场所,以增强信息的传递和执行效果。沟通者若是要与组织成员协商、讨论某个难以达成共识的问题,或交流私人感情,最好选择气氛比较轻松的环境场所,这样便于沟通的顺利进行,同时也可以有效地避免沟通僵局的形成。

延伸阅读

自我沟通,良好心境

正如柏拉图说:“决定一个人心情的,不在于环境,而在于心境。”这位哲人能够不论在何种环境中都乐观积极,保持良好的心境,就是跟自己保持良好自我沟通的结果。心里想的什么样子,看到的就是什么样子,这就是自我信息的传送。同时,正确的积极的认识和信息摄入又通过自我反馈促进良好心境的形成,最终形成自我沟通和心境的良性循环。

早年间,英国有位哲人,单身时,和几个朋友一起住在一间只有七八平方米的小房子里,每天却总是乐呵呵的。别人问:"那么多人挤在一起,还有什么值得开心呢?"他说,朋友们住在一起,随时可以交流思想、交流感情,难道这不是值得高兴的事吗?

过了一段时间,朋友们都成了家,先后搬了出去,屋内只剩下他一个人,但他每天仍非常快乐。又有人问:"一个人孤孤单单,有什么好高兴的?"他说:"我有这么大的空间,还有那么多的书可以看,悠然闲适,怎不令人高兴?"

数年后,经济条件好了起来,他搬进了楼房,住一楼,仍是每天乐呵呵。有人说:"住一楼烦都不够烦的呢!"哲人却说:"一楼,进门就是家,还可以在空地上养花、种草。这些乐趣多好呀!"又过了一年,这位哲人把一楼让给一位家里有偏瘫老人的邻居,自己搬到顶楼。朋友又问:"先生,住顶楼有哪些好处?"他说:"好处了!每天上下楼几次,有利于身体健康;看书、写文章光线好;没有人在头顶上干扰,白天黑夜都安静。"

实训模拟

模块一:案例分析与思考

明娟和阿苏之间的矛盾

明娟不再和阿苏说话了。自从明娟第一天到爱通公司上班,她就注意到了阿苏,阿苏总是表现得冷漠疏远。开始,她认为阿苏是憎恨她的工商管理硕士学位,她在公司的快速提升,或者是她的雄心壮志。但是,明娟决心同办公室里的每一位同事都处好关系,因此她邀请阿苏出去吃午饭,一有可能就表扬他的工作,甚至还同他的儿子保持联络。

随着中西部地区营销主管的任命,所有这一切都结束了。明娟一直盯着这个职位,并认为自己有很大的可能得到这个职位。她同与她同一级别的另三位管理人员竞争这个职位。阿苏不在竞争者之列,因为他没有研究生文凭,但是阿苏的意见被认为在高层有很大的影响力。明娟的资历比其他的竞争者要浅,但是她的部门现在已成为公司的核心部门,而且高层管理多次对她进行褒奖。她相信,若阿苏好好推荐的话,她能得到这个职位。

但马德最后得到了提升去了陕西,明娟十分失望。她未能得到提升就够糟的了,使她无法忍受的是选中的竟然是马德。她和阿苏曾戏称马德为"讨厌先生",因为他们都受不了马德的狂妄自大。明娟觉得马德的中选对自己来说是一个侮辱,这使她对自己的整个职业生涯进行了反思。当传言证实了她的猜测——阿苏对决策的做出施加了重大影响之后,她决定把她同阿苏的接触降到最低限度。

办公室里的关系冷了下来，持续了一个多月，阿苏也很快就放弃了试图同明娟修复关系的行动，他们之间开始互不交流，仅用不署名的小便条进行交流。最后，他们的顶头上司威恩无法再忍受这种冷战气氛，把他们两人召集到一起开了一个会，“我们要待在这，直到你们重新成为朋友为止。”威恩说道，“至少我要知道你们究竟有什么别扭。”

明娟开始不承认，她否认她同阿苏之间的关系有任何变化。后来她看到威恩是严肃认真、誓不罢休的，只得说道：“阿苏似乎更喜欢和马德打交道。”阿苏惊讶地张大了嘴，吭哧了半天，却什么也说不出来。

威恩告诉明娟：“部分是由于阿苏的功劳，马德被安全地踢走了，而且以后你们谁也不用再想法对付他了。但如果你是对那个提升感到不满的话，你应该知道阿苏说了许多你的好话，并指出如果我们把你埋没到中西部去，这个部门会变得有多糟。加上分红的话，你的收入仍然与马德一样多。如果你在这儿的工作继续很出色的话，你就可以去负责一个比中西部地区好得多的地方。”

明娟感到十分尴尬，她抬头向阿苏看去，阿苏耸了耸肩，说道：“你想不想来点咖啡？”在喝咖啡的时候，明娟向阿苏诉说了在过去这个月里她是怎么想的，并为自己的不公正态度向阿苏道歉。阿苏向明娟解释了她所认为的疏远冷漠实际上是某种敬畏：他看到她的优秀和效率，结果他非常小心翼翼，唯恐哪儿阻碍到她了。

第二天，办公室又恢复了正常。但是一项新的惯例建立起来了：明娟和阿苏在每天的十点钟一起去喝杯咖啡休息一下。他们的友好状态使在他们周围工作的同事们从高度紧张中松弛下来了。

思考题：

1. 明娟和阿苏之间产生矛盾的原因是什么？
2. 威恩作为公司领导解决矛盾的方法是否可行？

模块二：管理游戏

瞎子走路

［项目简介］

通过亲身体验，让学生懂得沟通的技巧，体会信任与被信任的感觉

人数：两人一组

时间：5 分钟

场地：空地

［训练步骤］

两人一组（如 A 与 B），A 先闭上眼睛，将手交给 B，B 可以虚构任何地形或路线，口述注意事项指引 A 行进。如：“向前走……迈台阶……跨过一道小

沟……向左手拐……”然后交换角色,B 闭眼,A 指引 B 走路。

[训练要点]

作为被牵引的一方,应全身心信赖对方,大胆遵照对方的指引行事;而作为牵引者,应对伙伴的安全负起全部的责任,对一举一动的指令均应保证准确、清楚。另外,万一指令有错,信任受到怀疑后很难重建。

模块三:相关测验

你的沟通能力有多强?

因为互联网的普及,有很多人已经陷在虚幻的世界里不能自拔,或与不知是男是女的“情人”窃窃私语,或沉浸在网络游戏无尽的厮杀之中。久而久之,便会丧失现实世界中人与人之间的沟通能力。当你不得不回到真正的现实中的时候,就会觉得现实中的交流变得让你茫然无措,不知怎么办才好。

下面就来测一下,你的沟通能力退化了吗?

1. 你刚走进办公室,你的一位同事,悄悄地跟你说:“老板找你。”你会怎样应对?

A. 认为他在搞恶作剧。

B. 主动找老板询问是什么问题。

C. 马上向他打听。

2. 你所在部门只有一个提升机会,上司没有把这个机会给那个好像条件比你好的人,而是给了你。上任第一天,你如何对待那位曾经的竞争者?

A. 打听他的 QQ 号或者他经常进的聊天室,以不知情的方式和他聊天。

B. 不会找那个人,就当什么也没发生。

C. 请同事们吃饭,并向他表示你的诚恳。

3. 如果你是部门主管,发现你的下属经常早退,工作业绩有明显的下降,你会怎么办?

A. 定制度,早退罚款。

B. 每天在下班前,开个小例会,直到大家觉悟为止。

C. 找那些爱早退的人长谈,找出原因。

4. 当你看见自己的亲友或邻居为一些琐事争吵时,你会怎么处理?

A. 问清原因后加以劝解。

B. 在一旁观看,并防止意外发生。

C. 不闻不问,让他们吵。

5. 你的异性好友的追求对象邀请你一起吃饭。第二天,你的好友反复追问你谈话内容,你会怎么办?

A. 轻描淡写,淡化主题。

B. 只字不提。

C. 给好友提一些合适的建议。

选项得分分布情况：

	1	2	3	4	5
A	1	2	1	1	2
B	3	1	3	2	1
C	2	3	2	3	3

结果分析：

13～15 分：你有良好的与人沟通的能力，当有困难的时候，你总是有办法，因为你懂得如何表达自己的思想和情感，从而进一步获得别人的理解和支持，保持了同事之间、上下级之间的良好关系。在现实社会中你同样可以做得很好。

9～12 分：你已经在处理问题的时候暴露出了一些不当之处。当你遇到沟通障碍的时候，也很想解决问题，但是方法就没有那么得当了。你经常采用直接的、赤裸的方法，虽然真诚有余，但效果一定不佳，你还是处事灵活一些吧！虚幻和现实是有差距的。

5～8 分：你需要赶紧提升自己的沟通能力。你的沟通技巧比较差，常常让人产生误会，而自己还浑然不知，给别人留下不好的印象，甚至无意中还对别人造成伤害。有时你无法准确地表达或者根本不屑表达自己的想法和观点，这可不太好。

模块四：复习思考

一、单项选择题

1. 以下不属于沟通的个人障碍的是(　　)。

A. 沟通漏斗　　B. 知识、经验水平的差距所导致的障碍

C. 相互不信任所产生的障碍　　D. 个人见解不同所导致的障碍

2. 以下不属于正式沟通的是(　　)。

A. 链式沟通　　B. 环式沟通

C. 非语言沟通　　D. 轮式沟通

二、多项选择题

1. 以下哪些形式属于正式沟通(　　)。

A. 企业定期召开例会　　B. 公司晚宴中的交谈

C. 组织与组织之间的公函来往　D. 组织内部的文件传达

E. 小道消息

2. 按照沟通的方向可以分为(　)。

A. 上行沟通　　B. 下行沟通

C. 正式沟通　　D. 平行沟通

3. 正式沟通包括(　)。

A. 链式沟通　　B. 环式沟通

C. Y 式沟通　　D. 轮式沟通

E. 全通道式网络

三、思考题

1. 沟通的影响因素有哪些?

2. "沟通无效是由于信息发送者未能发送准确的信息。"你是否同意这一观点,请说明原因。

第八章

激励与组织行为

学习目标

1. 了解马斯洛需求层次理论和赫兹伯格双因素理论的基本内容，并明确其在实践中的应用；

2. 了解弗鲁姆期望理论的内容及其对我们的启示；

3. 了解亚当斯公平理论的内容及其在组织中的应用；

4. 了解斯金纳强化理论的内容及在组织中的应用。

开篇案例

雅芳公司的激励

美国雅芳产品有限公司(AVON Products, Inc.)是全美500强企业之一，1886年，“雅芳之父”大卫·麦可尼创立“加州香芬公司”(The California Perfume Company)。1939年，麦可尼先生以莎翁故乡一条名为“AVON”的河流重新为公司命名。一百多年来，雅芳人一直恪守着“信任、尊重、信念、谦逊和高标准”的雅芳价值观。如今，雅芳已发展成为世界上最大的美容化妆品公司之一，拥有43 000名员工，通过440余万名营业代表向145个国家和地区的女性提供两万多种产品，2005年销售总收入高达80亿美元。不久前，雅芳全国客户服务中心4PS联络中心国际标准认证仪式在广州启动，雅芳中国客服高级管理层和4PS标准组织代表等近20人出席了该仪式。

雅芳坚信，一个公司只有真正地珍惜员工，才能成为员工心目中最理想的公司。因此雅芳努力创造一个充满机会的环境，使之能够吸引、奖励有才干、有雄心及工作卓有成效的员工。雅芳努力指导员工完成令其得到报偿的事业，竭诚帮助员工，使员工感觉到在雅芳工作将会丰富他们的经验并促使他们发挥其最高潜能。不是公司选择最优秀的员工，而是最优秀的员工选择公司。

一、雅芳公司的激励方法

雅芳公司激励员工的方法并不是单一的，公司的管理者会从各个层次了解员工的需求，然后根据需求的比例来挑选最能成为员工激励因素的需求，作为对员工优秀表现的奖励。

(一)生理需求的激励

雅芳坚信，只有维持具有竞争力的薪酬福利，才能吸引、保留、鼓励和奖赏高绩效的员工，充分发挥雅芳人的力量。为了吸引和保留优秀的人才，雅芳提供的薪酬福利在劳动力市场上极具竞争力。公司依据国家和政府政策的要求，顺应公司外部和内部环境的变化，进行不断的评估、检讨和调整，确保公司的薪酬福利水平具有竞争力。

公司每年都进行薪酬调查，根据劳动力市场和外部环境的情况，并结合公司的经营状况和员工个人的绩效进行讨论，使雅芳员工的薪酬具有相当的竞争力。雅芳为了保留人才肯下本钱。在1998年由直销转型时曾一度陷入危机，为留住人才，在寻求解决问题方案的同时，公司引入住房福利，并为关键员工提供优厚薪酬，这使它在最艰难的1998年，人才流动率只有14.9%，保持了在人才市场上的竞争力。

（二）安全需求的激励

除了极具竞争力的薪酬与奖励以外，雅芳公司还很关心员工的未来，给员工提供了很多的保险。

1. 退休养老保险。雅芳根据各地的要求，为各地员工在当地向社会劳动保险机构办理养老保险，部分公司缴纳的养老保险金及全部员工个人负担的养老保险金都将进入员工个人账户，以确保员工退休时得到一定的退休金保障。

2. 社会保险。雅芳也遵守各地政府法规的规定为员工购买工伤、生育、失业（待业）等其他社会保险项目。

3. 全球雅芳公务出差保险。这是全球雅芳员工享有的一项福利计划，全部保险费由雅芳支付。在员工为雅芳公务出差时自动受保。如员工在公务期间发生意外事故，此保险计划将根据员工的受伤或损失程度为员工的家人提供最高不超过五年年薪的公务出差保险补偿。

4. 医疗福利。雅芳会按政府要求及外部环境变化，及时调整员工医疗政策以确保雅芳员工的医疗福利符合政策规定，并在市场上具有相当的竞争力。

充足的保障使雅芳的员工对自己的未来有了更大的信心，也有了奋斗的激情，尽自己最大的努力去工作，为他们热爱的公司创造更多的奇迹。

（三）社会需求的激励

雅芳为员工的工作创造了良好的工作环境，让每个员工都能在舒适的环境中工作。除此之外，如果一个员工在单位里不能和其他员工形成较好的人际交往关系，那么，他的工作也不会很顺利地进行，会严重影响他工作的效率。雅芳特别注重员工之间人际关系的培养，经常组织一些聚餐、聚会的活动，让员工有更多的机会交流，以便在以后的工作中能更好地合作，为公司创造更好的业绩。雅芳分享新婚员工的快乐，并为生育第一个孩子的员工发放适当的贺金，遇到员工生日，部门同事也会为其庆祝。

法定节假日，所有雅芳员工将有权享受每年10天的法定节假日；公司年假，正式员工会根据其服务年限，每年享受一定工作日的员工年假；探亲假，凡符合国家规定可享受探亲假的正式员工可获探亲假。员工可选择探亲假或公司年假，但不可以在同一年内享受两种假期；病假，根据正式员工在雅芳的服务时间及公司的政策，员工享受全薪及部分薪酬病假；根据国家有关政策与法规规定，员工享有婚假、丧假及产假；员工除享有国家规定的10天法定假日外，公司额外给予春节、中秋节、圣诞节等假期。

（四）尊重需求的激励

雅芳对于员工的奖励一直都很慷慨，对于员工的努力用奖励的方式予以肯定。公司设有员工服务奖。雅芳将鼓励并表彰长期服务于雅芳并为雅芳的成功做出贡献的员工的忠诚和奉献精神，公司将会在雅芳服务5年（及5年的倍数）时所有正式员工颁发员工服务奖。

（五）自我实现需求的激励

人是公司最宝贵的财富，这既是雅芳人力资源哲学的奠基石，也是雅芳培训及发展策略的一个长期的工作重点。雅芳旨在为员工提供高质量的培训课程和大量学习机会，令员工得到专业的知识和职业发展。雅芳相信，公司未来的发展取决于员工的知识、技能、经验与进取心。雅芳培训及发展功能的目标是：培训员工使其具备有效地履行工作任务和职责所需的技能、知识和态度；开发员工潜力，使其有能力承担额外的职责并为今后职位的提升做准备；发展员工的综合工作技能，使其能适应业务和组织变化的要求；推广和传播雅芳的公司文化。

雅芳对刚毕业大学生的培训长达一年，而见习人员的培训也有六个月，通常送他们到国外学习EIBS和其他各种MBA课程，亦可选择攻读其他与工作相关的课程，费用全部由公司支付。

（六）鞭策激励不松劲

雅芳推行绩效发展计划（PDP），其绩效考核精细到1分，定期对员工的工作目标和实际表现及成绩做出评价，对经理人员的考评尤其严格，不单看业绩，还看是否有效使用PDP工具考评下属，形成共识并以书面形式表达等，若在总体满意程度之下。不发奖金，亦不涨薪，而以违规方式，比如以不正当方式促销产品提升业绩，扰乱市场，影响公司长远利益的，视情况严重程度给予停薪停职或降薪降职处理。

二、企业与员工的“双赢”

雅芳董事会主席兼首席执行官钟彬娴说：“在21世纪，作为雅芳的一员，我们感到无比荣耀。这是公司历史上特殊的时刻，因为我们的努力与信念有助于给未来的女性创造更美好的生活和开创新的机会。然而这种机会也伴随着重大的责任。幸而在雅芳愿景、使命、价值观和原则引导下，我们不会忘却初衷，更不会迷失方向。”这是雅芳所有员工的心声，他们感谢公司给予的种种恩惠与机会，在满足基本需求之外，自身也得到了很大的发展，工作不单单只是工作，更是个人理想的追求，员工的价值得到了充分的展现。对雅芳公司来讲，员工是企业最大的财富，正是因为他们不辞辛劳地工作和不离不弃的陪伴，使公司渡过一个又一个的难关，屡创辉煌，在中国市场上开出了一片新天地。

第一节　内容型激励理论

内容型激励理论是研究需要这个激励基础的理论，是说明激励人们行为的特殊因素以及它们如何激起或引发人的行为，它着重对激励的原因及激励作用的因素等具体内容进行研究。由于需要和动机是推动人们行为的原因，也是激励的起点和基础，所以，研究需要的内容和结构以及如何推动人们的行为是内容型激励理论的主要任务。国外组织行为学研究最多的是内容型激励理论，包括马斯洛的需要层次理论、赫兹伯格的双因素理论、阿德弗的ERG理论和麦克利兰的成就需要理论。

一、需要层次理论

（一）需要层次理论的基本内容

美国心理学家亚伯拉罕·马斯洛在对默里著的《人格的探索》一书中列举的人类20种不同的需要进行分析归纳的基础上，于1943年出版了《动机激发论》，提出了“需要层次理论”。

马斯洛把人类的需要按其重要性和产生次序分为五个层次，也就是五个等级，如图8－1所示。

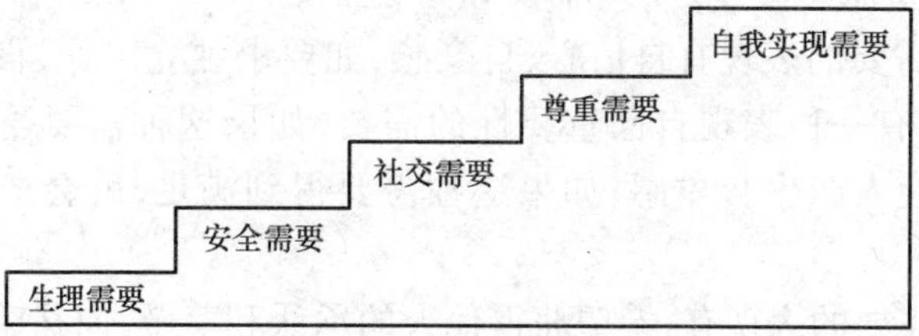

图8－1　马斯洛的需要层次

1. 生理需要。这是人类最原始的基本需要，是指衣、食、住、饥、渴、性等方面的生理机能需要。饥思食、渴思水、寒思衣、困思眠、疾病思医药。俗话说：“吃、喝、拉、撒、睡，谁也少不了。”这些需要如果不能满足，人的机体就要萎缩，生命就会受到威胁。因此，这些需要是人类最强烈、最迫切、不可回避的需要，由此而产生的动力和效力也是很强大的。当一个人的基本生理需要占很大的优势时，其他的需要就会放到次要地位。但是，生理的需要也是有限的，如果这种基本需要得到相应的满足，则其推动力就要相应地减少，它的激励作用也会相对地降低。

2. 安全需要。当一个人的生理需要得到一定满足后,自然会有安全的需要。安全需要包括四个方面:①经济上的安全,包括对疾病、职业危害、失业、财产剥夺等造成的经济生活贫困的担心;②心理上的安全,包括希望解除严酷的监督和威胁,避免遭受不公平的待遇;③劳动上的安全,包括不出事故,不患职业病,能胜任工作;④环境上的安全,包括不受意外、天灾、地震、战争等危害。每一个现实生活中的人都有安全需要。强调安全需要,是因为它直接影响到人们的工作情绪和态度。安全需要作为一种工作背景,它会影响到人们对工作的选择。安全感可靠的单位,职工的情绪稳定,工作热情高,无后顾之忧,人们会有较高的工作热情。但是还必须指出,个人如果过分强调工作的安全性,他的进取心、创造性就可能被抑制。

3. 社交需要。当生理需要和安全需要得到相应的满足后,就会产生社交需要。社交需要包括社交欲和归属感。社交欲说明人需要获得别人的同情、安慰和支持,需要友谊、伙伴和爱情,孤家寡人、离群索居是痛苦的。人们总是希望和别人保持友爱的关系,渴望互相信任和帮助。在一个冷眼相待、钩心斗角的人际环境里工作,心理不相容,行为不协调,就不可能激起人们正常的工作热情。归属感说明人渴望有所归属,希望成为某群体的一员。人们在工作、生活中自觉不自觉地把相同概念、相同倾向、相同思想的人结为一个无形的整体,以便在这个群体中得到关心和照顾,不感到孤独。

4. 尊重需要。当前三层的需要获得一定程度的满足后,尊重的需要就显得很重要了。尊重需要可分为自尊需要和他尊需要。

(1)自尊需要的表现有自信心、自豪感,如要求独立工作、自我成长、自我实现。人们都有一种表现自己重要性的需要,如果这种需要受到挫折,则会损害自尊心,使人产生自卑感;如果这种需要得到满足,就会产生胜任感、安慰感。

(2)他尊需要的表现有:希望获得他人的承认和尊敬,向往荣誉和地位,以及扩大自己的威望、权力和影响。威望是一种无形的力量,有了威望才能引起他人的敬仰。荣誉是社会或别人给予他的较的评价。人们一旦得到社会的承认和别人的认可,就有一种荣誉感。

尊重的需要是一种心理状态,它难以辨析,不易捉摸,而且尊重的需要是很难得到满足的。但是它一旦成为行为的动力,就会保持持久的激励作用,所以说,这是一种不可忽视的需要。

5. 自我实现的需要。这是一种最高级的需要,是指人们希望完成与自己能力相当的工作,使自己的潜在能力得到最充分的发挥,成为自己所期望的人。马斯洛说:音乐家必须演奏音乐,画家必须画画,诗人必须写诗,这样才会使他们感到最大的快乐。是什么样的角色就应该干什么样的事。我们把这种需要叫作自我实现的需要。这就是平时人们所说的一个人有理想、有进取心和创造性,其表现为有出色完成任务的欲望,喜欢承担挑战性的工作,把工作当作一种创造活动,有胜任感。同时,又希望通过努力工作取得成就,有成就感。

后三种需要的产生及其强烈程度与人的性格、志向、价值观及社会经历、文化程度、宗教信仰等有着紧密的联系,并在较大程度上受其制约。

马斯洛把人的需要分为五个层次,它体现了以下几个特点:

第一,这五种需要像阶梯一样从低到高,但是这五种需要不是完全固定的,它是可以变化的,也有种种例外的情况。

第二,生理和安全需要属于低级需要,尊重和自我实现需要属于高级需要,社交需要则属于过渡性的中间范畴。低级需要相对地满足了,就向高一级需要发展。

第三,人的低级需要是先天就有的,是由人的本能决定的;高级需要是后天习得的,是受环境的熏陶和意识的培养产生的。

第四,低级需要比较客观,容易发觉,是从外界的物质方面获得满足;高级需要则难以辨别,不易发觉,是从内在的精神方面寻求满足。每一个层次需要的满足都是相对的,不可能达到完全满足,越到上层,满足的程度越低。

第五,低级需要是有限度的,一旦得到满足,就不再成为激发人们行为的动力;高级需要往往不易满足,它对激发人的行为就具有持久的作用。

第六,在同一时期内,可能同时存在几种需要,因为人的行为是受多种需要支配的。但是,每一时期内总有一种需要占支配地位。任何一种需要都不会因为新的需要出现而消失,各层次的需要相互依赖和重叠。高层次的需要发展了,低层次的需要仍然存在,只是对行为的影响减弱了而已(如图 8 - 2 所示)。

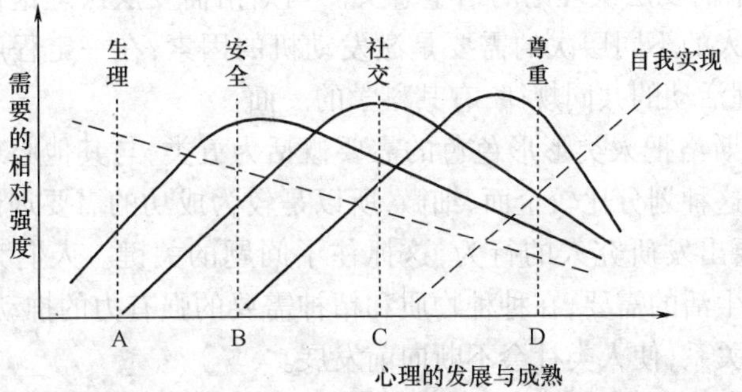

图 8 - 2　需要各层次之间的相互关系

(二)需要层次理论与管理

1. 需要层次理论在管理中的应用。据西方行为科学家反映,马斯洛需要层次理论自产生以来,在各组织中引起不少研究,从需要激励出发,出现了不少有趣的结果。比如,高层次的管理人员比低层次的管理人员较少看重安全和保障的需要,而更多地看重高级的需要。有人认为,这与职业的变化和发展过程有关。另外,把不同管理层次和不同管理类型加以比较,如大公司的管理人员和小公司的管理人员,美国管理人员和别国管理人员,发现他们有不同的需要水平。当然,需要层次理论也受到不少批评,如认为对人类的需要不应静态观察,而应动态观察等。尽管如此,马斯洛的需要层次理论仍对管理人员有很大的吸引力,因为个人需要问题是理解行为的关键因素。表 8-1 就是需要层次理论同管理措施密切结合的参考表。

表 8-1　需要层次与管理措施相关表

需要的层次	诱因(追求的目标)	管理制度与措施
1. 生理的需要	薪水、健康的工作环境、各种福利	身体保健(医疗设备)、工作时间(休息)、住宅设施、福利设备
2. 安全的需要	职位的保障、意外的防止	雇用保证、退休金制度、健康保险制度、意外保险制度
3. 社交的需要	友谊(良好的人际关系)、团队的接纳、与组织的一致	协谈制度、利润分配制度、团体活动制度、互助金制度、娱乐制度、教育训练制度
4. 尊重的需要	地位、名分、权力、责任、与他人薪水之相对高低	人事考核制度、晋升制度、表彰制度、资金制度、选拔进修制度、委员会参与制度
5. 自我实现的需要	能发展个人特长的组织环境、具有挑战性的工作	决策参与制度、提案制度、研究发展计划、劳资会议制度

2. 马斯洛需要层次理论的借鉴意义。马斯洛需要层次理论作为一种激励理论,它强调人的不同层次的需要是激发动机的因素,在一定程度上反映了人类行为和心理活动的共同规律,有其科学的一面。

第一,马斯洛把人类形形色色的需要概括为五类,与其他心理学家对需要的分类相比,这种划分比较全面、细微,所以是较为成功的需要理论。并且马斯洛从人的需要出发研究人的行为,这抓住了问题的关键。人们为了生存的需要,为了更好生活的需要,在种种物质和精神需要的强有力的推动下,发展生产力,变革生产关系,使人类社会不断向前发展。

第二,马斯洛把生理需要作为需要结构的基础,列为第一需要,认为它是原始的最基本的需要,这是正确的,有一定的参考价值。

第三，马斯洛需要层次理论所指出的需要层次以及需要由低级向高级发展的趋向，反映了人的心理发展过程。撇开需要的社会内容，就心理发展的形式来看，同样适用于我国劳动人民。

第四，马斯洛的需要层次论指出了在每一个时期都有一种需要占主导地位，而其他的需要则暂时处于从属地位，这一点对企业管理工作还是有启发意义的。

第五，马斯洛把需要分为低级需要（即物质需要）和高级需要（即精神需要）也很有意义。物质需要从外部使人得到满足，所以是有限的；精神需要从内部使人得到满足，所以是无限的。这为企业管理提出了调动积极性的工作方向和内容。在企业管理中，要分清需要的不同性质，从物质和精神两方面去满足职工的需要。

二、阿德弗的需要理论

美国心理学家阿德弗根据对工人进行的大量调查研究的结果，认为一个人的需要不是分五种，而是分三种：生存、相互关系和成长。他的三种基本需要理论简称为 ERG 理论，E 为 existence（生存）的第一个字母，R 为 relatedness（相互关系）的第一个字母，G 为 growth（成长）的第一个字母。

（一）阿德弗需要理论的基本内容

1. 生存的需要。生存的需要是指人在衣、食、住、行等方面的物质需要。这种需要只有通过钱才能满足，相当于马斯洛的生理和某些安全需要。这是最基本的需要。

2. 相互关系的需要。相互关系的需要是指个人在工作环境中与他人之间的人际关系。在人的生存需要得到满足以后，自然就会要求通过与别人分享和交流感情来满足相互关系的需要，这种需要类似于马斯洛的安全、社交和某种尊重的需要。

3. 成长的需要。成长的需要是指个人在事业和前途方面的发展。成长需要的满足表现为个人所从事的工作能否充分发挥他的才能，以及通过工作能否培养新的才能。成长的需要相当于马斯洛的自我实现和某些自我尊重的需要。

阿德弗认为，作为企业管理人员，应该了解职工的真实需要。这种情况如图 8 –3 所示。

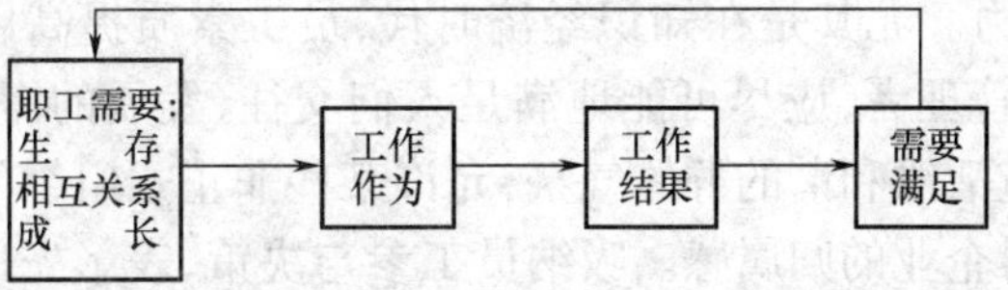

图 8 –3　阿德弗的工作需要与工作成果的关系图

图 8－3 中，职工需要可分为三类，各人的需要是不同的。各人不同的需要会导致他们工作中的不同行为表现，最终决定了他们不同的工作结果。这些结果可能能满足他们的需要，也可能不能满足他们的需要。管理人员要想控制下属的工作行为，首先要了解他们的真实需要，同时，通过控制工作结果，使之成为能满足下属需要的东西和报酬，达到控制他们的工作行为的目的。如果管理人员不能控制那些对下属人员的需要起作用的工作结果，那么，他也就不能影响下属的工作行为。

ERG 理论是以三个主要论点为基础的：①某个层次的需要得到的满足越少，则这种需要越为人所渴求；②较低级的需要得到较多的满足，对较高级的需要渴求就越强；③较高级的需要越是满足得少，则对较低级的需要的渴求也越多（即满足上升、挫折倒退的规律性）（如图 8－4 所示）。

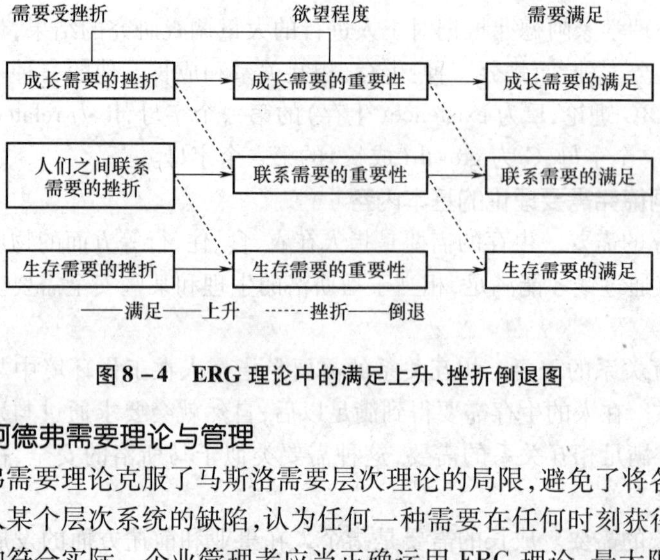

图 8－4　ERG 理论中的满足上升、挫折倒退图

（二）阿德弗需要理论与管理

阿德弗需要理论克服了马斯洛需要层次理论的局限，避免了将各种需要概念化地纳入某个层次系统的缺陷，认为任何一种需要在任何时刻获得满足的需要理论更加符合实际。企业管理者应当正确运用 ERG 理论，最大限度地发挥激励作用。

1. 重视高层次需要的满足。一般来说，低层次需要容易得到满足，对大多数人来说，生理和安全需要已不成问题。当然，这并不是说可以忽视基础性工作，可以在生活保障、安全措施等方面放松。然而，对高层次需要的满足将会产生持久的激励动力。尤其是在知识经济时代，员工素质提高后，高层次需要更迫切。作为企业管理者，应尽可能地满足人们交往、发展的需要。要让员工多与外界交往，创造活泼和谐的群体气氛，允许某些非正式组织的存在，同员工交朋友，增强员工对企业的归属感。吸纳员工参与决策，表彰先进典型；为员工提供进修培训的机会，给有创造和贡献的员工晋职、晋级、提薪。

2. 了解不同人的需要。人们在生存、关系和成长需要上是不相同的，不同文化层次、不同年龄段和不同职位层次的人需要的重点也不一样。管理者需要根据员工需要的内容设计激励策略，使员工能满足其最迫切的需要，实现最佳激励效果。

3. 要注意需要的转化。ERG 理论不仅体现了满足——上升这一方面，而且体现了挫折——倒退这一方面。人们的需要不仅会由低向高上升，而且会逐层由高向低下降，甚至会出现跳跃。管理者要防止需要反弹，并依据需要转化原理分析员工行为变化的原因，找到解决员工受挫折的办法，使员工避免挫折和后退性行为。

知识链接

80 后：管理还是激励

宝岛眼镜公司总经理王智民先生这几年在员工管理上遇到了一个问题，那就是父母往往是一个员工是否离职的重要原因。这些新员工大多是 1980 年之后出生的，作为独生子女，他们从小到大都生活在父母无微不至的呵护之中。所以父母对他们进入宝岛眼镜公司之后的情况很关心，自己的孩子如果在工作上不是很开心，父母们往往会说“不开心就回来吧，反正家里也不缺你挣的这一点点钱”。

宝岛眼镜公司来自中国台湾，目前在内地有 400 多家连锁店。这家公司对员工的培训非常重视。眼镜行业是个“半医半商”的行当，销售人员需要相对专业的光学、生理学方面的知识。新员工进来之后，一般需要半年左右的培训时间。1997 年宝岛眼镜到内地发展，第一站是厦门，当时找不到合适的员工，招来的员工都要经过严格的培训。那时的培训强调军事化，追求“铁的纪律”。曾经有一名员工在培训时为了达到近乎苛刻的标准，一面玻璃连续擦了八个小时。这种类似“魔鬼训练”的培训要给员工灌输的是“小细节、大关键”的理念。

但是这种培训方式对于“80 后”一代的年轻人似乎不太合适了。王智民开始将培训的主旨从“铁的纪律”向“爱的教育”转变。员工刚刚进入公司的时候，他的父母会收到一封感谢信，为其子女能够来宝岛眼镜工作而向他们表示感谢；年底的总结大会上，优秀员工的父母会被请到公司，与自己的孩子一起分享在公司取得的成绩和荣耀。而在具体的培训过程中，原来那种大量灌输和不断考试的方法明显不行了，于是就将大家分成不同的小组，让他们深入讨论，尽量提出自己的看法，然后让不同的小组相互竞争，这样能有效地激发大家的创造力和积极性。

王智民遇到的这个问题对很多管理者来说并不陌生。随着大量的“80 后”进入工作岗位，开始他们的职业生涯，如何管理这些人就成为一个问题。他们大多是独生子女，生活环境相对优裕，这些人成长的年代也是整个国家逐步改革开放、经济迅速发展的年代。因此，他们的经历、视野和抱负与前面几代人有明显的区别。从心理特征上来看，他们自信、独立，个性张扬，自尊心强，与之对应的就是承受压力的能力不强，很容易产生挫折感，缺乏吃苦耐劳的精神，被称为"草莓族"——外表光鲜，但稍有压力就不能支撑。从消费行为上看，"80后"一代的品牌意识很强，讲究品质，对价格相对不敏感，喜欢时尚流行的产品。这些在家里被父母百般呵护的年轻人一旦进入企业，其个性特点肯定就对企业的管理形成一定的冲击。

毫无疑问，原来那些曾经对20世纪六七十年代出生的人相对有效的管理方法就要有所调整和变化。"80后"追求自我，注重短期利益，职业流动性也相对要高些。因此，原来那种强调愿景和价值观，强调纪律和自我约束的管理方式，在"80后"身上可能就不容易起到很大的作用。在宝岛眼镜公司，以"爱的教育"为主题的培训结束，员工正式走上自己的工作岗位之后，公司要为他们指定"保姆"（一般是分公司的副总经理），并建立"店长惩罚制度"，员工遇到工作生活上的问题，可以直接找这位"保姆"解决，如果新员工在店里受到老员工的欺负，店长也会受到相应的惩罚。这样做的目的是让他们迅速适应新的环境。大约半年之后，这些新员工会稳定下来，逐渐认同企业的文化并成为其中的一分子。

在很多人看来，企业管理上的代际冲突似乎并没有这么明显，而管理的一般原则肯定适合这些"80后"的年轻人。不过，这些人忽略了一个基本的事实：一代人有一代人的文化，一代人有一代人的企业。当年IBM统治计算机市场的时候，它的蓝色文化可以算作那个时代企业的象征，严谨、统一、等级明显。随着时代的变化，IBM的文化也在发生变化，但是很明显，新一代的人希望有更为灵活的企业文化。微软的兴起可以算是新的象征，没有官僚式的繁文缛节，工作机动灵活，被年轻人尤其是喜欢无拘无束的年轻人视为理想的企业。作为互联网时代的代表企业，Google又在创造新的企业组织文化，工程师的自由支配时间，小团队合作方式，将娱乐与工作结合在一起的组织氛围，这一切更符合新一代人的追求。

与出生于20世纪六七十年代的人相比，"80后"在当前的中国似乎应该可以算作代际特征最为明显的一代人。事实上，很多出版商对"80后"年轻人的需求有比较明确的把握。市面上最近"励志"、"成功"类的书比较多，年纪稍微大些的人对这些书基本上不怎么认同，但年轻人需要它。因为出版商明白，这些年轻人是在父母的鼓励声中成长起来的，他们在某种程度上对鼓励和表扬已经形成了心理依赖，而励志、成功类的图书恰恰可以提供这样的心理按摩。

随着这一代人逐渐进入职场，在不断成长的过程中，他们肯定会改变我们的组织文化，会形成他们自己新的企业文化。目前也许可以看作几代人相互适应的过程，对于“80后”来说，也许激励会比管理和控制更好一些。

三、激励—保健因素理论(双因素理论)

(一)双因素理论的基本内容

双因素理论是美国心理学家弗雷德里克·赫兹伯格于1959年提出来的。赫兹伯格的双因素理论认为，主要是从内部，即工作本身来调动人的内在积极性。双因素理论开创了激励的新观点。赫兹伯格根据观察研究得出两个结论：

第一，他认为有些出自工作本身的因素可以构成对职工的很大强度的激励和对工作的满足感。这类因素的改善能够激励职工的积极性和热情，从而推动生产率的增长，而且它具有较长时期的激励效能。赫兹伯格根据调查资料，把这类因素概括为六点：工作上的成就感；工作上得到认可和奖赏；工作本身具有挑战性；工作职务上的责任感；工作有发展前途；在工作上有得到发展成长的机会。他认为，如果不具有这些因素，虽然也会引起职工的不满，但影响不是很大，不会构成很大的不满意。赫兹伯格把这类因素称为“激励因素”。

第二，有些来自工作环境的因素有缺陷或不具备时，会引起职工的不满意，改善这些因素只能消除职工的不满，并不能使职工受到巨大的激励，不能促进生产率的增长。根据调查，赫兹伯格把这类因素概括为：公司的政策与行政管理；技术监督系统；与上级主管之间的人事关系；与同级之间的人事关系；与下级之间的人事关系；工作条件、薪金；个人的生活；工作的安全性等。他把这类因素称为“保健因素”，意思是说只能防止疾病，不能医治疾病。这些外在因素的改善只能防止消极怠工，保持积极性，维持工作现状，当它们有缺陷或不具备时，就会引起人们的不满意。赫兹伯格将调查结果按满意与不满意因素做了如下综合分析(如图8-5所示)。

根据以上分析，赫兹伯格认为，传统的满意—不满意观点(即满意的对立面是不满意)是不正确的。满意的对立面应该是没有满意，不满意的对立面是没有不满意，激励因素和保健因素的满足程度又具有连续性(如图8-6所示)。

(二)对双因素理论的评价

赫兹伯格提出双因素理论后，引起管理界极大的重视，也遭到了许多非议。有人认为满意问题是非常复杂的，当一个人对工作感到满意时，并不等于其生产效率就高，而不满意时也并不见得生产效率就低。人因为种种原因可以在不满意的条件下达到较高的生产率。赫兹伯格在社会调查时仅仅以满意不满意

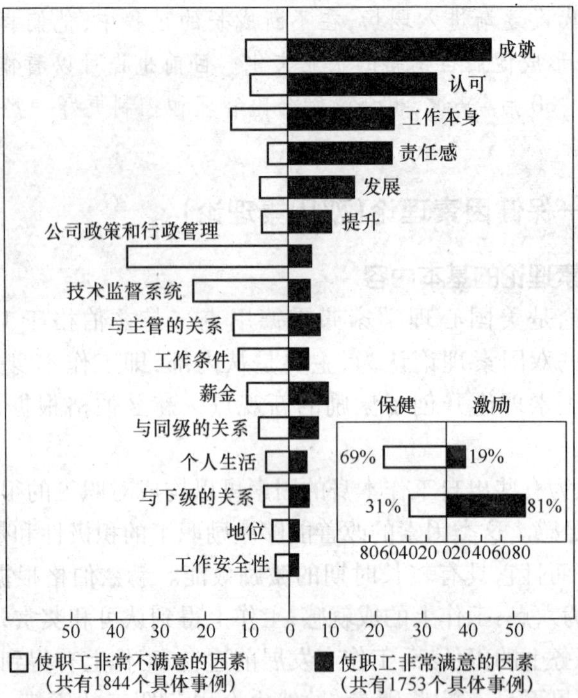

图 8-5　满意与不满意因素的比较

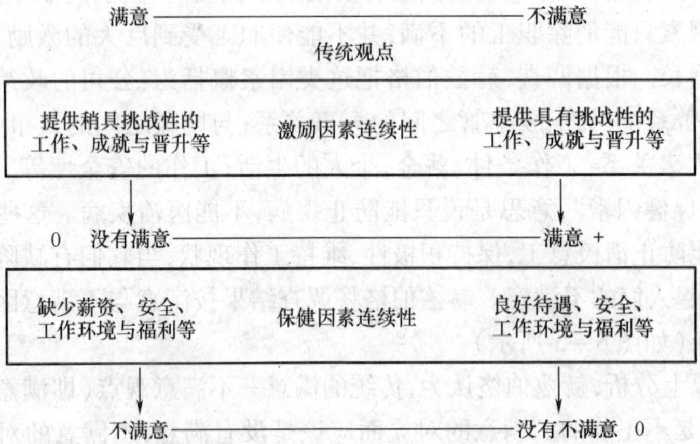

图 8-6　赫兹伯格的观点

作为标准,没有科学地说明满意感与生产率的关系,因而有人对双因素理论的可信度提出了怀疑。还有人认为赫兹伯格的调查对象都是会计师、工程师等专业人员,这些人仅仅是职工的一个组成部分,而且是较小的部分,其代表性不够,因而对双因素理论的普遍性提出质疑。还有人认为按照一般心理状态,人们都有心理自卫能力，被调查者将满意的事统统归于自己，不满意的事都归于外部条件，这也让人怀疑该理论的可靠性。尽管有来自各方面的批评，但20世纪60年代中期以来，双因素理论还是越来越受到人们的注意。

（三）双因素理论的应用

赫兹伯格的双因素理论虽不一定完全适合中国的情况，但他所提出的保健因素和激励因素是确实存在的，而且它们所起的不同作用也已为事实所证明。

1. 企业经营管理者首先要注意保健因素。具备必要的保健因素才不会使职工产生不满情绪，从而调动和保持职工的积极性。更重要的是了解什么是激励因素。赫兹伯格提出的成就、责任心、发展、成长等因素的确应引起管理者的重视。

2. 赫兹伯格提出的“内在满足”和“外在满足”，即“内在激励”和“外在激励”以及“正激励”和“反激励”的问题，值得我们研究。

“内在满足”是指个人从工作本身得到的满足；“外在满足”是指个人在工作之后得到的满足。人们工作动机的强弱、工作热情的高低，在很大程度上是依附对工作满足感的期望。满足感来自管理人员所提供的外在报酬和工作的内在满足。工作对一些人来讲仅仅具有单一的职能，他们要么对工作采取无所谓的态度，要么把工作当作换取需求的等价物，因而有时会对工作产生厌恶。有的人不仅把工作当作满足生活需求的手段，而且把工作当作寻求社会满足和得到社会尊重的途径，当作表现能力、施展抱负、获得成就、发挥创造力的机会，因而他们会对工作产生极大的兴趣。内在满足的激励作用比外在满足的激励作用持久、稳定，所以，经营管理者要创造条件，尽量满足人们的内在需要。国外调查资料研究表明，要使工作能满足人们的内在需要，必须让人们在工作中学到东西，对工作质量有一定的难度要求，人们对工作标准、工作方法、工作时间等有较大的自行确定权。

3. 在众多因素中，“成就”和“社会的认可与赞赏”有比较大的激励作用。人们通过努力取得了成就，就有荣誉感和胜任感，有较高的士气和精神状态，有的人会沿着正确的方向，继续努力争取更大的成就；有的人会沾沾自喜，骄傲自大，固步自封。如果通过努力没有取得所预期的成就，心理上就会有一种失败感，有的人会总结教训，继续努力；有的人会从此萎靡不振。

4. 运用双因素理论，使职工工作丰富化，满足职工高层次的需求也很有意义。分工专业化、流水线作业带来了工作成效，同时也带来了工作的单调、乏味，影响人们的工作热情。一般来说，工作丰富化也可以朝两个方向发展，一个是垂直工作加重，一个是水平工作加重。垂直工作加重是指重新设计工作，给员工更多的责任感和完成感。水平工作加重是指员工完成更多的前后工作程序，使员工有对工作的整体感、社会责任感、对自我能力的发展感。

5. 运用双因素理论,承认、照顾工人的个体差异,也能满足人们的内在需要。也就是说,组织在设计工作时,要考虑不同工人的不同情况。

运用双因素理论,正确运用表扬激励,创造一个竞争的环境,增强人们的进取心和荣誉感。一个人的工作取得了成绩,一旦得到同事或领导的承认和正确评价,意味着得到了社会的认可,对人们的积极性会有较大的激励。所以,有效地运用表扬"武器"是领导的艺术。

四、成就需要理论

(一)成就需要理论的基本内容

成就需要理论是美国哈佛大学麦克利兰教授 20 世纪 60 年代提出来的。一般来讲,行为科学对人们态度转变的心理过程探索比较多,而对态度转变的教育培训研究比较少。麦克利兰及其同事在进行了二三十年深入的观察研究后,将人的需要分成三种:成就需要、友情需要和权力需要,并就成就需要理论做了大量的研究,提出了一套实验、训练方法,为行为科学的研究开拓了新的领域。

成就需要理论的基本要点是:

第一,具有强烈成就需要的人,把个人的成就看得比金钱更重要。一个人在工作上取得了成功或者攻克了难关,解决了难题,从中得到的乐趣和激情会大大超过物质的激励。肯定、承认他的进步和成就是对他最好的奖励。

第二,具有高度成就需要的人对企业和国家都有重要的作用。一个公司拥有这类人越多,它的发展越快,获利越多。一个国家拥有这类人越多,越兴旺发达。据麦克利兰调查,英国在 1935 年国民经济情况很好,当时英国拥有高度成就需要的人数在 25 个国家中名列第 5 位。第二次世界大战后,英国经济走下坡路,1950 年再做调查,英国具有高度成就需要的人在 39 个国家中名列第 27 位。

第三,对如何发现高度成就需要的人,麦克利兰教授等人做了一系列的心理实验。比如,进行想象力的实验,让被试者用很短的时间看一张照片,然后用 5 分钟的时间对图中所暗示的内容写一个想象出来的故事,故事要反映这样几个问题:①图中发生了什么情况?②图中是什么?他正在想什么?③将会发生什么事情?会产生什么结果?对同一张照片不同的受试者往往会有不同的反应,他们的回答很大程度上反映了他们各自的内心需要。分析者可以根据这些回答确定受试者的需要及其强弱程度。

第四,高成就需要的人是可以通过教育培养的。为此,麦克利兰在美国、墨西哥等地进行了这种培训实验。在联合国的帮助下,他又在印度办过培训班,据报道,取得了很好的效果。

(二)具有高度成就需要的人的特点

麦克利兰的研究发现,具有强烈成就需要的人具有以下三种品质:

1. 这种人喜欢能够发挥独立解决问题能力的工作环境。如果不是独立地解决某一问题,他们就不会感到取得了成就;如果问题的解决是靠碰巧或者靠外界的帮助,他们会感到不满足。只有问题是靠他们自己的力量解决的,他们才会感到满足。因此,组织应该让这种人承担富有挑战性的工作,并给他们一定的自主权。

2. 这种人事业心强,有进取精神,也比较实际,敢于冒一定的风险,但不赌博。他们对成功有强烈的要求,也强烈担心失败。他们为自己树立具有一定难度但又是能达到的目标。他们对风险采取现实主义态度。如果目标太低,就没有多少成就可言,也不能满足他的成就需要;如果目标太高,难以达到,成就需要照样不能满足。所以说,他们大都是进取的现实主义者。

3. 这种人经常需要明确的、不间断的、关于进展的反馈。如果他们能够从上级得到嘉奖,提升工资,晋升职位,就会感到莫大的成就感。

麦克利兰有一种看法,认为不发达国家的经济不发达的原因之一,是缺乏高成就需要的人,因此特别需要这种培训。

(三)成就需要理论的管理学意义

成就需要理论对企业家队伍建设、人力资源开发、促使员工做出更大的成绩、提高组织成员的整体绩效,具有重要意义。

1. 鼓励全社会成员充分地调动和激发企业家才能。拥有高成就动机的社会将拥有更多的奋发有为的企业家,这些企业家反过来又会更快地推动经济增长。

2. 激励具有成就需要的人做出更大成就。要为具有成就需要的人设置难度适中的目标,安排具有一定风险的活动和挑战性强的工作。

3. 确立追求卓越和完善的高标准。坚持行动的卓越和完善,树立高标准的业绩要求,增强员工的成就感。让人们各尽所能,并对达到标准、做出成绩的人给予及时肯定、承认和奖励,使人力资源得到更为合理的安排。

第二节 过程型激励理论

激励的内容型理论是说明如何促使管理人员更好地认识激励员工行为的特殊因素。但是,这些理论不能使人理解人们为什么选择这种特殊的行为方式去完成工作目标。这个选择问题是由激励的过程型激励理论来说明的。过程型激励理论着重探讨激励的心理过程以及行为的指向和选择，说明行为怎样产生、怎样朝一定方向发展、怎样保持下去以及如何结束整个过程。它主要包括目标设置理论、期望理论和公平理论。

一、目标设置理论

目标设置理论是从行为的目的性这一角度对行为动机进行研究的，它与目前国际上流行的目标管理有着密切联系。它为目标管理提供了理论依据，同时又发展了目标管理方法，自20世纪60年代末第一次提出来就受到了理论界和管理者的广泛重视。该理论由美国管理学家查尔斯·L. 休斯和心理学教授洛克提出。

（一）目标设置理论的内容

1. 目标设置的意义。目标设置理论认为，目标是人们行为的最终目的，是人们预先规定的、合乎自己需要的“诱因”，是激励人们的有形的、可以测量的成功标准。达到目标是一种强有力的激励，是完成工作的最直接的动机，也是提高激励水平的重要过程。成长、成就和责任感的需要要通过目标的达成来满足。从激励的效果来看，有目标比没有目标好，有具体的目标比空泛的、号召性的目标好，有能被执行者接受而又有较高难度的目标比随手获得的目标好。重视目标和争取达到目标是激发动机的重要过程。

2. 目标设置的标准。要使目标能够影响组织成员的行为，目标必须符合三个重要标准（如表8－2所示）。

表8－2　目标设置标准

	具体性	难度	认同
有效的例子	以后的6个月中，销售额增长20%	明年实现市场份额增长10%	这是我的目标，我个人关心目标的实现
无效的例子	在以后的一个短期内尽你最大努力增加销售额	明年完成市场份额增长1%的计划	这个目标不可能达到和超过，看谁去实现目标？

（1）目标设置的具体性。这是指目标必须能精确观察和测量（如生产产品的数量单位、次品率、新销路或顾客投诉次数等），要规定实现目标的时间（如一个月、半年或一年）。对目标的表达要避免含糊和一般化，摒弃“尽可能”、“尽你的努力”和“在一定时间内”等模糊字眼。

（2）目标设置的难度。目标难度与激励之间有着清楚的关系，目标难度越大，激励和绩效水平越高。当设置的目标具有挑战性时，目标就能激发个体行为。如果设置的目标易于达到，那么人们就会按部就班地工作，目标设置就是无意义的;如果设置的目标难度太高,人们认为高不可攀,望而却步,目标也会失去激励作用。

(3)目标设置的可接受性。设置的目标必须为个人所接受,被个人内在化。要使个人感到参与了目标制定过程,感到目标是个人的投资和占有,鼓励下属自己设置目标,把管理者的目标变成下属自己的目标,让下属认同和关心它。

3. 目标的实现。心理学家认为,可以把难度很高、庞大复杂的目标划分为若干个阶段性目标,通过"小步子"逐一完成,最后达到总目标。这是实现艰巨目标的有效方法。尤克尔和莱瑟姆提出了把目标设置、员工参与、注意个别差异和解决目标艰巨性等因素结合运用的目标设置的综合模式,霍尔提出了"目标——努力——工作绩效——自尊心、责任感——更高目标"的心理循环模式,休斯则提出管理者要使员工明确和达成个人目标,把组织目标与个人目标结合起来,并使个人目标有实现的可能。

(二)目标设置理论的管理学意义

目标设置理论是组织行为学中较新的一种激励理论,它对管理学的意义是重大的。

第一,目标是一种外在的可以得到精确观察和测量的标准,管理者可以直接调整和控制,具有可应用性。

第二,管理者应帮助下属设立具体的、有相当难度的目标,使下属认同并内化为自己的目标,变成员工行动的方向和动力。

第三,管理者应尽可能地使下属获得较高的目标认同:①使所有下属人员了解组织目标,并参与目标设置过程;②支持和鼓励下属认同目标,相信下属人员的能力及承担完成目标的责任;③对目标的实现采取各种形式的激励和肯定,以强化和调动员工完成目标的积极性。

第四,加强和做好目标进程的反馈工作。信息反馈是管理中的重要环节,运用目标理论,通过设置、核查目标,使组织中各级人员经常看到组织目标和个人目标,并随目标的实现进程不断予以反馈,实施反馈控制。

第五,促进目标管理。目标设置理论为目标管理技术提供了心理学方面的理论依据,是对目标管理的进一步发展,目标管理正是应用目标设置原理来提高绩效的一种管理技术。要制定组织整体目标和其他层次、部门、团体、单位和个人的目标,各层次必须了解组织目标要求、工作范围与组织的关系,做到彼此支持、协调,上下左右兼顾,以达到组织的预定目标。

二、期望理论

期望理论着重研究人们选择其所要做的行为的过程。需要对人们的行为具有目标导向作用,但人们的需要有多种,各种需要的强弱或重要性不同,这些需要是如何决定人的行为的呢？期望理论认为，决定行为动机的因素除了需要的强弱外，还有需要满足的可能性问题。

(一)期望理论的内容

期望理论是由美国心理学家弗鲁姆在1964年出版的《工作与激励》一书中提出的，受到西方管理学者的极大重视。

弗鲁姆认为，每个人都有需要，需要引起行为达到一定的目标；有需要就有动力，当目标没有实现的时候，这种需要只是一种期望，而期望本身就是一种潜在的力量，能够激励人们的积极性。因此，在弗鲁姆看来，一个人被激发出来的力量与他所追求的目标和达到这个目标的可能性是有关系的。期望理论就是研究需要(期望)与目标之间关系的规律的理论。

期望理论是以三个因素反映需要与目标之间的关系的，也就是说，要能激励职工把工作做好，必须让职工明确：①工作能提供他们真正需要的东西；②他们所欲求的东西是和绩效联系在一起的；③要努力工作，就能提高他们的绩效。

期望理论可用下列公式表示：

需要__________目标

↓

激发力量 = 目标价值(效价) × 期望概率(期望值)

用符号表示即为：$M = V \times E$

目标价值(效价)是指某项工作或一个目标对满足个人需要的价值。同样一个目标，由于各个人的需要和特征不同，所处的环境不同，因而，目标在他们心中的效价也不同。目标价值存在正值、零值、负值之分，有大小、高低的不同。

期望概率(期望值)是指根据一个人的经验判断一定的行为能够导致某种结果和满足需要的概率。过去的经验对一个人的行为有较大的影响。

显然，期望理论的含义是：当一个人对某个目标的效价很高，而且他判断自己达到这个目标的可能性也很大时，那么，这个目标对他的激励作用就大。

(二)期望理论的管理学意义

期望理论是在激励理论中应用最广泛的一个理论，对管理学的意义是巨大的。

1. 激励的效应在于个人对激励的评价，因此，管理者应针对不同的人采用不同的"激励物"。正所谓"雪中送炭"、"投其所需"，奖励其最期望奖励的东西就能发挥最大的奖励效用。管理者要摸清员工最期望得到的奖励是什么。

2. 员工对绩效的期望可以通过培训、指导而改变，管理者应通过指导、组织技术培训等方式提高员工对绩效的期望，从而激发其工作积极性。

3. 员工对绩效的期望还取决于个人的工作能力、技术和信心，一个能力、技术和自信心不高的人，其 E—P 期望（即努力——绩效期望）就会弱，因而管理者应组织好员工培训，给予引导和支持，以帮助员工提高 E—P 期望。

4. 制定报酬与个人绩效挂钩制度。报酬要与对组织有重要意义的行为相联系，组织中的奖励政策和奖励水平随个人绩效而定。

三、公平理论

组织成员的激励不仅受绩效期望以及结果效价的影响，而且受组织对其他成员奖励情况的影响。期望理论只关注激励对个人自身的效价问题，没有考察个人与他人激励效果的比较。激励的公平理论帮助我们了解个人受到不公平对待对个人激励和工作绩效的影响以及所产生的后果。该理论由美国心理学家亚当斯于 1965 年提出，侧重研究工资报酬分配的合理性、公平性对员工生产积极性的影响。

（一）公平理论模式

公平理论指出，职工的工作动机不仅受其所得的绝对报酬的影响，而且受其相对报酬的影响，即一个人不仅关心自己收入的绝对值（自己的实际收入），而且关心自己收入的相对值（自己收入与他人收入的比较）。每个人都会不自觉地把自己付出的劳动所得的报酬与他人付出的劳动所得的报酬相比较，也会把自己现在付出的劳动所得的报酬与自己过去劳动所得的报酬进行个人历史的比较。当他发现自己的收支比例与他人的收支比例相等，或现在的收支比例与过去的收支比例相等时，便认为是应该的、正常的，因而心情舒畅，努力工作。当他发现自己的收支比例与他人的不相等，或现在的收支比例与过去的收支比例不相等时，就会产生不公平感，就会有满腔怒气。这里的“相对值”是个人同参照人比较的结果。参照人是个人在组织中选定的可以比较的一类人。个人用参照人进行比较和衡量时，既考虑投入要素或每个人对组织所做的贡献，又考虑各种成果或组织给予个人的奖励。

（二）不公平感的消除

不公平是工作不满意的原因之一。不公平感会让人不快，并使人不安。个人通过下列途径可以消除不公平感。

1. 改变投入。

2. 试图改变成果。个人通过要求增加工资或得到提升来改变投入对成果的比率。

3. 调整心理。通过心理调节，自我解释，自我安慰，调整对投入成果的感觉。

4. 改变参照人。包括提高或降低参照人的参照标准。

5. 改变他人的投入或产出。说服他人（参照人）减少投入以达到心理平衡。

6. 改变环境。当自己无法改变投入、成果或参照人,长时间难以消除不公平感时,员工可离开现有环境,寻找新的更公平的环境。

(三)公平理论的管理学意义

公平理论在管理学上具有重要价值:

1. 公平理论强调公平对激励效果及人们行为的重大影响,要求组织以尽可能公平的方式对待每一个员工,并且让每一个员工心中感受到组织对他们真正公平。对组织内的所有员工都应一视同仁,给予他们公正的报酬和待遇,体现按劳付酬、按贡献和业绩进行奖励和评价。

2. 引导员工正确地认识和对待公平。在组织内,公平是有效率的公平,是激发人们努力向上的公平,不是相互攀比、相互拉扯的公平,不是绝对的简单的公平。要在组织内建立比能力、比贡献、比绩效、比投入的积极向上的风气,把公平建立在促进组织发展上。同时,要引导员工正确选定参照人,确定合理的参照标准和系数。

3. 要从组织的全局给予员工报酬,激励员工。公平和不公平的感觉来自社会比较过程,管理人员对某成员的待遇不但影响特定的成员,而且影响组织内与该成员有接触的其他人。因此,管理者在设计奖励方案和报酬待遇时,要通盘考虑组织内各岗位的所有成员的状况,考虑每个人的投入、岗位特点及相关职位和岗位人员的情况,并把每个人的投入情况进行量化、公开,便于员工正确比较。

四、强化理论

在各项工作和活动中,当一个人的行为对集体、社会和他人造成不利的时候,就被认为是错误的行为。怎样引导人们改变错误的的行为?这就是强化理论(又称行为改变理论、有效的条件反应理论)研究的问题。该理论最早是由哈佛大学心理学家根据巴甫洛夫的条件反射学说,在对人们动机强化机能做了大量研究的基础上提出来的,它把心理学的学习和条件反应原理应用于影响人们激励和绩效的过程,认为人们的行为在很大程度上取决于行为所产生的结果。只要创造和改变外部的操作条件,人的行动就会随之改变。

(一)强化原理

心理学家认为,任何相对持久的改变都是一种刺激——反应关系,这就是学习。学习有两种方式:通过传统式条件作用或通过强化条件作用。传统式条件作用如巴甫洛夫研究的刺激先于反应,而在强化条件作用中,反应先于并预示着刺激,这就是强化理论的基础。

强化理论认为,动机引起行为,是动机的始发机能;动机使行为趋向一定目标,是动机的指向功能;动机能保持与巩固行为,是动机的强化机能。如果随着一些行为之后发生的某一事件使这些行为在未来再发生的可能性增大，那么这一事件就称为强化。动机会因良好的行为结果而使行为重复出现并得到加强；动机会因不好的行为结果而使行为受到削弱、减少或不再出现。强化有四种不同的奖惩可能性类型：

1. 正强化。也叫积极强化，在某种积极行为发生后，一些愉快或希望的事件就出现，这种愉快的事件（如表扬、增加工资、奖金、赞赏、休假等）强化了这种积极行为，使个体增加行为反应的频率。

2. 负强化。在某些行为出现以后，一些不愉快或不合意愿的情况减少或取消，如果以前发生的行为在将来逐渐减弱，那么这一事件就称为负强化因子。例如，公司对员工的训斥使员工开始正确的行为。如果员工继续这种正确的行为，训斥及其导致的不愉快就消失。

3. 惩罚。在消极行为发生后，给予某些人不愉快的待遇，并使这种行为以后尽可能少地发生。例如，工厂对某些迟到人员给予批评，希望利用这种惩罚改变这些人员的迟到行为。

4. 削减。在一种令人愉快的事件取消以后而导致某种行为以后不再发生。例如，有些企业后任领导上任后停止和取消了前任领导对某些行为的奖励、支持，致使这些行为被削减。

（二）强化频率

强化频率是指按强化进度和时间选择对强化进行的分类。这种强化进度和时间安排包括四种情况。用 B 表示行为（产出一个单位产品或完成一天工作量），用 T 表示时间（行为所间隔的时间），用 O 代表结果（领取日工资或奖金）。四种情况如下：

（1）B—B—B—O，B—B—B—O，固定比率强化。这是指行为的回报出现在可预期的点上。比如，某项劳动每重复三四次才可能受到正强化；又如，某项工作完成计划的百分之几后才发放薪水。这种方法可以使人们更加努力工作，更讲速度。

（2）T—O—T—O，T—O—T—O，固定时间间隔强化。这是指每隔一段时间就给予报酬。只要一个人在特定时期内持续从事某种期望的行为，那么在固定的时间间隔中，一个强化因子每隔一个固定时间就运用一次。比如，每月发放工资。

（3）B—O，B—B—B—B—B—O，B—B—O，变动比率强化。这是指在无法预知产生的预期效果的准确周期时采取的强化方案。它对个体表现所期望的行为报酬是随机的，比如，运用这种方案使实验室的研究人员乐意去做自己的工作，因为谁也不知道下一轮实验是否会带来科学上的重大发现。

（4）T—O—T—T—O，T—O—T—T—T—O—T—T—O，变动时间间隔强化。

依不定的时间给予报酬，强化因子运用的时间间隔不是固定的。比如，某上司为了给员工们以鼓励和表扬，决定每天见他的员工一次，但他每天见员工的时间是不定的。

(三)强化理论的管理学意义

强化理论在管理界的应用越来越广泛，这是由于强化理论具有特殊功能。管理者在运用强化理论实施激励时要做到以下几点。

1. 以正强化为主，奖惩结合。正强化对于影响行为来说是最省力和有效的工具，因为它促进了员工有效行为的发生。因此，在管理中，要以正面引导为主，以表扬为主。正强化能够使人产生积极的情绪，精神受到鼓舞，优点和长处能够得到肯定和强化，并能产生较强的驱动力。但是，有时候负强化也能起到正强化起不到的作用。

2. 管理人员在选择强化(激励)的时间间隔与频率上要精心设计。强化因子运用在不同的时间间隔、进度和频率上会产生不同的激励效果。强化方案的设计要根据工作性质、工作要求、岗位特点、组织目标等来确定。比如，惩罚的最好时机一般是:①错误事实已搞清楚;②领导的过激情绪已经消失，如果领导在气头上，就容易干出非理智的事来;③错误影响尚未扩大;④群众记忆犹新之时，如果时间拖得太长，就会减小对当事人的教育效果。

3. 因人而异，形式多样。要根据不同的对象，采取不同的强化因素，不能搞"一刀切"。各人的心理特点不一样，对正负强化的反应也不一样。有的人爱面子，口头表扬就有作用;有的人讲实惠，希望有点物质鼓励。有的人脸皮薄，会上公开点名批评受不了;有的人相反，不狠狠批评引不起他的心理震动。有的人害怕大会小会表扬他，一旦人们表扬他反而觉得不自在。采用强化措施时更要因人而异，尤其对青年人，他们敏感，自尊心强，更要注意他们的心理特点;比如，某厂团委针对不同对象的不同心理特征，采用不同的批评方法:

(1)对于惰性大、依赖心理强的人，采用"触动式"批评。这是一种用词明确、尖锐的批评方式。

(2)对于自尊心强的人，采用"渐进式"批评，逐步深入。

(3)对于反应快、脾气急的人，采用"商讨式"批评。

(4)对于性情机敏、疑心重的人，采用"提醒式"批评，即用暗示的方法提醒、启发对方。

(5)对不肯承认错误而事后又爱为自己辩解的人，采用"即时式批评"，根据事实，当场指出问题，冲破其心理防线。

(6)对那些经历少、不成熟的人，采用"参照式批评"，即借助他人他事，运用对比，使他认识到自己的错误。

(7)对性格内向、善于思考、比较成熟的人,采用"发问式批评",通过比较婉转的提问,启发对方思考,认识是非。

4. 对期望行为的强调。这是行为科学中的一个用语,意思是指要注意表扬与批评、奖励与惩罚的目的性。通过表扬与批评,目的在于少出现或不出现我们所不期望的行为。这就叫"对期望行为的强调"。当然,在进行批评和表扬时,要避免就事论事。期望行为的出现不是一朝一夕的事情,抓住需要解决的重要问题,有目的、有计划地围绕这些问题进行正负强化,把职工的行为导向所期望达到的目标。

5. 及时反馈。所谓及时反馈,就是人们通过某种途径或形式,及时了解自己行为的结果。反馈,就是知道结果,它本身就有强化作用,能够给人以鼓励,鞭策他继续努力。比如,工厂每天公布工人的生产数量和质量,让工人知道自己的生产成果,据以估计当月能否完成任务,这样可以促使职工不断调整生产进度,寻找和改进提高产量的办法。因此,及时反馈也是影响和改变行为的重要环节。如果领导漫不经心,视而不见,对好与坏、先进与落后都不做任何表示,则会使好的得不到表扬,差的得不到批评。

6. 实事求是。正负强化都必须注意准确性。表扬、批评都必须在调查的基础上,做到实事求是,恰如其分,力求准确。在表扬时,不能添枝加叶,凭空拔高,为了突出某个人,把他人的功劳也贴到他身上,或者为了说明某个人的变化,把他过去说得一无是处,这都起不到强化的作用。

第三节　波特——劳勒的综合激励模型

波特——劳勒激励过程模式是在弗鲁姆的期望理论的基础上提出来的,它综合考察了努力、绩效、能力、环境、奖酬和满意等变量以及它们之间的关系(如图8－7所示)。

波特——劳勒激励过程模式包括以下主要变量:努力程度、工作绩效、奖励以及满足。

一、努力程度

努力程度(effort)是指个人所受到的激励强度和所发挥出来的能力。它与弗鲁姆模式中所使用的动机"激发力量"一词相当。图8－7表明,个人所做出努力的程度综合取决于个人对某项奖酬(如工资、奖金、提升、认可、友谊、某种荣誉等)之价值的主观看法及个人对努力将导致这一奖酬之可能性(即概率)的主观估计。

奖酬对个人的价值因人而异,决定于它对个人的吸引力。而个人每次行为最终得到的满足又会以反馈的形式影响个人对这种奖酬的估价,如图 8-7 中虚线 10 ----▸1 所示。同时,个人对努力可能导致奖酬之概率的主观估计和个人的经历或经验密切相关。每一次的工作绩效也会以反馈形式影响个人对成功可能性的估计,如图 8-7 所示。努力程度和绩效有一定联系,但并不一定导致较高绩效,即两者之间并无直接的必然联系,绩效还受到更多因素的影响,如环境因素和对自己承担角色的理解程度。

二、工作绩效

工作绩效(performance)是工作表现和实际成果。如图 8-7 所示,工作绩效不仅取决于个人所做出的努力程度,而且有赖于一个人的能力与素质(如必要的业务知识、技能等),以及对自己所承担角色应起作用的理解程度(对组织的目标、所要求的活动、与任务有关的种种因素的认识程度等)。

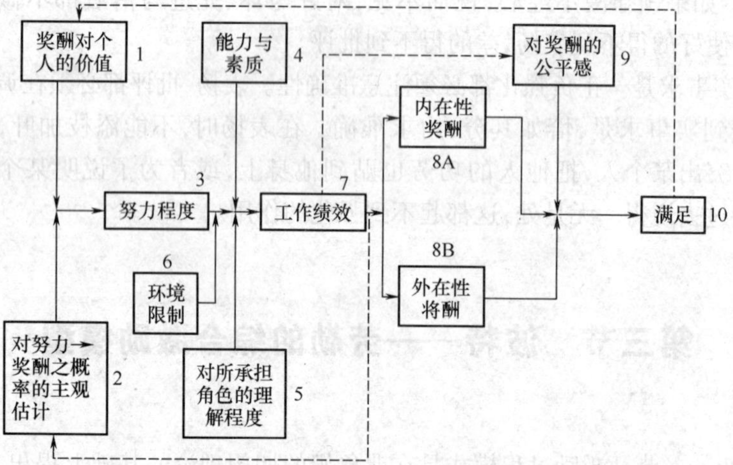

图 8-7 波特—劳勒激励过程模式

三、奖酬

奖酬(reward)是绩效所导致的奖励和报酬。最初,波特和劳勒在他们的模式中仅包括了一个奖酬变量,后来扩大为如图 8-7 所示的内在性奖酬和外在性奖酬。这两种奖酬性质的区别本书在介绍双因素激励理论时已做了论述。图 8-7 表明,内在奖酬和外在奖酬与主观上所感受到的奖酬的公平感糅合在一起,影响着个人最后的满足感。波特和劳勒认为,内在性奖酬更能带来真正的满足,并与工作绩效密切相关。此外,公平感也受到个人对工作绩效自我评价的影响,如图 8-7 中虚线 7 ----▸9 所示。

四、满足

满足(satisfaction)是个人实现某项预期目标时所体验到的满意感觉。满足和激励是两个不同的概念:满足是一种态度,是一种内在的认知状态;激励则是动机激发的心理过程。在各种内容型模式中,工作满足被看作各种各样的内在因素(如潜在的责任感、胜任感、成就感等)的总和,而在波特和劳勒的模式里,满足则被认为仅是诸变量之一。

自从人际关系运动以来,一直存在对满足与绩效之间关系的争论。内容型理论曾含蓄地假设满足导致绩效的改善,而不满足将带来绩效的降低;赫兹伯格的双因素论充分论述了工作满足的理论,但并未阐明满足将导致绩效提高;尽管弗鲁姆的期望模式在"效价"概念中包含有满足的因素,在期望的结果中有绩效的含义,但没有明确涉及满足与绩效的关系;只有波特和劳勒才直接用激励模式对两者的关系加以说明,明确指出激励、绩效和满足都是独立的变量。波特和劳勒根据收集到的资料认为,传统的观念是满足导致绩效,但实际上可能是绩效导致满足,其他人的一些研究也支持了这一假设。

延伸阅读

激励失灵的表现与症结

组织行为学有一个著名的公式:绩效=F(能力×激励),意为绩效是能力和激励的合成量。两个能力相同的人,其绩效高低取决于激励水平。激励效应的最大化应该是人的各种需要的一种最佳组合,过分强调某一种需要会导致激励措施不能发挥应有的作用,甚至导致激励机制完全失灵。

通过分析各类人事激励案例可以看到,很多企业都存在激励失灵问题,主要概括为激励不足和激励过度两个方面。激励不足是指因各种原因导致激励措施不足以影响员工的动机,员工对管理层苦心制定的激励措施难以产生心理共鸣,导致员工心情不舒畅或积极性不高,影响工作效率;更有甚者,一些公司尽管待遇优厚,仍无法留住骨干员工。这是激励失灵的主要方面。另一方面,从经济学的角度看,任何事物的利用都必然会出现收益递减现象,甚至最终出现负收益。资本、劳动、技术等生产要素的投入如此,作为制度的激励措施的运用也是如此。一个人的承受能力是有限的。在激励过强的情况下,必然出现动机过强的情况,导致员工压力加大,最终与人的体力和精神极限发生冲突,导致工作效率不升反降。尽管这种情况不是激励失灵的主要表现,但在当前的社会环境下,应对此类现象予以充分关注。

另外,之所以会出现激励失灵现象,主要原因在于对激励理论的片面理解,一些企业对人事激励甚至抱有赶时髦的心理，激励机制不健全，激励措施不到位。激励理论认为，需要引起动机，动机决定行为。员工的需要使其产生动机，行为是动机的表现和结果。换言之，是否对员工产生了激励，取决于激励政策是否能满足员工的需要，所以说，激励来自于员工的需求，也就是内因。因此，激励机制及措施的制定和实施，必须以员工心理需求分析为基础，通过对动机的激励，调动员工的积极性和主动性。

此外，在中国传统社会形态下，企业内部人事关系往往错综复杂，个别企业高层管理人员凭个人好恶判断是非，在从经营到管理的各个环节均存在很大的随意性，个别企业形式主义泛滥，所谓激励措施只是徒有其表。尽管这类现象不是激励制度本身的问题，但也是导致激励失灵即激励不足的原因之一。

实训模拟

模块一：案例分析与思考

IBM 的激励机制

一、IBM 简介

IBM，即国际商业机器公司，创立于 1911 年，是全球最大的信息技术和业务解决方案公司。IBM 始终以超前的技术、出色的管理和独树一帜的产品领导着全球信息工业的发展，保证了世界范围内众多行业用户对信息处理的全方位需求。IBM 的业务遍及 160 多个国家和地区。2006 年，IBM 公司的全球营业收入高达 914 亿美元。IBM 在中国的业务不断拓展，目前已在中国的 24 个城市建立了办事机构，成立了 9 家合资和独资公司，拥有中国员工超过 8 500 人。IBM 是有明确原则和坚定信念的公司，这些原则和信念看似简单、平常，但正是这些简单、平常的原则和信念构成 IBM 特有的企业文化。老托马斯·沃森在创办 IBM 时设立了“行为准则”，他把这些价值观标准写出来，要求任何为 IBM 工作的人都应明白。老沃森的信条被其儿子小托马斯·沃森发扬光大，从总裁至收发室，无人不知这些准则：①必须尊重个人；②必须尽可能给予顾客最好的服务；③必须追求优异的工作表现。

二、IBM 的人才培养策略

作为技术主导型的企业，IBM 始终将人才培养作为企业的一个重要部分，不断地给员工学习新的技术的机会，让员工在学习的基础上思考自己未来的发展方向，不断地提高自己，激励员工充分发挥自己所长，促进员工与企业共同进步。

（一）新人到来的职业生涯的规划

新员工进入 IBM 首先要进行为期四个月的集中培训。培训内容包括 IBM

的历史背景、规章制度、技术和产品以及基本的工作规范和工作技巧。培训采用课堂授课和实地练习两种形式。培训结束后进行考核,合格者获得结业证明;不合格者将被淘汰。

在 IBM 看来,经过四个月的培训,只是使受训者有了一个 IBM 员工的基本概念。要成为 IBM 的正式员工,还要经过一年的实习。实习期间,公司给每个新员工派一位师傅,一对一地进行帮带。而且师傅和徒弟要共同制订实习计划,明确师傅教什么,徒弟学什么。实习结束后,员工要做工作计划和个人发展计划,提出继续深入做现在岗位工作或变换岗位的计划和职业生涯发展计划。如果决定继续做现有岗位,员工可以提出自己还需要参加哪些内容的培训,想参与哪个项目,也可以要求继续有一个师傅带自己。如果提出变换岗位,要说明现有素质能力及如何适应新岗位。

这就等于给了每一位进入公司的员工一个心理暗示——我是通过层层选拔、学习、考核而被公司录用的。让每个人都感受到自己的价值所在,与此同时也的确培养出优秀的人才,使每一个岗位上都是有所用之人而非碌碌无为之流。

(二)提供管理和专业两种成长渠道

IBM 对员工的成长有很大的期望,每个员工也都有自己的发展需要,但能升到经理、总监的只是少数人,所以 IBM 向员工提供管理和专业两种成长渠道使员工有多种机会和广阔的空间发展自己的职业生涯,实现个人的职业理想。如果提出想做经理,在管理方面发展,公司要考核该员工是否有这个潜力。在适当的时候接受三个月时间的经理人员培训。另外还给学员一个具体项目做,体会作为团队领导的责任、义务。如果员工想做技术人员,往专业方面发展,IBM 也提供了广阔的发展空间,可以一级一级地向上发展。满足一定条件后,给予相当于高级职称的级别,这个级别和管理职位的总监平级。

如此一来,员工可以通过选择更加清楚自己适合什么想要什么,就能更好地有所长地为公司奋斗。IBM 所提供的各类考核都是不断地在检验员工是否够资格,这样也能使通过的员工得到自信,未通过的员工也能从中找到不足并进行及时的弥补与改进,激励所有员工奋发向上。

(三)注重人才培训

人才培训很大程度上满足了员工的成就需求。技能、能力、培训和经验等能够给激励型员工的绩效锦上添花。

1. 企业内部的人才培养。IBM 非常注重员工的培训,制定了非常完备的员工培训制度和具体实施计划。培训形式除了传统的教师培训外,广泛采用和推广网上培训。IBM 建立了自己的网上大学,向员工提供资金账号,员工可根据自己的时间情况随时安排学习。课程形式既有教材学习,也有真实或虚拟的项目训练,具有较强的实用性。

IBM 还提倡员工边工作边学习,或者在业余时间参加各类课程学习,以提高工作效率和个人发展潜力。每个员工都可以提出自己需要去参加哪些内容的培训,只要与工作有关、合理,公司一般都会同意。IBM 专门有一个学费报销计划,给参加培训的员工报销学费。公司欢迎员工主动与经理讨论自己的学习计划,以保证学习计划与个人业务发展、公司业务环境相符合。

IBM 的鼓励培训提供各类培训机会,使员工收获了越来越多对自己事业有规划、有要求、有期许的精英人才,并且在公司宽松积极的学习氛围中不断进步。

2. 立足社会的人才的培训。作为一个有着强烈社会责任感的企业,IBM 自创业以来,一直以成为一个优秀的企业公民的宗旨律己,注重关系到人类前途的教育事业,支持人才培养的公益事业。它开展的大学合作项目为社会培养了大批技术型人才。

目前,IBM 已与全国 60 多所教育部直属大学建立了合作伙伴关系。IBM 与中国高校合作成立了 25 个 IBM 技术中心、建立了 100 多个合作实验室和合作技术中心。8 000 多人次教师参加了 IBM 组织的不同形式的师资培训,80 多万人次学生参加了 IBM 相关课程的学习和培训,数万名学生获得 IBM 全球专业技术认证证书或 IBM 专业课程结业证书,数千名学生获得在 IBM 的学习和就业机会。同时,为了帮助高校学生了解信息技术发展趋势,IBM 定期举办系列讲座和校园竞赛,参与学生超过 30 多万人次。此外,IBM 还投入大量的资金,加大对中青年学科带头人和学术骨干的培养力度,通过"访问学者计划"、"创新资助计划"、"博士生英才计划"、"博士生联合培养计划"支持对高层次人才的培养。

三、IBM 的薪酬激励

薪酬福利是一种主要的激励模式。一个设计得好的薪酬系统可以很清楚地向员工表明工资与工作之间的关系。

(一)IBM 的薪酬福利

IBM 的薪酬福利内容非常丰富,主要包括以下方面:①基本月薪——反映员工基本价值、工作表现及贡献;②综合补贴——对员工生活方面的基本需要给予现金支持;③春节奖金——在农历新年前发放的节日奖金;④休假津贴——为员工报销休假期间的费用;⑤浮动奖金——从公司完成既定的效益目标出发,鼓励员工的贡献;⑥销售奖金——销售及技术支持人员在完成销售任务后给予的奖励;⑦奖励计划——对员工努力工作或有突出贡献给予的奖励;⑧住房资助计划——公司提取一定数额资金存入员工的个人账户,资助员工在短时间内解决住房问题;⑨医疗保险计划——解决员工医疗及年度体检费用;⑩退休金计划——参加社会养老统筹计划,为员工晚年生活提供保障。

虽然 IBM 的薪酬福利多种多样,却不包括学历工资和工龄工资,员工收入与学历高低、工作时间长短没有关系。IBM 员工的薪资直接跟岗位、职务、工作表现、工作业绩相关,而学历和工龄不会成为考虑因素。

弗雷德里克·赫兹伯格把公司政策、监督、人际关系、工作环境和工资这些因素称为保健因素。要调动员工的积极性,首先要注意保健因素,使员工不致产生不满情绪,这一点,大多数的公司集团都能做到。但是更重要的是,要利用激励因素去激发员工的工作热情,努力工作。如果只顾及保健因素,对员工没有什么意义,大家相安无事,还是不能创造一流的工作成绩。公平的对待每一个员工,不管是对新来的员工,抑或是对在公司干了几十年的资深员工,都是一种制度,有助于提高新员工的积极性,更乐意去为公司奉献!

(二)IBM 的薪酬原则

IBM 的薪酬体系有一些看似简单却非常实用的原则,切实遵循这些理念是 IBM 薪酬体系成功的重要原因。

1. 双向沟通原则。在计划、执行、评估及评估结果运用的过程中,都要与员工进行明确的沟通。IBM 强调双向沟通,不存在单向指令和无处申诉的情况。

2. 透明原则。满足员工的“知情权”,让员工知道目前成就及如何做得更好。业绩评估结果由主管和经理直接在第一时间与员工沟通。员工之间以公正、公开、透明的方式进行交往和沟通,以目标执行之成就来处理员工在公司的得失。

3. 正面激励原则。IBM 对员工采取积极的激励政策,基本没有惩罚的方式。不允许从工资中扣任何的惩罚款项。清晰的 PBC 评估使没有达到承诺目标的员工意识到,没有得到激励,就意味着自己做得不好。

4. 指标精练原则。复杂的事情简单做,最简单的往往是最本质的。设定三五个绩效指标远比设定无所不包的绩效指标效果要好。IBM 一般最关注销售收入、存货周转、产品质量、客户满意度和利润等几个指标。

5. 强调执行原则。强调沟通让部分语言表达能力好、人际关系好、拥有资源多或影响力强的人或业务单元获得更好的评估结果。对此,IBM 绩效管理的原则是,永远根据员工完成的承诺进行评估,而不仅仅是报告上所说的。为了保持薪资的竞争力,IBM 专门委托咨询公司对整个人力资源市场的薪酬进行调查,公司员工的收入会根据市场情况进行调整。

但是 IBM 的薪金有严格的保密制度,背靠背实施。薪金没有上下限,工资涨幅不定,没有降薪情况,具体得到多少,由 PBC 决定。在 IBM 谈起薪酬福利,人们经常说的一句话是:“让业绩说话(performance says)。”

四、组织奖励——别出心裁的奖励方式

当员工认为努力会带来良好的绩效评价时，他就会受到激励进而付出更大的努力；良好的绩效评价会带来组织奖励，如奖金、加薪或者晋升；组织奖励会满足员工的个人目标。同其他企业一样，IBM 也将组织奖励作为企业发展的一部分。许多独特的奖励模式很大程度上为企业在这个竞争性市场中立足做出了巨大贡献。

(一)收益共享模式

据国外媒体报道，IBM 首席执行官彭明盛(Sam Palmisano)计划宣布，对非管理层每人给予1 000 美元股票作为奖励。彭明盛透露，所有自 2007 ~2010 年间执行公司 2010 战略计划的员工都可获得 1 000 美元公司股票。该股票将会在 2015 年正式授予员工。据知情人士透露，众多 IBM 员工将有机会获得这一奖励。但公司发言人拒绝透露获取这一奖励的员工数目。

收益共享式的奖励模式提高了团队的协作，变相地将每一个员工和 IBM 的利益联系在了一起，员工在注重个体利益的同时也将关注整个企业的动态。值得一提的是，受到奖励的员工并非管理层的员工，而是所有参与战略计划的普通员工。能够如此公平地将每一位付出努力的员工的利益纳入考虑的企业，这恐怕是每一个员工都愿意努力奋斗的原因吧。

(二)高质量庆祝会，调动员工积极性

IBM 有个惯例，就是为工作成绩列入前 85% 以内的销售人员举行隆重的庆祝活动，公司所有人都参加“100% 俱乐部”举办的为期数天的联欢会，而排在前 3% 的销售人要荣获“金圈奖”。为了表示这项活动的重要性，选择举办联欢会的地点也很有讲究，譬如到具有异国情调的百慕大或马略卡岛举行。

(三)肯定员工贡献，增加员工归属感

公司有时还会不时做出一些出人意料的决定，以增强公司的凝聚力。有一个员工的业务名片上有一些蓝颜色镶金边的盾牌，这是他 25 年工龄荣誉徽章的复制图样，上面还印着烫金的压纹字：“国际商用机器公司　25 年的忠实服务。”这就巧妙地告诉你，公司感谢你 25 年来的努力工作。员工拿着这张名片，可以同认识他的每一个朋友分享这一荣誉。对公司来说，这件事做起来并不难，但是它在员工的心目中激起的感情波澜却是巨大的，由此可见，IBM 公司激励员工的办法是何等精明。

【思考与讨论题】

1. 如果只是单纯地给员工奖金奖励，是否能够成为很好的经济奖励？

2. 结合综合型激励理论谈谈管理者应该如何对员工实施有效的激励。

模块二：管理游戏

顶球竞走器材

材料：气球十余个，橡皮筋十余根。（不用气球用郊游所带的番茄、柳橙、橘子亦可）。

方法：

1. 全体分成数组，各组分由两人为一小组。
2. 设定竞走的距离与目标。
3. 开始时，各组由两人用额头互顶气球或水果向目标前进，绕一周回来，由另一小组继续，最先结束者为优胜。

模块三：相关测验

管理者激励能力测试表

1. 职工中工作中做得非常好的，其工资应即增加。

A. 完全同意　　B. 有点同意
C. 有点不同意　　D. 完全不同意

2. 好的工作写实很有价值，它使职工知道该做什么工作（工作写实：详细写明一个职工所承担的职务和责任及主要的工作方法）。

A. 完全同意　　B. 有点同意
C. 有点不同意　　D. 完全不同意

3. 要职工记住，他们是否继续工作下去，要看公司能否进行有效的竞争。

A. 完全同意　　B. 有点同意
C. 有点不同意　　D. 完全不同意

4. 管理人员应关心职工的工作条件。

A. 完全同意　　B. 有点同意
C. 有点不同意　　D. 完全不同意

5. 管理人员应在人们当中尽力营造友好的气氛。

A. 完全同意　　B. 有点同意
C. 有点不同意　　D. 完全不同意

6. 工作绩效高于标准的职工，应予以表扬。

A. 完全同意　　B. 有点同意
C. 有点不同意　　D. 完全不同意

7. 在管理上对人漠不关心，会伤害人的感情。

A. 完全同意　　B. 有点同意
C. 有点不同意　　D. 完全不同意

8. 要使职工感到，他们的技能和能力都在工作上发挥出来。

A. 完全同意　　B. 有点同意
C. 有点不同意　　D. 完全不同意

9. 公司退休金与补贴和职工子女的工作安排是使职工安心工作的重要因素。

A. 完全同意　　B. 有点同意
C. 有点不同意　　D. 完全不同意

10. 几乎每一种工作都可以使它具有激发性和挑战性。

A. 完全同意　　B. 有点同意
C. 有点不同意　　D. 完全不同意

11. 许多职工都想在工作上干得非常出色。

A. 完全同意　　B. 有点同意
C. 有点不同意　　D. 完全不同意

12. 管理当局在业余时间安排社会活动,这表明当局对职工的关怀。

A. 完全同意　　B. 有点同意
C. 有点不同意　　D. 完全不同意

13. 一个人对工作感到自豪,就是一种重要的报酬。

A. 完全同意　　B. 有点同意
C. 有点不同意　　D. 完全不同意

14. 职工希望在工作上能称得上"佼佼者"。

A. 完全同意　　B. 有点同意
C. 有点不同意　　D. 完全不同意

15. 非正式群体中的良好关系是十分重要的。

A. 完全同意　　B. 有点同意
C. 有点不同意　　D. 完全不同意

16. 个人奖励会改变职工的工作绩效。

A. 完全同意　　B. 有点同意
C. 有点不同意　　D. 完全不同意

17. 职工要能和高层管理人员接触。

A. 完全同意　　B. 有点同意
C. 有点不同意　　D. 完全不同意

18. 职工一般喜欢自己安排工作,自做决定,不要太多的监督。

A. 完全同意　　B. 有点同意
C. 有点不同意　　D. 完全不同意

19. 职工的工作要有保障。

A. 完全同意　　B. 有点同意

C. 有点不同意　　D. 完全不同意

20. 职工要有良好的设备进行工作。

A. 完全同意　　B. 有点同意

C. 有点不同意　　D. 完全不同意

评语:

41 分~60 分:您十分了解激励对管理的重要性,并且运用得很好。

21 分~40 分:您知道激励对管理的重要性,但是做得还不够。

0 分~20 分:十分遗憾,您不知道如何激励职工,这是十分危险的。

模块四:复习思考

一、单项选择题

1. 提出需要层次论的是(　)。

A. 梅奥　　B. 马斯洛

C. 赫兹伯格　　D. 泰罗

2. 赫兹伯格认为,激励员工的关键在于(　)。

A. 提供给员工更高的工作报酬

B. 加强对员工的监督和控制

C. 设计出一种能让员工感到工作本身就是激励的工作任务

D. 创造良好的工作条件

3. 不仅提出需要层次的"满足—上升"趋势,而且也指出"挫折—倒退"趋势的理论是(　)。

A. 需要层次论　　B. 成就需要论

C. ERG 理论　　D. 双因素理论

4. 麦克利兰的研究表明,对主管人员而言,比较强烈的需要是(　)。

A. 成就需要　　B. 权力需要

C. 社交需要　　D. 安全需要

二、多项选择题

1. 马斯洛的需求层次理论包括(　)。

A. 自我实现　　B. 尊重需要

C. 安全需要　　D. 生理需要

2. 赫兹伯格的双因素理论包括(　)。

A. 激励因素　　B. 保健因素

C. 安全需要　　D. 个人因素

3. ERG 理论包括(　)。

A. 存在需要　　B. 关系需要

C. 成长需要　　　　　　　　　　D. 安全需要

E. 自我实现需要

4. 麦克利兰的需要理论包括(　　)。

A. 成就需要　　　　　　　　　　B. 安全需要

C. 权力需要　　　　　　　　　　D. 个人需要

E. 情感需要

三、思考题

1. 如何灵活有效地应用需求层次理论?

2. 具有高度成就需要的人有什么特点? 如何造就高度成就需要的人?

3. 目标设置理论的含义是什么? 它对人有哪些激励作用?

第九章

领导与组织行为

学习目标

1. 掌握领导的概念以及领导者影响力的来源；
2. 掌握西方的领导特质理论，了解中国领导者应具备的素质；
3. 了解领导行为理论的基本内容；
4. 掌握领导权变理论的主要内容及其贡献。

开篇案例

张瑞敏和他的海尔

海尔集团是世界大型家用电器品牌、中国最具价值品牌，世界品牌500强企业前50名。海尔在全球建立了25个制造基地、10个综合研发中心、19个海外贸易公司，全球员工总数超7万人，海尔集团2011年实现全球营业额1 509亿元人民币，其中，海尔品牌出口和海外销售额55亿美元。2010年，海尔品牌价值已达885.26亿元，连续6年蝉联《中国品牌500强》榜首，2011“中国最有价值品牌”于9月9日发布，海尔集团以907.62亿元的品牌价值连续10年位居榜首。海尔品牌旗下冰箱、空调、洗衣机、电视机、热水器、计算机、手机、家居集成等19个产品被评为中国名牌，其中，海尔冰箱、洗衣机还被国家质检总局评为首批中国世界名牌。

1984年，张瑞敏出任海尔的前身——青岛电冰箱总厂厂长，拉开了海尔创业的序幕。在27年的创业发展历程中，张瑞敏以创新的企业家精神和顺应时代潮流的超前战略决策带领海尔从一个亏空147万元的集体小厂发展成为全球营业额1 509亿元(2011年)的全球化企业。据欧睿国际(Euro Monitor)统计，海尔已连续3年蝉联全球白色家电第一品牌，同时，海尔还被美国《新闻周刊》(Newsweek)网站评为全球十大创新公司。

一、张瑞敏的管理公式

包括英特尔总裁葛洛夫在内，一些国外企业家曾经诚恳地分析过中国的企业现状。他们认为：华人这个民族对财富几乎有一种与生俱来的创造力，但华人似乎对组织的运作缺乏足够的热情与关注。在这方面，张瑞敏无疑是个例外。对组织运作，他有着超乎寻常的热情与关注。“中国从80年代初引进日本的管理，但并不成功，重要之点是只注重形式，忽视了思想和内容，”他说。当年，他第一个抡起铁锤，砸烂质量有问题的冰箱，轰然砸醒了员工：有缺陷的产品就是废品。他的海尔创造了OEC管理法(overall every control and clear)，即全面地对每人、每天、每件事进行控制和清理，“精细化，零缺陷”。他认为，管理中国企业只能用中国式的管理模式。他制定管理中国企业只能用中国式管理模式的公式是：日本管理(团队意识和吃苦精神)+美国管理(个性的舒展和创新竞争)+中国传统文化中的管理精髓=海尔管理模式。他把实现管理的最高层次“自主管理”作为自己的目标。他说：“海尔的管理并不是为了达到某个数字标准，而是提升整个企业的凝聚力，增强每个职工的责任感。”1995年5月，海尔邀请成立近80年的松下电器公司首次带着自己的企业文化来中国交流。这家公司的参事薄信兴听了海尔的企业文化介绍，参观了空调器厂。

在紧张整洁有序的生产现场，工人们全神贯注的工作状态、墙上各种精细的统计报表、职工合理化建议箱、攻关揭榜栏等使他大为震惊：“在海尔这样的企业介绍松下的管理，我感到紧张和信心不足……松下得加油干，不然就赶不上海尔了！”都说海尔的成功是因为有了一个张瑞敏。而了解海尔的人往往又有一个相同的结论：只要张瑞敏在海尔，海尔就尽可放心。可张瑞敏却说：“并非如此。我在海尔与海尔一定健康发展不能简单画等号。你可能把企业做上去，你又可能把它做垮，成也萧何，败也萧何，这种事例不单中国，在世界上也举不胜举。一着不慎，企业就可能垮在自己手上。”也就是这个原因，他只能让自己永远不停地跋涉着。

对于张瑞敏，工商界有三个疑问：①张是“老三届”加上三年业余学习，没有学院派背景，哪来的现代企业管理知识和超人的智慧？②与有颇多微词的诸多企业领导人大相径庭，张在上下内外人缘极佳，几乎是没有争议的人物，是不是有点不可思议？③张也是20世纪80年代创业，90年代崛起，好多人都倒下了，为什么张这么稳，这么“长寿”？张瑞敏读了不少书，是企业家中少有的“饱学之士”。他还写得一手好文章，逻辑严谨，文字颇佳。“海尔是海”，张瑞敏曾以此为题著文，抒发了“有容乃大，无欲则刚”的博大情怀，也显露了心中拥着惊涛骇浪、雷霆万钧的非凡气魄。他时时事事就是这么一个人：静而不止，智而不诈，勇而不刚，诚而不僵；他所驾驭的海尔就是这么一个企业：不跟“热点”，不凑热闹，不追热点求“轰动效应”，不朝令夕改，静处从容，无所畏惧，直面市场。“海尔学不了。”好多考察过海尔的人都这么说：“因为海尔有个张瑞敏，张瑞敏是唯一的。”“唯一的”张瑞敏，其全部秘密就在于：他是一个集古今智慧的思想者，一个儒化的企业家，一个有东方式修养的现代人。

二、张瑞敏的管理决策

海尔的20年，不论是成就，还是思想，都受到国内外广泛关注。人们普遍认为：海尔是成熟的企业，张瑞敏是位成熟的企业家，是位企业思想家。

（一）解读海尔的“两次决策”的习惯

张瑞敏的独到之处在于预见，在于每逢关键时刻都能提出指导思想，做出决策。而更可贵之处在于每次决策过程中，他都有个做“两次决策”的习惯，即在做决策时，要考虑到这个决策的后果和影响，进而做出决策后的二次决策。这种“决策习惯”凸显了他作为企业家的成熟。

张瑞敏在经营企业上还有另外一个很好的“习惯”。时任乐凯总经理杜昌焘曾谈道："张瑞敏在经营上确有他独到之处，那就是他有个爱好——总结经验。他能把经验上升到理念高度，而后又通过他的讲话，通过文化与宣传渠道贯彻到海尔全体干部和员工中去。这是我们很多企业主管还没做到的。海尔通过企业文化来管理企业的经验是十分可贵的。"

（二）新一次管理革命

张瑞敏曾经在海尔全球经理人年会上做了关于"人单合一"模式的报告，这是海尔在经营思想上的又一次新突破，是在海尔原有市场链理念基础上提出的新发展模式。这不只是对海尔经验的总结，也是继承整个企业管理思想的宝贵遗产。如果说"市场链"是理念、准则，那么，"人单合一"模式则是可操作的管理现实。

管理是与文明一起诞生的。每次文明的进展都与管理密不可分。中国、埃及等四大文明古国也是四大管理古国。到近现代工业文明、信息文明的出现，更无不是伴随着福特模式、丰田模式的管理革命。也正是这一连串的管理思想革命，推动了一次次产业革命。至少在近10年，推动中国企业管理实践的旗手，应首推海尔。

海尔提出的"有生于无"的文化管理，"赛马不相马"的人才管理，"先谋势后谋利"的战略管理，"OEC"（全面的每人每事的日清日高）的精细化管理，"SBU"（人人是直接对市场负责的老板）的市场链管理，"品牌是帆"的市场管理，"用户需求第一"的服务管理，"走出去、走进去、走上去"的国际化管理等，所有这些主张在当时都是领先于大家普遍认识的远见，继而又通过事实证明了这些远见的正确。如今，海尔和我们都在思考：这一系列理念的核心精髓是什么？或者说，未来进一步持续推动海尔提升的驱动力何在？张瑞敏在深思后提出了"人单合一"的发展模式。

"人"是指市场链中对市场直接负责、能自主创新的SBU。"单"就是以自己竞争力为后盾的有效市场目标。"人单合一"就是每个人都有自己的"订单"，每个人都对"订单"负责，即对市场负责，都要成为各自市场的第一，只有做到这点，海尔才能成为世界名牌。因为只有SBU，才能保证化解"库存"与"应收账款"这两大企业管理顽症，保证企业持久的成功。而这一切都有赖于"人单合一"发展战略模式的认真贯彻与执行。这正是海尔当今的挑战。我们相信：这一新管理思想将使海尔在新的20年里成为世界名牌，成为进一步带动中国企业管理境界提升的弄潮儿。

三、张瑞敏的管理思想与海尔的规划

张瑞敏的目标是使海尔成为世界名牌。2006年，在《亚洲华尔街日报》组织评选的"亚洲企业200强"中，海尔集团连续4年荣登"中国内地企业综合领导力"排行榜榜首。海尔已跻身世界级品牌行列，其影响力正随着全球市场的扩张而快速上升。张瑞敏和他的同事们已经把一个集体企业变成国际知名的跨国企业,并且他们正在通过流程机制的建立和卓越商业模式的打造,创造和满足全球用户的需求,使中国在世界市场舞台上有了真正优良的企业形象。他们会以持续的创新丰富这种形象,为振兴民族工业做出更大的贡献。

在影响员工积极性的各种因素中,领导心理和行为是一个关键性因素。不同的领导行为与作风,领导班子的不同结构与功能,会造成组织不同的社会心理气氛,从而影响成员的工作积极性和组织目标的实现。在迅速变化的今天及未来的组织中,领导的作用是绝对不容忽视的。因此,从组织行为学的角度来探讨领导与组织行为是很有必要的。通过研究以提高领导工作的适应性、科学性、有效性,最大限度地调动组织成员的积极性。

第一节 领导与领导者

一、领导的概念

对于什么是领导,管理学家和心理学家一直存在不同的看法。到目前为止,仍没有一个明确的统一的定义,下面是其中几种有代表性的观点:

1. 领导是影响人们自动为实现团体目标而努力的一种行为。

2. 领导是人们促使其部属充满信心、满怀热情来完成他们任务的艺术。

3. 领导是对组织内群体或个人施加影响的活动过程。

4. 领导是一种说服他人热心于一定目标的能力。

5. 领导是关于影响别人来完成某项目标所发生的两个人或更多人之间的相互关系的过程。

由此可以看出,虽然各个学者对"领导"这一概念的具体表述的侧重点不同,认为领导是一种"行为",领导是一种"艺术",领导是一种"活动过程",或领导是一种"能力",但从各种定义中可以发现其共同之处,即领导是指引和影响个人、群体或组织在一定条件下实现目标的行动过程。

(一)"领导"与"领导者"

在英语中,"领导"(leadership)与"领导者"(leader)的区别是很明显的。在汉语的日常用语中,对"领导"与"领导者"一般不加以区别,通常人们习惯把领导人称为"领导",而把领导者的行为也称为"领导"。事实上,"领导"与"领导者"是两个不同的概念。领导是一种行动过程,致力于实现这个行动过程的人叫领导者,接受指引和影响的人就是被领导者。就是说,领导就是领导者通过自己的活动对被领导者施加影响,从而实现某种目标的过程。一个组织可以指定一个领导者或选出一个领导集体,但不能指定或选出某种领导行为,因此,对领导行为的培养就显得非常重要。

(二)“领导”与“管理”

领导与管理既有联系又有区别。一般人们把管理和领导当作同义语来使用,好像领导者就是管理者,领导过程就是管理过程。实际上,领导和管理是两个不同的概念。一般来说,领导偏重于决策和用人,而管理侧重于执行决策,组织力量完成组织目标。从范围上来看,管理的范围小于领导的范围。领导过程影响他人实现的目标,既可能是组织目标,也可能是小群体目标和个人目标。管理过程则不同,管理是一种特殊的领导,专指实现组织目标的过程。由此可见,凡是指引和影响他人为达成个人或小群体目标的行为过程,只能属于领导过程。从管理者与领导者的范围来看,管理者的范围大于领导者的范围。在社会组织中只有法定的个人称为领导者,而管理者不仅包括领导者,而且包括一切从事管理工作的职能人员,如会计员、统计员、政工、劳资人员等。因此,管理者的外延要比领导者的外延大得多。但是在现实工作中,领导者和管理者又是互相交叉的,如工厂的厂长。

二、领导的特点

领导作为动态的过程,具有以下基本特点。

(一)领导体现了人与人之间的关系

从本质上来说,领导实际上是一种人与人之间的关系。人际关系学说认为,由于人们在各组织单位中所处的地位不同,就形成了一定的关系,领导者与被领导者就是这种关系的一种形式。领导者的一切行为都是在不断地协调领导与被领导、控制与被控制、指挥与被指挥的各种关系。领导就其实质而言,是通过领导人协调这种人与人之间的关系,激发全体员工的积极性和创造性,使人力资源得到充分发挥,以实现组织的目标。

(二)领导是一种特殊的“投入”与“产出”

领导是引导和影响他人或群体去实现目标的过程。领导实质上是一种“投入”,而它的“产出”却表现为他人的行为(包括领导者所领导的组织的行为)。因此,领导效率的高低和领导工作的成功与否并不反映在领导行为本身,而应该从被领导者的行为效率来评定。尽管影响被领导者行为效率的因素很多,诸如工作的动机、热情、工作能力、工作条件、福利待遇等,但这些因素都与领导者的行为有关。作为一个领导者,不管他自己是否意识到,实际上他们的行为无时不在影响着被领导者的行为。这就是说,“投入”变化,“产出”相应地也会变化。

（三）领导是领导者、被领导者及环境的函数

在现代社会，任何一个组织都可以说是一个开放的社会技术系统，都处在特定的环境之中，而环境的变化常常会对人的心理和行为产生很大影响。领导者的行为不仅在于改变环境，还要适应环境的要求。对被领导者来说，领导者的行为是环境因素的重要组成部分。因此，领导这一动态过程实际上是由领导者、被领导者及他们所处的环境三个因素所决定的复合函数，这个关系用公式表示为：

$$领导 = f(领导者,被领导者,环境)$$

影响领导这个函数的变量，既包括领导者、被领导者、环境这三个因素，也包括各因素之间的内在联系。也就是说，领导的有效性既取决于领导人的素质和领导艺术，也取决于被领导者的素质和接受领导的程度，同时也取决于领导与环境条件相互制约和相互适应的状况。

在现实的领导工作中，一位领导者总会因其职位或人品对其下属产生影响。一般人们易注意到领导者对下属的领导，而往往忽视了下属对领导者的影响。实际上，影响是相互的，领导者在影响下属的同时也必然受下属某方面的影响，这就是领导作用的“互惠效应”。比如，一个厂长如果客观地评价了一个员工，除了被评价的员工，还会引起其他员工对厂长的良好反应。反之，如果评价不当，不仅会引起当事者的不满，还会激起其他职工的义愤。因此，领导者的正确行为引起下属的积极反应，错误行为引起下属的消极反应，可谓影响的分割和共享。领导者通过一定的领导行为影响下属，与下属分享影响。领导者能够从建立较好的相互关系中获得更多的尊敬，得到信任，下属人员则由于对领导者有更多的了解而能够扩大自己的影响。实践证明，在有效的组织里，领导者和下属都会感到自己有较大的影响力。而领导者和下属在组织里的总体影响越大，整个组织的工作效率就越高。

三、领导者的影响力

组织行为学认为，要实现有效的领导，关键是领导者在被领导者心目中有崇高的威望，而威望的高低取决于领导者自身具备的影响力的大小。

所谓影响力，就是一个人在与他人的交往中，影响和改变他人心理的能力。影响力，人皆有之，但是由于交往双方各自的知识、经验、能力、地位、权力等特点与条件不同，交往的环境不同，影响力所起的作用是大不相同的。人们的影响力大小是一个相对比较量。领导者在与他人交往中的影响力大小，是由许多因素决定的。如地位、权力、知识、能力、品格和资历等因素。作为一个有效的领导者，他必须对权力和影响力有正确的认识。一般人们把权力解释为一个人

有某种地位和素质而获得的一种力量，这种力量可用来影响别人，使别人根据他的劝告、建议或命令办事。

（一）领导者影响力的分类

领导者的影响力包括两类：权力性影响力和非权力性影响力。这是两种产生于不同基础、发挥不同作用的影响力。

1. 权力性影响力。权力性影响力也叫强制性影响力，是由社会赋予个人的职务、地位、权力等构成的影响力。这种影响力的基础一是在于法定的地位，正式组织中的上级主管部门赋予某个人以一定的职务和权力，带有法定的性质，使被领导者认为领导者有合法权利指挥、支配人们的工作行为，自己必须听命、服从；二是在于其奖惩权，领导者掌握着奖惩权，接受其领导的就给予奖励，拒绝其领导的就予以惩罚，因此，人们只有服从。

权力性影响力的基础决定了其影响力的特点与作用，即对别人的影响带有强制性和不可抗拒性，是以外推力的形式发挥作用的，这种由于职务、权力、地位而产生的影响力，完全是外界赋予的，不是由于领导者本身的素质及现实行为形成的，因而在权力影响力作用下被影响者的心理与行为一般表现为被动服从。它对人的激励作用是十分有限的。如果领导者只是一味地以权力压服下属，还会带来下属的不满和反抗情绪的增强。

2. 非权力性影响力。非权力性影响力也叫自然性影响力，与权力性影响力是相对的，它与法定的权力无关，而是由于个人自身的品德、才能、学识、专长等因素而对他人形成的影响力。任何一个人，只要他具有高尚的品德、渊博的知识或者表现出某种出众的专长，都会使人爱戴、敬佩，都会产生这种影响力。

非权力性影响力取决于个人的品德行为和学识专长两个方面。品德高尚且受人敬佩的人，其言行影响力的强度远在一般人之上。同样，博学多才、知识丰富的人比缺乏真知灼见、低能平庸的人更具有影响力。

由领导者个人自身因素产生的影响力不是给人的行为改变以外推力的作用，而是对人们心理的自然感召，使之出自内心自愿改变行为。因此，非权力性影响力的特点是自然性，在这种影响力的作用下，人们的心理和行为多表现为自觉自愿、积极主动。同时，在具体活动中，它比权力性影响力具有更大的影响，并起着权力性影响力所起不到的作用。

延伸阅读

这样的“伪领导人才”你用过多少？

几乎所有企业都用错过人。作为企业老大的你不必过于自责，不是你愚蠢，而是“伪领导人才”太像人才！伪领导人才有六种精良的保护色，使他们容易被误看作领导人才。这六种保护色是：

第一，优质学历、资历与形象。如外语比较好，或者仪表堂堂，容易让人用一表人才来形容他们。

第二，卓越的面试经验和技巧，俗称“面霸”。

第三，个人品牌管理能力强。具有在公司内部营销自己的出色能力。

第四，表面业绩好。表面业绩是指业绩指标体现出来的成果。有些伪领导人才会做出努力让这些指标好看一些。有时，运气和市场因素也会成全某些伪领导人才的业绩指标。

第五，上行管理能力强。他们善于与上级建立良好的个人关系，赢得上级的信任。

第六，管理自己职业生涯的能力强。他们善于规划自己的职业发展，知道什么时候该跳槽，往哪里跳，这使他们比一般人升得更快、更高。

但是，伪领导人才因其领导力有致命缺陷，因而不能成为独当一面的帅才。他们尤其无法胜任事业部经理、公司总经理或者分管一摊业务的副总经理岗位。

组织中的五类“伪领导人才”

1. 不与人为善的“孤家寡人”

如果一个领导人不与人为善，即使爬到公司高层，也会成为孤家寡人。这些人无法建立员工对他们的信任。在员工看来，他们是高高在上的孤家寡人。一旦出现丑闻，则是千夫所指。在爬到高层的人中，有相当比例是偏执(paranoid)或反社会人格(antisocial personality)。不与人为善的人有三个问题：

第一，多疑。他们怀疑下属的忠诚，时刻监督或提防着手下人。

第二，不厚道。拿下属、同事以及上级当工具使用。员工会感到自己无非是被他们利用的工具。这样的人，企业在他们身上投资得不到应有的回报。无论企业如何善待他们，他们最终还是会觉得企业亏欠了他们。他们在下属面前情绪暴躁，为人苛刻。

第三，不公平。对内，他们不愿意或者不善于在下属之间做利益分配。还有一种人，虽然做出了比较公平的利益分配，但不善于论证这一做法的公平性，结果让手下人愤愤不平。对外，一旦有机可乘，或者迫于压力，他们容易见利忘义。

2. 不追求卓越的“混世魔王”

意志力薄弱或者没有自我实现需求的人，能够爬到高管岗位的人是绝对的少数。多数不追求卓越的人只能够爬到一线和中层管理者的岗位。在中小企业，不追求卓越的人往往难以生存，但是在超大型企业或者垄断企业，往往成为“混世魔王”的天堂。

现在许多企业强调执行力。为什么有的CEO执行不力？原因不是没有能力,而在于他们没有追求卓越的动机。执行不需要特别的能力,只需要勤快,只需要不怕麻烦。执行不力的人做事没有时间紧迫感,给自己和别人都不定期限和时间表。交给他们的事情以及他们自己承诺做好的事情,石沉大海的居多。前车之鉴很多,例如,施乐公司尽管意识到必须变革,但是领导人忙于各种应酬,制定的战略没有执行,所以公司失去了转型的机会。IBM也一度濒临灭亡,险象环生。

3. 缺乏自信果敢的"和事佬"

胆子小的领导人优柔寡断,不敢做事,更不敢得罪人。"和事佬"很难发起和推动组织的变革创新。这些人往往给你谦谦君子的印象。但是,他们越是不想得罪人,就越会得罪人。"和事佬"人缘不见得很好,相反,由于企业的问题得不到解决,积重难返;人际冲突得不到调解,积怨已久,"和事佬"最后往往落得个怨声载道。

拉姆·查兰和杰弗里·科尔文曾在《财富》杂志撰文指出,执行力不佳,根源在于CEO不敢炒掉执行不力的人。他们写道:"具体地说,失败的CEO们经常无法对付几个关键下属,任由他们持续不佳的工作表现深深损害公司利益。令人震惊的是,许多CEO告诉我们,他们通常知道问题所在,他们的直觉告诉他们这些人有问题,但是他们不去面对。CEO身边的人经常最早发现这些问题,但是CEO却听不进不同渠道的声音。"正如一个CEO说的:"问题扑面而来,我却视而不见。"他们败在没有勇气做出改变。现在很多领导力模型都强调变革创新。其实,变革创新不需要太多创造力,很多高管其实还是心态开放、愿意变革的,只是魄力不够而已。变革创新的过程不是发明创造,而是得罪人,而且是得罪一大批人。

4. 缺乏战略思维的"无头骑士"

"无头骑士"战略思维弱,表现在不同方面,归纳起来有三点:

(1)没有目标感,瞎忙。"无头骑士"们为了做事而做事,且做事不分轻重缓急。他们也许非常忙碌,但所做的事情虽然可能对企业有利,但大多不支持企业战略。没有方向感,"眉毛胡子一把抓",事无巨细,事必躬亲,虽"鞠躬尽瘁,死而后已",但是对企业发展没有贡献。换句话说,他们花了大量精力,做了不该做的事情。同时,因为决策需要选择,而选择意味着有得有失。

(2)理性判断力低下。我们在上一个投资项目之前要论证其可行性,把新产品投放市场之前要做市场调查,重要岗位确定人选之前要做素质测评,这些都是领导人运用理性判断力的例子。理性判断力低的人,即使拿到了MBA学位,张口闭口SWOT,但看不到问题的实质。

(3)直觉判断力低下。他们过分依赖事实和信息做判断,而且由于信息不完整或不一致，总是难以做出判断，或者难以做出准确判断。

5. 知人之智低下的“昏君”

昏君知人之智低下，轻者用人不当，重者忠奸不分，赏罚不明。他们分不清人的不同能力结构，分不清人们才干的高低。因此，他们招罗的人，品德和能力没有保障。因此即使有好的战略，也往往得不到有力的执行

（二）领导影响力的构成

1. 权力性影响力。构成权力性影响力的要素主要包括：传统因素、职位因素和资历因素。

(1)传统因素。传统因素是指人们对领导者的一种传统观念。自古以来，人们形成了一种观念，认为领导者总是不同于一般人，认为领导者有权、有才干，比普通人强，从而产生了对领导者的服从感，这就使领导者的言行增加了影响力。这种传统观念所产生的影响力普遍存在，只要你成为领导者，这种力量就自然而来。这是一种观念性因素。

(2)职位因素。职位因素是指个人在组织中的职务和地位。具有领导职务的人，社会赋予他一定的权力，而权力使领导者具有强制下级的力量，凭借权力可以左右被领导者的行为、处境、前途乃至命运，使被领导者产生敬畏感。领导者的职位越高，权力越大，别人对他的敬畏感也就越强烈。职位因素造成的影响力是以法定为基础的，与领导者本人的素质条件没有直接关系，它是一种社会性因素。

(3)资历因素。资历是指领导者的资格和经历。领导者的资格和经历对被领导者产生的心理影响叫资历因素影响。领导者的资历越深，影响越大，它是一种历史性因素。

显而易见，由传统因素、职务因素、资历因素所构成的影响力都不是领导者的现实行为造成的，而是外界赋予的，它对下级的影响带有强制性和不可抗拒性。这种权力来自领导者所担任的职务，他有了这个职务，就有了这个职务法定的权力，下属不能随意不接受他的领导。因此，这种权力是一种位置权力或地位权力，它取决于个人在组织中的地位。这种影响力对被领导者的作用主要表现为被动服从，它的核心是权力，它对人的心理和行为的激励作用是有限的。

2. 非权力性影响力。非权力性的影响力既没有正式的规定，也没有组织授予的形式，它是一种自然性影响力，是靠领导者自身的威信和以身作则的行为来影响他人的。非权力性影响力产生的基础比权力性影响力产生的基础广泛得多。构成非权力性影响力的因素主要包括品格因素、能力因素、知识因素和情感因素四个方面。

(1)品格因素。品格因素是指领导者的品行、人格、作风等对人的影响。领

导者如果品格高尚、完美,就会使群众产生敬爱感,并使人们模仿与认同。不论职位有多高,如果领导者品格不好,他就会威信扫地,失去影响力。

(2)能力因素。能力因素是指领导者的领导能力与才干对人的影响。有才能的领导者会给企业带来成功,使人产生敬佩感,他的能力越强,使人产生的敬佩感也越强。

(3)知识因素。知识因素是指领导者的博学多才对下属产生的影响。领导者广博的知识会使人产生信赖感,从而增强其影响力。

(4)情感因素。情感因素是指领导者对人有真挚的感情。他的平易近人、关心帮助会使人们产生亲切感,增强其自身的吸引力。因此,搞好情感投资,领导者的影响力就会增强。这种因素是一种精神因素。

一般来讲,任何领导者都同时具有两种影响力,对不同的人来说,这两种影响力的大小却是各不相同的。对于权力影响力相同的两个领导者来说,其威信的高低主要取决于非权力性影响力。因此,要提高领导者的影响力与威信,一方面要合理用权,职权相称;另一方面要加强领导者的自身修养,全面提高个人素质,且应使两种影响力互相促进、彼此呼应。一个能够将两种影响力综合运用的领导者,才是具有领导艺术魅力的人。

第二节　领导特质理论

一、性格理论

西方研究领导者素质的最早成果叫作"领导特质理论",它集中回答了这样的问题:领导者应该具备哪些素质?怎样正确地挑选领导者?这种理论首先是由心理学家开始研究的,他们的出发点是:根据领导效果的好坏,找出好的领导人与差的领导人在个人品质或特性方面的差异,由此确定优秀的领导人应具备哪些特性。研究者认为,只要找出成功领导人应具备的特点,再考察某个组织中的领导者是否具备这些特点,就能断定他是不是一个优秀的领导人。这种归纳分析法成为研究领导特质理论的基本方法。

特质理论按其对领导特质来源所做的不同解释,可分为传统特质理论和现代特质理论。传统特质理论认为,领导者所具有的特质是天生的,是由遗传决定的,这也叫作性格理论,现在已很少有人赞同这样的观点。

二、能力理论

现代特质理论认为,领导者的特性和品质是在实践中形成的,是可以通过教育训练培养的。如果说性格理论强调“什么样的人适合做领导”，而能力理论则认为，他是什么人并不重要，关键是他能干什么事。到底领导者应当具有哪些能力呢？不同的研究者说法不一。

一些人认为，天才的领导者应当具有健谈、外表英俊潇洒、智力过人、自信、心理健康、喜欢支配别人、外向、敏感七项特性。斯托格迪尔发现了与领导才能有关的五种身体特征（如精力、外貌与身高等）、四种智能特征、16种个性特征（如适应性、进取性、热心与自信等）、六种与工作有关的特征（如追求成就的干劲、毅力和首创性等）以及九种社会特征（如愿意与人合作、人际关系的艺术以及管理能力等）。还有些人则从满足实际工作需要和胜任领导工作的要求方面研究领导者应具有的能力、才智、个性。

美国普林斯顿大学的包莫尔提出了作为一个企业家应具备的十个条件，颇具代表性：①合作精神，即愿与他人一起工作，能赢得人们的合作，对人不是压服，而是感动和说服；②决策能力，即依赖事实而非想象进行决策，具有高瞻远瞩的能力；③组织能力，即能发掘部属的才能，善于组织人力、物力和财力；④精于授权，即能大权独揽，小权分散；⑤善于应变，即机动灵活，善于进取，而不抱残守缺、墨守成规；⑥敢于求新，即对新事物、新环境和新观念有敏锐的感受能力；⑦勇于负责，即对上级、下级和产品用户及整个社会抱有高度的责任心；⑧敢担风险，即敢于承担企业发展不景气的风险，有创造新局面的雄心和信心；⑨尊重他人，即重视和采纳别人的意见，不盛气凌人；⑩品德高尚，即品德上为社会人士和企业员工所敬仰。还有一些类似的研究，但是特质理论并未取得多大的成功，有人认为它不是一种研究领导的好方法。其原因有：

第一，各研究者所列领导特性包罗万象，说法不一，且相互矛盾。某一项研究结果认为，某一性格特征与改进效率有积极联系，而在另一项成果中则认为其联系是消极的或根本无联系。

第二，这些研究大都是描述性的，并没有说明领导者应在多大程度上具有某种品质。

第三，并非一切领导者都具备所有这些能力，许多非领导者可能具备大部分或全部这样的能力。

这些理论并非一无用处。一些研究表明，某些个人品质与领导者有效性之间确实存在相互联系。例如，一些研究发现，领导者确实具有高度的才智、广泛的社会兴趣、取得成功的强烈欲望，以及对待职工的极端关心和尊重。另一些研究则发现，个人的才智、管理能力、首创性、自信以及个性等与领导的有效性有重要的关系。另外，这个理论系统地分析了领导者所应具有的能力、品德和为人处世的方式，向领导提出了要求和希望。这对我们培养、选择和考核领导者是有帮助的。

三、第五级领导

在过去的20年里，詹姆斯·柯林斯一直在探究有些公司能够长期保持卓越业绩的原因，他发现，有七个因素是至关重要的，而第五级领导是最关键的。传统观念中，一位能给公司带来卓越业绩的领导者应该是一位魅力十足的英雄式人物，第五级领导则打破了该观念，认为将谦逊的性格与坚定的意志融于一身的高层管理者是企业从优秀到卓越的催化剂。他在研究中总结出管理者的多种能力，并把他们划分为五个层次，"第五级"是最高一级。

五级能力体系

第五级领导位于能力层次的最顶端。研究表明，他们是企业从优秀变为卓越的必要条件。但在他们这个层级之下，又是什么类型的人呢？是另外的四个层级——每一个层级就其本身来说都是无可指摘的。但他们都不具备第五级的力量。为了到达最顶端，不一定要逐级上升，但要想成为一名完全合格的第五级领导者，除了具有该级所独有的特性外，还必须具备其他四个层级的各种能力。

第五级

领导者

谦逊的性格和坚定的职业意志融于一身，以此打造持久的卓越。

第四级

高效的管理者

促使大家为了实现一个清晰的、催人奋进的愿景而全心投入，孜孜以求，激励整个团队追求更高的绩效。

第三级

能干的经理

合理地组织人员和各种资源，高效地朝着既定目标前进。

第二级

具有奉献精神的团队成员

为实现团队目标贡献力量，并与团队成员通力合作。

第一级

高素质的员工

发挥自己的才智、知识、技能以及良好的工作习惯，为公司创造价值。

图9-1　第五级领导力能力体系

将领导力分成五个等级。"第一级"是个人能力；"第二级"是团队技巧；"第三级"是管理能力；"第四级"是传统观念上的领导力；"第五级领导"不仅拥有前四个层级的所有技能,而且还有一种"超常能力",那就是一种谦逊的品质与坚定的职业意志的矛盾结合。

他认为第五级领导人存在矛盾两面性的特征。一方面,取得辉煌成功,是公司实现质变的催化剂。在确定长期目标后,无论过程多么艰难,都坚持奋斗目标,毫不动摇;为组织长期宏伟目标制定一整套标准体系,事无巨细,面面俱到;审视自我,而不是向外部找原因,对失败的后果承担责任;从不埋怨他人,不抱怨外界因素,也不抱怨运气不佳。另一方面,谦逊有礼,令人肃然起敬,尽量避免引起公众注目,不搞阿谀奉承,也从不自吹自擂;办事沉着冷静、果敢,以既定标准和原则而非人格魅力来激励员工;将个人雄心壮志融入组织和工作中,为公司今后更大的成功选好下一代接班人;能够放眼他人,而非自我欣赏,将公司的成功归功于他人、外界因素以及好运气。

第三节　领导行为理论

领导行为理论主要致力于对领导者行为的考察,并尽力去理解领导者的行为与下属人员的感情(对工作的满意度)、行为(工作表现)反应之间的内在联系。它主要是找出标志、描述领导行为方式的途径、研究领导的各种模式的行为与下属人员的表现和满意程度之间的关系。

一、领导行为四分图模型

1945 年美国俄亥俄州立大学工商企业研究所在斯托格蒂尔和沙特尔两位教授领导下研究设计了领导行为四分图。他们开展了一项范围广泛的关于领导问题的调查,列举了 1 000 多种领导行为的特征,通过逐步概括,最后归纳为"抓组织"和"关心人"两大类。"抓组织"是以工作为中心,主要包括组织机构的设置、明确职责和相互关系、确定工作目标、设立意见交流渠道和工作程序等。"关心人"是以人际关系为中心,主要包括建立互相信任的气氛、尊重下属的意见、注意下属的感情和问题等。

按照"抓组织"和"关心人"的不同内容,他们设计了"领导行为描述答卷",每项内容都列举了 15 个问题,发给一些领导者进行调查。根据调查结果,发现两类领导行为在同一领导者身上有时一致,有时不一致。因此,他们认为领导行为是两类行为的具体结合。领导行为可以用二维空间的四分图来表示,分别以"抓组织"和"关心人"为坐标,直观地显示出二元行为组合式四类基本的领导行为(如图 9－2 所示)。

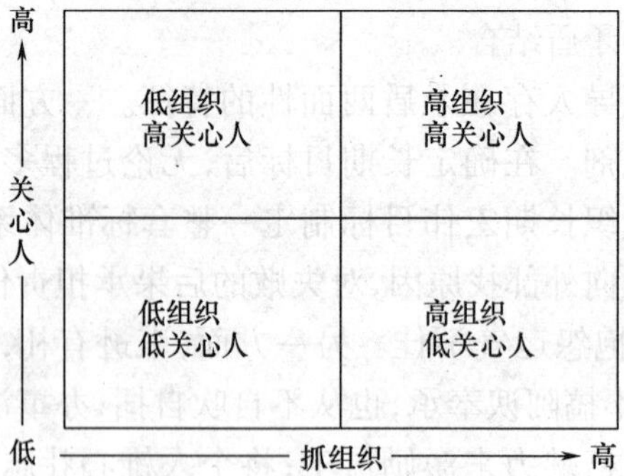

图 9－2　领导行为四分图模式

这个四分图是从两个角度考察领导行为的首次尝试，为进行领导行为的研究指出了一条新的途径。

四分图把领导行为分为四种基本情况：①高组织高关心人的领导行为，对人和工作都十分关心；②高组织低关心人的领导行为，最关心的是工作任务；③低组织低关心人的领导行为，既不关心工作又不关心人；④低组织高关心人的领导行为，重视与下属互相信任、互相尊重的气氛，关心部属的合作。研究者认为，在这四种领导行为中，第一种效果最好。对于这种四分图，理论界认为，它揭示了领导行为的二元结构，并以此将复杂的领导行为划分为四种基本类型，有很高的理论价值。关于"双高型"是最佳领导行为的结论，很多人认为不能一概而论，要根据具体情况而定。

二、领导方格模型

为了探讨四分图理论在实践中如何应用，美国得克萨斯州立大学心理学教授布莱克和莫顿于 1964 年提出了"领导方格模型"。这是一张九等分的方格图，横坐标表示领导者对生产的关心程度，纵坐标表示领导者对人的关心程度。在坐标图上由 1 到 9 划分为 9 个格，作为标尺。整个方格共有 81 个小方格。每个小方格表示"关心生产"和"关心人"这两个基本因素相结合的领导方式（如图 9－3 所示）。

领导方格图可以作为评价各种不同类型的领导行为的手段。在评价时，可以根据领导者对职工和对生产的关心程度，在图上寻找交叉点，这个交叉点就代表该领导者的领导行为类型。例如，如果一个领导者关心人程度为 9，而关心生产程度很低，只有 1，那么他就是（1,9）型领导者；如果一个领导者关心生产程度为 9，而关心人的程度很低，仅为 1，那么他就是（9,1）型领导者。

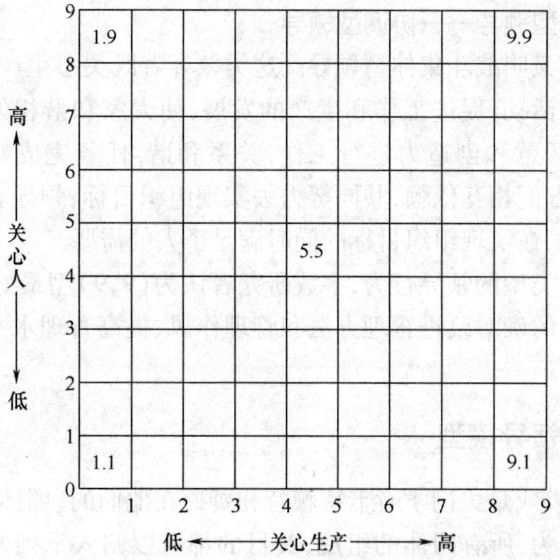

图 9－3　领导方格模型图

布莱克和莫顿在 81 个方格中列出了五种典型的领导方式，并对每种领导行为的特征进行了描述。

（一）（1，1）型领导——贫乏的领导

贫乏的领导也叫虚弱型领导。这种领导者对生产任务的关心和对人的关心都做得很差，他只以最小的努力来完成必须做的工作。这种管理是管理者和整个公司的失败。这种情况很少出现。

（二）（9，1）型领导——任务型领导

任务型领导者高度关心生产和效率，而不关心人。因为不注重人的因素，员工都成了机器。在这种独裁式的领导下，下属只能奉命行事，一切都受到上级的监督和控制，使员工失去了进取精神，不肯用创造性的方法解决问题。

（三）（5，5）型领导——中间型领导

中间型领导者对人的关心度和对生产的关心度比较平衡，既不过分偏重人的因素，也不过分偏重生产。但是，碰到真正的问题总想得过且过，公司只图维持一般的工作效率与士气，安于现状，不能促使下属发扬创造革新的精神。从长远来看，这种领导会使企业逐渐落伍。

（四）（l，9）型领导——俱乐部型领导

俱乐部型领导者只关心人而不关心生产。这种领导者认为只要组织内部充满轻松友好的气氛，职工精神愉快，生产成绩自然会高；认为不管生产成绩好不好，都要首先重视职工的态度和情绪，万一和谐的人际关系受到影响，生产效率就会随之降低。

(五)(9,9)型领导——协调型领导

协调型领导又叫战斗集体型领导。这类领导者既关心生产又关心人,通过协调和综合各种活动,促进工作和生产的发展,使大家和谐相处并发扬集体精神,员工能运用智慧和创造力进行工作,关系和谐,任务完成好。在这种情况下,员工在工作方面相互依赖,共同努力去实现组织目标;领导者诚心诚意关心员工,努力使员工在实现组织目标的同时满足个人的需要。

对以上五种类型的领导行为,多数研究者认为(9,9)型最好,其次是(5,5)型。领导方格图的确对改进管理方法和管理作风、提高管理水平和工作效率有着重大的作用。

三、PM 型领导模型

PM 型领导模式是美国学者卡特赖特和赞德在他们的《团体动力学》一书中提出的。他们认为,所有团体的组成,其目的都可以归入下列两种中的任何一种,或两者兼而有之:①以达成特定的团体目标为目的;②以维持及强化团体关系为目的。为达到第一个目的,领导行为的特征是:"将成员的注意力引向目标","将问题明确化","拟定工作程序","运用专门知识","评定工作成果"等。为达到第二个目的,领导行为的特征是:"维持愉快的人际关系","调停成员间的纠纷","激励大家","增强成员的交互作用"等。因此,领导者为达到不同的目的而采取的领导行为方式可划分为三类,即目标达成型(P 型);团体维持型(M 型);两者兼备型(PM 型)。

后来,日本大阪大学教授三隅二不二在日本长期进行这一研究。他最初是在学生中进行实验,后来到企业中进行研究,他的兴趣放在第一线的领导者身上,但也对中上层的领导者进行了研究。P 职能(performance)是领导者为完成团体目标所做的努力,主要考察工作的效率、规划的能力等。而 M 职能(maintenance)是领导者为维持和强化团体所起的作用。他将领导的行为方式分成四种形态,即 PM,P,M,Pm。这种方法类似领导方格的做法(如图 9－4所示)。

为了测量 P,M 的因素,三隅设计了通过有关下属情况的八个方面来测定 P,M 两职能的问卷。这八个方面分别是:工作激励、对待遇的满意程度、企业保健、精神卫生、集体工作精神、会议成效、沟通、功效规划。每个方面都有五个问题,对每个问题的回答采用五分制,根据 P,M 分数最后进行统计分析,然后将分数结果画在一个两维的坐标上。把每个人的得分点与该单位的平均分数加以比较,就能明确地得到某个人的领导类型处在四个区域中的哪个区域。这就是说,只有在与平均值相比较之后才能确定某个人属于哪种类型。例如,某单位的 P,M 的平均值分别都为 25,而某个人的 P,M 得分点分别为 27,则他的领导类型落在 PM 区域内,属于 PM 类型(如图 9－5 所示)。

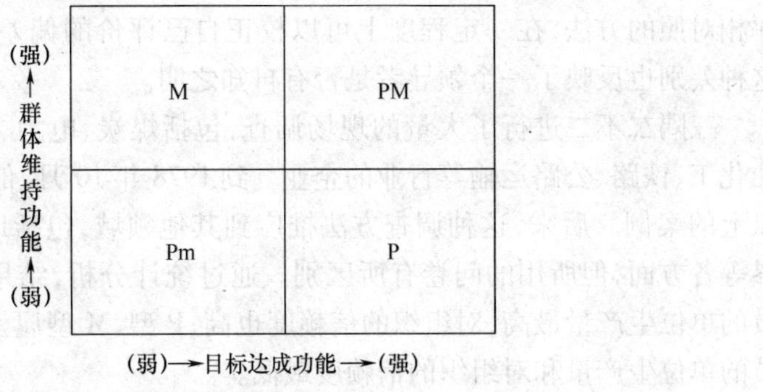

图 9 – 4　PM 领导类型图

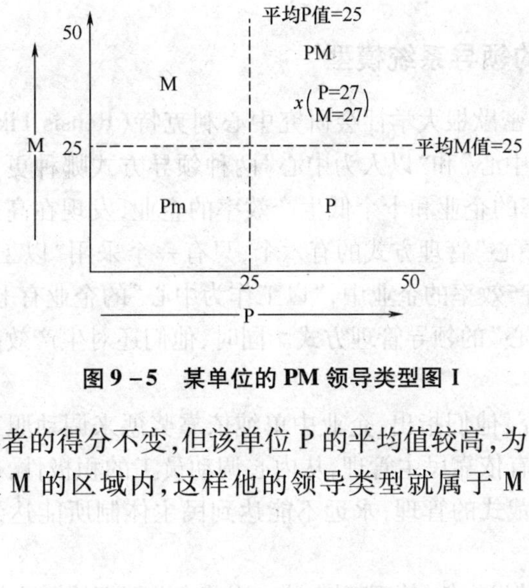

图 9 – 5　某单位的 PM 领导类型图 I

如果该领导者的得分不变,但该单位 P 的平均值较高,为 28,则该领导者的领导类型反落在 M 的区域内,这样他的领导类型就属于 M 型(如图 9 – 6 所示)。

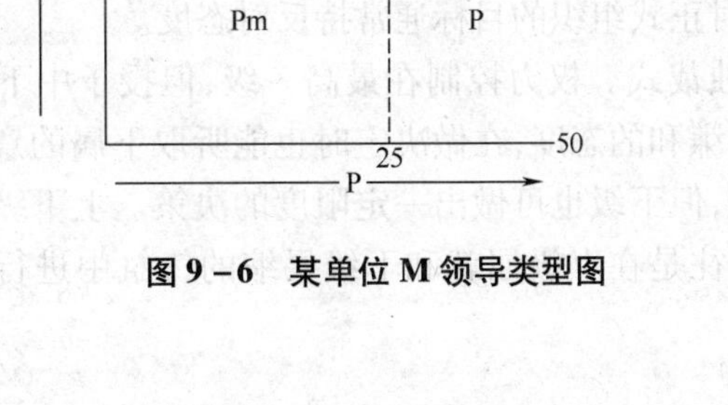

图 9 – 6　某单位 M 领导类型图

因此,三隅二不二的方法具有一定的灵活性。同时,他还采用了自评和他评相对照的方法,在一定程度上可以校正自己评价的偏差。从某种意义上说,这种差别也反映了一个领导者是否有自知之明。

三隅二不二进行了大量的现场调查,包括煤炭、电力、钢铁、燃料、机械、石油化工、铁路、公路运输等行业的企业。到 1978 年 10 月,他已经实测了 15 万件以上的案例。后来,这种调查方法推广到其他领域,包括地方政府、政党、教育界等各方面,但所用的问卷有所区别。通过统计分析,结果发现,PM 型管理人员的单位生产量最高,对组织的信赖度也高;P 型、M 型属于中位;Pm 型管理人员的单位生产量和对组织的信赖度最低。

20 世纪 80 年代,徐联仓等人对 PM 理论进行了研究,并根据我国国情对 PM 量表进行标准化。后来凌文辁等还探讨了领导行为评价的中国模式问题,增加了品德准度。

四、利克特的领导系统模型

1947 年,美国密歇根大学社会研究中心利克特(Rensis Likert)教授等人开始研究"以工作为中心"和"以人为中心"两种领导方式哪种更有效。他们观察了七个高生产效率的企业和十个低生产效率的企业,发现在高生产效率的企业中,采用"以人为中心"管理方式的有六个,只有一个采用"以工作为中心"的管理方式;而在低生产效率的企业中,"以工作为中心"的企业有七个,只有三个企业采用"以人为中心"的领导管理方式。同时,他们还对生产效率与情绪的关系进行了调查研究。

经过长期研究,他们指出,企业中单纯依靠奖惩来调动职工积极性的管理方式将被淘汰,只有依靠民主管理,从内心调动员工的积极性,才能开发人力资源。相反,依靠独裁式的管理,永远不能达到民主体制所能达到的生产水平和对工作的满足感。

1961 年,利克特发表的《管理新模式》一书将企业管理的领导方式归纳为四类:

第一类,专制独裁式。权力集中于最高一级,任何事都由领导单独做决定,下级没有发言权而只能执行。上级规定严格的工作标准和方法,下级如果达不到规定目标就将受到惩罚。在这种领导方式下,上下级之间缺乏沟通,领导者对下级缺乏信任,下级对领导者也存有戒心,组织目标难以实现。组织中如果有非正式团体,则对正式组织的目标通常持反对态度。

第二类,温和独裁式。权力控制在最高一级,但授予中下层部分权力。领导者对下属有一种谦和的态度,在做决定时也能听取下属的意见。一般决策由高层管理人员制定,但下级也可做出一定限度的决策。上下级之间有一定的沟通,但十分有限,交往是在上级屈就和下级畏缩的气氛中进行的。组织中的非正式团体对组织的目标可能反对，也可能不反对。

第三类，协商民主式。领导者对下属有一定程度的信任，授予下属部分权力，但重要任务的决定权仍在最高一级。在这种领导方式下，领导注重听取下属的意见，并在取得下属的同意后再做出决定。上下级沟通程度较深，彼此比较信任，能获得一定的相互支持。组织中的非正式团体对组织目标仍是有同意有反对。

第四类，参与民主式。领导者对下属充分信任，上下级处于平等的地位，允许下属参与领导过程，在一定范围内，授予下级自主决策权。上下级之间不仅有双向沟通，还有平行沟通。对工作的进展、组织的报酬，下级有评估权。利克特认为这是一种最好的领导方式（如图9－7所示）。

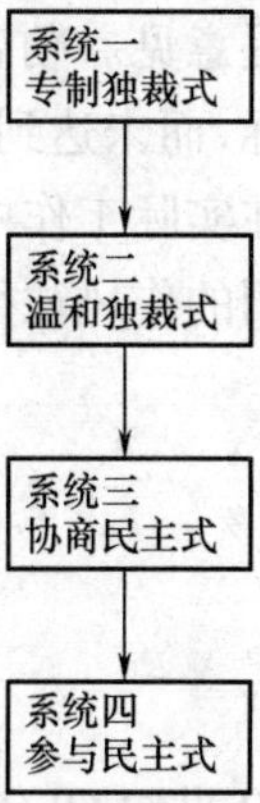

图9－7　利克特的领导系统模型

利克特的理论有一定的价值，可以为我国实行民主管理提供理论依据。领导者只有充分信任被领导者，并给予被领导者一定的管理权与决策权，与被领导者建立一定的感情联系，才能更多地调动被领导者的积极性和主动性，为实现组织的目标做出贡献。

五、勒温的领导作风理论

领导作风理论是研究领导者的工作作风类型以及不同的工作作风对职工的影响，以寻求最佳的领导作风的理论。它是由心理学家勒温提出的。他以权力定位为基本变量，把领导者在领导过程中表现出的极端工作作风分为如下三类。

（一）专制式领导作风

专制式领导作风是一种独断专行的领导行为，权力定位于领导者个人。它一般表现为领导者独揽大权，各种政策均由领导者决定，极少甚至不让被领导者参与决策，领导者凭个人看法对下属予以褒贬、奖惩。这种领导者认为权力来自领导地位，对被领导者严加管治。勒温经过实验证明，这种管理方法虽然能使群体达到目标，但群体成员的消极态度和对抗情绪会不断增长。

（二）民主式领导作风

民主式领导作风是一种民主的领导行为，权力定位于群体。这种领导者从建立良好的人际关系着手去管理，认为领导者的权力是由他领导的群体赋予的。只有采取民主管理，激励被领导者，让他们参与管理，群体成员共同讨论决定群体方针，才能使被领导者自觉地工作并富有创造力。勒温通过实验证明，实行民主作风的领导，工作效率高，群体不但实现了组织目标，而且气氛活跃，情绪稳定。

(三)放任式领导作风

放任式领导作风是一种俱乐部式的领导行为,权力定位于每个职工。这种领导者仅仅从福利方面考虑管理,认为权力来自被领导者的信赖。实际上,领导者没有大胆管理,任何事宜均由被领导者自行决定,领导者对工作不做评价,也不提意见。勒温的实验证明,这种领导作风工作效率最差,群体只达到了社交目标,而未达到组织目标。

在实际工作中,三种极端的领导作风并不常见。勒温认为,大量的领导人所采用的作风往往是处于两种极端类型之间的混合体。

第四节　领导权变理论

20 世纪 60 年代以前,心理学家们主要从领导者的特质和行为方面来研究有效的领导行为。20 世纪 60 年代后,许多管理学家和心理学家提出了权变理论,认为领导行为的效率不仅取决于领导者的特质和行为,而且取决于领导者所处的具体环境,如被领导者的条件、工作性质、时间要求、组织气氛等。也就是说,有效的领导是由领导者、被领导者和环境条件三者决定的。

权变理论把领导看作一个动态过程,领导行为应随着被领导者的特点和环境条件的变化而变化。领导的特质、行为、能力不是天生不变的,而是可以变化的,是可以在实践中逐步培养、形成和发展的。

权变领导理论的共同特点在于,同时考虑领导者个人特质与情境特征在领导现象中的重要性,并探讨两者的搭配与领导者有效性之间的关系。该理论和领导行为理论最显著的差异在于:后者主张某种领导者行为在所有情境中可能成为唯一领导方式,而前者则认为不可能有一种放诸四海而皆准的领导方式存在。换言之,任何领导方式在与情境因素适当搭配的情况下,都有可能成为最佳的领导方式。

一、领导行为的连续带模式

领导行为的连续带模式是美国行为科学家罗伯特·坦嫩鲍姆和沃伦·施密特于 1958 年提出的。他们认为,领导方式是多种多样的,从专权型到放任型,存在多种过渡形式。这就是说,一切领导方式都不可能固定不变,而是随着环境的变化而变化的。领导方式不是机械地只从独裁和民主两方面进行选择,而是按客观需要把两者结合起来应用。连续带模式正表明一系列民主程度不同的领导方式。有效的领导方式就是能在特定的时间和地点条件下选择所需要的领导行为。图 9 -8 列出了几种典型的领导方式。

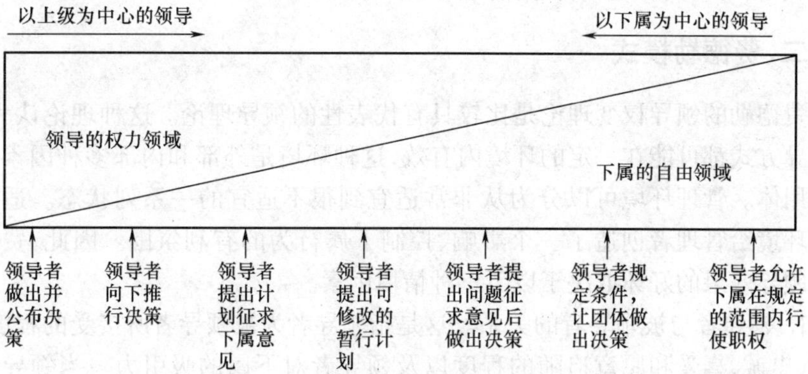

图 9 -8　连续带模式

1. 领导者做出决策并公布。在这种方式中,领导者确定问题,分析问题,做出决策。他可能考虑也可能不考虑下属对问题的看法。不管怎样,他不会让下属参与决策,他只是告知下属,以便执行。

2. 领导者向下推行决策。这种方式同前一种方式一样,领导者承担确认问题和做出决策的责任,但他不是简单地向下属宣布这个决策,而是说出理由,说服下属接受。这表明他可能意识到下属会有反对意见,他想通过解释来减少反对意见。

3. 领导者提出计划征求下属意见。在这种方式下,领导者做出了决策,他向下属详细说明自己的意图,允许下属提出问题。这样,他的下属可以了解他的计划并接受他的决策。这个过程使领导者及其下属能深入探讨这个决策的意义和影响。

4. 领导者提出可修改的暂行计划。在这种方式下,确定问题和决策权虽仍掌握在领导者手中,但下属可以对决策产生影响。这只是个暂定计划,领导者征求有关人员意见后才最终决策。

5. 领导者提出问题征求意见后做出决策。在这种方式下,确定问题和决策虽然仍由领导者进行,但此时下属有建议权,下属可以提出多种解决方案,由领导者选择最佳方案。这样做充分利用了下属的知识和经验。

6. 领导者规定条件,让团体做出决策。在这种方式下,领导者把决策权交给了群体,他只需解释要解决的问题并规定一定的条件。

7. 领导者允许下属在规定的范围内行使职权。在这种方式下,群体有很大的自由,唯一的限制是上级所规定的范围。

坦嫩鲍姆和斯密特认为,以上几种方式没有优劣之分,成功的领导者不一定是专权的人,也不一定是放任的人,而是在具体情况下采取恰当行动的人。

要求领导者有较强的适应性,有恰当的灵活性来应付不断地变化,根据自己的能力、下属的素质和组织目标,有效地授予权力。

二、费德勒模式

费德勒的领导权变理论是比较具有代表性的领导理论。这种理论认为,各种领导方式都可能在一定的环境内有效,这种环境是外部和内部多种因素的综合作用体。管理环境可以分为从非常适宜到很不适宜的一系列状态。适宜的管理环境给管理者创造了一个影响、控制下属行为的有利氛围。因此,费德勒提出领导效果的好坏取决于以下三种情境因素。

1. 领导者与被领导者的关系。这是指领导者为被领导者所接受的程度,即信任、忠诚、喜爱和愿意追随的程度以及领导者对下属的吸引力。当领导者与被领导者之间关系融洽,领导者信赖下属,下属也给予支持和保持忠诚时,领导的影响控制程度就高;反之,则给领导者造成很不适宜的环境。

2. 任务的结构。任务的结构是指任务的明确度和下属对这些任务的负责程度。如果这些任务明确,常规性、例行性程度高,且下属责任心强,则认为领导环境较好。

3. 职位权力。这是指与领导者职位相关的正式职权以及各方面的支持程度。与领导职位相关的法定权力越大,所控制的奖惩范围越大,则领导者对下属人员的控制越强,群体成员遵从指导的程度越高,领导环境也越好。

费德勒指出,如果上述三个因素都具备,是最有利的情境;如果都不具备,则是最不利的情境。根据这三个因素,费德勒把领导者所处的环境从最有利到最不利共分为八种类型。费德勒对1 200个团体进行了抽样调查,得出了以下结论,如表9-1所示。

表9-1　费德勒领导类型与情景变量之间的关系

对领导的有利性	情境类型	领导者与被领导者的关系	任务结构	职位权力	有效领导类型
有利	1	良好	有结构	强	任务导向型
	2	良好	有结构	弱	任务导向型
	3	良好	无结构	强	任务导向型
中间状态	4	良好	无结构	弱	人际关系型
	5	不良	有结构	强	人际关系型
	6	不良	有结构	弱	无资料
	7	不良	无结构	强	无资料
不利	8	不良	无结构	弱	任务导向型

研究结果表明，在群体条件最有利和最不利的情况下，任务导向型是有效的领导方式，效果较好，在群体条件一般的情况下，采用以关心人为主的人际关系型的领导方式比较有效。

比如，工作任务有严格明确的规定，但领导者不被人们所欢迎，因而采用"以人为中心"的领导方式可获得较好的成效。在领导者为下属所欢迎，而任务结构不明确的情况下，这种领导方式也能奏效。

因此，根据费德勒模式，要提高领导的有效性，可以改变领导者的领导方式，或改变所处的环境。所以，领导者的选择要视环境而定。如果一个组织的环境最好或最坏，就要选择以关心工作任务为中心的领导者；反之，应选择以关心人为中心的领导者。由此可见，费德勒权变模式通过研究领导者自身和被领导者的个性特点、所处的环境等变量，以及这些变量对领导有效性的影响作用，提出了比较理想的领导理论，揭示了领导的动态过程。这对针对不同情况采用不同的领导方式，提高领导的有效性，有一定的参考价值。

三、通路——目标模式

通路——目标模式是由加拿大多伦多大学教授伊凡斯于 1968 年提出，后由其同事豪斯教授补充和发展而成的。这一理论认为，为了达到组织目标，领导者必须采用不同类型的领导行为以适应特殊环境的客观需要。它是近年来在国外颇受重视的理论。

通路——目标模式是以期望理论和领导四分图为依据的。它的基本要点是要求领导者阐明对下属工作任务的要求，帮助下属排除实现目标的障碍，使之能顺利达成目标。在实现目标的过程中满足下属的需要和成长发展的机会。领导者在这两方面发挥的作用越大，越能提高下级对目标价值的认识，激发积极性。

通过实验，豪斯认为"高工作"与"高关系"的组合不一定是有效的领导方式，还应补充环境因素。通路——目标模式归纳了以下四种不同的领导类型。

1. 指导型，即一个领导者告知下属他希望他们做什么，并对应该怎样做给予指导，确信他的指令在组织中会得到很好的理解。这种类型的领导对要做的事进行严格的计划，坚持固定的标准，并激励下属遵守标准和规则。

2. 支持型，即领导者很友善，关心下属，平等待人，但对工作环境的好坏很少关心，不太注意通过工作使人满意。

3. 参与型，这是指领导者在做出决策时，注意与下属磋商，征求他们的意见，对达成目标的各种主意采取非常认真的态度。

4. 以成就为导向型，它强调出色的工作表现，同时坚信下属人员能够达到规定标准的要求。这种类型的领导者通常会树立一个具有挑战性的工作目标，希望下属最大限度地发挥潜力，达到组织目标。这种类型的领导者不断制定新的目标，使下属经常处于被激励的状态。

四、不成熟——成熟理论

美国哈佛大学著名学者克里斯·阿吉里斯在耶鲁大学时曾研究过工业组织，探索过领导者的领导方式对下级成长的影响。他认为，一个人由不成熟转变为成熟的过程会发生以下几个方面的转变，如图9－9所示。

不成熟	→	成熟
被动	→	主动
依赖	→	独立
少量的行为	→	能做多种行为
错误而浅薄的兴趣	→	较深与较强的兴趣
时间和知觉性短	→	时间和知觉性较长（过去与未来）
附属的地位	→	同等或优越的地位
不明白自我	→	明白自我、控制自我

图9－9　由不成熟到成熟的转变比较

阿吉里斯认为以上由不成熟到成熟的变化是持续的、循序渐进的。一般正常的人都是随着年龄的增长，心理会由不成熟日趋成熟。因此，领导者应针对下级不同的成熟程度分别指导，对那些心理不成熟的人，应采用传统的领导方式；对比较成熟的人，应扩大个人责任，创造一个有利于其发挥才能和成长、发展的工作环境。

五、领导生命周期理论

领导生命周期理论是由美国管理学家科曼于1966年首先提出，后经赫西和布兰查德加以发展形成的。赫西和布兰查德认为，领导的有效性取决于工作行为、关系行为和下属的成熟程度。领导有效性的研究中之所以重视下属，是因为不管领导者做什么，其有效性都取决于下属的行为，是下属决定接受还是拒绝领导者，而很多领导理论都忽视或低估了这一因素的重要性。从这一点来看，该理论是一个重视下属的权变领导理论。

“领导生命周期理论”以领导的“四分图理论”和“管理方格理论”为基础，同时结合阿吉里斯的“不成熟——成熟理论”。它在前两者的二维结构的基础上又加上了成熟程度这一因素，形成了一个由工作行为、关系行为和成熟程度组成的三维结构，如图9－10所示。

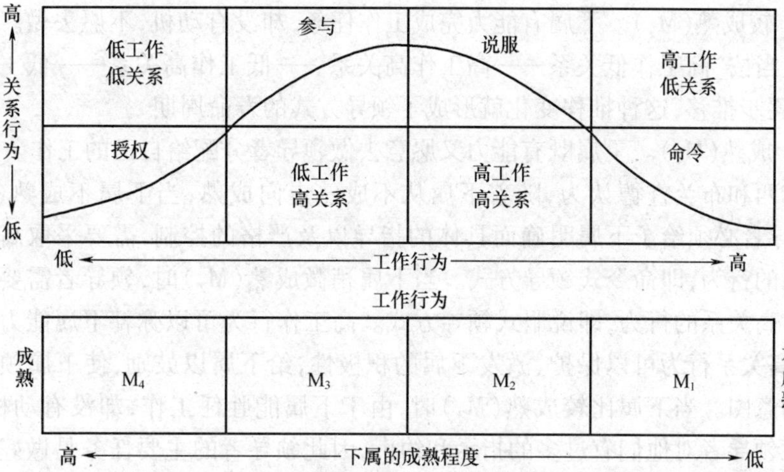

图9-10　领导生命周期理论

其中，工作行为是指领导者和下属为完成任务而形成的交往形式，代表领导者对下属完成任务的关注程度；关系行为是指领导者给下属以帮助和支持的程度；成熟程度是指人们对自己的行为承担责任的能力和意愿的大小。它包括两个要素：工作成熟度和心理成熟度。工作成熟度是指一个人的知识和技能，如果一个人拥有足够的知识、能力和经验完成他的工作任务而不需要他人的指导，则其工作成熟度就高，反之则低。心理成熟度是指一个人做某事的意愿和动机，如果一个人能自觉地去做某事而无须太多的外部激励，则其心理成熟就高，反之则低。由工作行为和关系行为相组合，形成了四种情况，对应着四种领导方式：

1. 高工作低关系——命令式。领导者对下属的工作进行详细、具体的指导，告诉下属应该干什么、怎么干、何时干、何地干等，它强调直接指挥。

2. 高工作高关系——说服式。领导者既给下属以一定的指导，又注意激发和鼓励其积极性。

3. 低工作高关系——参与式。领导者与下属就工作问题共同决策，领导者着重为下属提供便利条件，搞好协调沟通。

4. 低工作低关系——授权式。领导者提供极少的指导或支持，授予下属一定的权力，由下属自己独立地开展工作，完成任务。

同时，赫西和布兰查德又把成熟程度分为四个等级：

1. 不成熟（M_1）。下属对工作任务缺乏接受的意愿和承担的能力，既不能胜任工作又不被信任。

2. 稍成熟（M_2）。下属愿意承担工作任务，但缺乏足够的能力，他们有积极性,却没有完成任务所需的技能。

3. 较成熟(M_3)。下属有能力完成工作任务,却没有动机,不愿去做。领导行为应当按"高工作低关系——高工作高关系——低工作高关系——低工作低关系"逐步推移,这种推移变化就形成了领导方式的寿命周期.

4. 成熟(M_4)。下属既有能力又愿意去做领导者分配给自己的工作。

赫西和布兰查德认为,随着下属从不成熟走向成熟,当下属不成熟(M_1)时,领导者必须给予下属明确而具体的指导以及严格的控制,需要采取高工作低关系的行为,即命令式领导方式。当下属稍微成熟(M_2)时,领导者需要采取高工作高关系的行为,即说服式领导方式。高工作行为可以弥补下属能力上的不足,高关系行为可以保护、激发下属的积极性,给下属以鼓励,使下属领会领导者的意图。当下属比较成熟(M_3)时,由于下属能胜任工作,却没有动机,或不愿意领导者对他们有过多的指示和约束,因此领导者的主要任务是做好激励工作,了解下属的需要和动机,通过提高下属的满足感来发挥其积极性,宜采用低工作高关系的行为,即参与式领导方式。当下属成熟(M_4)时,由于下属既有能力又愿意承担工作、担负责任,因此领导者可以只给下属明确目标、提出要求,由下属自我管理,此时可采用低工作低关系的行为,即授权式领导方式。

总之,"领导生命周期理论"认为,随着下属成熟程度的提高,领导者应相应地改变自己的领导方式。对于不同成熟程度的下属,领导者应该采用不同的领导方式。

实训模拟

模块一:案例分析与思考

联想集团的领导行为

在联想集团前任董事长柳传志看来,领导大体上有两种类型,一种是孔雀型的,以个人魅力取胜;一种是老虎型的,以发号施令树威。其实柳传志的这种用动物比喻领袖人物的理论正反映了不同的领导者的领导风格。就联想而言,主要经历了柳传志和杨元庆两代领导时期。

一、柳传志领导时期

1984 年,柳传志先生与其他 10 名计算所员工以 20 万元人民币创办联想,如今已成长为国家重点支持的旗舰型企业集团。柳传志创业时期,追求强力执行。在联想,领导首先要会教,通过指导、提问等方式帮助员工思考和进步;其次要坚持训练员工,有些技能只能通过持续训练才能掌握。

柳传志曾将联想内部成功的管理总结为三个要素:建班子、定战略、带队伍。三要素的核心是人才的培养使用。柳传志不仅抽出时间和高管们单独面谈,也利用各种会议和场合对管理层言传身教,让人受益匪浅。柳传志在联想经常把一些可塑性人才集中到总裁办公室,把总裁室需要决策的项目拿来讨论。常常是一个话题讨论来讨论去,柳传志不厌其烦地和大家一起争论。他把这种讨论称为“把嘴皮磨热”,其实目的很明确,这是训练人才的一种演习。

另外,有关带队伍方面,还要讲究方法。在介绍培养杨元庆、郭为等人的方法时,柳传志说,第一,让他们逐渐参与决策,参与管理。一方面在价值观、思想方法甚至工作技巧等诸方面求得一致;另一方面要求他们不能被动式的接受,做传递的“齿轮”,而是要主动思考,创造执行的“发动机”;第二,先把责权利说清楚,然后放手给他们以机会和舞台,让他们在工作中锻炼成长起来。这样做有几个好处:首先,可以群策群力,企业能避免大的决策失误和经营震荡;其次,他们有职有权,积极性能调动起来;最后,他们独当一面后,更高层的领导能腾出时间和精力思考一些关系公司发展的更重大、更长远的问题。

正是因为柳传志让他们逐渐参与决策,参与管理,他们才会有这么多的锻炼机会。在具体业务的操作管理中,他们逐渐学会独立主动思考,在价值观和思想方法上融入了联想文化。他们之所以能够成为联想的发动机而不仅仅是被动式传递的“齿轮”,也是因为柳传志给他们放手发挥的机会,在责权利清楚的情况下,他们获得了发挥才能的广阔舞台。

二、杨元庆的二次领导时期

杨元庆在联想宣布收购 IBM 个人计算机业务后,亲自到各个国家的业务部门和员工进行交流,并妥善处理和 IBM 原高管之间的关系,这对稳定员工、客户和渠道相当有益。直到 2005 年 9 月底,联想才正式宣布全面整合,至此,员工和客户的保留已经卓有成效。此时,杨元庆领导的战略委员会在整合过程中又提出了新兴市场的战略,在成绩稳定之后,考察、选定继任 CEO 的工作有条不紊地展开。

杨元庆提出的“坦诚、尊重和妥协”三原则,正在新联想内被广泛运用。在诸多收购者认为应该铁腕确立权威时,此前被视为“固执”的杨元庆懂得,面对文化冲突,适当地做出妥协并不可耻,在强调信任、尊重的文化下,中外双方能够更具包容心地理解差异,只有这样,思维差异才可能被转化为竞争力。

同时,杨元庆领导下的联想倡导平等、信任、欣赏的亲情文化,是要使联想公司内部多一些利于协作的湿润空气。亲情文化提倡互相支持,提倡客户理念,推行矩阵式管理模式;要求各部门和层次之间互相配合,资源共享,实行称谓无“总”,倡导平等、信任、欣赏、亲情。这时的企业文化也开始由规则向支持导向过渡。到 2000 年,联想正式明确了支持导向的亲情文化。从尊称老师,到敬称老总，再到俗称元庆，中国IT旗舰联想17年来对其掌门人的称谓经历了这样的三大变化。而亲情文化的内涵就是让联想人在一个更为宽松、有活力的氛围下养蓄创造力。

【思考与讨论题】

1. 运用领导特质理论，分析两位领导人的领导特质及行为特征。

2. 结合联想的发展，谈谈权变理论在现代管理中的实质。

模块二：管理游戏

他的授权方式

形式：8人一组为最佳

时间：30分钟

材料：眼罩4个，20米长的绳子一条

适用对象：全体参加团队建设及领导力训练的学员

活动目的：让学员体会及学习作为一位主管在分派任务时通常犯的错误以及改善的方法

操作程序：

1. 老师选出一位总经理、一位总经理秘书、一位部门经理、一位部门经理秘书、四位操作人员。

2. 老师把总经理及总经理秘书带到一个其他人看不见的角落，向他说明游戏规则：

——总经理要让秘书给部门经理传达一项任务，该任务就是由操作人员在戴着眼罩的情况下，把一条20米长的绳子做成一个正方形，绳子要用尽。

——全过程不得直接指挥，一定要通过秘书将指令传给部门经理，由部门经理指挥操作人员完成任务；

——部门经理有不明白的地方可以通过自己的秘书请示总经理；

——部门经理在指挥过程中要与操作人员保持5米以上的距离。

有关讨论：

1. 作为操作人员，你会怎样评价你的这位主管经理？如果是你，你会怎样来分派任务？

2. 作为部门经理，你对总经理的看法如何？对操作人员在执行过程中看法如何？

3. 作为总经理，你对这项任务的感觉如何？你认为哪方面是可以改善的？

模块三:相关测验

领导能力测试

序号	题　目	根本不符合	比较符合	符合	非常符合
1	只有糟糕的将军,没有糟糕的士兵	1	2	3	4
2	人际关系能力是借助别人去完成工作的一种能力	1	2	3	4
3	领导者的品行给企业员工带来的是激励效果	1	2	3	4
4	开会也有技巧,有必经的过程和阶段	1	2	3	4
5	管理者就是领导者	1	4	3	2
6	你认为如果你微笑,下属就能按照你需要的那样努力工作	1	2	3	4
7	智商比情商更重要	4	3	2	1
8	要在领导的长处之外发挥自己的长处	1	2	3	4
9	经常考虑那些可影响自己未来5年内工作的变动因素	1	2	3	4
10	用请教的方式向领导提意见	1	2	3	4
11	即使没有下属,你也能做出决定并付诸实施	1	2	3	4
12	吸引下属的其中一个因素是自己的公平性	1	2	3	4
13	你能够非常耐心地对待智力迟钝的下属	1	2	3	4
14	能够抓住一切机会来学习新的知识,提升自己的技能	1	2	3	4
15	在信息不太充分的情形之下,不能够镇定地做出决策	1	2	3	4
16	非常害怕失败	4	3	2	1
17	给优秀人才创造空间,给他们发展的空间	1	2	3	4
18	每年进行一次员工满意度调查	1	2	3	4
19	总是在鼓励员工去做事情	1	2	3	4
20	决策的过程委托下属完成,明确地告诉下属希望他们自己去发现问题	1	2	3	4
21	经常直接责备自己的下属	4	3	2	1
22	目标完成时,你只关注结果,不在乎过程	1	2	3	4
23	出了问题的时候自己首先承担责任	1	2	3	4
24	团队的绩效与领导者的绩效无关	4	3	2	1
25	培养自己的下属是一件“水涨船高”的事情	1	2	3	4
26	你定期地注意专业机构举行的会议或者这方面的期刊	1	2	3	4

续表

序号	题　目	根本不符合	比较符合	符合	非常符合
27	将任何一个人提拔到一个更高的层次的时候,都要对其做相应的培训	1	2	3	4
28	工作动力是激励的一个核心问题	1	2	3	4
29	威胁激励有利于员工的优胜劣汰,能者上,无能者下	1	2	3	4
30	信任下属,让他们在自己的职权内自主地处理工作	1	2	3	4

请统计你的得分:

●得分在 30 ~ 56 分,你从事领导的素质较差。也许你非常想从事领导这一职务,但是你必须正视你自身的不足,强烈建议你加强这方面的学习,一切可以重新开始。

●得分在 57 ~ 83 分,作为一名领导者,你的素质一般。要想成为出色的领导者应该接受长期和系统的培训。

●得分在 84 ~ 112 分,你基本上具备领导者的素质。只是你必须多向别人学习优秀的地方,在理论和实践上更上一层楼。

●得分在 113 ~ 140 分,你具备了一名优秀领导者的基本素质,只要你坚持不断地学习,加强理论基础,你会成为成功的领导者的。

模块四:复习思考

一、单项选择题

1. 管理方格图中,最有效的领导方式有(　)。

A. 贫乏型　　B. 任务第一型
C. 俱乐部型　　D. 团队式

2. 按照管理方格理论的观点,对工作和人都高度关心的领导行为类型是(　)。

A. 乡村俱乐部式管理　　B. 任务式管理
C. 中间型管理　　D. 团队式管理

3. 领导特质理论假设领导者所具备的特质是(　)。

A. 比其他变量更重要　　B. 由其他变量造成的
C. 领导的象征　　D. 与其他变量一样重要

二、多项选择题

1. 有效领导的原则包括(　)。

A. 培养对人的洞察力　　B. 保持权威性

C. 坚持合理的工作秩序　　　　D. 高效合理的利用时间

2. 领导权力一般由(　)构成。

A. 资源控制权　　　　B. 奖惩权

C. 专长权

3. 为了实现组织的目标,领导者要通过实现各种领导功能来完成基本任务。这些功能主要有(　　)。

A. 创新功能　　　　B. 激励功能

C. 组织功能　　　　D. 沟通协调功能

E. 服务功能

三、思考题

1. 结合实际说明在管理中如何将抓组织和关心人二者有机地结合起来运用。

2. 如何评价不同领导风格的有效性?

3. 领导的权变理论的核心内容是什么?

4. 领导者选择关系导向型领导还是工作导向型领导的依据是什么?

5. 结合实际说明领导生命周期理论的应用价值。

第十章

组织结构与组织设计

学习目标

1. 了解组织设计及其相关概念；
2. 理解组织设计的程序；
3. 掌握组织设计的内容；
4. 影响组织结构的因素；
5. 了解组织设计的类型及其特征。

开篇案例

联想的业务发展与组织结构调整

尽管很忙，但新联想董事局主席杨元庆依旧在联想总部向人们描述了新联想在未来的光辉前景。他透露说，由于整合工作进展顺利，新联想将加快自己在“合并 IBM”方面的步伐，包括供应链、事业部、产品线等全方位的整合将提前于今年年底前完成。很明显，上周发布的 Q_1 财报给了联想上上下下强大的信心。

“在整合初期，保证客户资源和员工队伍的稳定性是新联想的首要目标。”杨元庆说：“所以虽然原 IBM 个人电脑事业部和联想之间存在严重的业务重叠，但我们不愿意去冒合并的风险，还是保持了互相独立运行的做法，准备在一年之后才进行深层次的整合工作。不过由于在收购案确定之前就进行了大量的准备和分析工作，整合的工作开始之后各方面的进展都非常顺利。所以在下一阶段，新联想会加快在业务改组和组织结构整合方面的步伐，争取在今年年底前完成。”杨元庆的表态无形表明了新联想在“消化 IBM PC”一事上的决心。在回答记者相关的问题时杨元庆坦率地表示，目前这种“互相独立运作"的模式只是一种过渡，而最终市场上 IBM 品牌的 PC 机将会被“Lenovo”所代替。

“在全世界我们都不会放弃联想公司的品牌。”杨元庆说：“但这与保持 Think 品牌并不冲突。新联想已经完成了新的品牌设计并制定出相应的策略，未来我们会在全球范围内推广这个计划。”

任何一个组织，无论大小，不管复杂还是简单，都需要做好两方面的基本工作，一方面需要把工作任务分解成各项具体的工作，另一方面又要保证这些分散的工作可以结合成整体性的工作，使“整体等于部分之和”，通过分解与合成，使组织成为一个分工协作的系统。不同的组织具有不同的结构，同一组织在不同时期情境下具有不同的结构，组织结构对组织效率和员工行为具有重要影响。因此，对一个组织而言，如何进行组织设计，构建组织结构，如何使此结构适应战略、规模和环境的变化，这些问题是本章必须关注的主要内容。

第一节　组织与组织设计

一、组织设计的概念

组织设计即对组织结构的调整和设计，是指为有效地实现组织目标而对组织活动和组织结构的规划过程。也就是正式规定组织中个人与个人之间、个人与群体之间、群体与群体之间的关系，以便协调和控制整个组织活动，充分发挥组织的功能，以保证组织的工作效率。组织设计决定了组织中的指挥系统、信息沟通网络和人际关系，最终影响组织效能的发挥。组织结构模式不是一成不变的，它随着组织环境和组织任务的变化而不断地调整演变。组织设计的实质是对管理人员的管理劳动进行横向和纵向的分工。组织设计的直接表现就是组织结构图。

二、组织设计的原则

为了能设计出适合组织实际的高效的组织结构，组织设计应该遵循一些基本的原则，这样可以大大减少管理上的障碍。

（一）目标任务原则

在进行组织结构的重新设计时，必须遵循目标任务原则，组织结构的设计和组织形式的选择必须有利于实现组织的目标，即整体设计应紧扣组织的发展战略，充分考虑组织未来所要从事的行业、规模、技术以及人力资源配置等，为组织提供一个几年内相对稳定且实用的平台，避免出现因人设事、因人设职的现象。

（二）分工协作原则

分工协作原则是指组织结构应能反映为实现组织目标所必需的各项任务和工作分工，以及这些任务和工作之间的协调，组织的运行才能精干、高效。一方面要合理划分组织内部各职能部门的工作范围，另一方面要明确专业分工之间的相互关系，这样才有利于从组织上保证目标的实现。

（三）有效管理幅度原则

管理幅度又称管理宽度，是指一个主管人员直接有效指挥下属人员的数量。管理幅度原则是指组织中的主管人员直接管辖的下属的人数应是适当的，才能保证组织的有效运行。

（四）管理最少层次原则

管理层次是组织结构中纵向管理系统所划分的等级数量。管理最少层次原则是指在保证组织合理有效运转的前提下，应尽量减少管理层次。一般情况下，组织越大层次越多，但从高层领导到基层领导以2～4个层次为宜。

（五）责权一致原则

权力是责任的基础，有了权力才可能负起责任；责任是权力的约束，有了责任，在运用权力的时候就必然考虑到可能产生的后果，不至于滥用职权。为保证组织结构的完善和组织工作的有效进行，在组织结构的设计过程中，职位的职权和职责要对等一致，既要明确规定每一管理层次和各个部门的职责范围，又要赋予完成其职责所必需的管理权限。

（六）集权与分权相结合原则

在组织工作中，必须要正确处理好集权与分权的关系，以保证组织的有效运行。集权应以不妨碍下属履行职责，有利于调动积极性为宜；分权应以下级能够正常履行职责，上级对下级的管理不至失控为准。

（七）稳定性与适应性相结合原则

管理者必须在稳定与动态变化之间寻求一种平衡，既保证组织结构有一定的稳定性，又使组织有一定的发展弹性和适应性。也就是说，不能轻易变动，又必须随着组织内外部条件的变化，根据长远目标适时做出相应的调整。

三、组织设计的程序

组织设计是一个动态的工作过程，一般有两种情况，创建新组织或者改造旧组织。不管是哪一种，都包含了众多的工作内容要取得良好的效果，就必须要科学地进行组织设计，要根据组织设计的内在规律性有步骤地进行。组织设计的基本步骤如下。

（一）准备阶段

个人和组织一般都倾向于维持现状，只有在对现状十分不满，并确切地了解将要到来的组织设计实现的程度和方向以及为其带来的好处后，组织和个人才会投入精力支持组织设计的实现。因此，产生实现动力的第一步，是员工对现状产生不满意的感觉。另一方面是清楚地表述组织的未来，组织成员提供组织设计实现的正面预期。

1. 面对现实。为了了解当前的现状，组织必须积极地依据顾客的期望、竞争者的优势以及本行业和其他行业的领先者来确定自己的基准，组织可以与之进行对比，发现自己的不足之处。一般来说，所有的组织都有与特定的绩效状况或系列战略目标相关联的优势和弱点。人们在收集组织运营现状，并与期望的状况进行对比的过程中，可以发现企业已经到了必须进行巨大的改革的程度，这样会产生支持改革的动力。

2. 创造组织愿景。在准备阶段的第二项工作就是要创造一个组织愿景，传递组织设计实现带来的正面预期。愿景可以由两部分组成:一是组织的核心意识形态,二是一个生动的未来前景。

(1)描述组织的核心意识形态。组织愿景的基础就是组织的核心意识形态,它描述了组织的核心价值观和目的,并且在较长时期内是相对稳定的。核心意识形态能够为实施方案选择提供终极目标。

(2)构建可见的将来。典型可见的未来包括以下的几个基本要素:第一,有价值且鼓舞人心的目标;第二,渴望的未来状态。此要素以生动的细节具体地描绘新的组织设计方案是如何实现上述大胆的有价值的成果,它从成员的感情方面激励他们支持组织设计的实现。

(二)实施阶段

组织设计的实现不会自动发生,需要投入大量的精力和行动。管理者必须清楚需要多少资源来完成组织设计的实施:资金是否充足、能够使用的时间是多少、是否拥有执行新任务的人员。在实施阶段,高层管理人员还要弄清谁掌握着这些资源,以便综合调度使用。另外,组织设计的实现要遵循一定的实施步骤,要按"图纸"的要求精心组织实施。

1. 获取资源支持。这一阶段要努力辨别关键的利益相关者,并对其进行影响,使其支持组织设计的实施。

辨别利益相关者是指组织设计实施的推动者应努力发现那些从组织设计的实现中获益或受损的重要个体和团队,获得这些信息能使实施的推动者知道应该对哪些人和哪些集团施加影响,使他们接受并支持新的设计方案。而常用的影响利益相关者的策略有:第一,确定特定利益相关者的需要,并提供新方案给他们带来的好处的信息。第二种策略是与别的有势力的个体和集团形成联盟或联合,直接与关键利益相关者交往,以及通过各种渠道来影响关键利益相关者,使其支持实施活动。

2. 管理组织设计的实施过程。要推行组织设计的实施,组织就需要制订一个行动计划,这个计划应当包括如何帮助企业每个人从自己目前的位置走向目标点的机制,应当涵盖情感、认知及行为等多个维度。

同时,实施过程中,除了保证企业运营的各种组织和机制之外,还需要建立协调机制以协调企业各部分同时发生的转变。协调机制的另一个作用是使组织结构方面的调整尽量不要影响正在向客户提供的产品和服务,否则,组织设计的实施也就失去了其本意。

(三)评估阶段

一旦组织设计方案开始实施,就应对其进行评估,评估不但包括实施完成后对实施效果的评估,还包括实施过程中的评估。

1. 评价组织设计实现的结果。组织设计新方案的总体效果是很难全面衡量的,我们选择了常用的两种评价方法,一种是效果的权变评价法,另一种是效果的平衡评价法。

2. 评价组织设计实现的过程。仅仅对组织设计实现的结果进行评估是不够的,还需要对改革过程本身进行评估,组织设计实现过程的评估包括两个方面的内容:一是组织设计实现过程是否保持原定规划进行;二是组织设计实现过程的效率和效果。组织设计实现过程中可能出现两类问题:一类是执行偏离原方案,一类是方案与实际脱节,组织设计的实施执行机构应该区分不同的问题,采取不同的办法解决这类问题,组织设计实现过程的效率和效果可以从三个方面进行评估,组织设计实现的成本、组织设计实现的速度、未预料到的行动和事件。

3. 评估中应注意的问题。要正确对待组织设计实现中的"滞后"现象;与高层领导人建立协作关系,共同探讨评价体系;并且善于发现进步,正确评价进步。

(四)建立有效的反馈机制

在整个组织设计实现的三个阶段当中,为了获得有关实现进程的信息,组织需要建立超越日常经营所需的多种反馈机制。这种反馈机制能够以一种连续、及时和可靠的方式从高层领导、中层管理人员、一线管理人员、雇员以及顾客和主要的利益相关者那里获得设计实现情况的信息。企业应在各个层次设立情报收集中心和信息评审机制,以便对在向目标状态过渡的过程中出现的变化有充分的了解并做出及时的反应。

延伸阅读

海尔集团的组织结构

海尔公司1984年创立于青岛。2011年,海尔集团全球营业额1 509亿元,在全球17个国家拥有8万多名员工,海尔的用户遍布世界100多个国家和地区。

创立之初,家电供不应求,海尔没有盲目上产量,而是严抓质量,实施全面质量管理,凭借差异化的质量赢得竞争优势。这一阶段,海尔专心致志做冰箱,这一时期的组织结构注重各职能划分,主要采用的是直线职能制组织结构。

20世纪90年代初期,海尔以"文化激活休克鱼"思路先后兼并了国内18家企业,快速成长为一家多元化的家电企业。为适应多元化企业的战略要求,海尔建立了以产品为基础的事业部制结构。总部负责集中筹划集团发展目标,集团下属事业部,已经形成规模效益且管理机制较完善的称为事业本部,未到达标准的称为事业发展部，对各事业部兼并的企业，集团有最终决策权。

1997 年，在事业本部的基础上，海尔采取了“细胞分裂”方式，使整个组织结构形成四个层次：集团总部是投资决策中心，事业本部是经营决策中心，事业部是利润中心，生产工厂是成本中心。各个层次各负其责，允许各事业本部各自为战，但不许各自为政，这种组织管理模式称为“联合舰队模式”。

2005 年，海尔进入全球化品牌战略发展阶段，提出“以用户为中心卖服务”，即用户驱动的“即需即供”的管理模式。组织结构围绕工作流程进行变革，以“创新订单支付流程 3R”（R&D——研发，HR——人力资源开发，CR——客户管理）和“保证订单实施完成的基础支持流程 3T”（TCM——全面预算，TPM——全面设备管理，TQM——全面质量管理）为基础，产品本部在 3R 的支持下通过新产品研发、市场研发及提高服务竞争力不断创新订单；产品事业部在 3T 支持下将商流获取的订单和产品本部创造的订单执行实施；物流本部搭建全球采购配送网络，实现 JIT（即时采购、即时配送和即时分拨物流）订单加速流；资金流搭建全面预算系统。这样形成直接面向市场的、完整的物流、商流等核心流程体系和 3R、3T 支持流程体系。

四、组织设计的内容

尽管组织结构日益复杂、类型演化越来越多，但任何一个组织结构都存在三个相互联系的问题，即职权如何划分；部门如何确立；管理层次如何划分。由于组织内外环境的变化影响着这三个相互关联的问题，使组织结构的形式始终围绕这三个问题发展变化。因此，要进行组织结构的设计，首先要正确处理这三个问题，而组织设计的内容则是围绕这几个方面展开的。

（一）管理幅度与管理层次设计

管理幅度与管理层次是组织结构的基本范畴。管理幅度与管理层次是影响组织结构的两个决定性因素。幅度构成组织的横向结构，层次构成组织的纵向结构，水平与垂直相结合构成组织的整体结构。在组织条件不变的情况下，管理幅度与管理层次通常成反比例关系，即管理幅度宽，则管理层次少，反之亦然。

1. 管理幅度。管理幅度又称控制幅度，是指一名主管人能够直接领导、指挥和监督的下级人员或下级部门的数量及范围。管理幅度与专业化的横向分工相联系，因此又称管理宽度。在一个组织结构中，管理人员所能直接管理或控制的部属数目是有限的，当超过这个限度时，管理的效率就会随之下降。因此，主管人员要想有效地领导下属，就必须认真考虑究竟能直接管辖多少下属的问题，即管理幅度问题。美国 A. V. 格丘纳斯提出，管理者的直接下属数量以数学级数增加时,该管理者与其直接下属间的相互影响、这些直接下属间的相互影响的数量就会以几何级数增加。英国汉密尔顿主张有效的管理幅度为3~6个。美国学者认为行政性管理幅度为3~9个,业务性管理度可以达30个。

决定管理幅度宽窄的主要因素一般有三个:

(1)主管人员及下属的能力与素质状况。包括管理者与被管理者的性格、知识、才干、精力、经验、习惯、年龄、动机、作风等。主管人员能力强,则管理能力可宽大。如果下级人员的素质也很好,能够准确理解上级意图,自觉、主动、独立地完成自己的任务,同样可以进一步加大上级领导的管理幅度。

(2)工作性质。包括上下级管理工作的复杂性、变化性和下级工作人员工作的相似性,以及组织的正式规定,如规章、制度、规划、纪律、责任、待遇、惯例以及技术设备、氛围、人际关系、权力的集中程度等。

(3)社会的总体发展水平、社会对组织的需求、社会道德风尚及意识形态,以及与组织有关的家庭或家族意志等。

2. 管理层次。管理层次亦称管理层级,是指组织的纵向等级结构和层级数目。管理层次是以人类劳动的垂直分工和权力的等级属性为基础的。不同的行政组织其管理层次的多寡不同,但多数可以分为上、中、下三级或高、中、低、基层四级。前者如通用的部、局、处三级建制,后者如国务院、省政府、县政府、乡政府四级领导体制。无论哪一种层次组建方式,其上下之间都有比较明确和严格的统属关系,都是自上而下的金字塔结构。

3. 管理幅度和管理层次之间的利弊。

(1)扁平结构有利于缩短上下级距离,密切上下级关系,信息纵向流快,管理费用低,而且由于管理幅度较大,被管理者有较大的自主性、积极性和满足感,同时也有利于更好地选择和培训下层人员;但由于不能严密监督下级,上下级协调较差,管理宽度的加大也加重了同级间相互沟通的困难。

(2)垂直式结构具有管理严密、分工明确、上下级易于协调的特点。但层次增多带来的问题也越多。这是因为,层次越多,需要从事管理的人员迅速增加,彼此之间的协调工作也急剧增加,互相扯皮的事层出不穷。管理层次增多之后,在管理层次上所花费的设备和开支,所浪费的精力和时间也必然增加。管理层次的增加会使上下的意见沟通和交流受阻,最高层主管人员所要求实现的目标、所制定的政策和计划不是下层不完全了解,就是一层层传达到基层之后变了样。管理层次增多后,上层管理者对下层的控制变困难,易造成一个单位整体性的破裂;同时由于管理严密而影响下级人员的主动性和创造性。因此,一般来说,为了达到有效管理,应尽可能地减少管理层次。

总的来说,一个组织的管理层次多少受到组织规模和管理幅度的影响。在管理幅度给定的条件下,管理层次和组织的规模大小成正比,组织规模越大,包括的成员数越多,其所需的管理层次就越多。在组织规模给定的条件下,管理层次和管理幅度成反比,每个主管所能直接控制的下属人数越多,所需的管理层次就越少。每个组织都需根据自身的特点来确定适当的管理幅度及相应的管理层次。

(二)职能设计

职能设计是指组织的经营职能和管理职能的设计。例如,当组织作为一个经营单位时,要根据其战略任务设计经营、管理职能。如果有些职能不合理,那就需要进行调整,使其弱化或取消。

1. 职能设计的内容。

(1)职能分析。职能分析是指根据特定组织的环境和条件,从内容、性质、相互关系和分工等多方面,具体地分析组织的整个管理系统或者个别子系统的全部职能,就建立和健全组织职能结构提出具体方案的工作。通过职能分析,将从总体上对组织职能结构的性质和特点提出明确的要求;具体确定组织应该具备的基本职能;在全部职能中,确定关键职能;确定本组织独具特色的与经营战略和核心业务流程相联系的特殊职能;确定组织内部纵向各层次、横向各部门如何合理地分工承担各职能。

(2)职能整理。组织在调查了解组织现有的全部管理业务活动和分工的基础上,通过分析归纳,识别职能结构的现状,发现问题,明确改进方向,提出具体改进方案。因此,为了发现组织现有职能结构存在的问题,必须将其同职能分析所提出的客观需要的职能结构相对比。

(3)职能分解。所谓职能分解,是指将组织的每一个职能细分为可以操作的各项具体的管理业务活动。通过职能分解,组织的全部职能才能转换为管理人员的具体工作内容,并最终得以落实。同时,在职能分解的基础上,才能进一步研究将那些相关的业务活动归类,有依据地设计各种职位和部门,明确它们各自的职责。

在做职能分解的时候,一般采取逐级分解的方法来完成职能分解的任务。所谓"逐级分解",一般可分为三级,职能分析工作所列出的具体职能为一级职能;为完成一级职能而必须开展的几个方面的管理为二级职能;将二级职能再分解,就可具体化为业务活动。

职能设计在组织设计中起着承上启下的连接作用。这里的"上"是指企业的战略任务和目标,"下"是指企业组织结构的框架,即承担各项管理职能的各个管理层次、部门和职位。

2. 职能设计中的职能分类。

(1)按管理层次的不同,可分为高层、中层和基层职能。高层职能关系到企业全局；中层职能兼有执行上级指令和指导下级工作两个方面；基层职能主要涉及作业层。

(2)按专业性质的不同，可分为生产管理、技术管理、供销管理、劳动人事管理、财务管理等，每一类还可进一步细分，如技术管理可分为设备管理、工具管理、工艺管理等。

(3)按业务工作特点的不同，可分为专业性、综合性和服务性职能。专业职能负担企业生产经营某一方面的管理业务，如供应、设备、动力、安全等。综合职能则贯穿于企业生产经营活动全过程，涉及计划、劳资、财务等职能。服务性职能是指医疗卫生、宿舍膳食等方面的管理职能。

(4)按制定和贯彻落实企业经营决策的不同作用，可分为决策性、执行性和监督保证性职能。决策性职能是制定经营决策与经营计划的职能；执行性职能是落实计划的职能；监督保证性职能是指人事、资金、后勤等作用于决策及决策执行过程的职能。

(5)按照对生产活动有无直接指挥关系，可分为直线职能和参谋职能。直线职能承担着直接组织指挥日常生产活动的职责，从企业上层到基层，形成垂直的、逐级指挥的直线系统。参谋职能承担着专业管理工作，协助领导指导和监督下级，但无权直接下达命令。

(三)部门设计

对组织内容各种职能加以分类后所组成的专业化的亚单位称为部门，它是承担一定管理职能的组织单元，由某些具有紧密联系的业务工作和人员构成的集合。部门设计是将组织中的工作和人员编制成可管理的单位，目的在于通过有效的分工，使整个管理系统有机地运转起来。部门设计依据的基础有人数、职能、产品、顾客、地区和过程。

1. 部门设计的基本原则。部门设计的过程是按照不同的分工方法，把整个管理系统进行横向分解，形成组织内的若干可供管理的单元。所以，部门设计应遵循分工原理。具体来说，部门设计要遵循的原则如下。

(1)因事设职和因人设职相结合的原则。为了保证组织目标的实现，必须将组织活动落实到每一个具体的部门和岗位上去，确保“事事有人做”。另外，组织中的每一项活动终归要由人去完成，组织部门设计就必须考虑人员的配置情况，使“人尽其能”、“人尽其用”。

(2)分工与协作相结合的原则。分工与协作是社会化大生产的必然结果，古典管理理论强调分工是效率的基础。在组织的部门设计中，必须对每一个部门、每一个岗位进行必要的工作分析和关系分析，并按照分工与协作的要求进行业务活动的组合。部门设计者可以依据技能相似性的归类方法来集合相关的业务活动，以期提高专业分工的细化水平。但是，过分强调专业化分工也会导致管理机构增多、部门之间难以协调等问题，这反而会使管理效率下降。这时，可以依据关系紧密性的归类方法，按照业务流程管理的逻辑顺序来集合业务活动，以期达到紧凑、连续、利于协作的工作效果。

(3)精简高效的部门设计原则。精简高效是每一个部门设计者所追求的理想效果，作为一项基本的原则，应当贯彻在部门设计的每一个阶段和每一项活动过程中。按照这一原则的要求，部门设计应当体现局部利益服从组织整体利益的思想，并将单个部门效率目标与组织整体效率目标有机地结合起来。另外，部门设计应在保证组织目标能够实现的前提下，力求人员配置和部门设置精简合理，不仅要做到“事事有人做”，而且要做到“人人有事做”，工作任务充裕饱满，部门活动紧密有序。

2. 部门设计的方法。不同的组织有着不同的特征，采用的部门设计方法却基本一致。常用的部门划分方法有以下几种。

(1)职能部门化。职能部门化是一种传统而基本的组织形式。职能部门化就是以组织的职能为基础进行部门划分，即把具有相同职能的工作岗位放在同一个部门。判断这些工作是否具有相似职能的标准是：从事活动所需的业务技能是否一样；这些活动的业务性质是否相近；这些活动的进行对同一目标或分目标的实现是否具有紧密相关的作用(如图 10－1 所示)。

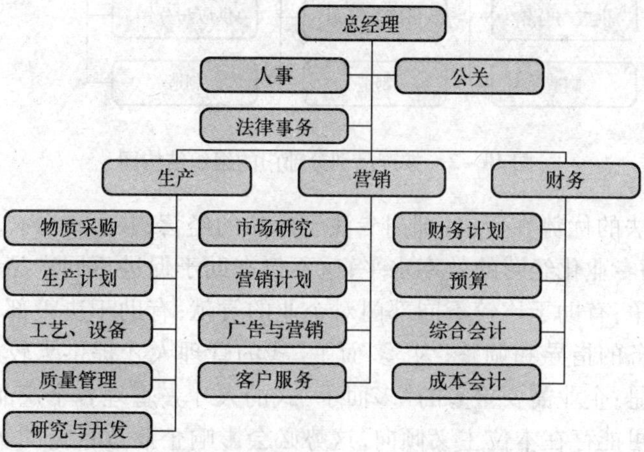

图 10－1　按职能划分部门的组织结构图

职能部门化的优点在于：能够突出业务活动的重点，确保高层主管的权威性并使之能有效地管理组织的基本活动，符合活动专业化的分工要求；能够充分有效地发挥员工的才能，调动员工学习的积极性，并且简化培训，强化控制，避免重叠，最终有利于管理目标的实现。而其缺点则是：由于人、财、物等资源的过分集中，不利于开拓远区市场或按照目标顾客的需求组织分工；同时，这种分法也可能会助长部门主义风气，使部门之间难以协调配合。部门利益高于企业整体利益的后果可能会影响组织总目标的实现；由于职权的过分集中，部门主管虽容易得到锻炼，却不利于高级管理人员的全面培养和提高，也不利于“多面手”式的人才成长。

(2)产品或服务部门化。由于组织规模不断扩大，多元化经营不断发展，不同产品在生产、技术、市场销售等方面都很不一样，于是就产生了按产品划分部门的要求，即产品或服务部门化。产品或服务部门化是指把同一产品或同一产品系列的有关活动归并到一个部门进行独立经营。这种方法适用于产品种类较多的大型企业(见图 10－2)。

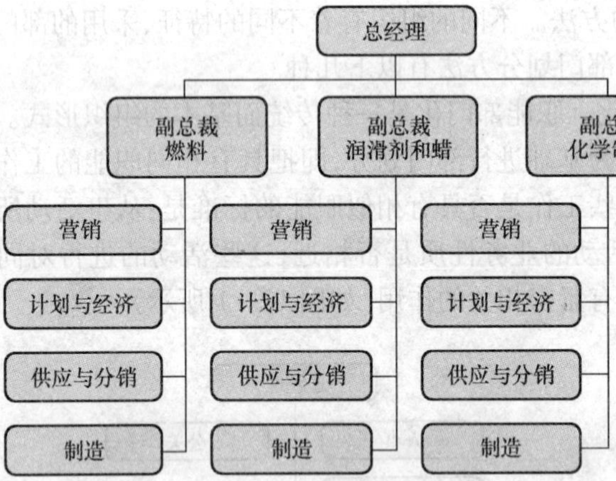

图 10－2　按产品划分部门的组织结构图

这种方法的优势在于：各部门专注于产品的经营，并且充分合理地利用专有资产，提高专业化经营的效率水平，这不仅有助于促进不同产品和服务项目间的合理竞争；有助于比较不同部门对企业的贡献；有助于决策部门加强对企业产品与服务的指导和调整；为“多面手”式的管理人才提供了较好的成长条件。其缺点是：企业需要更多的“多面手”式的人才去管理各个产品部门；各个部门同样有可能存在本位主义倾向，这势必会影响企业总目标的实现；部门中某些职能管理机构的重整会导致管理费用的增加，同时也增加了总部对“多面手”人才的监督成本。

(3)地域部门化。地域部门化就是按工作所在的区域范围来划分部门。这种方法较多用于一些地理位置比较分散的组织。其特点是，把同一地区或区域内发生的各种业务活动划归同一部门，然后再按这一部门所管辖的范围进一步建立有关的职能部门。这样，一个地区或区域的业务活动便被集中起来，交给一个管理者负责。其目的是充分利用本地的人力、物力和财力，以便获取区域经营的效益。这种划分部门的方法在政府机关、银行系统、邮局、军队、跨地区公司等组织都可采用(见图 10－3)。

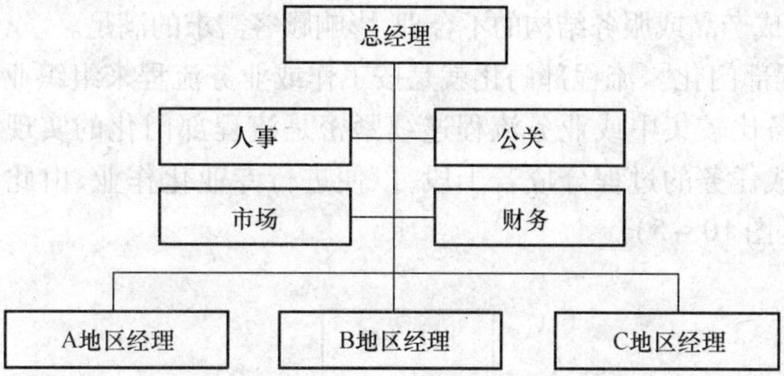

图 10－3　按地区划分部门的组织结构图

地域部门化的主要优点是:可以把责权下放到地方,鼓励地方参与决策和经营;地区管理者还可以直接面对本地市场的需求灵活决策,通过在当地招募职能部门人员,既可以缓解当地的就业压力,争取宽松的经营环境,又可以充分利用当地有效的资源进行市场开拓,同时减少了许多外派成本,降低了许多不确定性风险。其缺点是:企业所需的能够派赴各个区域的地区主管比较稀缺,且比较难控制;各地区可能会因存在职能机构设置重叠而导致管理成本过高的问题。

(4)顾客部门化。顾客部门化就是根据目标顾客的不同利益需求来划分组织的业务活动。在激烈的市场竞争中,顾客的需求导向越来越明显,企业应当在满足市场顾客需求的同时,努力创造顾客的未来需求,顾客部门化顺应了需求发展的这一趋势,根据不同类型的服务对象来划分部门,进行专门化服务。如银行为给不同的顾客提供服务,建立了商业信贷部、农业信贷部和普通消费者信贷部等(见图 10－4)。

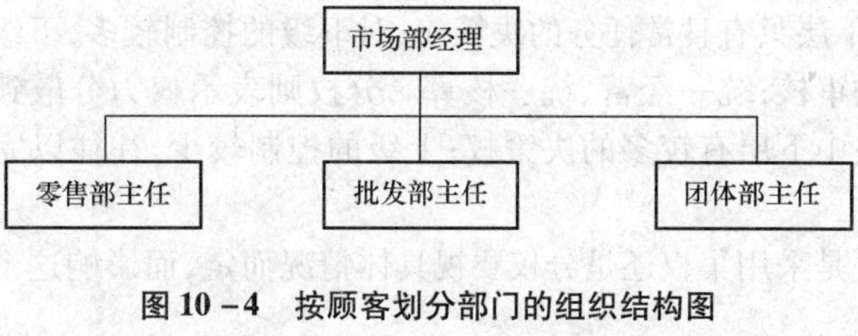

图 10－4　按顾客划分部门的组织结构图

这种方法的优点在于:企业可以通过设立不同的部门满足目标顾客各种特殊而广泛的需求,同时能有效获得用户真诚的意见反馈,这有利于企业不断改进自己的工作;企业能够持续有效地发挥自己的核心专长,不断创新顾客的需求,从而在这一领域内建立持久性竞争优势。其缺点是:可能会增加与顾客需求不匹配而引发的矛盾和冲突,需要更多能妥善协调和处理与顾客关系问题的管理人员和一般人员;顾客需求偏好的转移,可能使企业无法时时刻刻都能明确顾客的需求分类,结果会造成产品或服务结构的不合理,影响顾客需求的满足。

(5)流程部门化。流程部门化就是按工作或业务流程来组织业务活动。人员、材料、设备比较集中或业务流程连续紧密是流程部门化的实现基础。这种方法是把完成任务的过程分成若干段,以便进行专业化作业,由此形成不同的生产部门(见图 10-5)。

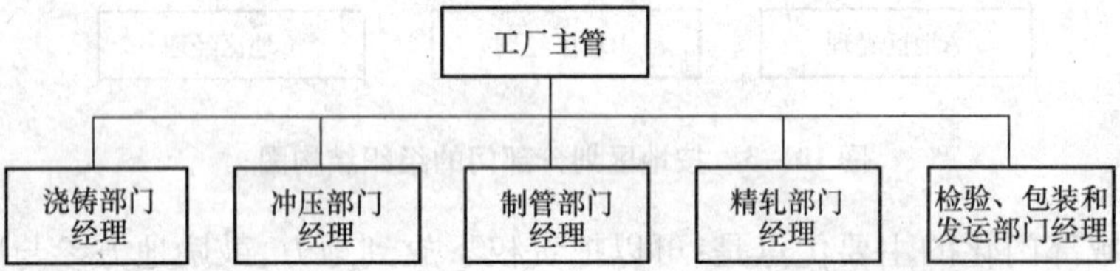

图 10-5　按工艺流程划分部门的组织结构图

流程部门化的优势是:组织能够充分发挥人员集中的技术优势,易于协调管理,对市场需求的变动也能够快速敏捷地反应,容易取得较明显的集合优势;简化了培训,容易在组织内部形成良好的相互学习氛围,会产生较为明显的学习经验曲线效应。其劣势是:部门之间的紧密协作有可能得不到贯彻,也会产生部门间的利益冲突;权责相对集中,不利于培养"多面手"式的管理人才。

(四)集权与分权的设计

企业纵向组织结构不仅要确定管理层次的数目,更重要的是规定各层次之间的关系,即职责权限分工,在组织中设计中,这项工作被称为集权与分权的设计。不过,集权也好,分权也好,这二者都不是绝对的,而是一种相对的概念。

按照集权和分权程度的不同,可形成两种领导方式:集权制与分权制。集权制意味着权力集中到较高的管理层次,其特点是:经营决策权较多地集中于上层主管,中下层只有日常任务的决策权;对下级的控制较多,下级的决策前后要经过上级的审核;统一经营、统一核算。分权则表示权力分散到整个组织当中,其特点是:中下层有较多的决策权;上级的控制较少,往往以完成规定的目标为限。

组织到底是采用集权还是分权要视具体情况而定,而影响这个选择的因素有以下几点:

1. 决策的代价。决策代价的大小是影响集权与分权的主要因素,重大的决策一般集权。

2. 政策的一致性要求。组织内部执行同一政策,集权的程度较高。

3. 组织规模。包括经济规模、人员规模、工作地域规模(地区性、全国性、国际性)等。规模大宜于分权,规模小宜于集权。

4. 组织成长方式。组织从由小到大发展而来,集权程度较高;组织由联合或合并而来,分权程度较高。

5. 企业文化与管理哲学。

6. 管理人员的数量与管理水平。如主管人员数量充足,管理能力较强,则可较多的分权;反之则趋向于集权。

7. 控制技术。如各种控制技术较高,则可以适当分权。

8. 组织的动态特性。组织处于迅速发展中,要求分权。组织较完善或比较稳定的时候则要求集权。外部环境因素稳定可考虑分权,环境因素动荡则要求集权。

值得注意的是,在管理过程中,越来越多的组织开始采用集权与分权相结合的方式来做组织设计,在他们看来,任何组织进行高层与中下层之间的权责分工,都应保持必要的集权,也要有必要的分权,使二者形成符合本企业具体条件的平衡状态,哪一方面都不可过度膨胀,这也就是我们现在经常提到的集权与分权相结合的原则。

(五)正规化

正规化又称规范化,是指有关工作的方法和程序具体化和条文化的程度。组织结构描述为正规化程度高,就是采用规则和程序规定每一个个体应该做什么,活动应该怎样执行。这样的组织都有标准化的操作程序、具体的指导以及明确的政策条文,如表 10－1 所示。

表 10－1　组织维度与组织决策的关系

组织维度	组织决策
规范化程度高	1. 专门化程度高 2. 功能化部门 3. 控制跨度宽 4. 授权
集权度高	1. 专门化程度高 2. 功能化部门 3. 控制跨度宽 4. 集权
复杂性高	1. 专门化程度高 2. 区域、顾客或产品化部门 3. 控制跨度窄 4. 授权

1. 劳动高度专门化对制定劳动规则和条文是非常必要的。工作专门化程度越高,留给劳动者思考判断的余地就越小。

2. 授权程度高需要对权力的使用进行检查。这样,组织就会对决策制定进行规范,并要求汇报权力的运用情况。

3. 职能部门是由相似性很高的工作组成的,由于工作的相似性以及这些部门工作的明确性,管理者可以形成条文来规范这些工作。

4. 宽的控制跨度不鼓励一对一的监督。管理者的下属太多,就没有一对一进行监督的基础,因此,管理者要形成条文来监督他们。

第二节　影响组织结构的因素

影响组织结构的因素主要有环境的不确定性、技术水平、组织规模、组织战略匹配程度、文化的认同等。

一、环境与结构

组织环境是组织边界之外并对组织具有潜在或者部分影响的某些方面。每个组织可以分析的环境大致包括十个方面:产业、原材料、人力资源、财务资源、市场、技术、经济环境、政府、社会文化和国际部门。

环境的不确定性增加了组织对环境反应失败的风险。环境的复杂性和稳定性决定了环境的不确定性程度。环境的简单复杂纬度和稳定变化纬度的结合,使环境的不确定性大致分为四种情况:稳定的环境、中低度不确定环境、中高度不确定环境和高度不确定环境。

组织控制和管理的方式随环境不确定程度而发生变化。为了适应环境的不确定性,组织结构设计就要做相应的变化和调整:

1. 增加职位和部门。当外部环境的复杂性程度增加时,组织就要增加相应的部门以便更好地应付组织外多种多样的环境因素。

2. 建立缓冲和边界跨越。建立并发挥缓冲部门的作用,例如,为了应付原材料供应数量和价格方面的变化,采购部门通过增加、减少库存来实现对生产部门的缓冲。边界跨越主要涉及信息交换,将环境变化的信息引入组织,同时向环境发送组织状态良好的信息,主要通过市场研究、情报、销售和广告等部门来实现其作用。

3. 部门分化与整合。当环境复杂而且变化迅速时,处理不确定性变成高度专业化的工作。这就需要专门的知识和技能,以及相应的态度和行为模式。根据劳伦斯和洛希的研究,组织分支单位的结构是和它们面对的环境的不确定性程度相关联的。例如,生产部门面对的是相对稳定的环境,其组织结构可以比较定型化。研究部门面对的是不确定的环境,它的结构不能定型化。假如环境相对稳定,采用机械的组织结构比较有效,注重章程、程序和权威;假如环境不确定,则宜于采用有机化结构,注意灵活、分权、协作。

4. 机械模型与有机模型。伯恩斯和斯托克对英国的20家工厂进行了研究,结果发现外部环境与内部结构的关联。当外部环境稳定时,内部结构有更多的规章、程序和明确的权力等级,组织规范化程度高,高度集权。这种类型的组织被称为机械型组织。在迅速变化的环境中,规章和程序的约束比较少,员工被赋予比较大的自主权,书面记录也很少,权力的层级不明确,决策分权化。这种类型的组织被称为有机型组织。美国的强生公司是使用分权的企业典型,其产品线包括处方药、医疗器械和诊断技术、个人护理产品三大类,客户遍及全球。

5. 机构性模仿。向成功的同行看齐,是管理者采取的组织管理策略方法之一。当产品、服务、顾客、主要环境因素都类似时,可以选择一个比较成功的企业,模仿它的结构、管理方法和经营策略。这种模仿可以帮助减少不确定性。然而,模仿的结果是和同行中的企业趋于相同。

6. 计划和预测。通过分析研究,对将来环境因素及其变化的情况做出预测,然后未雨绸缪,采取有预见性的应对措施,可以减少不确定性的影响。

因此,根据环境不确定性的四个层次,组织结构设计呈现出相应的特征组合,具体情况如表10－2所示。

表10－2 环境不确定性与组织结构特征

低度不确定性 (简单、稳定)	中低度不确定性 (复杂、稳定)	中高度不确定性 (简单、变化)	高度不确定性 (复杂、变化)
机械结构:规范集体	机械结构:规范集权	有机结构:下属参与、分权、使用团队	有机结构,下属参与、分权、使用团队
部门很少	部门很多,有些边界跨越	部门很少,边界跨度大	很多不同的部门,广泛的边界跨越
无整合作用 很少模范 计划少	很少整合作用 有些模仿 有些计划	很少整合作用 模仿迅速 计划导向	很大的整合作用 广泛的模仿 全面的计划预测

二、技术与结构

技术与结构之间的关系,首先对组织技术和部门技术分别加以阐述,再分析部门间技术的互相依赖程度,以及高级信息技术对结构设计的影响。

(一)组织技术与结构

1. 传统生产型企业。英国产业社会学家伍德沃德研究了100家制造企业,结果表明:大批量生产的制造企业适合采用机械型组织设计;单间和小批量生产企业、连续生产企业适合采用有机型结构设计。这是因为,单件和小批量生产的企业会遇到许多变化因素,比如顾客的多种需求;连续生产的企业依赖流水生产设备、系统无间隙的生产流程,一旦发生故障,会造成严重后果,所以要采用有机型的结构设计。大批量生产的企业一般不需要应付意外发生的情况,可以采用正规化和定型的组织结构设计。

2. 计算机一体化生产企业。随着科学技术的发展,生产过程采用机器人、数控机床以及多种计算机软件,被称为计算机一体化生产(CIM)。计算机一体化生产采用计算机辅助设计(CAD)、计算机辅助制造(CAM)和管理自动化。CIM可以使企业很快从一个产品转向另外一个产品的生产,而且反应快速精确。CIM使大量定制化生产成为可能,有的服装公司已经开始根据顾客的特殊需要设计服装款式,并且通过CAM完成不同款式服装的生产。与传统的大批量生产技术相比,CIM生产管理跨度比较窄、层级少、专业化程度低、分权,呈现出有机型结构的特征。

3. 服务业。与生产企业相比,服务业有两个显著特征。第一,生产和消费同步,这意味着通过员工和顾客相互作用完成服务,例如医生给病人看病,老师给学生上课。第二,服务业产出的无形性。服务业的产出通常以信息、知识和情感体验等方式存在。这就要求员工与顾客密切接触,服务地点与顾客接近,地域分布广。针对不同顾客和特殊情景,员工的自主权和自由度比较大,工作活动较少有规章和程序制约,对员工的专业技能和人际关系技能要求很高。

(二)部门技术与结构

部门技术可以从两个纬度来考察。第一个纬度是多样性,第二个纬度是可分析性。通过技术对原材料进行转变,当转变过程具有可分析性时,其工作可以简化到机械性步骤,员工按照目标和程序进行工作,这样的技术就具有很高的可分析性。如果转变过程不可以简化,工作过程完全是运用智慧和经验创造性解决问题,这样的技术可分析性就很低。

根据技术的多样性和可分析性,部门技术可分为四个类型:多样性低,可分析性高,是例行技术;多样性低,可分析性低,是技艺性技术;多样性高,可分析性高,是工程性技术;多样性程度高且不可分析,是非例行技术。一般来说,例行技术要求机械型结构设计,工程性技术要求很高的机械型结构设计,非例行性技术要求有机设计,而技艺性技术要求很高的有机型结构设计。

(三)部门间依存性

汤普森将部门间互相依存关系的情况分为三类:集合性、序列性和相互性。假如部门工作基本上是独立的,两个部门可以单独完成工作,互不往来,这种关系属于集合性关系。第一个部门的产出,是第二个部门的投入,第二个部门的工作依赖于第一个部门的产出,这是序列性关系。在技术密集的组织当中,前一个部门的产出是后一个部门的投入,后一个部门的产出同时是前一个部门的投入,这是互相依存性关系。

对于集合性依存关系的部门,管理者要利用规则和程序使各部门工作标准化,使每个部门运用相同的程序和财务报告,部门间不需要大量协调。对序列性依存关系的部门,需要比较多的计划安排,且需要比较多的日常沟通活动。对相互依存性部门,在结构安排上除了做大量计划,还要有经常性的横向沟通和协调机制。

(四)高级信息技术

信息技术的快速发展及其在企业中的广泛应用,使组织结构发生了比较大的变化,具体表现在以下几个方面。

1. 组织结构扁平化。传统组织结构有很多层级,中间层级最主要的功能是信息的上传下达,信息技术的引进使中间管理层的存在不再是必需的。

2. 增加了的集权化和分权化。一方面,管理者通过信息往来获得更多更快的信息,可以获得工作现场瞬间发生的事情,并根据具体情况做出决策。信息技术对希望集权的管理者是一个好消息。同时,希望分权的管理者同样可以利用信息技术向下属委派更多的权力。普通员工可以利用计算机往来跟踪产量的转移、安排自己的工作,预计生产过程出现的问题,并利用计算机网络事先做出安排。

3. 协作性加强。高级信息技术可以帮助促进上下沟通和横向沟通,即使一个企业的各个层次机构分布在世界上的不同角落,即时沟通都可以随时进行。

三、组织规模与结构

在组织理论中,组织规模被视为影响结构设计的一个重要变量。多数研究表明,大型组织与小型组织在如下一些方面存在差异。

(一)规范化

大型组织具有更高的规范化程度,原因是大型组织更依靠规则、程序和书面工作去实现标准化和对大量的员工与部门进行控制。相反,小型组织可以通过管理者的个人观察进行控制。规范化也可能提高大型官僚组织中更加规范的与非个人化的行为和交往方式。相反,在小型松散的组织中,则有比较多的偶发行为和社会交往方式。

(二)分权化

在完全的官僚组织中,所有决策由具有控制权的高层管理者做出。但是,组织规模越大,就越需要分权,否则,决策的速度、质量就会受到损害,或者高层决策者不堪重负。

(三)复杂性

一般来说,组织的复杂性与组织规模正相关。组织规模越大,专业化分工越细,工作岗位种类越多,组织的复杂性就越大。复杂性这一概念本身传递了这样一个重要的信息:复杂性组织拥有很多下属部门,必须对它们进行协调和控制;而组织越复杂,协调与控制便越难实现。

四、战略与结构

钱德勒研究了美国70多家大型企业,认为组织结构要服从组织发展战略,也就是说,组织结构要随发展战略而改变。

许多组织最初往往是一个单独的办公室或者一个工厂,只执行单一职能,比如制造、销售或者设计等。这个阶段的战略是扩大规模。第二阶段,随着规模扩大,多个机构或者工厂分布在不同地域,从事相同的职能工作。这时就需要协作,要求有标准化和专门化的部门。第三阶段是纵向的整体化。当组织扩大了它的职能,就要建立相应的职能结构。第四阶段是产品多样化,多种经营。这时需要注重新产品的评价、资源分配、部门化和协作。因此,需要建立按照产品划分的组织结构。

从竞争战略的角度,也需要结构的配合,要控制成本,并以此为竞争优势,企业需要一个较为复杂(即高度分化、制度化程度高、中央集权)的结构去配合,以方便控制营运。当企业采用差异战略时,企业结构必须提高弹性及应变能力,因此结构方面具有较多的复杂性,降低形式化程度及权力集中程度。

五、文化与结构

企业文化是指组织内各成员所共同分享及认同的价值观、规范与信念,用以维系及凝聚众人。企业文化需要组织结构互相配合,方可发挥其效用。例如,强调企业对外应变的"适应文化",企业便需要一个宽松而且富有弹性的结构,降低形式化、标准化及集权程度。相反,若企业采用重视内部稳定的"贯彻文化",则组织结构倾向紧密,以较高的形式化、标准化及中央集权去加强内部控制,保持内部的稳定状态。

第三节　组织结构类型

组织结构是指组织的各部门机构之间，根据权责关系而确定的从属和并列关系的一种模式。常见的组织结构类型有：直线制、职能制、直线职能制、事业部制、矩阵制和新型结构等。如果要问哪种组织结构最好，这个问题很难回答。因为根据组织结构的权变因素，我们可以知道，每一种合理的组织结构相对于一定的条件来说都有其优越性，而当条件发生变化时，它就会逐渐丧失其合理性。组织结构是随着生产力和社会的发展而不断发展的，每一种类型的组织结构都有其优点和缺点，都有一定的适用范围，世界上没有也不可能存在适用于一切情况的十全十美的组织结构。因此，笼统地问哪种组织结构最好，离开具体条件，是无法做出明确的判断的。但是，相对于某一组织特定的条件来说，必定有一种更有利于提高管理效率的，因而也是最佳的组织结构。最佳的组织结构是指最适合组织存在的特定条件的结构。

一、直线制组织结构

直线制，又称单线制，是最简单、最基本的企业组织管理结构形式。其特点是企业的各级管理者都按垂直系统对下级进行管理，不设专门的职能管理部门。一个下属只对一位直接对他发布命令的顶头上司负责，是高度一元化领导的组织结构，完全符合命令统一的原则。但它缺少较细的专业分工，领导者负担较重，容易陷入繁杂的事务工作之中。因此，它适用于产品单一、工艺技术比较简单、业务规模较小的企业（见图 10－6）。

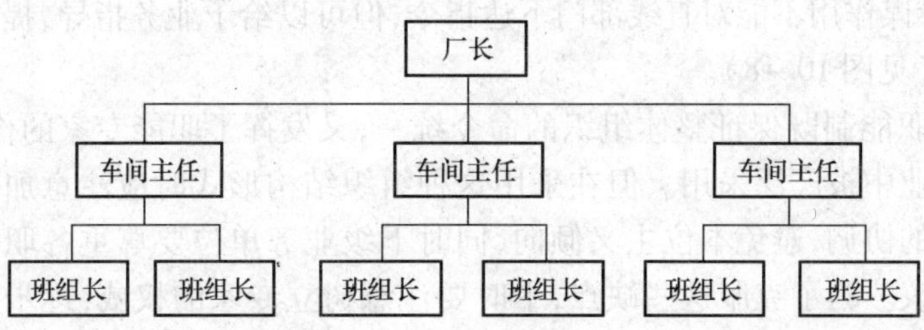

图 10－6　直线制组织结构图

二、职能制型组织结构

职能制，又称多线制，是指在最高主管下面设置职能部门，各职能部门在其专项业务分工范围内都有权向下级下达命令和指示，直接指挥下属单位。下属单位既服从直线主管的命令指挥，又服从上级各职能部门的命令指挥。如部门经理（车间主任）既接受经理（厂长）的指挥，又接受职能部门（科室）的领导，班组长同时又要接受部门经理（车间部门）和职能组的领导。

职能制由于设置了职能部门，吸收了专家参与管理，这不仅使直线主管有更多的精力考虑行政业务的重大问题，而且大大提高了企业管理的专业化程度和专业水平。其缺点是：多头领导，政出多门，容易使下属无所适从；职能部门和职能人员多，不仅增加了统一管理工作的难度，而且协调起来很困难。因此，这种组织结构形式适合于产品少，规模小，实行专业化管理的企业采用（见图 10－7）。

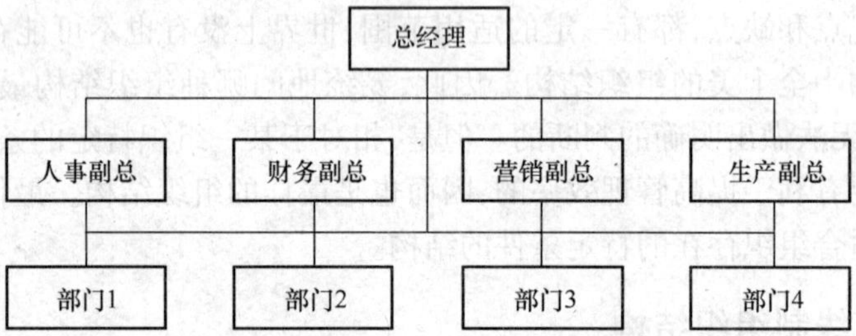

图 10－7　职能制型组织结构图

三、直线职能型组织结构

直线职能型组织结构形式取以上两种形式之长，舍两者之短。直线职能制以直线为基础，既设置了直线行政领导，又在各级领导之下设置了相应的职能部门，分别从事职责范围内的专业管理。其特点是职能科室作为总经理的助手，仅起参谋作用不能对直线部门下达指令，但可以给予业务指导，提出建议及提供服务（见图 10－8）。

直线职能制既保证整体组织的命令统一，又发挥了职能专家的作用，因而在我国企业中被广泛采用。但在采用这种组织结构形式时应注意加强各职能部门之间的协调，避免本位主义倾向，同时下级业务单位要尊重各职能部门的意见和建议。为了克服这些缺点，平时要注意树立专家的权威，逐步形成听取专家意见的风气，如遇专家意见不一致就进一步磋商，寻求新的方法，尽量使意见趋于一致。

四、事业部制组织结构

事业部制又称分权制，是指在集权的直线职能制中通过分权管理而形成的

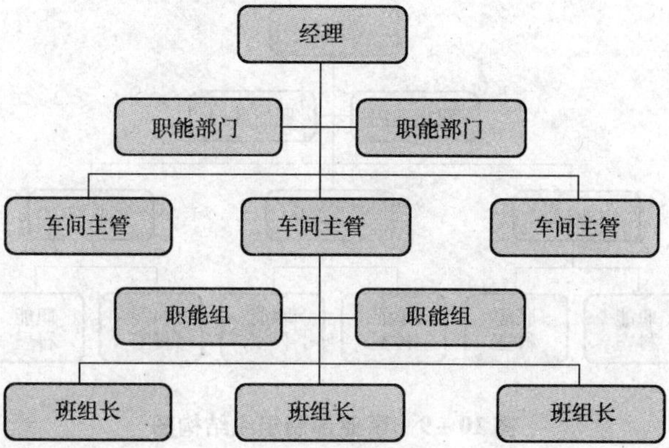

图 10－8　直线职能型组织结构图

大型现代企业组织结构形式。即在总公司统一领导下，按产品、地区或市场划分成几个经营单位（即事业部），各事业部实行相对独立经营，独立核算，具有从生产到销售的全部职能。这是在总公司控制下的各个利润分中心，以各事业部为单位分别制订利润计划。其主要特点是集中政策、分散管理、集中决策、分散经营。

事业部制是现代企业组织规模不断扩大的产物，是发达国家大型企业和跨国公司普遍采取的一种企业组织结构形式。不言而喻，事业部具有较大的独立性，这种独立性主要是因为经营的产品和开拓的目标市场有相当大的规模，符合独立核算的要求。

事业部结构形式的关键在于处理好最高层和下级各事业部之间集权和分权的关系。实行事业部组织结构的企业，最高管理层要掌握战略管理权、人事权和财务权；制定企业的发展目标、方针和总体发展规划；同时还要注意各事业部的协调，做到管而不死，放而不乱。

实行事业部组织结构应注意克服各事业部的本位主义，避免内部机构的臃肿、人浮于事。在选择各事业部负责人的时候要注意德才兼备，具有较高的管理水平和业务能力。事业部组织结构形式一般按地区式产品来划分（见图 10－9）。

五、矩阵型组织结构

矩阵组织也称规划目标结构组织，是以成果及专业职能两个因素作为部门和人员结合基础的一种组织结构形式。矩阵制组织由两条线所组成：一是相对固定的机构应包括组织日常性的业务经营机构，如人事部、财务部、市场开发部、工程部等；二是设立项目或任务小组的临时机构，这类机构的目的是解决组

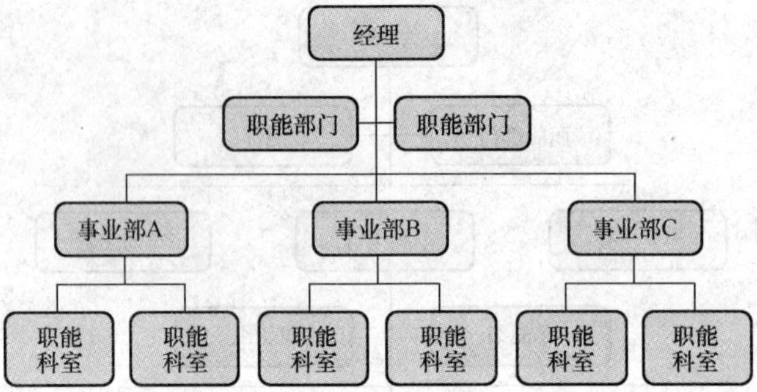

图 10-9　事业部制组织结构图

织一定时期所面临的重要问题。如新产品开发、技术攻关、专项任务突击等。

矩阵制组织结构既保持了组织的相对固定性，又增强了组织的灵活应变能力，因而它不仅适合于常规性业务较高的企业，也适合于常规性业务较高且临时性重大问题发生率较高的企业。短阵组织结构易形成多头指挥，出现责任不明、相互推诿的不良倾向，这是在实际工作中要特别加以注意的（见图 10-10）。

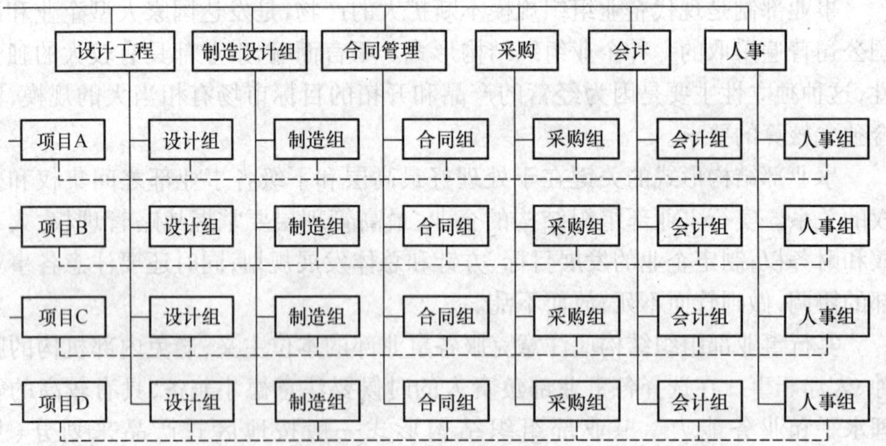

图 10-10　矩阵制组织结构图

六、委员会管理组织结构

委员会可以为从事执行某些方面管理职能的一组人。委员会管理是组织运行中的一种特殊管理方式，在现代社会的各种组织中，委员会管理组织结构有越来越被广泛采用的趋势，扮演着越来越重要的角色。

委员会的形式和类型可以多种多样。它可以是直线式的,也可以是参谋式的;可以是组织结构的正式组成部分,也可以是非正式的;可以是永久性的,也可以是临时性的。在组织的各个管理层都可以成立委员会。在公司的最高层一般叫作董事会。他们负责行使判定重大决策的职权。在中、下层也有各种类型不同的委员会,负责贯彻落实上级决策,切实保证任务的完成。委员会管理是民主管理的体现,具有鲜明的优越性。

七、网络结构

网络结构又称虚拟公司。虚拟公司是由一些独立的企业通过信息技术联成的临时的网络组织,以达到优势互补、共同满足市场需求的目的(见图10－11)。

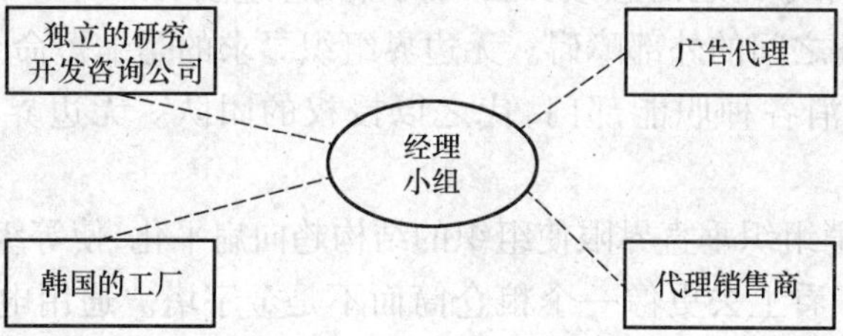

图10－11　网络结构图

作为一种以自由模式组合替代传统的纵向层级组织,网络结构的优点是令人难以置信的精练,几乎没有上层行政首脑,因为工作活动被承包了,协调是电子化的。其缺点在于:一方面,缺乏可控性。经营运作不在一起进行,管理者必须调整自己以适应这种情况,依靠相互独立的下级承包商来完成工作。当涉及许多不同的组织合作(如外包商)时,组织可能会感到质量方面的问题。另外,组织已经发现,一旦与别的组织就其产品或服务挂钩,他们便有大幅提价的趋势。再有,伴随这种网络结构,识别组织变得很困难,因为随着组织组合的变化,组织每周都在变化。而且如果偶尔一个合作组织脱离组织、脱离业务并且不可代替,该组织将失去一部分利益。最后一个缺点是员工忠诚度很低。对较大的组织来讲,建立一种有凝聚力的企业文化并不容易。流动率很高的原因在于雇员仅仅被委托负责他们自己的工作或分包商,为了组织的利益他们随时可能被解雇。

以所述的各种组织结构形式,应当说单纯从各种形式本身来看并无先天的优劣之分。关键问题是管理者要根据自身情况和企业环境选择适用于本企业的组织形式。在选择组织形式时应考虑以下因素:

第一,要注意充分发挥各职能部门的积极性和主动性,使他们具有强烈的参与意识,有利于创新性意见层出不穷。

第二,选择何种组织结构要视企业的实际条件而定,防止"以人定岗"、"以人定编"等人浮于事的不良倾向。

第三,可以结合各种形式的优点加以综合运用,也就是说,组织内部不同部门可采用适合本部门的不同结构形式,如采用事业部制时,可以针对亟待解决的具体问题成立项目小组,采用矩阵制,等等。

八、组织形态的新类型

(一)无边界组织

通用电气公司前总裁杰克·韦尔奇创造了"无边界组织"(boundaryless, organization)这个词,用来描述他理想中通用电气公司的形象。也就是说,尽管公司体积庞大,韦尔奇还是想减少公司内部的垂直界限和水平界限,消除公司与客户及供应商之间的外部障碍。无边界组织寻求的是缩短命令链,对控制跨度不加限制,取消各种职能部门,代之以授权的团队。无边界组织的主要特点有:

1. 通过取消组织垂直界限使组织的结构趋向扁平化,使等级秩序作用降到最低限度。组织看上去更像一个粮仓筒而不是金字塔。通用电气公司用来取消组织垂直界限的做法有:引入跨等级团队(由高级主管、中级主管、基层主管和员工组成);让员工参与决策;360 度绩效评估(员工的绩效由其同事及其上、下级共同评定)。

2. 为消除组织的水平界限,以多功能团队取代职能部门,围绕公司的工作流程来组织活动。例如,施乐公司现在通过多专业交叉的团队参与整个工作流程,而不是围绕狭窄的职能任务来开发新产品。他们要参与整个过程。

3. 充分发挥无边界组织的职能,还要打破组织与客户之间的专业界限及心理障碍。取消外部界限的方法包括经营全球化、实行公司间的战略联盟、建立顾客与组织之间的固定联系,这些方式都有助于消除组织外部界限。

无边界组织能够正常运行的技术原因之一是计算机网络化,这使人们能超越组织内外的界限进行交流。例如,电子邮件使成百上千的员工可以同时分享信息,并使公司普通员工可以直接与高级主管进行交流;计算机网络也使商品供应商可以及时查看自己经营的商品在商店的存货情况等。

(二)虚拟组织

"可以租借,何必拥有?"这句话道出了虚拟组织的实质。虚拟组织是一种规模小,却可以发挥主要商业职能的核心组织。用理论术语来讲,虚拟组织决策集中化的程度很高,但部门化程度很低,或根本不存在。也就是说,虚拟组织从组织外部寻找各种资源来执行组织的一般职能,如生产、销售、技术开发等,而把精力集中在自己最擅长的业务上。对大多数美国公司,这意味着公司把主要精力集中在设计和营销上。

实训模拟

模块一:案例分析与思考

信源公司组织结构

信源公司的总经理王徽年已60,但是体力和精力非常充沛。早上8点钟,当一般上班族还提着公文包急匆匆走入办公室的时候,他领导的团队已经坐在会议室里一起开会了。

"信息化时代,什么最重要,那就是人才……"王总大声地说。

王总领导的团队主要是负责本公司的技术研发和通路销售,而这两块的业务又是该公司的支柱。

其实王总不仅有眼前这个团队支撑公司的研发和销售,他还有一个特殊的团队,这也是王总引以为傲的。技术研发顾问李淑芳是行业顶尖的技术人才,曾经是我国该领域863项目课题组组长,同时也是国家信息产业部顾问;市场营销的负责人许志安曾是一家世界最著名的公司总裁,最近被王总挖来负责海外销售;而负责财务的肖明曾在四大会计事务所工作过10多年时间,加盟到这个企业已经两年了,负责公司资本运作和财务。当然,即使有这些人的帮助,由于最近开拓海外市场,在欧洲、澳大利亚和北美都设立了区域经理,而这些人全部是公司创业时的核心人物。当然,为了追赶技术的进步,王总还与中国科学技术大学、清华大学、上海交通大学建立了项目合作关系。

对于网络未来的发展,他很自信地表示:"我有这些人在企业内搞研发,还有这么优秀的人才帮助我做顾问,同时我们还跟知名的大学研究所发展合作,可以这样说,在中国如果我们做不好,别人也不要指望能做得怎么样,希望大家能够根据近期的安排,团结协作、集体攻关,完成研发和销售任务"。

但是,王总也不无忧虑地说:"据营销部许经理说,很多客户认为我们交货还存在问题,主要因为时间上有些滞后,顾客认为我们虽然在既定时间完成项目,但是老是需要催促我们。"

结合上述案例,试讨论以下问题:

1. 信源公司组织属于哪种形式?请绘制该公司的组织结构图。
2. 该公司为什么采用这种组织结构,有什么优点?
3. 最后一段说明,目前的组织结构还需要调整,你认为该组织结构应当怎么设计才能满足客户的急需?

模块二:管理游戏

【内容设计】

为一家模拟公司设计组织结构。

【方法与要求】

1. 将全班分为10人一组,各组模拟成立一家公司,设定公司目标、销售产品以及销售区域。各组可以设立不同类型的公司。

2. 针对公司的产品和类型,设计出适合该公司发展目标的组织结构。

3. 按组织职能设计各部门和人员分工,然后将人员安排到相应的职位上。

模块三:相关测验

各组轮流展示本组模拟公司的组织架构图,并讲解设计原因和战略目标。由老师和其他组代表进行评分。

模块四:复习思考题

一、单项选择题

1. 矩阵式组织的主要缺点是:(　)。

A. 分权不充分　　B. 多头领导

C. 对项目经理要求高　　D. 组织稳定性差

2. 一家产品单一的跨国公司在世界许多地区拥有客户和分支机构,该公司的组织结构应考虑按什么因素来划分部门?(　)

A. 职能　　B. 产品

C. 地区　　D. 矩阵结构

3. 很多企业都是由小到大逐步发展起来的,一般开始时往往采用的组织结构是直线制。但是业务的扩大以及人员队伍的增加,使高层管理者不得不通过授权的方式委托一批有实力的专业人员进行职能化管理。但是,直线职能制组织形式也存在一些固有的缺陷。下列哪种说法不是直线职能制组织形式的缺陷?(　)

A. 成员的工作位置不固定,容易产生临时观念

B. 各职能单位自成体系,往往不重视工作中的横向信息沟通

C. 组织弹性不足,对环境变化的反应比较迟钝

D. 不利于培养综合型管理人才

4. 直线型组织结构一般只适用于(　)。

A. 需要按职能专业化管理的小型组织

B. 没有必要按职能实现专业化管理的小型组织

C. 需要按职能专业化管理的中型组织

D. 需要按职能专业化管理的大型组织

5. 层次划分主要解决的组织问题是(　)。

A. 横向结构问题　　B. 纵向结构问题

C. 横向协调问题　　D. 纵向协调问题

6. 在组织结构上既有按职能划分的垂直领导系统,又有按项目划分的横向领导系统的组织结构是(　)。

A. 多维立体组织结构　　B. 事业部制组织结构

C. 职能型组织结构　　D. 矩阵组织结构

7. 管理层次是组织中建立的授权级别的数量,是企业纵向管理的等级层次,又称为(　)。

A. 组织结构　　B. 管理跨度

C. 控制幅度　　D. 组织层

8. 把按职能划分的部门同按产品(或工程项目、服务项目等)划分的小组结合成的一种纵横交错的组织形式是(　)。

A. 职能型结构　　B. 参谋型结构

C. 矩阵型结构　　D. 直线型结构

9. "集中政策,分散经营的组织结构"属于(　)。

A. 直线型组织结构　　B. 职能型组织结构

C. 事业部制组织结构　　D. 矩阵结构

二、多项选择题

1. 组织设计的原则包括(　)。

A. 因人设职与因事设职相结合

B. 命令统一

C. 人人有事做

D. 尽量减轻主要管理者的压力,多设副职

E. 权责对等

2. 规模的扩大对组织结构的影响包括(　)。

A. 分权化　　B. 集权化

C. 规范化　　D. 专职管理人员的数量增加

E. 复杂性提高

3. 直线型组织结构的特点有(　)。

A. 组织中每位管理者对其直接下属有直接职权

B. 能充分发挥职能机构的专业管理作用

C. 组织中每一个人只能向一位直接上级报告

D. 管理者在其管辖范围内有绝对职权

E. 容易造成管理混乱

三、思考题

1. 影响组织集权与分权的因素是什么？

2. 矩阵结构违反统一指挥原则，为什么还流行？

第十一章

组织文化与组织变革

学习目标

1. 了解组织文化及其特征；
2. 熟悉组织文化的功能；
3. 掌握组织文化的塑造；
4. 理解组织变革的概念、流程和内容。

开篇案例

文化就是力量

美国密歇根大学管理学院一位教授对通用电气公司执行总裁杰克•韦尔奇评价道："20世纪有两个伟大的企业领导人，一位是通用的斯隆，另一位则是韦尔奇。但两个人比较起来，韦尔奇又略胜一筹。因为韦尔奇为21世纪的经理人树立了一个榜样。"韦尔奇是在1981年坐上通用电气第一把交椅，那时候他只有45岁，是通用历史上最年轻的总裁。1998年，通用公司的市场价值从原来的120亿美元，增值到2800亿美元。韦尔奇的管理模式可用一个简单的英文单词力量（FORCE）来代表，F代表弹性（flexible）；O代表条理（organizational）；R指的是以"结果"挂帅（result - orientated）；C是沟通（communication）；而E则代表教育（education）。韦尔奇这套管理原则是其独特的企业文化，巧妙地印证了"文化就是力量（FORCE）"的名言，不但为通用公司获得了巨大的成绩，也为管理界留下了新的文化模式。

问题：请用所学的企业文化理论分析韦尔奇的"FORCE"文化模式。

第一节　组织文化

一、组织文化的概念

（一）组织文化的含义

1. 文化。西方"文化"（culture）一词来源于拉丁文cultura，原义是指农耕即对植物的培养。15世纪后，这个词被欧洲的学者逐渐引申使用，把对人的品德和能力的培养称为文化。在中国，"文"是指文字、文章、文采，又指礼乐制度、法律条文等。"化"是"教化""教行"的意思。"文化"一词意为文治和教化。而单就"文化"二字来说，文就是花纹花样一类意思，化则是改变的意思，那么，文化大概就是不用蛮力而能改变别人的东西。

文化是一个非常广泛的概念，给它下一个严格和精确的定义是一件非常困难的事情。不少哲学家、社会学家、人类学家、历史学家和语言学家一直努力，试图从各自学科的角度来界定文化的概念。然而，迄今为止仍没有获得一个公认的、令人满意的定义。据统计，有关“文化”的各种不同的定义至少有两百多种。笼统地说，文化是一种社会现象，是人们长期创造形成的产物，同时又是一种历史现象，是社会历史的积淀物。确切地说，文化是指一个国家或民族的历史、地理、风土人情、传统习俗、生活方式、文学艺术、行为规范、思维方式、价值观念等，具有民族性、多样性、相对性、沉淀性、延续性和整体性等特点。

2. 组织文化。从广义上说，组织文化是指企业在建设和发展中形成的物质文明和精神文明的总和，包括组织管理中硬件和软件、外显文化和内隐文化两部分；从狭义来看，组织文化是组织在长期的生存和发展中所形成的为组织所特有且为组织多数成员共同遵循的最高目标、价值标准、基本信念和行为规范等的总和及其在组织中的反映。也就是说，组织文化是组织全体成员共同接受的价值观念、行为准则、团队意识、思维方式、工作作风、心理预期和团体归属感等群体意识的总称。

组织文化既有共性，又有个性特色。从共性来看，其主要有以下特点：

(1)组织文化的意识性。大多数情况下，组织文化是一种抽象的意识范畴，它作为组织内部的一种资源，应属于组织的无形资产。组织文化是组织内一种群体的意识现象，是一种意念性的行为取向和精神观念，但这种文化的意识性特征并不否认它总是可以被概括性地表述出来。

(2)组织文化的系统性。组织文化由共享价值观、团队精神、行为规范等一系列内容构成一个系统，各要素之间相互依存、相互联系。因此，组织文化具有系统性。同时，组织文化总是以一定的社会环境为基础的，是社会文化影响渗透的结果，并随社会文化的进步和发展而不断地调整。

(3)组织文化的凝聚性。组织文化总可以向人们展示某种信仰与态度，它影响着组织成员的处世哲学和世界观，也影响着人们的思维方式。因此，在某一特定的组织内，人们总是为自己所信奉的哲学所驱使，它起到了“黏合剂”的作用。良好的组织文化同时意味着良好的组织气氛，它能够激发组织成员的士气，有助于增强群体凝聚力。

(4)组织文化的导向性。组织文化规定了人们行为的准则与价值取向，对人们行为的产生有着最持久、最深刻的影响力。英雄人物往往是组织价值观的人格化和组织力量的集中表现，它可以昭示组织内提倡什么样的行为，反对什么样的行为，使自己的行为与组织目标的要求相匹配。

(5)组织文化的可塑性。某一组织的文化并不是生来具有的，而是在生存和发展过程中逐渐总结、培育和积累形成的。组织文化是可以通过人为的后天努力加以培育和塑造的，而已形成的组织文化也并非一成不变，它会随组织内外环境的变化而调整。

(6)组织文化的长期性。长期性是指组织文化的塑造和重塑的过程需要相当长的时间，而且是一个极其复杂的过程，组织的共享价值观、共同精神取向和群体意识的形成不可能在短期内完成，在这一过程中，涉及调节组织与其外界环境相适应的问题，也需要在组织内部各个成员之间达成共识。

分析组织文化的个性特色，可以从以下七个方面考察和评价组织文化的内在特征和文化状态：①组织是鼓励创新、冒险还是赞赏安分守己；②组织期望员工把工作做得仔细到何种程度；③组织是看重结果还是强调实现结果的过程和手段；④组织是关心人还是关心工作；⑤组织是强调集体、团队的作用还是突出个人的活动；⑥组织内部成员是积极进取、竞争还是一团和气；⑦组织注重维持现状还是成长发展。

3. 组织文化的形式。组织文化根据其内容可以分为显性和隐性两大类。

(1)显性组织文化。所谓显性组织文化，是指那些以精神的物化产品和精神行为为表现形式的，能通过直观的视听器官能感受到的、又符合组织文化实质的内容。它包括组织的标志、工作环境、规章制度和经营管理行为等。

(2)隐性组织文化。隐性组织文化是组织文化的根本，是最重要的部分。隐性组织文化包括组织哲学、价值观念、道德规范、组织精神等方面。

二、组织文化的结构和分类

(一)组织文化的结构

组织文化的结构分类有多种观点，从根本上来说，组织文化可划分为四个层次，即物质层、行为层、制度层和精神层。

1. 物质层是组织文化的表层部分，它是组织创造的物质文化，是一种以物质形态为主要研究对象的表层组织文化，是形成组织文化精神层和制度层的条件。优秀的组织文化是通过重视产品的开发、服务的质量、产品的信誉和组织生产环境、生活环境、文化设施等物质现象来体现的。

2. 行为层，即组织行为文化，它是组织员工在生产经营、学习娱乐中产生的活动文化，包括组织经营活动、公共关系活动、人际关系活动、文娱体育活动中产生的文化现象。组织行为文化是组织经营作风、精神风貌、人际关系的动态体现，也是组织精神和核心价值观的折射。

3. 制度层是组织文化的中间层次，它把组织物质文化和组织精神文化有机地结合成一个整体，主要是指对组织和成员的行为产生规范性、约束性影响的部分，是具有组织特色的各种规章制度、道德规范和员工行为准则的总和。制度层集中体现了组织文化的物质层和精神层对成员和组织行为的要求，规定了组织成员在共同的生产经营活动中应当遵守的行为准则,主要包括组织领导体制、组织机构和组织管理制度三个方面。

4. 精神层,即组织精神文化,它是组织在长期实践中形成的员工群体心理定式和价值取向,是组织的道德观、价值观,即组织哲学的综合体现和高度概括,它反映了全体员工的共同追求和共同认识。组织精神文化是组织价值观的核心,是组织优良传统的结晶,是维系组织生存发展的精神支柱。精神层主要是指组织的领导和成员共同信守的基本信念、价值标准、职业道德和精神风貌,它是组织文化的核心和灵魂。

(二)组织文化的分类

根据不同的标准和用途,理论界对组织文化有着不同的划分方法,其中最常见的划分方法有以下几种:

1. 按照组织文化的内在特征划分。艾莫瑞大学的杰弗里·桑南菲尔德提出了一套标签理论,它有助于我们认识组织文化之间的差异,认识到个体与文化的合理匹配的重要性。通过对组织文化的研究,他确认了四种文化类型:

(1)学院型组织文化。学院型组织是为那些想全面掌握每一种新工作的人准备的地方。在这里,他们能不断地成长、进步。这类组织喜欢雇用年轻的大学毕业生,并为他们提供大量的专门培训,然后指导他们在特定的职能领域从事各种专业化工作。桑南菲尔德认为,学院型组织的例子有 IBM 公司、可口可乐公司、宝洁公司等。

(2)俱乐部型组织文化。俱乐部型组织非常重视适应、忠诚感和承诺。在俱乐部型组织中,资历是关键因素,年龄和经验都至关重要。与学院型组织相反,它们把管理人员培养成通才。俱乐部型组织的例子有联合包裹服务公司、德尔塔航空公司、贝尔公司、政府机构和军队等。

(3)棒球队型组织文化。棒球队型组织鼓励冒险和革新。这类组织在招聘时从各年龄和经验层次的人中寻求有才能的人,薪酬制度以员工绩效水平为标准。由于这种类型的组织对工作出色的员工给予巨额奖酬和较大的自由度,员工一般都拼命工作。在会计、法律、投资银行、咨询公司、广告机构、软件开发、生物研究领域,这种类型的组织比较普遍。

(4)堡垒型组织文化。棒球队型组织重视创造发明,而堡垒型组织则着眼于公司的生存。在这类组织以前多数是学院型、俱乐部型或棒球队型的,但在困难时期衰落了,现在尽力来保证企业的生存。在这类组织工作安全保障不足,但对喜欢流动性和挑战的人来说具有一定的吸引力。堡垒型组织包括大型零售店、林业产品公司、天然气探测公司等。

2. 按照权力的集中或分散划分。

(1)权力型组织文化,也叫独裁文化,是由一个人或一个很小的群体领导这个组织。组织往往以企业家为中心，不太看重组织中的正式结构和工作程序。随着组织规模的逐渐扩大，权力文化会感到很难适应，开始分崩离析。

(2)作用型组织文化，也叫角色型组织文化。在这样的组织里，你是谁并不重要，你有多大能力也不重要，重要的是你在什么位置，你和什么人的位置比较近，做每件事情都有固定的程序和规矩，人们喜欢的是稳重、长期和忠诚，有的甚至是效忠。这种文化看起来安全和稳定，但是当组织需要变革的时候，这种文化则会受到较大的冲击。

(3)使命型组织文化，也叫任务文化。在这种文化类型的组织中，团队的目标是要完成设定的任务，成员之间的地位是平等的，这里没有领导者，唯一的老板就是任务或者使命本身。有人认为这是最理想的组织模型之一，但这种文化的组织要求公平竞争，而且当不同群体争夺重要的资源或特别有利的项目时，很容易产生恶性的政治紊乱。

(4)个性型组织文化。这是一种既以人为导向，又强调平等的文化。这种文化富于创造性，孕育着新的观点，允许每个人按照自己的兴趣工作，同时保持着相互有利的关系。在这样的组织里，组织实际上服从个人的意愿，但是很容易被个人左右。

3. 按照流程标准分类。按流程标准的不同，可以将组织文化分为以下四种类型：

(1)功能型组织文化。在过去的一百多年，组织结构基本上属于单一的功能型结构，其核心是制度化，强调稳定性和可靠性。许多传统产业，如钢铁企业、汽车制造企业都具有较强的功能性组织文化特征。

(2)流程型组织文化。近年来，许多大中型企业为了消除部门间的壁垒，能以最快的速度为客户提供优质的服务和产品，开始强调部门间的合作和团队合作，于是就出现了以客户为导向的、强调团队精神的流程型组织文化，它的最大特点是使客户满意最大化，强调客户满意度和稳定的回报。

(3)基于时间型组织文化。20 世纪 90 年代以来，出现了一批基于时间型组织文化的企业，它们不仅仅满足于产品质量和客户满意度，还想办法以最快的速度将新产品和服务推向市场。因此，对组织来讲，速度是第一位的，其次才是产品和服务。其主要特点是强调高增长和新市场进入。

(4)网络型组织文化。这种类型的组织内部没有严密的层级关系，它承认个人的特殊性贡献，强调以合伙方式为共同目标服务。其主要特点是以合伙人方式分配权力，核心是敢冒风险，捕捉机会，关注市场的开拓与渗透。

4. 按照组织实践和价值的分类。弗恩斯·特朗皮纳斯根据他的组织文化纬度将组织文化分为四种类型：家族型组织文化、保育器型组织文化、导弹型组织文化和埃菲尔铁塔型组织文化。

(1)家族型组织文化。家族文化可能是最古老的一种文化,这是一种与人相关的文化,而不是以任务为导向的。在这种文化中,组织的领导者就像组织的“父亲”,有较高的权威。组织更倾向于直觉的学习而不是理性的学习,更重视组织成员的发展而不是更好地利用员工。组织出现危机通常都不会被公布出来,所以尽管在组织内部温暖、亲密和友好,但是这种内部一体化是以较差的外部适应性为代价的,它们能够在相互拥抱和亲吻中破产倒闭。

(2)保育器型组织文化。这是一种既以人为导向,又强调平等的文化,典型的代表就是硅谷。这种类型的组织文化富于创造性,孕育着新的观点。由于强调平等,所以这种文化的组织结构是最精简的,等级也是最少的。在这样的组织文化中,组织成员共同承担责任并寻求解决办法。

(3)导弹型组织文化。这是一种平等的、以任务为导向的组织文化。在这种文化中,任务通常都是由小组或者项目团队完成,但是这种小组是临时性的,任务完成后,小组就会解散。成员们所做的工作都不是预先设定好的,当有需要完成的任务时,便必须去做。

(4)埃菲尔铁塔型组织文化。这种类型文化的组织结构看起来很像埃菲尔铁塔,等级较多,且底层员工较多,越到高层人数越少。每一层对其下一层都有清晰的责任,所以员工都是小心谨慎的,对组织的任何不满都要通过一定的章程和实情调查才有可能反映给高层管理者。在这种文化类型的组织中,组织成员相信需要必需的技能才能保住现在职位,也需要更进一步的技能才能升迁。

三、组织文化的功能和作用

(一)组织文化的功能

组织文化的功能是指组织文化发生作用的能力,也就是组织这一系统在组织文化导向下进行生产、经营、管理的作用。任何事物都有两面性,组织文化也不例外,它对组织的功能可以分为正功能和负功能。组织文化的正功能在于提高组织承诺,影响组织成员,有利于提高组织效能。同时,不能忽视的是其潜在的负效应,它对组织是有害无益的,这也可以看作组织文化的负功能。

1. 组织文化的正功能。具体来说有以下六种正功能:

(1)组织文化的导向功能。组织文化的导向功能是指组织文化能对组织整体和组织每个成员的价值取向及行为取向具有引导作用,使之符合组织所确定的目标。组织文化只是一种软性的理智约束,通过组织的共同价值观不断地向个人价值观渗透和内化,使组织自动生成一套自我调控机制,以一种适应性文化引导着组织的行为和活动。

(2)组织文化的约束功能。组织文化的约束功能是指组织文化对每个员工的思想、心理和行为都具有约束和规范的作用。组织文化的约束不是制度式的硬约束,而是一种软约束,这种软约束等于组织中弥漫的组织文化氛围、群体行为准则和道德规范。

(3)组织文化的凝聚功能。组织文化的凝聚功能是指当一种价值观被该组织员工共同认可之后,它就会成为一种黏合剂,从各个方面把其成员团结起来,从而产生一种巨大的向心力和凝聚力,而这正是组织获得成功的主要原因。“人心齐,泰山移”,凝聚在一起的员工有共同的目标和愿景,才能推动组织不断前进和发展。

(4)组织文化的激励功能。组织文化的激励功能是指组织文化具有使组织成员从内心产生一种高昂情绪和奋发进取精神的效应,它能够最大限度地激发员工的积极性和首创精神。组织文化强调以人为中心的管理方法,它对人的激励不是外在的推动,而是内在的引导,它不是被动消极地满足人们对实现自身价值的心理需求,而是通过组织文化的塑造,使每个员工都从内心深处为组织拼搏的献身精神。

(5)组织文化的辐射功能。组织文化的辐射功能是指组织文化一旦形成较为固定的模式,它不仅会在组织内发挥作用,对本组织员工产生影响,而且会通过各种渠道对社会产生影响。组织文化向社会辐射的渠道是很多的,但主要分为利用各种宣传手段和个人交往两大类。一方面,组织文化的传播对树立组织在公众中的形象很有帮助;另一方面,组织文化对社会文化的发展也有很大的影响。

(6)组织文化的调适功能。组织文化的调适功能是指组织文化可以帮助新聘员工尽快适应组织,使自己的价值观和组织的价值观相匹配。在组织变革的时候,组织文化也可以帮助组织成员尽快适应变革后的局面,减少因为变革带来的压力和不适应。

2. 组织文化的负功能。尽管组织文化存在上述种种正功能,但组织文化对组织仍然有着潜在的负面作用。

(1)变革的障碍。如果组织的共同价值观与进一步提高组织效率的要求不相符合,它就成了组织的束缚,这是在组织环境处于动态变化的情况下最有可能出现的情况。当组织环境正在经历迅速的变革时,根深蒂固的组织文化可能就不合时宜了。因此,当组织面对稳定的环境时,行为的一致性对组织而言很有价值。但组织文化作为一种与制度相对的软约束,更加深入人心,极易形成思维定式,这样,组织有可能难以应付变化莫测的环境。当问题积累到一定程度,这种障碍可能会变成组织的致命打击。

(2)多样化的障碍。由于种族、性别、道德观等差异的存在,新聘员工与组织中大多数成员不一样,这就产生了矛盾。管理人员希望新成员能够接受组织的核心价值观,否则,这些新成员就难以适应或被组织接受。但是组织决策需要成员思维和方案的多样化,一个强势文化的组织要求成员和组织的价值观一致,这就必然导致决策的单调性,抹杀了多样化带来的优势,在这一方面,组织文化就成为了组织多样化、成员一致化的障碍。

(3)兼并和收购的障碍。以前,管理人员在进行兼并或收购决策时所考虑的关键因素是融资优势或产品协同性。近几年,除了考虑产品线的协同性和融资方面的因素外,更多地是考虑文化方面的兼容性。如果两个组织无法成功地整合,那么,组织将出现大量的冲突、矛盾甚至对抗。所以,在决定兼并和收购时,很多经理人往往会分析双方文化的相容性,如果差异极大,为了降低风险,则宁可放弃兼并和收购行动。

相关链接

没有组织文化的军队是愚蠢的军队,而愚蠢的军队是不可能战胜敌人的。

(二)组织文化的作用

功能和作用是两个既相互联系又相互区别的概念。功能是事物内部固有的效能,它是由事物内部要素结构所决定的,是一种相对稳定独立的机制。而作用则不同,它是事物与外部环境发生关系时所产生的外部效应。同样的功能对外界的作用既可能是正面的,也可能是负面的,这要看功能与外部环境的互动方式。一般来说,功能是作用产生的内部根据和基础,客观需要是测评产生作用的外部条件,作用就是测评的功能与客观需要相结合而产生的实际效能

1. 整合作用。组织文化能从根本上改变员工的旧有价值观念,建立新的价值观念,使之适应组织正常实践活动的需要。一旦组织文化所提倡的价值观念和行为规范被接受和认同,成员就会做出符合组织要求的行为选择,倘若违反了组织规范,就会感到内疚、不安或者自责,会自动修正自己的行为。从这个意义上说,组织文化具有很强的整合作用。

2. 提升绩效作用。管理学大师彼得·德鲁克说过:“企业的本质,即决定企业性质的最重要的原则,是经济绩效。”如果组织文化不能对企业绩效产生影响,也就凸显不出它的重要性了。我们知道组织文化在组织内部整合方面确实发挥着积极作用,但是它是否能够提高企业的经济效益呢?答案是肯定的。

3. 完善组织作用。组织在不断发展的过程中所形成的文化积淀通过无数次的辐射、反馈和强化,会不断地随着实践的发展而更新和优化,推动组织文化从一个高度向另一个高度迈进。也就是说,组织文化不断地深化和完善一旦形

成良性循环,就会持续地推动组织本身的发展。反过来,组织的进步和提高又会促进组织文化的丰富、完善和升华。国内外成功组织和企业的事实表明,组织的兴旺发达总是与组织文化的自我完善分不开的。

4. 塑造产品作用。组织文化作为一种人类的创造物,它最好的表现形态是企业的产品。当企业的产品都浸润了组织文化时,其生命力将会是其他任何企业都不可以相提并论的。组织文化对塑造企业产品有着极为重要的作用,企业依据组织文化进行产品设计、生产和销售,只有符合企业文化的产品才能在市场上立足。反过来,企业产品的畅销也会使消费者进一步了解企业的组织文化,这是一种相互促进和发展的关系。

四、组织文化的变革

组织文化的变革就是组织"价值前提"再造的过程。"价值前提"再造是一个由内向外、由浅入深、由上至下、知行合一的发展过程,它是从管理者开始,到全体员工的观念、思维、意识的更新与转变,是组织成员(主要是管理者)在新的环境中挑战自我,自发进行自我超越的过程。

如同任何一个成功的企业都有清晰的组织文化,组织文化鼓励什么,厌恶什么,这些东西能够直接帮助组织取得成功,但是当外部环境发生变化时,由于种种原因,文化氛围将很难发生变化。实际上,这个时候原有的文化会成为组织转型和改变自己适应能力的巨大障碍,当组织原有文化体系难以适应组织经营发展的需要而陷入困境时,必然要通过文化变革创建新的企业文化。

组织文化是组织里一种贯穿始终的属性,它涉及组织的各个层面,并在一定程度上对员工的心理起着有意识和无意识的导向作用。许多企业在发展过程中失败的原因是它无法在发展业务的同时兼顾组织文化的发展。我们都知道,组织文化是由相对稳定和持久的因素构成的,这一事实往往导致文化的变革具有相当大的阻力。一种文化需要很长一段时间才能形成,而一旦形成,它又常常成为牢固不易更改的,这就是我们常常忽略的组织文化的惯性;同时,组织内部各级机构存在相互依赖性和关联性,要改革就需要进行全局性改革。由于这些原因,我们可以看到,组织文化的变革不仅涉及表层文化的变革,而且涉及深层文化的变革。这种改变涉及组织成员的基本价值观念、思维习惯、行为方式及心理的转变,也会使组织内部各种物质利益关系受到冲击。

(一)组织文化变革的阻力

基于上面的分析,我们认为企业文化变革的阻力主要来自于以下几方面:

1. 个体的阻力,即来源于人的某些特性,如个人习惯、对变化缺乏适应能力、对风险的疑虑等。

2. 组织的阻力。组织是一种有机体，当组织文化变革发生时，面临的阻力更多以一种整体性、系统性的方式表现出来，如组织结构惯性、对已有权力关系的威胁等。

3. 文化理念的阻力，即文化的惰性、陈旧的价值观念等文化理念的阻碍。组织文化的变革尤其是突发性变革会遭遇到普遍的阻挠。

延伸阅读

为组织文化而建设组织文化基本上是徒劳的。

（二）组织文化变革的途径

1. 为组织成员塑造共享的变革愿景。变革的愿景能否为组织成员所共享，是变革成功与否的重要因素。如果有任何一项领导理念几千年来一直能在组织中鼓舞人心，那就是拥有一种能够凝聚并坚持实现共同愿景的能力，当我们将“愿景”与一个清楚的“现况景象”同时在脑海中并列时，心中便产生了一种“创造性张力”，一种想要把二者合而为一的力量。这种由二者的差距所形成的张力会让人自然产生疏解的倾向，以消除差距。正是这种创造性的张力引导着人们不断地去追求超越，向着理想的目标不断前进。因此，在组织既有价值观的基础上，能够为组织塑造一个超越组织既有框架的崇高愿景，就可以大大降低组织文化变革的阻力。

2. 提倡变革型的领导行为，塑造变革型的领导文化。为什么要提倡变革型的领导行为，塑造变革型的领导文化？在变革型的企业文化中，组织框架的流动性更强，对组织文化的变革更为有利。因此，作为组织文化的塑造者、建构者及引导者，领导者在做好常规管理工作的基础上，应该特别关注有利于革新的组织文化氛围的塑造。在变革型企业文化中，领导者按照变革型领导行为方式来进行管理，就像一个导师、教练和行为榜样一样，注意采用理想化影响、动机鼓舞、智能激发以及个别化关怀的方式来对待下属。组织成员拥有目标感和视组织为家的感觉，甚至能够为了实现组织的目标而做出超越自身利益的考虑。领导者与下属互相依赖，拥有相同的命运和共享的利益，他们对组织的承诺是长期的。在组织的各个水平上，组织成员经常针对组织的目标、愿景以及如何应对挑战予以探讨，领导者鼓励并公开地支持创新的行为并就创新的思想经常展开讨论，以至于将本次变革视为机会，而不是威胁。

3. 给予成员参与决策并选择参考框架的机会。组织成员自愿放弃旧的参照框架，转而对新的框架做出承诺是企业文化得以顺利变革的重要心理基础。

让组织成员参与管理和决策，目的在于建立彼此信任、开放沟通的变革氛围，减少员工的不安全感和负面情绪。

4. 倡导自我监控、自我反省的组织学习。在组织学习的过程中，领导者与组织成员需要对组织不断地进行自我监控与反省。许多变革失败的原因常常在于对缓缓而来的致命威胁习而不察。

组织文化就像空气一样存在于组织之中，它的存在远胜于有形的规范，组织的行为不可能全部用文字规范下来，只有依靠文化的力量才能实现。而当这种规范进入理念层面，成为一种信念，那么，不符合这种规范的行为会被文化无形的力量纠正，不认可这种规范的人则会被组织排斥，而几乎所有的组织都是依靠组织文化引导其成员的心理和行为的方式来实现对组织的管理。

第二节　组织变革

一、组织变革的含义

任何一个组织都处在不断变化的社会环境中，如组织规模的不断扩大、人员的不断充实、技术产品的不断更新、社会需求的不断提高、组织内部员工工作态度的转变以及个人期望、个人价值观的变化，等等。组织只有不断变化与发展，才能适应环境变化的需要。企业的发展离不开组织变革，内外部环境的变化，企业资源的不断整合与变动，都给企业带来了机遇与挑战，这就要求企业关注组织变革。

早期对组织变革进行界定的是行为学家贝克哈德和本尼斯。20 世纪 60 年代后期，理查德·贝克哈德认为，组织发展就是利用行为科学的知识，通过对组织“过程”进行有计划的干涉，在整个组织范围内采用有计划、自上而下的方式促进组织效率的提高和健康发展。本尼斯认为，组织变革是一种复杂的教育型战略，其目的是努力改变组织的信仰、观点、价值观和结构，以适应新技术、新市场、新挑战及快速变化的需要。

综合各种表述，本书将组织变革定义为：运用行为科学和相关管理方法，对组织的权利结构、组织规模、沟通渠道、角色设定、组织与其他组织之间的关系，以及对组织成员的观念、态度和行为，成员之间的合作精神等进行有目的的、系统的调整和革新，以适应组织所处的内外环境、技术特征和组织任务等方面的变化，提高组织效能。

延伸阅读

世上没有十全十美的东西，所以任何东西都有改革的余地。

——M. R. 柯美雅

二、组织变革的原因及征兆

（一）组织变革的原因

组织变革之所以发生，是多种因素相互作用的结果。但是最根本的原因可以归结为以下三个方面。

1. 外部环境的变化，如国民经济增长速度的变化、产业结构的调整、政府经济政策的调整、科学技术的发展引起产品和工艺的变革等。企业组织结构是实现企业战略目标的手段，企业外部环境的变化必然要求企业组织结构做出相应的调整。

2. 组织内部条件的变化，包括：

（1）技术条件的变化，如企业实行技术改造以及技术、生产、营销等部门的调整。

（2）人员条件的变化，如人员结构和人员素质的提高等。

（3）管理条件的变化，如实行计算机辅助管理、实行优化组合等。

3. 组织本身成长的要求。企业处于不同的生命周期时，对组织结构的要求也各不相同，如小企业成长为中型或大型企业，单一品种企业成长为多品种企业，单厂企业成长为企业集团等。

（二）组织变革的征兆

一般来说，组织变革是一项"软任务"，即有时候组织结构不改变，企业仿佛也能运转下去，但如果要等到企业无法运转时再进行组织结构的变革就为时已晚了。因此，管理者必须认清组织变革的征兆，及时进行组织变革。组织结构需要变革的征兆有：

1. 企业经营成绩的下降，如市场占有率下降、产品质量下降、消耗和浪费严重、企业资金周转不灵等。

2. 企业生产经营缺乏创新，如企业缺乏新的战略和适应性措施、缺乏新的产品和技术更新，没有新的管理办法或新的管理办法推行起来困难等。

3. 组织机构本身病症的显露，如决策迟缓、指挥不灵、信息交流不畅、机构臃肿、职责重叠、管理幅度过大、扯皮增多、人事纠纷增多、管理效率下降等。

4. 职工士气低落，不满情绪增加，如管理人员离职率增加，员工旷工率，病、事假率增加等。

5. 创新不足。组织的产品、机构、管理与人员缺乏创新精神，组织的发展与成长停止等。

当一个企业出现以上征兆时，应及时进行组织诊断，用以判定企业组织结构是否有加以变革的必要。美国利特尔咨询公司的格莱彻尔提出了组织变革的公式：

$$C=(a\times b\times d)>K$$

上述公式中的 C 为变革；a 为变革成员对现状不满意的程度；b 为变革把握的大小；d 为变革起步的措施；K 为变革所要付出的代价。只有当员工对现状不满的程度高，变革的把握大，起步措施得力，所付出的代价较少时，才能实施组织变革。

三、组织变革的程序和模式

(一)组织变革的程序

为了使企业适应外部环境及内部条件的变化，顺利地成长和发展，应当及时对企业的组织结构进行调整和改革。组织变革的程序和步骤如下：

1. 组织结构诊断。通过调查了解和掌握组织结构的现状和存在的问题。主要调查资料有工作岗位说明书、组织体系图和管理业务流程图。

2. 组织结构分析。通过分析明确现行组织结构存在的问题，并为提出改进方案打下基础。分析主要有以下三个方面：

(1)内外环境变化引起的企业经营战略和目标的改变，需要增加哪些新的职能？哪些原有职能需要加强？哪些陈旧职能可以取消或合并？哪些是决定企业经营的关键性职能？明确后应置于组织结构的中心地位。

(2)分析各种职能的性质及类别。

(3)组织决策分析，主要考虑的因素有决策影响的时间、决策对各职能的影响面、决策者所具备的能力、决策的性质。

(4)组织关系分析。

3. 选择正确方案，实施结构变革。在对组织问题做了诊断和分析后，组织需要制定正确的改革方案，然后制订具体的改革计划并贯彻实施。推进改革的方式有很多种，组织在制定方案时要考虑变革的难度、影响程度、变革速度以及员工的可接受和参与程度等，做到有计划、有步骤的进行。

4. 评价变革效果，及时进行反馈。组织变革是一个包括众多复杂变量的转变过程，再好的改革计划也不能完全保证取得理想的效果。因此在变革结束之后，管理者必须对改革的结果进行评价，及时反馈新的信息。

延伸阅读

每个组织都不得不准备好舍弃它所做的每一件事。

——彼得·德鲁克

(二)组织变革的基本模式

1. 三阶段变革模式。组织变革模型中最具影响的也许是三阶段变革模式。美国学者勒温于20世纪40年代末提出了三阶段的组织变革模式。勒温认为,组织变革是包含解冻、变革、再冻结三个步骤的有计划组织变革模型,用以解释和指导如何发动、管理和稳定变革过程。

第一阶段:解冻。这一步骤的焦点在于创设变革的动机,鼓励员工改变原有的行为模式和工作态度,采取新的适应组织战略发展的行为与态度。为了做到这一点,一方面需要对旧的行为与态度加以否定;另一方面要使干部员工认识到变革的紧迫性。可以采用比较评估的办法,把本单位的总体情况、经营指标和业绩水平与其他优秀单位或竞争对手一一比较,找出差距和解冻的依据,帮助干部、员工"解冻"现有态度和行为,迫切要求变革,愿意接受新的工作模式。此外,应注意创造一种开放的氛围和心理上的安全感,减少变革的心理障碍,提高变革成功的信心。

第二阶段:变革。变革是一个学习过程,需要给干部、员工提供新信息、新行为模式和新的视角,指明变革方向,实施变革,进而形成新的行为和态度。这一步骤中,应该注意为新的工作态度和行为树立榜样,采用角色模范、导师指导、专家演讲、群体培训等多种方式。勒温认为,变革是一个认知的过程,它由获得新的概念和信息完成。

第三阶段:再冻结。在再冻结阶段,利用必要的强化手段使新的态度与行为固定下来,使组织变革处于稳定状态。为了确保组织变革的稳定性,需要注意使干部员工有机会尝试和检验新的态度与行为,并及时给予正面的强化;同时,加强群体变革行为的稳定性,促使形成稳定持久的群体行为规范。

2. 系统变革模型。系统变革模型是在更大的范围内解释组织变革过程中各种变量之间的相互联系和相互影响关系。这个模型包括输入、变革元素和输出三个部分。

(1)输入。输入部分包括内部的优点和弱项、外部的机会和威胁。其基本构架是组织的使命、愿景和相应的战略规划。组织用使命来表示其存在的理由;愿景是描述组织所追求的长远目标;战略规划则是为实现长远目标而制定的有计划变革的行动方案。

(2)变革元素。变革元素包括目标、人员、社会因素、方法和组织体制等元素。这些元素相互制约和相互影响,组织需要根据战略规划,组合相应的变革元素,实现变革的目标。

(3)输出。输出部分包括变革的结果。根据组织战略规划,从组织、部门群体、个体三个层面增强组织的整体效能。

3. 激进式变革。激进式变革能够以较快的速度达到目的态,因为这种变革模式对组织进行的调整是大幅度的、全面的,可谓是超调量大,所以变革过程就比较快。与此同时,超调量大会导致组织的平稳性较差,严重的时候会导致组织崩溃。这就是为什么许多企业的组织变革反而加速了企业灭亡的原因。与之相反,渐进式变革依靠持续的、小幅度变革来达到目的态,即超调量小,但波动次数多,变革持续的时间长,这样有利于维持组织的稳定性。两种模式各有利弊,也都有着丰富的实践,企业应当根据组织的承受能力来选择企业组织变革模式。激进式变革的一个典型实践是"全员下岗、竞争上岗"。改革开放以来,适应市场经济的要求,许多国内企业进行了大量的管理创新和组织创新。"全员下岗、竞争上岗"的实践即是其中之一。为了克服组织保守的缺点,一些企业在组织实践中采取全员下岗,继而再竞争上岗的变革方式。这种方式有些极端,但其中体现了深刻的系统思维。稳定性对企业而言至关重要,但是当企业由于领导超前意识差、员工安于现状而陷于超稳定结构时,企业将趋于僵化、保守,会影响企业的发展。此时,小扰动不足以打破初态的稳定性,也就很难达到目的态。"不过正不足以矫枉",只有通过全员下岗,粉碎长期形成的关系网和利益格局,摆脱原有的吸引子,才能彻底打破初态的稳定性;进一步再通过竞争上岗,激发企业员工的工作热情和对企业的关心,只要竞争是公平、公正、公开的,就有助于形成新的吸引子,把企业组织引向新的稳定态。此类变革如能成功,其成果具有彻底性。

在这个过程中,关键是建立新的吸引子,如新的经营目标、新的市场定位、新的激励约束机制等。如果打破原有组织的稳定性之后,不能尽快建立新的吸引子,那么,组织将陷于混乱甚至毁灭。我们也应当意识到变革只是手段,提高组织效能才是目的。如果为了变革而变革,则会影响组织功能的正常发挥。

4. 渐进式变革。渐进式变革是通过局部的修补和调整来实现。美国一家飞机制造公司原有产品仅包括四种类型的直升机。每一种直升机都有专门的用途。从技术上看,没有任何两架飞机是完全相同的,即产品间的差异化程度大,标准化程度低。在激烈的市场竞争条件下,这种生产方式不利于实现规模经济。为了赢得竞争优势,该公司决定变革组织模式,其具体措施是对每个部门进行调整组合。首先,由原来各种机型的设计人员共同设计一种基本机型,使之能够与各种附件(如枪、炸弹发射器、电子控制装置等)灵活组合,以满足不同客户的需求。然后将各分厂拥有批量生产经验的员工集中起来从事基本机型的生产。原来从事各类机型特殊部件生产的员工，根据新的设计仍旧进行各种附件的专业化生产。这样，通过内部调整，既有利于实现大批量生产，也能够满足市场的多样化需求。这种方式的变革对组织产生的震动较小，而且可以经常性地、局部地进行调整，直至达到目的态。这种变革方式的不利之处在于容易产生路径依赖，导致企业长期不能摆脱旧机制的束缚。

比较组织变革的两种典型模式，企业在实践中应当加以综合利用。在企业内外部环境发生重大变化时，有必要采取激进式组织变革以适应环境的变化，但是激进式变革不宜过于频繁，否则会影响企业组织的稳定性，甚至导致组织的毁灭，因此在两次激进式变革之间，在更长的时间里，企业应当进行渐进式变革。

四、组织变革的阻力和对策

（一）组织变革的阻力

组织变革作为战略发展的重要途径，总是伴随着不确定性和风险，并且会遇到各种阻力。管理心理学研究发现，常见的组织变革阻力可以分为三类。

1. 组织因素。在组织变革中，组织惰性是形成变革阻力的主要因素。这是指组织在面临变革形势时表现得比较刻板，缺乏灵活性，难以适应环境的要求或者内部的变革需求。造成组织惰性的因素较多，例如，组织内部体制不顺、决策程序不良、职能焦点狭窄、层峰结构和陈旧文化等，都会使组织产生惰性。此外，组织文化和奖励制度等组织因素以及变革的时机也会影响组织变革的进程。

2. 群体因素。组织变革的阻力还来自群体方面。研究表明，对组织变革形成阻力的群体因素主要有群体规范和群体内聚力等。群体规范具有层次性，边缘规范比较容易改变，而核心规范由于包含群体的认同，难以变化。同样，内聚力很高的群体也往往不容易接受组织变革。勒温的研究表明，当推动群体变革的力和抑制群体变革的力之间的平衡被打破时，就导致了组织变革。不平衡状况“解冻”了原有模式，群体在新的、与以前不同的平衡水平上重新“冻结”。

3. 个体因素。人们往往会由于担心组织变革的后果而抵制变革。一是职业认同与安全感。在组织变革中，人们需要从熟悉、稳定和具有安全感的工作任务，转向不确定性较高的变革过程，其“职业认同”受到影响，产生对组织变革的抵制。二是地位与经济上的考虑。人们会感到变革影响他们在企业组织中的地位，或者担心变革会影响自己的收入，或者由于个性特征、职业保障、信任关系、职业习惯等方面的原因，产生对组织变革的抵制。

（二）克服组织变革阻力的对策

为了解决上述问题，管理心理学提出了若干有效的途径，希望可以克服对组织变革的抵制。

1. 参与和投入。研究表明,人们对某事的参与程度越大,越会承担工作责任,支持工作的进程。因此,当有关人员能够参与有关变革的设计讨论时,参与会导致承诺,抵制变革的情况就显著减少。参与和投入方法在管理人员所得信息不充分或者岗位权力较弱时使用比较有效。但是这种方法比较费时间,在变革计划不充分时有一定风险。

2. 教育和沟通。加强教育和沟通是克服组织变革阻力的有效途径。这种方法适用于信息缺乏和对环境未知的情况,其实施比较费时。通过教育和沟通分享情报资料,不仅带来相同的认识,而且在群体成员中形成一种感觉,即他们在计划变革中起着作用,他们会有一定的责任感。同时,在组织变革中加强培训和信息交流,对成功实现组织变革也是极为重要的,这既有利于及时实施变革的各个步骤,也使决策者及时发现组织变革实施中产生的新问题、新情况,并获得有效的反馈,这样才能随时排除变革过程中遇到的抵制和障碍。

3. 组织变革的时间和进程。即使不存在对变革的抵制,也需要时间来完成变革。干部员工需要时间去适应新的制度,排除障碍。如果领导觉得不耐烦,加快速度推行变革,下级会产生一种受压迫感,产生以前没有过的抵制。因此,管理部门和领导者需要认识到人际关系影响变革的速度。

4. 群体促进和支持。许多管理心理学家提出,运用"变革的群体动力学"可以推动组织变革。这里包括创造强烈的群体归属感,设置群体共同目标,培养群体规范,树立关键成员的威信,改变成员的态度、价值观和行为等。这种方法在人们由于心理调整不良而产生抵制时使用比较有效。

实训模拟

模块一:案例分析与思考

大连三洋制冷公司的企业文化建设

主管大连三洋制冷公司企业文化建设的王东经理曾告诉我们:企业管理对企业来讲是一个永恒的主题,在企业管理的过程中,如何做好企业的文化建设是企业可持续发展的关键。对于企业文化建设而言,在企业的发展过程中,它不是自发产生的。大连三洋制冷有限公司成立伊始,作为企业的经营者和管理者的公司经理肖永勤就把企业文化建设作为企业发展的一个重要基础建设。

公司刚成立时,人员来自社会各个方面。有的公司员工是下岗后被招聘来的,有的是应届大中专毕业生,还有的是国有企业派来的技术和管理骨干。他们每个人都具有不同的行为规范，也有着不同的价值理念。在这种情况下，如何使公司的管理走上正轨呢？当时肖永勤借鉴了国有企业中被实践证明了的一些有效的管理经验，也借鉴了国外一些先进的管理思想和管理方法，做好员工的思想工作，就是说做好企业文化建设。

首先，公司针对方方面面的不利因素，开始注重制度文化建设，并设定了严格管理、降低成本、提高质量、创世界一流企业的方针和目标。通过我们的严格管理，规范了员工行为，使公司员工把公司制度变成自觉的规范，进而统一到我们共有的价值取向上来。

在价值取向的建设当中，公司在成立时就设定了把贡献人类和地球，优化地球环境和照顾人民生活，要和社会环境共存，以及要和顾客利益共存，要和劳动者共存这样一些价值观念。通过培训，要在教育和规范大家行为的基础上，把公司共有的价值观念融入管理和工作中去，使员工的价值观念达成一致。

如何把国有企业的思想政治工作方法在合资企业中实施呢？这就离不开企业文化建设。企业文化建设既是企业管理的基础，又是企业管理的灵魂。员工在整个管理过程中要立足于岗位的自我管理，立足于岗位的自我改善，有效地实现个人的价值，要把个人的价值和个人的发展有效地融入公司的发展当中。公司也把立足岗位自我改善和 ZD 小组无缺陷活动的开展作为企业文化的一个重要组成部分加以实施和推广；把公司员工立足自我改善作为企业发展的重要动力。在生产现场，两万多平方米的生产面积，165 名生产工人当中，没有一个质量检查员，完全依赖于质量体系的有效运行，员工的高质量意识和企业文化的运行使员工在生产过程中成为质量管理的主体。他们既是生产者，又是产品质量的保证者和确认者。在整个生产过程中，员工通过企业文化建设得到了较好的培训，提高了素质，这就实现了人本管理有效循环。通过企业文化建设，能够带动企业生产的高效率、产品的高质量、服务的高水平、企业的高效益，进而还要回归到员工的高收入上。这也是员工价值的充分体现。

问题：结合本案例说明应如何进行组织文化建设？

模块二：心理测验

公司文化偏好量表

测试目的：该测验用于帮助你认识个人的价值观，可于求职应聘时指导自己识别并寻找那些与自己的文化偏好一致的公司。

测试要求：认真阅读下表的测验题目，在每一个陈述中圈出一个你喜欢在其中工作的组织。

我喜欢在某组织中工作		
1a 员工在团队中工作得很好	或者	1b 它生产(或提供)高声誉的产品(或服务)
2a 高层管理维持工作场所的秩序	或者	2b 组织聆听顾客的意见并对他们的要求快速地做出反应
3a 员工受到公平待遇	或者	3b 员工一直寻求办法提高工作效率
4a 员工很快适应新工作要求	或者	4b 公司领导努力工作以便让员工保持快乐
5a 高层管理人员接受其他员工所没有的特殊津贴	或者	5b 组织达到绩效目标时员工都很自豪
6a 员工表现最好则报酬最高	或者	6b 高层管理人员受到尊重
7a 每个人准时完成工作	或者	7b 组织处于行业变革的前沿
8a 员工接受帮助以克服个人问题	或者	8b 员工遵守公司的规定
9a 在市场上总是尝试新点子	或者	9b 为了顶峰绩效,期望大家投入110%
10a 快速地从市场中获益	或者	10b 员工总是被告知组织中正在发生的事情
11a 能够对竞争威胁快速地做出反应	或者	11b 大部分决策由高层管理人员作出
12a 管理使得各种事情处于控制和掌握之中	或者	12b 员工相互关心

积分规则:所圈的题号给"1"分,未圈的给"0"分。然后将各量表的相应题号的分数相加,各子量表的分数在0—6之间。子量表的分数越高,说明你在该子量表代表的公司文化下工作感到越舒适。

控制文化:题号2a、5a、6b、8b、11b、12a分数之和。

绩效文化:题号1b、3b、5b、6a、7a、9b分数之和。

关系文化:题号1a、3a、4b、8a、10b、12b分数之和。

反应文化:题号2b、4a、7b、9a、10a、11a分数之和。

解释:

(1)控制文化:该文化重视高层管理人员领导组织的作用,其目标是使每个员工按部就班,并处于控制之下。

(2)绩效文化:该文化重视个人和组织绩效,并致力于提高组织效率和效果。

(3)关系文化:该文化重视教养和人性,把开放、沟通、公平、团队工作以及分享当作组织生活的重要组成部分。

(4)反应文化:该文化重视组织与外部环境保持协调的能力,包括竞争以及认识到新的机遇。

模块三:管理游戏

组织变革

一个团队或公司的组织架构不可能时一成不变的,要适应社会变化的发展,也要求组织结构能够不断地通过变革来适应发展需要。通过本游戏,让读者更好地对组织的变革做出正确选择。

【训练步骤】

1. 由教师进行角色分配:

模拟一家电脑软件开发公司,设定一个组织结构,并分配员工各司其职。

2. 游戏事件:电脑软件开发行业是一个不断要求知识升级的科技行业,由于区域内有外来的大型公司加入竞争,且该公司多年以来一直沿用老旧的组织架构,不能适应现阶段的竞争需求,请分析该公司的战略调整并对现有的组织架构进行改革。

3. 游戏方法:10 人一组,每组进行展示并阐述设计缘由。最后由老师进行评分。

【训练要点】

培养敏锐的洞察能力以及表面事件的深层分析能力。

模块四:复习思考

一、单项选择题

1. 组织非常重视资历、年龄和经验,要求成员具有极强适应性和忠诚感。其组织文化是(　　)。

A. 学院型　　B. 俱乐部型

C. 棒球队型　　D. 堡垒型

2. 把组织文化分为学院型、俱乐部型、棒球队型和堡垒型等类型的标准是(　　)。

A. 组织文化的活跃程度　　B. 组织文化的内容性质

C. 组织的工作作风　　D. 组织文化的影响大小

3. 组织文化应包括锐意进取、开拓创新、追求优势、永不自满等精神。这体现了建立组织文化应遵循的(　　)。

A. 价值原则:体现全体成员的信仰、行为准则道德规范

B. 卓越原则

C. 个性原则:调动全体成员的积极性

D. 目标原则：明确反映组织的目标和宗旨

4. 在组织变革的过程中，对改革没有把握，为改革的前途担忧，从而表现得左顾右盼，犹豫不决，这是影响组织变革顺利进行的（ ）。

A. 保守性心理　　B. 恐惧性心理

C. 求稳性心理　　D. 习惯性心理

5. 从组织应达到的功效看，以下不属于组织变革和发展应达到的具体目标的是（ ）。

A. 使组织具有各种合理的规章、制度和条例

B. 使组织具有先进可行的经营目标和工作目标

C. 使组织具有科学、合理和系统的组织结构

D. 使组织具有足够的持续性

二、多项选择题

1. 组织文化理论把组织中的个体看作（ ）。

A. 社会人　　B. 文化人

C. 观念人　　D. 经济人

E. 机器人

2. 组织文化的特点包括（ ）。

A. 阶级性　　B. 民族性

C. 整体性与个体性　　D. 历史连续性

E. 创新性

3. 外部环境变化包含的内容有（ ）。

A. 技术的不断进步　　B. 价值观念的变化

C. 具体制度结构的变化　　D. 人员的变化

4. 变革的阻力有（ ）。

A. 心理因素　　B. 结构因素

C. 经济因素　　D. 社会因素

三、思考题

1. 组织文化的建立应遵循哪些原则？

2. 论述加强组织文化建设的途径。

3. 组织变革的动因有哪些？

参考文献

[1]亨利·明茨伯格.孙耀君,译.经理工作的性质[M].北京:中国社会科学出版社,1986.

[2]孙彤.组织行为学教程[M].北京:高等教育出版社,1990.

[3]黄希庭.心理学导论[M].北京:人民教育出版社,1991.

[4]哈罗德·J.莱维特.管理心理学[M].太原:山西经济出版社,1991.

[5]俞文钊.领导心理学导论[M].北京:人民教育出版社,1993.

[6]夏国新.心理规律在管理中的作用[M].北京:中国城市出版社,1995.

[7]W. H. 纽曼,小C. E. 萨默.管理过程——概念、行为和实践[M].北京:中国社会科学出版社,1995.

[8]吴岩.领导心理学导论[M].北京:中国编译出版社,1996.

[9]叶奕乾,何存道,梁宁建.普通心理学[M].上海:华东师范大学出版社,1997.

[10]斯蒂芬·P. 罗宾斯,黄卫伟,等,译.管理学[M].4版,北京:中国人民大学出版社,1997.

[11]刘祥武等.哈佛学院MBA总经理学[M].北京:经济日报出版社,1998.

[12]苏东水.管理心理学[M].上海:复旦大学出版社,1998.

[13]夏书章.行政管理学[M].2版.广州:中山大学出版社,1998.

[14]王乐夫.领导学:理论、实践与方法[M].广州:中山大学出版社,1998.

[15]哈罗德.孔茨,海因茨.韦里克.管理学[M].10版,北京:经济科学出版社,1998.

[16]卢盛忠.管理心理学[M].杭州:浙江教育出版社,1998.

[17]张美兰,车宏生.目标设置理论及其新进展[J].心理学动态,1999(2):35-40.

[18]苏慧文,姜忠辉.管理学原理与案例[M].青岛:中国海洋大学出版社,1999.

[19]马丽丽,王超.经营八维——卓越经营之魂[M].太原:山西经济出版社,1999.

[20]罗锐韧.哈佛管理全集[M].北京.企业管理出版社,1999.

[21]吴照云.管理学原理[M].北京:经济管理出版社,2000.

[22]亨利·明茨伯格,等.思铭,译.领导[M].北京:中国人民大学出版社,2000.

[23]刘霞,潘晓良.管理心理学[M].武汉:武汉大学出版社,2000.

[24]孙俊岭．西方激励理论探析[J]．学术交流,2000(3):109－111.
[25]丹尼尔．A．雷恩．管理思想的演变[M]．北京:中国社会科学出版社,2000.
[26]黑尔里格尔,等．组织行为学[M]．北京:中国社会科学出版社,2001.
[27]D·赫尔雷格尔,J·W．斯洛克姆,R·W．伍德曼．俞文钊,丁彪,等,译．组织行为学[M]．9版．上海:华东师范大学出版社,2001.
[28]张兰霞．新管理理论丛林[M]．沈阳:辽宁人民出版社,2001.
[29]弗雷德·R．戴维．李克宁,译．战略管理[M]．8版北京:经济科学出版社,2001.
[30]彼得·诺思豪斯．吴荣先,朱永新,等,译．领导学:理念与实践[M]．南京:江苏教育出版社,2002.
[31]安应民．管理心理学新编[M]．北京:中共中央党校出版社,2002.
[32]郭马兵．激励理论评述[J]．首都经济贸易大学学报,2002(6):37－40.
[33]朱国定．管理心理学[M]．上海:上海教育出版社,2002.
[34]朱永新．管理心理学[M]．北京:高等教育出版社,2002.
[35]赵慧军．现代管理心理学[M]．北京:首都经济贸易大学出版社,2002.
[36]程正方．现代管理心理学[M]．北京:北京师范大学出版社,2003.
[37]陈亭楠．现代企业文化[M]．北京:企业管理出版社,2003.
[38]张作俭．管理心理学[M]．北京:科学技术文献出版社,2004.
[39]郭咸纲．西方管理思想史[M]．3版．北京:经济管理出版社,2004.
[40]赫根汉．心理学史导论[M]．上海:华东师范大学出版社,2004.
[41]斯蒂芬．P．罗宾斯．组织行为学[M]．北京:中国人民大学出版社,2005.
[42]刘伟．激励理论在企业管理中的应用[J]．企业管理,2005(5):96－98.
[43]杜·舒尔茨．现代心理学学史[M]．南京:江苏教育出版社,2005.
[44]俞文钊．人力资源管理心理学[M]．上海:上海教育出版社,2005.
[45]张岩松,李健,等．人力资源管理案例精选精析[M]．北京:经济管理出版社,2005.
[46]杰拉尔德·格林柏格,罗伯特·A．巴伦．范庭卫,等,译．朱永新,审校．组织行为学[M]．7版．南京:江苏教育出版社,2005.
[47]杨忠．组织行为学:中国文化视角[M]．南京:南京大学出版社,2006.
[48]史金平．管理学[M]．北京:高等教育出版社,2006.
[49]刘光明．企业文化[M]．北京:经济管理出版社,2006.
[50]张红旗,葛培波．组织行为与组织结构设计五日通[M]．北京:经济科学出版社,2007.

[51]陈国海,李艳华,吴清兰. 管理心理学[M]. 北京:清华大学出版社,2008.
[52]彼得·德鲁克.许是祥,译. 有效管理者[M]. 北京:机械工业出版社,2008.
[53]毕雪阳. 管理心理学[M]. 上海:上海财经大学出版社,2010.
[54]雨果·闵斯特伯格.基础与应用心理学[M].北京:北京大学出版社,2010.
[55]墨菲·科瓦奇.现代心理学历史引导[M].北京:商务印书馆,2010.
[56]王端,杨喜梅. 管理学原理[M]. 北京:清华大学出版社,2011.
[57]张茂林,袁秋菊,柳劲松. 战略决策——民营企业领导科学与艺术[M]. 天津:天津大学出版社,2012.
[58]徐子健. 组织行为学[M]. 北京:对外经济贸易大学出版社,2005.